北京市农村经济发展报告

2020

张光连　主编

中国农业出版社

北　京

图书在版编目（CIP）数据

北京市农村经济发展报告. 2020 / 张光连主编. —
北京：中国农业出版社，2020.11
ISBN 978 - 7 - 109 - 28889 - 8

Ⅰ.①北…　Ⅱ.①张…　Ⅲ.①农村经济发展－研究报
告－北京－2010　Ⅳ.①F327.1

中国版本图书馆 CIP 数据核字（2021）第 213899 号

北京市农村经济发展报告 **2020**

BEIJING SHI NONGCUN JINGJI FAZHAN BAOGAO 2020

中国农业出版社出版

地址：北京市朝阳区麦子店街 18 号楼

邮编：100125

责任编辑：姚　红　　文字编辑：王佳欣

版式设计：杜　然　　责任校对：周丽芳

印刷：北京通州皇家印刷厂

版次：2021 年 11 月第 1 版

印次：2021 年 11 月北京第 1 次印刷

发行：新华书店北京发行所

开本：787mm×1092mm　1/16

印张：16.75

字数：315 千字

定价：65.00 元

编 委 会

前　言

2020 年是全面建成小康社会和"十三五"规划收官之年。在北京市委、市政府的坚强领导下，北京郊区广大干部群众坚持以习近平新时代中国特色社会主义思想为指导，全面贯彻落实党的十九大和十九届二中、三中、四中、五中全会精神，深入贯彻落实习近平总书记对北京重要讲话精神，紧紧围绕全面小康目标，统筹做好疫情防控和农村改革发展稳定各项工作，"三农"发展迈上新台阶。

"十三五"时期，北京市全面落实乡村振兴战略，促进城乡区域协调发展。推动农业与科技、服务相融合，努力带动农民增收致富，农村居民人均可支配收入年均增速快于城镇居民。完成 3 254 个村庄人居环境整治任务，美丽乡村建设取得重要进展。深化农村改革，出台农村宅基地及房屋建设管理意见，扎实推进"大棚房"整治等规划自然资源领域问题整改，严守农地农用底线。城市南部地区三年行动计划全面完成，新首钢地区成为网红打卡地。基本完成"一绿"地区 6 个乡城镇化建设。持续加大对生态涵养区转移支付力度，决不让保护生态环境者吃亏。同时，坚决落实中央交予的扶贫协作任务，助力受援地区 73 个贫困旗县全部摘帽，200 余万贫困人口全部脱贫。

历时 6 年，农业"调转节"任务基本完成，农业年用新水量从 6.5 亿米³ 下降到 3.3 亿米³，化肥农药持续减量，农产品质量安全保持全国较高水平。特别是新冠肺炎疫情发生以来，粮食、蔬菜、生猪生产逆势上涨，交出了稳产保供的成绩单。紧抓三年，农村人居环境整治首轮任务基本完成，累计实施 5 615 座农村公厕、15.2 万个户厕改造和 926 个村庄污水处理设施建设，约 130 万农户完成清洁取暖改造。攻坚五年，低收入帮扶任务全面完成，低收入农户人均可支配收入达到 17 588 元、年均增长 18.4%，4.3 万低收入农户全部"脱低"，234 个低收入村全面消除。持续深化改革，农村集体资产清产核资、土地承包经营权确权登记颁证等改革任务基本完成，农村集体资产家底基本摸清，"村地区管"机制全面建立。全面加强党的领导，"五级书记抓乡村振兴"深入落实，市委、市政府主要领导亲自调度、月度点评、密集调研，"接诉即办"推动乡村治理更加精细高效，农村社会保持和谐稳定。

2021年上半年，北京市农村经济研究中心为了更好地履行职责、服务"三农"，通过总结经验、改进工作，调动各方积极因素，编制了2020年度《北京市农村经济发展报告》，并公开出版发行。

报告包括四个方面内容，即农村综合经济、城乡融合发展和美丽乡村建设、农业农村信息化发展、休闲农业与农业绿色发展。报告内容基本涵盖了北京郊区经济社会发展的主要方面，以综述、调研报告、典型分析、重大活动记述和重要文献集萃等形式，凭借翔实的数据、专业的视角、科学的方法，把京郊"三农"领域的新动态、新成果、新问题、新思想展现在广大读者面前。

因编撰水平所限，书中难免有不足或有待商榷之处，欢迎广大读者批评指正。

编　者

2021年9月

目　录

农村综合经济

北京市农村经济发展报告 2020

2020 年北京市农村双层经营统计分析

2020 年，在市委、市政府的坚强领导下，北京市农业农村系统统筹做好疫情防控和农村经济发展各项工作，农村集体经济实力增强，集体经营效益和农户家庭收益实现双增长，为全市经济社会发展、全面建成小康社会做出了贡献。根据北京市农村管理信息化综合应用平台数据，结合各区分析材料，对 2020 年全市农村双层经营情况分析如下。

一、2020 年北京市农村双层经营运行特点

（一）农村集体资产延续增长态势，主要效益指标止跌回升

1. 农村集体资产同比增长 4.9%

近年，北京郊区城市化进程深入推进，农村集体资产清产核资工作扎实开展，农村集体资产持续增长。"十三五"期间，农村集体资产年均增速达到 9.7%。2020 年，全市农村集体资产总额 8 759.3 亿元，同比增加 410 亿元，同比增长 4.9%。其中，乡镇级集体资产 3 121.6 亿元，同比减少 2.4%，所占比重为 35.6%；村级集体资产 5 637.7 亿元，同比增长 9.5%，所占比重为 64.4%。

从各区资产规模看，近郊区农村集体资产总量较大，海淀、丰台、朝阳三个区农村集体资产总额均超过千亿元。截至 2020 年底，三个区农村集体资产总量占全市的 63.7%。从各区资产增长率上看，房山、海淀、石景山、通州、丰台等 11 个区集体资产实现了正增长，其中房山区增长速度最快，达到 32.1%。从三大功能区看，城市发展新区资产增长较快，同比增长 8.6%。从各区资产增量上看，海淀区资产增量最大，其次是房山区、丰台区，三个区同比分别增加 285.4 亿元、220.9 亿元、110.8 亿元。三个区资产增量较大主要是受到一些非经营性因素影响，如海淀区苏家坨镇和西北旺镇整建制农转非，借入超转人员接收经费 141.5 亿元；房山区深入开展清产核资，新增 27 家乡镇集体企业，带动集体资产总额同比增加 172.6 亿元；丰台区卢沟桥乡、南苑乡部分村收到棚改拆迁补偿或征占地补偿款，补偿款项同比上年同期增加 89 亿元。

表 1　2020 年北京市各区农村集体资产总额变动情况

单位：亿元，%

组织机构	资产总额		增长值	增长率
	2019 年	2020 年		
全市合计	8 349.3	8 759.3	410.0	4.9
城市功能拓展区	5 544.1	5 752.1	208.0	3.8
朝阳区	1 896.9	1 690.4	−206.5	−10.9

（续）

组织机构	资产总额		增长值	增长率
	2019 年	2020 年		
丰台区	1 645.3	1 756.1	110.8	6.7
石景山区	153.7	172.0	18.3	11.9
海淀区	1 848.2	2 133.6	285.4	15.4
城市发展新区	2 334.4	2 536.0	201.6	8.6
房山区	688.9	909.8	220.9	32.1
通州区	515.5	550.4	34.9	6.8
顺义区	295.4	307.6	12.2	4.2
昌平区	283.4	296.9	13.5	4.8
大兴区	551.2	471.3	−79.9	−14.5
生态涵养区	470.8	471.2	0.4	0.1
门头沟区	147.2	147.2	0.0	0.0
平谷区	89.5	84.4	−5.1	−5.6
怀柔区	59.6	60.7	1.1	1.8
密云区	46.4	47.3	0.9	2.0
延庆区	128.1	131.6	3.5	2.7

2. 农村集体经济总收入增长 0.9 个百分点，实现"十三五"期间首次正增长

"十三五"期间，北京市深入推进"疏整促"，集体经济发展处于腾笼换鸟时期。转型初期农村集体经济效益处于下行通道，2017—2019 年，农村集体经济总收入同比分别下降 6.2%、0.7%、6.2%。2020 年上半年，由于受到新冠肺炎疫情影响，集体效益下滑幅度加大，集体经济总收入同比下降 16.5%。下半年，随着疫情得到有效控制，集体经济组织和企业恢复经营，加上部分账务调整因素，最终全年实现农村集体经济总收入 679.8 亿元，同比增加 6 亿元，同比增长 0.9%。其中，村级集体经济总收入同比增加 43 亿元，同比增长 10.8%，成为拉动全市集体经济增长的主要因素。

从收入结构上看，2020 年全市农村集体经济四项收入中，除其他业务收入同比增加外，主营业务收入、投资收益、营业外收入均呈下降态势。其中，主营业务收入 375.5 亿元，其他业务收入 187.3 亿元，投资收益 30.7 亿元，营业外收入 86.3 亿元。其他业务收入同比增加 58.7 亿元，同比增长 45.7%，成为总收入增长的重要支撑。原因如下：一是拆迁补偿收入增加。如丰台区花乡榆树庄村将收到五年以上的地上物拆迁、停产停业及搬迁补助款 33 亿元转为其他业务收入；朝阳区小红门乡对应拨付村组织的拆迁补偿款进行账务处理，村组织其他业务收入增加 6.2 亿元。二是房地产项目销售收入增加。如花乡总公司销售花香美域项目，其他业务收入增加 7.8 亿元。三是租金收入增加。如石景山区古城泰然公司出租面积增加，租金收入增加 2 658.9 万元。此外，营业外收入中的补贴收入同比增加 1.9 亿元，对总收入增长也有一定贡献。

从区域分布看，朝阳、丰台、海淀的集体经济总收入均达到百亿元以上，三个区集体经济收入之和占全市农村集体经济总收入的 63.8%。从三大功能区看，城市功能拓展区集体收入增长是全市农村集体经济增收的主要动力。从各区收入增长率看，丰台、密云、石景山、昌平、顺义、朝阳 6 个区均实现了正增长，丰台区集体收入增长最快，达到 20.9%。

表 2　2020 年北京市各区农村集体经济总收入变动情况

单位：亿元，%

组织机构	集体经济总收入		增长值	增长率
	2019 年	2020 年		
全市合计	673.8	679.8	6.0	0.9
城市功能拓展区	416.8	448.8	32.0	7.7
朝阳区	132.4	135.4	3.0	2.3
丰台区	143.9	174.0	30.1	20.9
石景山区	13.9	15.3	1.4	10.1
海淀区	126.6	124.1	−2.5	−1.9
城市发展新区	190.9	177.8	−13.1	−6.9
房山区	62.5	57.1	−5.4	−8.6
通州区	26.2	18.8	−7.4	−28.3
顺义区	40.3	41.4	1.1	2.6
昌平区	23.9	24.8	0.9	4.0
大兴区	38.0	35.7	−2.3	−6.0
生态涵养区	66.0	53.1	−12.9	−19.5
门头沟区	12.3	10.8	−1.5	−12.1
平谷区	34.5	25.1	−9.4	−27.2
怀柔区	6.9	6.3	−0.6	−8.5
密云区	2.5	2.9	0.4	15.5
延庆区	9.8	8.0	−1.8	−18.2

3. 增收节支双重作用下，农村集体经济净利润同比增加 19.4 亿元

2020 年，农村集体经济实现净利润 37.2 亿元，同比增加 19.4 亿元，利润较上年同期翻番。主要原因是 2020 年收入结构发生变化，成本相应减少。2020 年，受疫情影响，主营业务收入同比下降 42.8 亿元，主营业务成本相应下降 26.3 亿元，营业税金及附加减支 1.1 亿元，销售费用减支 1 亿元，财务费用减支 4.6 亿元。虽然其他业务收入同比增加 58.7 亿元，但其他业务成本同比仅增加 31 亿元。

分区域看，丰台区净利润增长值最高，同比增加 13.6 亿元，与该区花乡榆树庄村账务调整有很大关系。其次是大兴区净利润同比增加 4.6 亿元。近年，大兴区利用集体闲置资金开展委托贷款，2020 年全区现存委贷金额 77.5 亿元，委贷利息收入 5.8 亿元。

表3　2020年北京市各区集体经济净利润变动情况

单位：亿元

组织机构	净利润		增长值
	2019 年	2020 年	
全市合计	17.8	37.2	19.4
城市功能拓展区	19.5	31.0	11.5
朝阳区	−3.4	−2.1	1.3
丰台区	6.0	19.6	13.6
石景山区	0.2	1.5	1.3
海淀区	16.7	12.0	−4.7
城市发展新区	0.1	6.5	6.4
房山区	1.0	0.7	−0.3
通州区	−10.3	−8.7	1.6
顺义区	−3.4	−3.6	−0.2
昌平区	−1.3	−0.6	0.7
大兴区	14.1	18.7	4.6
生态涵养区	−1.8	−0.3	1.5
门头沟区	0.6	0.3	−0.3
平谷区	−0.6	−0.4	0.2
怀柔区	−1.1	0.0	0.7
密云区	−1.7	0.0	1.7
延庆区	1.0	0.2	−0.8

（二）农民人均所得持续增长，四项收入呈现"三升一降"态势

"十三五"时期农民人均所得持续增长，年均增长率达到6.8%。2020年，全市农民人均所得为27 495元，同比增加781元，同比增长2.9%。从收入结构看，人均报酬性收入、财产性收入、转移性净收入分别为10 771元、5 600元、3 088元，同比分别增加380元、414元、347元；人均家庭经营净收入为8 035元，同比减少359元。家庭经营净收入占比下降，其他三项收入占比提高。人均家庭经营净收入所占比例降幅明显，由31.4%下降到29.2%，而人均报酬性收入占比略有上升，由上年同期的38.9%增加到39.2%。

从区域看，近郊区农民人均所得较高。其中，石景山区农民人均所得全市最高，其次为海淀区、朝阳区、丰台区、通州区，分别为81 173元、43 905元、39 049元、38 260元、31 194元。从增长率上看，全市14个郊区农民人均所得均实现正增长。丰台区增幅最高，达到5.5%，其次为海淀区、石景山区、大兴区、门头沟区。

表4　2020北京市年各区农民人均所得情况表

单位：元，%

组织机构	2019年农民人均所得	2020年农民人均所得	增长值	增长率
全市平均	26 714	27 495	781	2.9
石景山区	77 299	81 173	3 874	5.0
海淀区	41 660	43 905	2 245	5.4
朝阳区	38 288	39 049	761	2.0
丰台区	36 253	38 260	2 007	5.5
通州区	30 397	31 194	797	2.6
大兴区	28 133	29 378	1 245	4.4
顺义区	27 181	27 872	691	2.5
密云区	26 006	26 050	44	0.2
怀柔区	24 224	25 049	825	3.4
门头沟区	24 096	25 143	1 047	4.3
延庆区	22 989	23 790	801	3.5
昌平区	23 264	23 690	426	1.8
房山区	21 301	21 984	683	3.2
平谷区	19 958	20 093	135	0.7

二、需要关注的问题

（一）区域间差距持续拉大

受地理位置和资源禀赋等因素影响，北京市集体经济发展并不均衡，农民人均所得差距扩大。"十三五"期间，海淀区和密云区集体资产总量之比由24∶1扩大到45∶1，丰台区和密云区集体总收入之比由15.5∶1扩大到60∶1，石景山区和平谷区农民人均所得之比由2.7∶1扩大到4∶1。

（二）经营效益有待提升

京郊农村集体经济面临着主导产业不强、内生动能不足、经营成本过高等问题，集体经济经营效益亟待提高。"十三五"期间，农村集体经济主营业务收入由532.5亿元下降至375.5亿元，年均减少8.4%。2020年，全市收不抵支村1 738个，占总村数的44.1%；资不抵债村239个，占总村数的6.1%。全市农村集体资产利润率仅为0.4%。

（三）经营风险亟须关注

2020年，新冠肺炎疫情暴发，集体经济遭受冲击。14个郊区中有8个区集体经济总收入同比下降，其中有5个区下降超过10%，平谷区、通州区降幅分别为28.3%、

27.2%。11 项主导产业中有 8 项收入下降，其中，住宿和餐饮业、建筑业、交通运输仓储及邮政业、批发及零售业 4 个行业收入下降明显，主营业务收入同比分别下降 40.4%、22.4%、22.0%、17.8%。

三、对策建议

（一）深化农村改革，激发集体经济发展活力

深化农村集体经济产权制度改革，建立现代经营管理体系，建立可持续的利益分配机制，积极释放产权制度改革红利。健全土地经营权流转服务体系，实行多种形式的适度规模经营。稳妥完善盘活农村存量建设用地政策，加强宅基地管理，审慎推进农村宅基地制度改革，探索宅基地所有权、资格权、使用权分置有效实现形式。

（二）挖掘发展潜力，提高集体经济发展效益

积极开展清产核资，摸清集体经济组织的资源禀赋和发展短板，积极稳妥引入社会资本，逐步推行职业经理人机制，探索实施适合自身资源特点的发展模式。在做强做大主导产业的同时，鼓励农村集体经济组织探索多种形式经营，分散集体经营风险，强化风险抵御防范能力。加强对集体经济薄弱村的扶持力度，扶持发展当地特色产业，积极促进区域均衡发展。

（三）多项举措并进，推动农民持续较快增收

积极提升农民工资性收入，实施农民充分就业工程，推动农村劳动力有组织地到城市公共服务岗位、重大工程项目就业，采用以工代赈、生产奖补、劳务补助等方式，组织农民群众参与农村基础设施和产业帮扶项目实施。支持农业产业化龙头企业带动农民发展农产品初加工、精深加工，提高休闲农业、乡村民宿发展水平，让农民合理分享二、三产业增值收益。

（供稿：北京市农业农村局市场与信息化处）

北京城乡融合发展的战略定位、空间格局和要素配置

"把握好战略定位、空间格局和要素配置"的要求，是习总书记 2017 年 2 月 24 日在北京考察工作讲话中，在谈到"建设一个什么样的首都，怎样建设首都"这个问题时提出的，对郊区城镇和乡村建设同样具有很强的针对性和指导意义。当前，实施具有首都特点的乡村振兴战略，加快北京农业农村现代化、规划目标和实施方案已经明确。在接下来的

落实中，特别要深刻领会、认真贯彻习总书记重要讲话精神，站在城市看郊区，跳出农村看农业，以更有效地推动北京城乡融合发展。

一、北京城乡融合发展的战略定位

北京城乡融合发展，具有首善之区的特殊性。城乡融合发展的战略定位服从并服务于首都发展的战略定位，突出体现在以下两个方面。

（一）实现郊区城镇和乡村的减量发展、高质量发展

1. 减量发展方面

根据研究梳理，减量发展条件下郊区空间布局的主要情况包括：现状建制镇建设用地面积约 550 千米^2，集体产业用地面积 330 千米^2，将通过降低平原地区开发强度、大力推进农村集体工矿用地整治等方式，实现减量发展，到 2035 年位于农村集体土地上的居住用地面积（含宅基地）约 500 千米^2（当前现状在 600 千米^2 以上）。这些减量指标主要通过分区规划予以落实。其中，通州区减 21 千米^2，大兴区减 49 千米^2，房山区减 23 千米^2，昌平区减 17 千米^2，顺义区减 8 千米^2，怀柔区减 6 千米^2，门头沟区减 3.3 千米^2，平谷、密云和延庆区原则上也是只减不增。

2. 高质量发展方面

《北京城市总体规划（2016—2035 年）》强调全面实现城乡规划、资源配置、基础设施、产业、公共服务、社会治理一体化。要求加快人口城镇化和经济结构城镇化进程，构建和谐共生的城乡关系，形成城乡共同繁荣的良好局面，成为现代化超大城市城乡治理的典范。集约紧凑的宜居城区、各具特色的小城镇和舒朗有致的美丽乡村相互支撑，景观优美、功能丰富的大尺度绿色空间穿插其中，着力形成大疏大密、和谐共融、相得益彰的城乡空间形态。规划要求耕地保有量不低于 166 万亩[1]，基本农田保护面积 150 万亩，以支持重要农产品稳产保供。坚持产出高效、产品安全、资源节约、环境友好的农业现代化道路。建设生态宜居的美丽乡村，发挥多重功能，提供优质产品，传承乡村文化，留住乡愁记忆，满足人民日益增长的美好生活需要。按照城乡发展一体化方向，坚持乡村观光休闲旅游与美丽乡村建设、都市型现代农业融合发展的思路，推动乡村观光休闲旅游向特色化、专业化、规范化转型，将乡村旅游培育成为北京郊区的支柱产业和惠及全市人民的现代服务业，将乡村地区建设成为提高市民幸福指数的首选休闲度假区域。

（二）推动大城市带动大京郊、大京郊服务大城市

京郊农村是首都行政区域的重要组成部分，新时代京郊"三农"工作的使命和任务，就是准确把握首都"大城市小农业、大京郊小城区"的基本市情农情，以大城市带动大京郊，以大京郊服务大城市，在城乡融合发展过程中，促进城乡发展更好承担"四个服务"

---

① 亩为非法定计量单位，1 亩≈667 米^2。下同。——编者注

任务、履行"四个中心"功能，更好地融入首都"两区"建设重点工作。

大城市带动大京郊的客观条件较好。北京作为首都和超大城市，科技文化资源丰富，产业产品结构高端，各类人才队伍庞大，消费需求多样而旺盛。在疏解非首都功能、促进城市高质量发展的大背景下，中心城区的高端产业、各类人才和大量资金等，积蓄了向郊区和乡村转移布局的可观能量，"大城市带动大郊区"已呈箭在弦上、引弓待发之势。

大京郊服务大城市的潜力巨大。首先，郊区城镇和乡村要积极参与首都的文化中心建设，统筹推动长城文化带、西山永定河文化带和大运河文化带规划发展。京郊农村很多村庄历史传承悠久、文化底蕴深厚、遗址遗迹较多，《北京市人民政府办公厅关于加强传统村落保护发展的指导意见》（京政办发〔2018〕7号）公布了第一批市级传统村落44个，其中21个村庄列入前四批"中国传统村落名录"。这些历史村落的文化价值，在有效的政策支持和适当的统筹协调下，可以得到较好的发掘。其次，郊区城镇和乡村要积极参与首都的科技创新中心建设，以农业科技创新为源头，推进籽（仔）种、生产、储藏、加工、运销全链条产业发展，推行水耕农业、植物工厂、生物安全养殖等创新型农业形态，推动从乡村（传统种植养殖业、林下经济等）到城市（阳台农业、宠物产业等）的全区域行业管理。按照全链条产业发展、创新型农业形态、全区域行业管理的思路，对北京都市型现代农业进行价值重构之后，测算广义农业年产值在2 000亿元以上。再次，郊区城镇和乡村要积极参与首都的国际交往中心建设。北京曾经拥有10多个中外友好人民公社，为新中国的国际交往发挥了独特的作用。进入新时代，包括"一带一路"倡议等在内的多领域、多层级的国际交往日益增多，北京农业农村应该也可以在这方面继续发挥积极作用。另外，北京市每年有各类在校学生400多万名，以这些学生为主体，开展农业教育，十分紧迫和必要，京郊农村是"先得月"的近水楼台，在农业教育方面应该可以大有作为。

二、北京城乡融合发展的空间格局

按照"中心城区—北京城市副中心—新城—镇—新型农村社区"的现代城乡体系，推动城乡融合发展，重点在镇和村两个层级。镇级的发展建设主要围绕新型城镇化来进行，村级的发展建设主要围绕实施具有首都特点的乡村振兴战略来进行，农村人居环境整治、乡村建设行动等融入其中。新型城镇化与乡村振兴战略双轮驱动，相互联系，相互交融，相互依靠，相互促进，构成北京城乡融合发展的空间格局。

（一）新型城镇化的空间格局

1. 体系格局

新型城镇化的空间格局包括新市镇、特色小镇和小城镇3种形态，在城乡发展一体化中发挥着承上启下的重要作用。《北京城市总体规划（2016—2035年）》确定在城市重要发展廊道和主要交通沿线，具有良好发展基础、资源环境承载能力较高的地区，建设具有一定规模、功能相对独立、综合服务能力较强的新市镇。目前初步确定通州区永乐店、丰台区长辛店、昌平区南口、顺义区杨镇、大兴区采育和魏善庄、房山区窦店、平谷区马坊

8 个试点新市镇。依托资源禀赋和特色文化资源,着力培育特色产业功能,建设一批历史记忆深厚、地域特色鲜明、小而精的特色小镇。住房和城乡建设部分两批颁布了北京市的 7 个特色小镇,包括房山区长沟、昌平区小汤山、密云区古北口、怀柔区雁栖、大兴区魏善庄、顺义区龙湾屯、延庆区康庄。北京市分区规划确定的特色小镇和小城镇大约 130 个。

2. 建筑格局

新型城镇的建设发展,遵循先规划后实施、先地下后地上、职住平衡、生态环境友好的原则,包括市政基础设施、公共服务设施、产业园区和住宅区等。其中,住宅设计建设的创新尤为重要。北京城区人口密度 14 502 人/千米^2,远高于国际大都市平均水平。郊区新型城镇的人口密度按最高不超过 10 000 人/千米^2 的标准控制,相应的住宅建筑应该选择二三层的联排住宅、四五层的叠拼住宅为主体,必要时可以辅以少量的五六层花园洋房和少量小高层公寓,尽量避免大容积率的高层住宅。有关专家研究提出的叠拼住宅创新形式,对于减量发展和高质量发展交叉约束北京新型城镇化,具有很好的针对性、适用性。叠拼住宅的设计原理是把两个联排住宅摞起来,下户型有小花园,上户型有屋顶平台,户均 100 多米^2,面积不算大,几乎没有公摊,居住质量接近于联排住宅。叠拼住宅容积率与 6 层住宅差不多,可以做到 1.5 以上,加上公摊系数小、品质高等因素,经济指标更优。叠拼住宅既能够在舒适性上接近联排住宅,并且符合当前对于类别墅的限制政策,也能够对开发商的经济性有很好的回报,同时对于城市,利用率也可以满足要求,是经济性、实用性兼顾的住宅类型。

3. 功能格局

鼓励集体经营性建设用地资源与产业功能区和产业园区对接,利用减量升级后的集体经营性建设用地发展文化创意、科技研发、商业办公、旅游度假、休闲养老、租赁住房等产业。依据新型城镇各自所处的区位,建设重点和功能定位各有不同:一是位于中心城区、新城内的乡镇,重点推进土地征转、完善社会保障,实现城市化改造。二是中心城区、新城外平原地区的乡镇,培育强化专业分工特色,适度承接中心城区生产性服务业及医疗、教育等功能,提高吸纳本地就业能力,促进农村人口向小城镇镇区有序集聚;着力提升基础设施和公共服务水平,将镇中心区建设成为本地区就业、居住、综合服务和社会管理中心。三是山区乡镇充分发挥生态屏障、水源涵养、休闲度假、健康养老等功能,带动本地农民增收。

(二)乡村振兴的空间格局

1. 体系格局

根据不同的口径,对京郊农村村庄的数量也有不同的统计数字。有村委会的行政村 3 891 个,编制了村庄规划的村 2 915 个。从规划布局进行空间形态研究的村庄约 3 500 个,其中应予保留和发展的村庄 2 800 个,预期整体或局部迁建型村庄 700 个。2 800 个保留村庄分城镇集建型(约 1 000 个)、特色提升型(约 300 个)、整治完善型(约 1 500 个)三个类型,确定相应的乡村振兴工作思路。同时要重视通过统筹协调推进乡村体系完善。一是乡镇统筹。将全市实行的"街乡吹哨，部门报到"改革、村账乡管、乡镇统筹集体经营性建设用地试点、乡镇综合执法平台建设等做法进一步制度化。同时，根据新版北京城市总体规划要求，以乡镇为单元，开展规划编制，组织规划实施。二是片区统筹。以区域位置相近、地理特点类似、目标任务相同的同构区域为单元，综合运用规划、土地、经济等多种政策和技术手段，统筹推动项目建设与任务落实。三是项目统筹。根据重大项目的实施和落地要求进行的相关协调，也是疏解整治促提升专项行动中可以采用的有效工作机制。

2. 建筑格局

不同类型的村庄，建筑格局各有不同。一是城镇集建型村庄。这类村庄位于城市开发边界内，主要包括纳入中心城区、北京城市副中心、新城、镇规划建设区内的现状乡村地区，属于集中建设区。在建筑格局上，要与所处镇区统筹考虑，做到功能和产业的一体化，住宅不宜盲目大拆大建，逐步推进城镇化改造、提升生产空间效率、改善生活空间品质。二是特色提升型村庄。这类村庄历史传承悠久、文化底蕴深厚、遗址遗迹较多，重点是保护特色、提升家居水平，要在保护中发展，在发展中保护。三是整治完善型村庄。这类村庄建设发展，主要是在宅基地面积减量的同时，适当提高建筑容积，以二三层联排住宅或三四层的叠拼住宅为主体，在充分尊重村民主体地位和意愿的基础上，大幅度提高村庄建筑质量。同时，在普遍改善人居环境的基础上，进一步补齐基础设施和公共服务短板，特别要加强数字化基础设施和应用服务建设，既满足农民祖祖辈辈对城市生活的向往，也满足长期生活在城区的居民对农业形态、农村文化和山水林田自然景观的回归渴望。各类村庄要切实贯彻习总书记提出的"让居民望得见山、看得见水、记得住乡愁""要注意保留村庄原始风貌，慎砍树、不填湖、少拆房，尽可能在原有村庄形态上改善居民生活条件"等重要论述，建设美丽乡村。

3. 功能格局

合理调减粮食生产面积，推进高效节水生态旅游农业发展，注重农业生态功能，保障农产品安全，全面建成国家现代农业示范区。利用现有农业资源、生态资源以及集体建设用地腾退后的空间，探索推广集循环农业、创意农业、农事体验于一体的田园综合体模式。依托京郊平原、浅山、深山等地区的山、水、林、田、湖等自然资源和历史文化古迹等人文资源，结合不同区域农业产业基础和自然资源禀赋，完善旅游基础设施，提高公共服务水平，打造平原休闲农业旅游区、浅山休闲度假旅游区和深山休闲观光旅游区。推动乡村旅游与新型城镇化有机结合，建设一批有历史记忆、地域特色的旅游景观小镇。提升民俗旅游接待水平，培育一批有特色、环境优雅、食宿舒适的高端民俗旅游村。完善空间布局，建设具有高水平服务的乡村旅游咨询和集散中心。促进乡村旅游与都市型现代农业、文化体育产业相融合，发展乡村精品酒店、国际驿站、养生山吧、民族风苑等新型业态，建设综合性休闲农庄。推动乡村旅游目的地周边环境治理，推进登山步道、骑行线路和景观廊道建设。

4. 分类推进不同村庄的功能建设

城镇集建型村庄，要统筹用好产业用地，发展壮大集体经济，做好村民集中搬迁安置，实现城乡联动发展，加快将农民纳入城市社会服务体系、农村社区管理纳入城市管理体制，探索多种形式的城镇化实现模式。充分利用北京大兴国际机场及临空经济区、怀柔科学城、未来科学城、2019 年中国北京世界园艺博览会、2022 年北京冬奥会冬残奥会等重大项目和重大活动机遇，积极承接中心城区产业和人口转移，推进科研机构、企业、社会资本、创业者等多主体深度协作，培育以企业为主导的农业产业技术创新战略联盟，培育高水平的农村创新创业孵化基地，支持创业人员依托相关产业链创业发展。发展多种形式的创新创业支撑服务平台，开展政策、资金、法律、知识产权、财务、商标等专业化服务，推动农民就地创业、返乡创业。特色提升型村庄，要依托长城文化带、西山永定河文化带和大运河文化带资源优势，挖掘传统村落历史文化价值，保护传统文化遗产，改善人居环境，因地制宜探索经济名村、传统村落保护利用新途径、新机制、新模式。充分依靠和发挥村民的主体性，调动市民参与保护的积极性，科学引导社会力量参与传统村落保护利用。整治完善型村庄是美丽乡村建设的主体，要积极发展城市功能导向型产业和都市型现代农业，统筹推进产业振兴、集体经济发展和农民增收。

三、完善城乡要素自由流动、平等交换的体制机制

要素配置是规划目标、战略定位和空间格局落实的体制机制保障。从当前实际看，北京城乡要素在实现自由流动、平等交换方面，还存在很大差距。城乡要素配置方向，总体上仍然是从乡村到城市，乡村振兴的造血机能缺失、内生活力不足。农村经济结构不合理，"瓦片经济"虽然是农民和集体收入的重要来源，但也是京郊"大"而不优不强的重要原因。农村经济的地域性、封闭性特征依然突出，产权不明晰，要素流动的政策和法律风险较大。农民老龄化、人才缺乏导致乡村要素配置能力弱、效率低。虽然历史经验已经证明，"村村点火、户户冒烟"的发展方式难以为继，但现实中的很多政策和管理又都是以行政村为单位，客观上造成了管理效力的递减和发展的规模不经济。

畅通城乡要素配置渠道，完善城乡要素配置体制机制，工作着力点有两个：一是适应农村生产力现状，主动调整农村生产关系，完善党在农村的基本经营制度，补齐双层经营中"统"的短板，建立健全乡（镇）级的新型农村集体经济组织，强化新型农村集体经济经营管理。二是适应农村经济基础的现状，完善涉农管理和政策等上层建筑方面的内容，推进涉农管理体制改革。

（一）强化新型农村集体经济经营管理

实施乡村振兴战略，不是所有的村齐头并进地振兴，而是根据各村的资源禀赋和发展基础，及其在乡（镇）域范围内的布局定位与功能作用，有的村可能会逐步发展直至成为具有片区吸引力的微中心，有的村可能会逐步萎缩甚至消亡。这个过程的经济轨迹，就是在乡（镇）统筹协调下的要素分配和资源聚焦的过程，通过跨村域的股份制联合，实现统筹空间产业布局、统筹城市建设与旧村改造、统筹集约利用集体建设用地、统筹政策集成机制、统筹经济组织体制架构，实施联村联营组团式开发。强化新型农村集体经济经营管理，是完善农村要素配置体制机制的重要环节。实践中主要存在集体资产监督管理委员

会、土地联营公司和乡（镇）股份经济联合社三种方式。

1. 集体资产监督管理委员会

目前，全市乡村集体资产总额8 000多亿元，约65％集中在核心城区以外的4个中心城区。其中，朝阳、海淀、石景山3个区设立了集体资产监督管理专门机构。以海淀区为例，该区于2013年底全国首创设立区镇两级农村集体资产监督管理委员会（以下简称"农资委"），有效加强了对集体经济组织的行政监督指导，发挥保安全、谋发展、促公平的工作职能，强化审计职能，新增考评职能，将集体"三资"管理考评纳入区政府对镇统一绩效考评框架。农资委指导各镇建立完善对村集体经济组织的"三资"管理考评体系，用制度防止小官贪腐。

2. 土地联营公司

为推进集体经营性土地入市试点，大兴区、通州区在疏解整治促提升过程中，以乡（镇）为单位组建集体土地联营公司，通过"政府引导、农民主体、土地入股、市场运作"的"乡镇统筹"模式，解决集体建设用地上存在的产业落后、土地利用管理存在不合规不合法等问题。通过土地利用的创新，把土地管理、落实规划、产业提升、生态修复、环境改善结合在一起，合理确定"人往哪儿去""业在哪儿建""房在哪儿建"，强化发挥政府的引导作用，形成"土地统筹"和"工作统筹"的"乡镇统筹"模式，最大限度实现农村集体经营性建设用地有序规范，把原有建设用地中的低端产业拆除腾退，对土地留白增绿。提前考虑城市发展的减量需求，让农村集体经营性建设用地成为"瘦身减量"的主战场。土地联营公司的运作，最大限度提高了农民的组织化程度，在农村社会治理方面探索出一个相对合理的有效方式。

3. 乡（镇）股份经济联合社

在平原和山区的大部分地区，解决规划实施过程中主体发育不足的问题，关键是补齐双层经营体制中"统"的短板，加强新型农村集体经济组织建设；在新型农村集体经济组织建设中，又以乡（镇）级的组织即乡（镇）联社建设为重，因为乡（镇）的经营管理水平更高、统筹协调能力更强。在具体建设思路上，按照"两个分开、三个合作"的思路予以推进。"两个分开"即行政和经济分开、所有权和经营权分开。核心是赋予乡（镇）联社独立市场主体的法人地位，乡（镇）党委、政府依照党章党纪和法律法规，行使对乡（镇）联社的领导、指导、审计、监督等权力。乡（镇）联社内部要建立健全法人治理结构，股东大会（董事会）、监事会和经营团队分工负责、各司其职。"三个合作"即生产合作、供销合作、信用合作。在此基础上，形成以乡（镇）联社带动村合作社发展、协调区域内各类农业经营主体发展的新机制。

乡（镇）联社能够增强农村发展的自我造血机能、激发乡村振兴的内生活力，是完善北京农业农村要素配置机制的主体组织，是承接城市要素向乡村转移的有效平台，是推动城乡要素自由流动和平等交换的核心枢纽。首都农村历史文化资源丰富，首都农业科技创新潜力巨大，以乡（镇）联社为组织载体，可以参与开展"四个中心"功能建设，可以有序承担"四个服务"和"两区"建设任务。

（二）配套推进涉农管理体制改革

包括但不限于：

1. 完善城乡投融资体制机制

根据城乡融合发展的空间布局，按照每平方千米每年0.1亿～1亿元的投资密度测算，到2035年城乡融合发展的总体投资规模为1.5万亿元左右，平均每年约1 000亿元。因此，必须建立健全相应的投融资体制机制，建立各类产业引导基金，疏通城市资本进入新型城镇和美丽乡村的政策管道。同时要加大公共财政的扶持力度，充分考虑农业经营活动的自然属性和农村第三方服务不足的特点，将乡（镇）政府或乡（镇）联社作为财政支农的主要接受和执行载体，允许跨预算年度、跨预算科目调剂支出。积极稳妥推进乡（镇）联社的内部信用合作，建立健全以乡（镇）联社内部信用合作为基础的"政策性金融、商业性金融和合作性金融相结合"的农村金融服务体系，有效加强风险防控。

2. 深化农业管理服务的体制机制改革

针对以供销社、信用社、农工商总公司为代表的传统"三农"服务机构，已经逐步淡化了与京郊农业和农民联系的客观情况，要认真研究以乡（镇）联社为基础，重建农业技术推广、农村金融服务、农产品储存加工物流等产业链条，完善具有首都特点、适应京津冀协同发展的农业社会化服务体系。

3. 加强乡（镇）人才队伍和新型农村集体经济组织经营团队建设

改变涉农专业技术和经营管理人员在城市扎堆的现状，制订鼓励引导市、区各类人才向乡（镇）聚集的优惠政策。如允许党政机关、事业单位、大专院校等有志到乡村干事创业的在职人员，保留原单位编制、原单位基本工资、原单位身份，转岗到乡（镇）。新型农村集体经济组织可以给予交通补贴、生活补贴，并按业绩计发绩效薪资，形成与国有企业类似甚至更为优惠的人事管理体制机制，使各类人才能够留得住、用得上、干得好。

（执笔人：曹四发，北京市农研中心一级巡视员）

关于坚持和发展京郊农村集体经济的思考

——写在北京市农研中心成立30周年之际

新中国成立以来，党中央对于坚持农村社会主义方向，巩固发展农村集体经济始终高度重视。为了适应农村改革新形势，切实加强对农村集体经济经营管理工作的指导，自1983年起，从中央到地方同步设立了农村经营管理专门机构。中央层面在农业部正式组建全国农村集体经济经营管理站（后改名为全国农村合作经济经营管理总站），之后又增设了农业部农村合作经济指导司，并与农业部经营管理总站合署办公。各省、自治区、直辖市在农（牧）厅（局）正式组建农村合作经济经营管理站（处）。北京市在原市财税局公社财务处的基础上，于 1983 年 6 月正式组建北京市农村合作经济经营管理站（简称市经管站），归口市农业局，同时各区县、乡镇相应组建农村经营管理专门机构。1990 年，北京市农村经济研究中心（简称市农研中心）正式挂牌成立，市经管站整建制由市农业局划归市农研中心。2012 年，北京市农村合作经济经营管理办公室（简称市农经办）正式挂牌成立，与市农研中心合署办公，原市经管站职能由新增设的 4 个经管处室承担。2019 年，北京在新一轮机构改革中，正式挂牌成立北京市农业农村局，市农经办机构撤销，其经管职能处室以及人员整建制划入市农业农村局。

北京市农研中心成立到 2020 年正好 30 周年。30 年来，中心党组坚持依法履职、服务大局，始终把加强农村经营管理、推动农村集体经济改革与发展作为重要职能，组织和指导全市经管系统在落实党的农村基本政策、推动农村集体经济产权制度改革、强化农村集体"三资"监管、开展农村集体经济全面审计、维护郊区农民合法权益、提升农民专业合作社规范化水平、全面推行农村经营管理信息化，以及调处化解基层矛盾纠纷促进农村和谐稳定等方面做了大量富有成效的工作，创造了不少在全国居于先进水平的工作经验，值得认真回顾、梳理和总结，以为市农研中心未来更好履行农村政策与理论研究职责奠定更加坚实的基础。

笔者自 1983 年 7 月至 2020 年，已在市农业局、市农研中心工作 37 年，其中在农村经管岗位工作也整整 30 年。回顾这 30 年来在经管战线的工作历程，最为深刻的体会有三点：一是无论机构如何调整变化，全市农村经管工作始终保持着"线不断、人没散、网未破"的局面。这足以说明，各级党委、政府对农村经管工作一直高度重视。二是无论经管工作的具体职能职责如何增减变化，其工作重点始终是围绕着完善党在农村的基本经营制度、建立健全农村集体经济体制机制这条主线展开的。这足以说明，各级党委、政府对坚持和发展农村集体经济一直高度重视。三是无论各级党委、政府思想上如何重视集体经济，但在抓落实上还存在认识不够高度统一、指导方法不够系统连贯、政策引导不够聚焦等现象，以致京郊集体经济发展很不平衡，集体经济薄弱村比重较大，集体经济发展的质量效益水平不够高，集体经济在郊区农村经济整体发展中的统领作用发挥不够显著。这也足以说明，在当前全市上下聚力实施乡村振兴战略的新阶段，仍然有必要对如何进一步坚持和发展壮大郊区农村集体经济这个问题展开讨论和研究。为此，笔者借市农研中心举办庆祝成立 30 周年系列活动之机，谈一谈个人的粗浅理解。

一、发展集体经济，是京郊农村坚持走中国特色社会主义道路的根本要求

京郊农村为什么要坚持和发展集体经济，这其实不是一个需要论证甚至争论的问题。因为，自中国共产党成立和新中国成立取得执政地位以来，坚持以马克思主义为指导，一切从实际出发所形成的毛泽东思想、邓小平理论、"三个代表"重要思想、科学发展观、习近平新时代中国特色社会主义思想一脉相承的中国特色社会主义理论体系已经对此作出科学的回答。

（一）发展集体经济，是我国社会主义本质的要求

我国社会主义的本质就是始终坚持以人民为中心，走共同富裕的道路。毛泽东同志指出："现在我们实行这么一种制度，这么一种计划，是可以一年一年走向更富更强的，一年一年可以看到更富更强些。而这个富，是共同的富，这个强，是共同的强，大家都有份。"邓小平同志指出："共同致富，我们从改革一开始就讲，将来总有一天要成为中心课题。社会主义不是少数人富起来，大多数人穷，不是那个样子。社会主义最大的优越性就是共同富裕，这是体现社会主义本质的一个东西""在全国，要巩固集体经济，也就是要巩固社会主义制度，这是根本方向""农村改革总的方向是发展集体经济，引导农民走共同富裕的道路""农村经济最终还是要实现集体化和集约化……仅是一家一户的耕作，不向集体化集约化经济发展，农业现代化的实现是不可能的。就是过一百年二百年，最终还是要走这条路"。习近平总书记指出："社队集体经济是农村社会主义经济的重要支柱，只能加强，不能削弱""我们必须注意从逐步壮大集体经济抓起，不断增强集体经济统一经营的功能"。党和国家领导人对社会主义本质的认识和科学论断说明，京郊农村坚持走中国特色社会主义道路，其根本方向就是要坚持发展集体经济。

（二）发展集体经济，是落实社会主义基本经济制度的要求

党的十九届四中全会通过的《关于坚持和完善中国特色社会主义制度　推进国家治理体系和治理能力现代化若干重大问题的决定》明确指出："公有制为主体、多种所有制经济共同发展，按劳分配为主体、多种分配方式并存，社会主义市场经济体制等社会主义基本经济制度，既体现了社会主义制度优越性，又同我国社会主义初级阶段社会生产力发展水平相适应，是党和人民的伟大创造"，要"毫不动摇巩固和发展公有制经济"，要"深化农村集体产权制度改革，发展农村集体经济，完善农村基本经营制度"。可见，坚持和发展集体经济，是京郊农村充分体现公有制经济主体地位、落实好党在农村的社会主义基本经济制度的必然要求。

（三）发展集体经济，是遵循和践行我国宪法精神的要求

宪法是我国的根本大法。2018年新修正的《中华人民共和国宪法》规定："中华人民共和国的社会主义经济制度的基础是生产资料的社会主义公有制，即全民所有制和劳动群众集体所有制""国家在社会主义初级阶段，坚持公有制为主体、多种所有制经济共同发展的基本经济制度，坚持按劳分配为主体、多种分配方式并存的分配制度""农村集体经济组织实行家庭承包经营为基础、统分结合的双层经营体制。农村中的生产、供销、信用、消费等各种形式的合作经济，是社会主义劳动群众集体所有制经济""国家保护城乡集体经济组织的合法的权利和利益，鼓励、指导和帮助集体经济的发展"。可见，坚持和发展集体经济，不仅是贯彻落实党的基本路线和大政方针的需要，同时也是遵循和践行宪法精神的基本要求。

（四）发展集体经济，是巩固党在农村执政根基的要求

胡锦涛同志指出："集体经济实力与农村基层党组织的凝聚力和战斗力是紧密联系在一起的。如果农村村级集体经济长期发展不起来，无力为农民提供各种服务，办什么事情都向农民伸手，就会逐步失去农民的信任。只有努力发展壮大集体经济，不断增强服务农民、吸引农民的物质条件，农村基层党组织的领导核心作用才能建立在稳固的基础之上。"可见，集体经济发展得如何，影响着党在农民群众中的形象和威信，决定着党在农村基层的执政基础。

以上四点说明，毫不动摇地发展壮大集体经济，是京郊农村全面深化改革、有力推动乡村振兴战略实施必须始终坚持的根本方向。因此，统一认识、凝聚力量，思想更加坚定、态度更加鲜明、行动更加果决地坚持农村集体化道路，不仅是学习贯彻习近平新时代中国特色社会主义思想，坚定"四个自信"、增强"四个意识"、做到"两个维护"的政治担当，也是检验"不忘初心、牢记使命"主题教育成果的重要体现。

二、建立健全适应中国特色社会主义市场经济要求的体制机制，是推动京郊农村集体经济快速发展的基本前提

从根本上讲，京郊农村集体经济的改革和发展，必须要构建在中国特色社会主义市场经济体制的基础之上。具体来说，就是一要充分体现北京郊区的地域特色，二要充分体现社会主义的本质要求，三要充分体现市场在资源配置中的决定性作用。实现这三个"充分体现"的基本前提，就是要通过深化改革，进一步建立健全集体经济发展的体制机制。如果没有这个制度基础，原本好的发展思路、区域规划、引导政策、产业项目也可能难以达成理想的预期。只有夯实制度基础，才能在其落实、落地、开发、合作、运营过程中最大限度减少"效能流失"，产出"正义效率"聚合力，从而最终实现集体经济高质量和持续稳步发展的目标。

笔者认为，建立健全集体经济发展的体制机制，夯实其制度基础，应重视和研究以下10个方面的问题，具体可概括为"五个一"和"五个分"。

（一）抓住一个"统"字，强化乡村集体经济统的功能

强化乡村集体经济统的功能，是坚持和完善"以家庭承包经营为基础、统分结合的双层经营体制"这个党的农村基本制度的题中应有之义，是京郊农村完成"二次飞跃"实现高水平集体化的必然要求，是推动城乡融合和新型城镇化建设、加快农业农村现代化进程、有效实施乡村振兴战略的根本抓手。最重要的，它是京郊农村适应新阶段新形势，解决好"统"与"分"相互转化的矛盾关系出现根本性变化问题的内在要求。这一问题的具体内涵是，京郊农村在改革、完善农村基本经营制度"统"与"分"的关系上，随着农村人口结构（如老龄化）、农村劳动力结构（如就业渠道多元化）、农民收入结构（如一产收入比重）和农民生活水平的根本性变化，"分"已经转化为矛盾的次要方面，而"统"则

上升为矛盾的主要方面。从近两年对京郊 40 个乡村的调研观察情况看，郊区农民对"统"的意愿和要求与日俱增。因此，强化乡村集体经济"统"的功能，探索创新集体经济"统"的体制机制，应成为当前农村工作的重要着力点。

从京郊农村所处区位和当前现实情况看，强化乡村集体经济"统"的功能，关键是要逐步实现三个转变：一是要突破"统"的内涵，逐步由传统的、一般意义上的统一经营向"统筹发展"转变。集体经济的"统"，本质上具有计划性特征，因此它应包括单个主体、单一要素的统一经营和多主体、多要素整体性集合式统筹发展两个层次。前者是较低层次的统一经营，而后者是更广范围、更大规模、更高层次的统一经营。实现由较低层次的统一经营向更高层次的统筹经营转变，是未来郊区实现高水平集体化发展的必然要求和方向。而且，它将更有利于京郊农村经济与北京城市、城镇功能及产业的配套性整体开发和协同发展，从而加快实现农村经济、社会结构转型。二是要提高"统"的层次，逐步由村"各自为战"向片区统筹、乡镇统筹乃至区域统筹转变。根据城市、城镇功能与产业发展需要，抓住区域规划实施中整体性项目开发的机遇，适时推进集体经济片区、镇域、区域统筹开发、统一经营、共同受益的体制机制建设。三是要拓展"统"的内容，逐步由过去主要以农地、农业产业统一经营向"三块地""三资"、农宅等多要素综合开发经营的"要素统筹"发展转变。在暂不具备片区、镇域、区域统筹发展条件的传统村、薄弱村等，应积极选准、培育主导产业，通过要素统筹，实现村域集体经济整体发展。

（二）确立一个"核心载体"，强化和坚持京郊农村社区型集体经济组织的"母体"地位

在认清强化集体经济"统"的必然性和方向之后，就应明确回答谁是行使集体经济"统"的职能的"核心载体"。这个核心载体其实非常明确，就是乡村两级社区型合作经济组织这个"母体"。具体来说，就是市委、市政府《关于加强乡村合作社建设，巩固发展集体经济的决定》（京发〔1991〕2 号）中所明确的"乡联社""村合作社"（以下简称乡村合作社）。之所以对此专门加以强调，是因为一直以来在理论、政策（如"三改二"）和实践中，对此始终存在着纠结、交锋、摇摆，甚至无意或"有意"的模糊性认识。因此，在推动京郊集体经济发展中仍然需要理清几个关系。

一是乡村合作社与党的基层组织的关系。党的基层组织是乡村合作社发展集体经济的领导核心，其领导可以兼任，但其管理和决策行为必须遵循乡村合作社内部的治理制度和决策机制。总之，党的基层组织不能包揽、包办乡村合作社的经济事务。

二是乡村合作社与村民委员会的关系。村民委员会本质上是党的政权体系在农村最基层的延伸，主要承担基层行政和社会管理事务，而不是法理上的集体经济组织载体。即便是村民和集体经济组织成员（社员）高度重合的村，为了进入市场和长远发展的需要，也应由村委会"代行"逐步恢复村级合作社体制。总之，回归村合作社的"母体"地位，不仅是适应市场经济发展要求的必然趋势，也是在快速城市化、城镇化过程中确保农村稳定，解决好"村民"与"成员"（社员）矛盾的现实需要。

三是乡村合作社与各类农民专业合作社的关系。专业合作社是带领农民进入市场、提

高农民组织化程度的一种有效组织形式，政府给予重视和扶持是应该的、必要的，但其不能成为社区性集体经济发展的核心载体。因为它是"以产品为纽带"组建，其成员高度开放（甚至可以跨省份），具有动态性、不确定性。更重要的是，它的产权关系承认差异化，少数人持股、核心成员控股已是普遍现象，因此其公有特征、"集体化程度"或有待观察。与此相反，乡村合作社以"土地"为纽带，以历史沿革的村落为载体，其成员天然具有"世袭性"、封闭性，成员权利具有均衡性，集体所有权具有不可分割性。因此，乡村合作社是最能体现农村社会主义本质要求和公有制经济主体地位的集体经济组织形式，是党在农村基本经济制度的"根"与"魂"。

四是乡村合作社与集体经济产权改革后形成的乡镇集体经济联营公司、村级股份经济合作社（或股份制公司等）的关系。后者是社办企业（公司），与前者构成"母子"关系。后者可以再办公司，与前者构成两级所有、多层经营的体制格局，以适应开拓市场的需要。但无论怎样改革和创新所有权的实现形式（经营方式），都不应动摇和改变乡村合作社作为集体经济产权主体的地位。

五是乡村合作社与供销社、信用社、国有农业龙头企业的关系。它们应是平等的合作关系。前者及其所办企业（公司）应成为后者支持"三农"、助力郊区集体经济发展的主要载体和合作伙伴。总之，应在深化农村改革中确立和强化乡村合作社的主体地位，并以此为支撑推动政策集成和聚焦，形成专业合作社、供销社、信用社、龙头企业等相互补充、相互支撑、相互合作的组织制度体系。

（三）赋予"核心载体"一个合法的市场地位，打通乡村合作社资产经营的"市场梗阻"

未来乡村合作社"统"的功能的核心将是集体资产的统筹经营。目前，乡村合作社具有宪法和民法赋予的法律地位，但始终缺失合法的市场地位，以致其"法人财产权"得不到市场认可。这就导致乡村合作社在开拓市场、扩大经营规模、推进产业升级、创新经营方式的过程中，面临着在资产评估、资产分割、资产转移、资产交易、要素重组与合资合作以及税制接轨等诸多环节难以逾越的"市场梗阻"，资产经营的统筹功能难以发挥。为此，要在全国农村集体经济组织法正式出台前，继续实行和完善乡村合作社登记、赋码制度。同时，尽快修订《北京市农村集体资产管理条例》等地方性法规，或出台政府规范性专门文件，以适应当前京郊农村集体经济转型发展的迫切需要。

（四）制定一部"成员权宪章"，提升乡村合作社的内部治理能力和水平

乡村合作社被赋予法律上的市场地位，只是其有效进入市场的必要条件，根本上还必须依靠其内部的治理结构和治理能力。一部详尽、完整、规范的"成员权宪章"，就是其内部治理所必须遵循的"根本大法"。因为一个乡村合作社只有拥有并严格遵循体现成员共同意志的"成员权宪章"，才能从根本上解决在其经营管理中的四个治理难点。一是有效防止"外部力量"对合作社事务的不当干预与侵夺，以维护组织及成员利益。二是有效避免"内部权力人"对经营成果的觊觎、"寻租"，以改善农村基层党群、干群关系。三是

有效解决成员与集体、成员与村民、成员与成员（如原始成员、政策性移民、自由迁徙移民、外嫁女、入赘男、新生人口、转业军人、劳改人员、转非未转工人员等）因成员资格界定、成员权益量化、收益分配等处置无序而引发的内部纷争，以形成和谐共生的自治机制与合力。四是有效实现乡村合作社民主决策的科学化、程式化及成员共同意志表达，以从根本上避免盲目决策、随意决策、少数人决策甚至"个人独断专行"给合作社发展造成的不良影响。因此，通过"成员权宪章"对集体资产存量及结构、成员资格条件、成员资格界定、成员权益量化、成员权利与义务、成员加入与退出、产业开发与投资、项目合资与合作、资产使用与处置、财务收支审计、收益分配办法、民主决策事项与流程等重要事项作出详尽的约定，就成为乡村合作社治理体系和治理能力建设的根本性制度基础。

（五）出台一部专门的农村产权交易规程，营造乡村合作社开拓市场、发展集体经济良好的外部环境

乡村合作社行使"统"的职能，必然要整合、优化、集成各种资源，并与外部各类市场主体发生各种产权关系，其过程离不开市场规制，要素流动与产权交易就是其中最为重要的环节。因此，政府部门应加快补齐农村产权交易制度建设相对滞后的短板，在整合已有相关法律、制度、文件的基础上，出台一部专门的"农村产权交易规程"，对农村承包地、四荒地、宅基地、建设用地、农宅、固定资产与设备，以及各类股权等要素流转与交易的条件、资格、标准、程序、流程、合同、档案、审批、监管等方面做出详尽的规定，助力集体经济更加顺畅地融入市场。

（六）实行政社分开，完善农村集体经济新型管理体制

建立"产权清晰、权责明确、流转顺畅、管理科学"的现代农村产权制度及法人治理结构，是农村集体经济体制改革与完善的重要目标。要达成这一目标，就必须实行政社分开。这不仅是切实维护农民集体成员权益和充分保障乡村合作社独立行使"统"的经营管理职能的需要，也是政府转变职能的必然要求。因此，在政社机构、职能分开的基础上构建起党组织领导、政府监管指导、产权主体独立统筹运作、企业市场化经营、要素配置顺畅的集体经济新型管理体制，是京郊农村深化改革面临的重要课题。

（七）实行"资产分家"，完善适应市场经济要求的集体经济经营体制

"资产分家"是政社分开的具体化，对于确立乡村合作社的产权主体地位，构建其与市场经济要求相适应的经营体制具有重要意义。因为资产权属关系清晰是微观主体有效进入市场的基本前提，进而也就成为乡村合作社有效行使统一经营职能的必要条件。据有关信息，陕西省在推进农村集体经济产权制度改革中，由农业农村厅、民政厅联合印发《关于做好农村集体资产向农村集体经济组织移交的通知》，其目的显而易见。北京市目前在乡村两级还不同程度存在着资产归属及其财务关系"不清不楚"的现象，导致集体经济的经营体制机制还不能完全适应市场经济发展的客观要求。

（八）实行社企分离，完善农村集体经济现代法人治理结构

乡村合作社与所办企业虽是"母子"关系或"祖孙"关系，是"一家子"，但为了适应市场必须实行社企分离、账户单设、财务独立，并在此基础上建立统一经营、统筹发展、分层治理的现代法人治理体系。乡村合作社（联社、总社、分社、基层社）作为产权主体，按照"集体经济组织法"构建法人治理机制，行使对村域、镇域、区域所属集体企业统一管理、统筹发展、监督审计等职能，实行"一人一票"民主决策制度，从企业上交或"集体股权"分红所得收益在关照社区公共、公益事业基础上，以成员权为依据实行按劳分配为主。乡村合作社所属独资或合资控股的集体企业，按照《中华人民共和国公司法》构建法人治理机制，实行按股投票的决策制度，其税后利润进行"按资分配"（独资企业按约定全资或按比例上缴）。前者注重公平，后者关注效率；前者是统营，后者是分营，是有统有分、统分结合的整体。实行有效的分层治理，既能确保集体成员整体利益及公平享有，又可调动企业及其投资者的积极性，更好地推动企业效率和集体经济整体效益的提高。

（九）实行产权分置，完善农村集体经济要素流动与优化重组机制

在不动摇和"异化"乡村集体所有权的基础上，实行产权分置，是唤醒乡村"沉睡"资源，加快农村生产要素优化重组，推动农村集体经济转型升级的重要改革举措。为此，要以实现集体经济地尽其利、物尽其用、人尽其才为目标，完善农村土地所有权、承包权、经营权和农村宅基地所有权、资格权、使用权为核心的三权分置政策，创新不同类型地区产权分置的具体模式，探索乡村合作社吸引国有资本、社会资本参与农村集体经济产业转型升级的合作机制。

（十）秉持利益分享理念，完善农村集体经济可持续发展机制

立足实现高水平集体化的总体目标，推动京郊农村集体经济高质量发展，离不开思想解放和发展观念的改变，其中最重要的是必须强化利益分享理念。乡村合作社及其成员，只有深刻认识到舍与得、近期利益与长远利益、局部利益与整体利益的辩证关系，才能真正树立利益分享的理念，把握更多的合作机遇，引进更多的人才与资本，进而建立起风险共担、利益共享的长期、稳定和可持续发展机制。

三、构建五个体系，是京郊农村集体经济实现高质量发展的重要保证

推动集体经济转型升级，实现其高质量发展目标，是京郊农村贯彻习近平新时代中国特色社会主义思想、有效实施乡村振兴战略的一项带有全局性的重要任务，因此必须切实加强党的领导和政府的支持与服务。其中，主要应构建和完善"五个体系"。

（一）构建农村集体经济政策支持体系

一是要出台集体经济专门的扶持政策，以乡村合作社为平台强化政策集成和聚焦，加快推动集体经济的产业升级和转型发展。建议在农口综合部门设立政府性集体经济转型发展专项基金，以此为基点对区域性产业升级、重大项目开发、薄弱村产业培育等加大统筹支持力度，同时吸引、撬动金融、社会资本深度参与集体经济产业升级工作，形成长期、稳定的良性合作机制。二是要制定专门针对农村集体经济的融资新政，实质性推动银行等金融机构主动、顺畅对接集体经济法人主体的融资需求。三是要加快城乡就业、医疗、养老等社会保障制度接轨，为集体经济转型发展创造更加顺畅、有利的条件。

（二）构建农村集体经济"三资"监管体系

京郊农村集体经济账内资产达 7 000 亿元左右，有的乡镇达到几百亿元，有的村拥有上百亿元。此外，农村土地、山场等资源性资产总规模及生态价值相当庞大。随着集体经济改革开放和转型发展的不断推进，这些资产的流动和产权重组将日益频繁和复杂、多元。为保证其资产运作的科学、合理，有效防止"小微腐败"现象，维护农村基层稳定，除了不断健全完善集体经济组织内部治理机制外，还应当进一步加强政府对集体经济"三资"管理工作的指导与监督。因此，无论行政事业机构如何改革变化，保持各级农村经管专业机构和队伍的稳定仍然十分必要。

（三）构建农村集体经济发展绩效考评体系

通过制定科学、简便、易行的绩效考评指标体系，并明确专业机构负责对区、镇、村发展壮大集体经济的规模、质量、效益进行综合考核评价，是切实加强党的领导的必要举措。一是将绩效考核评价结构纳入政绩考核范围，以逐步增强各级党委、政府对发展集体经济的认识。二是将绩效考核评价结果进行综合评分排队，以形成明位次、看先进、找差距、促工作的良好氛围。三是通过绩效考核评价工作树立典型，总结经验，发现人才，培养干部。

（四）构建农村集体经济人才培育体系

人才是发展壮大集体经济，实现"组织振兴"的关键，而目前京郊农村集体经济组织及企业在管理人才、经营人才、技术人才存量和质量方面与实际需要整体上还存在较大缺口。因此，要在人才培训、人才引进、人才成长通道等方面出台更加实用、更具激励引导作用的政策措施，逐步形成乡村合作社与集体企业人才培育体系。

（五）构建统一、规范的农村产权交易体系

将现行法律、政策规定、农村产权交易规程、市场交易通行规则进行梳理集成，搭建公开、公正、透明的交易平台，形成全市统一、规范的农村产权交易体系，是推动集体经济组织有效进入市场、拓展合作空间、提高资源利用效率，实现更大规模、更高质量转型

发展的现实需要和关键环节。因此，应进一步加强农口综合部门对全市农村产权交易工作的统筹指导和流程审批与监督，深化与全国性、区域性、综合性产权交易机构的交流合作，探索"平台链接交易"，扩大交易半径，提高交易成功率，达成更多"最佳交易"，也使集体成员更好地分享市场效能所带来的福利。

（执笔人：熊文武，北京市农研中心二级巡视员）

推进城乡融合发展是率先实现
农业农村现代化的必经之路

——"十四五"乡村振兴研讨会暨北京市
城郊经济研究会年会综述

2020 年 12 月 26 日，由北京市农村经济研究中心、北京市城郊经济研究会联合主办的"十四五"乡村振兴研讨会暨北京市城郊经济研究会年会在北京市农村经济研究中心一层报告厅举办。北京市城郊经济研究会副理事长、北京农研沟域经济发展促进中心主任张义丰研究员，农业农村部农村经济研究中心龙文军研究员，北京市城郊经济研究会常务理事、北京市社会科学院副院长赵弘研究员，北京市政府参事、首都经贸大学张强教授做了精彩的学术报告。市农研中心党组书记、主任、一级巡视员张光连作总结讲话。市农研中心班子成员、各处室单位负责人、"十四五"乡村振兴实施规划编制写作专班人员，以及北京市城郊经济研究会会员以线上线下的形式参加了会议。市农研中心党组成员、副主任刘军萍主持会议。此次会议也是北京市农村经济研究中心成立 30 周年的重要活动之一。

会议深入学习领会党的十九届五中全会精神，认真贯彻落实《中共中央关于制定国民经济和社会发展第十四个五年规划和二〇三五年远景目标的建议》战略部署，牢牢把握我国开启全面建设社会主义现代化国家新征程、向第二个百年奋斗目标进军的新阶段特征，深入贯彻创新、协调、绿色、开放、共享的新发展理念，以探索"十四五"乡村振兴、率先实现农业农村现代化为主题，以大力推进城乡融合发展为主线，共同探讨在构建新发展格局中实施首都乡村振兴战略、率先实现农业农村现代化的发力点和突破点，形成了一系列具有启发的观点和见解，现将会议的主要观点综述如下。

一、关于"推进城乡融合发展、率先实现农业农村现代化"的历史逻辑

会议聚焦城乡关系演变和人民群众实践经验的历史过程及其变化趋势走向，探讨了"三农"问题产生的历史根源。

赵弘认为，长期以来"三农"经历了"三重约束"和"一个反差"。"三重约束"中，第一重约束是城乡二元结构的约束，包括二元的户籍制度、二元的就业制度、二元的住房制度、二元的社会保障制度等，这套二元制度体系把农民束缚在土地上。第二重约束是价格剪刀差约束，改革开放前用制度性剪刀差压低农产品价格，保证了市民比较低的生活支出和比较好的生活水平，为工业化积累做出了巨大贡献；加入世界贸易组织后，开放了农业市场，在与国外农产品的竞争中，农产品价格从政策主动到了市场被动，强力的国际农产品市场价格挤压使得国内农产品价格很难提升。农业经历了两次牺牲、两次贡献，早期为工业化和国防现代化做出巨大的贡献和牺牲，第二次为开放大局做出了牺牲和贡献。第三重约束是生产力约束，这个约束是长期存在的，以基本的三要素为例，从土地讲，改革开放之前生产力水平决定了不可能实现现代化生产，生产力限制了现代化生产的可能；改革开放之后，小农的生产格局和规模化机械化生产要求形成了冲突，这个问题一直没有解决。从资本讲，整个农村是在低收入水平基础上的储蓄资金净外流，资本从农村往城市大量流出。从人才讲，在计划经济时期和改革初期，农村人力资本进城只有当兵和考学两个通道；改革开放以来，农村的人力资本大规模进城，农村的老龄化问题日益严重，这三个生产要素问题使我们长期形不成实现农业现代化的基本条件。此外，还存在管理、信息要素的短缺，我们正经历着新的长期的城乡信息鸿沟。"一个反差"是指乡村文明与城市文明之间巨大的反差现实，城市文明是开放的，能够满足人们多方面的需求；乡村文明是静止的，本身没有发展，也无法保护过去的优秀传统文化。两个文明之间巨大的反差让人们几乎没有办法做出双重的选择，只能从乡村文明转到城市文明。

赵弘提出，这"三重约束"和"一个反差"是我国"三农"问题产生的历史性根源问题，细枝末节的改革都不能解决问题，必须在更深层次上、更广范围上推动农村更大限度的制度性变革，重构城乡融合的制度体系。主要思路是构建社保堤坝、促进要素进入、做强现代农业、实现城乡融合，具体路径是深化改革、重构制度、分类分步、分步到位。

二、关于"推进城乡融合发展、率先实现农业农村现代化"的现实基础

会议围绕北京处于高度城镇化阶段的"逆城镇化"特征，探讨了城乡空间关系层面的变化所引起的乡村产业格局的演变和资源配置格局的调整，进一步明确了北京现阶段推进城乡融合发展、率先实现农业农村现代化的客观规律和现实基础。

张强指出，实证研究发现北京市这些年外围人口密度的增长速度要快于中心城区。以中心城市外围人口增加或外向流动为典型特征的逆城镇化早已不是一种理论假设或推断，而是一种明显的事实。逆城镇化表明了一种人口离心疏散的趋势，离心疏散有逆城市化、郊区化两种形式。疏散化趋势在大城市地区的普遍出现，意味着城镇化进程已由向心集聚的阶段提升到离心疏散的阶段。所谓"逆"，不是指城市人口的农村化，更不是指城市文明和生活方式的农村化，而是指城市市区人口向郊区迁移，大城市人口向卫星城迁移的倾向。逆城镇化的本质是城市要素进入乡村地区的聚落，逆城镇化的根本作用是通过发达的

中心城市各种要素的外向扩散，最终缩小区域发展差距、走向均衡。这个趋势和结果，与消除地区之间、城乡之间差距的基本要求是一致的，与城乡发展一体化的总体方向是一致的，与缓解"城市病"和"农村病"的迫切需求是一致的，与根本解决"三农"问题、实现乡村振兴和农民富裕的长远目标是一致的。

张强认为，现在农村发展产业相对于城市发展产业更难。一方面，现行规制对农村集体建设用地的利用以及允许在集体土地上发展的产业门类，有着严格的限制。另一方面，现阶段的城乡分工也对农村地区适宜发展什么产业，存在着客观的、内在的经济性制约。农村产业发展的内容、形态、方式、路径与城市不同，存在自身的规律性。但是，对现阶段农村产业发展的这类实践经验总结提炼尚不足，有相当多的想象性、随意性和套用照搬城市思维模式而脱离农村实际情况的偏向。近年农村产业发展出现了新变化。有一些好的变化，如产业和环境的"清洁化"，部分小城镇的新产业兴起，发展产业的规制意识普遍增强等。同时，也出现了很多问题，农村产值、规模大幅度缩减；农业经济效益大幅度下降；农业结构中畜牧业大幅度削减，从事种养业的就业人员减少，从事生态涵养就业增加；远郊乡镇、村两层产业减量；农村原住居民的就业比重降低；务农、务林、务游的人口老龄化，老能人"退伍"。

张强提出，乡村产业定位的起点是乡村功能的定位。我们一定要正视"农村向乡村"的功能演变，不应视而不见，不可熟视无睹，不能无动于衷。针对农村产业如何转型发展，最重要的是要研究乡村功能。近年，农村大规模的就业转移，使得农村居住人口结构出现了变化，最重要的是农村居住人口职业结构出现了变化。2018年北京市乡村就业人员第一产业所占比重仅占13.8%，近90%的就业人员不从事农业。"以农业活动为主、农业生产者居住为主"的现象经过40年正在潜移默化地转变为"农业与非农业活动、农业生产者居住与非农业生产者居住"并存，有些地区甚至形成了"以非农活动和非农生产者居住为主"的状态。这些农村地区的功能，已经由过去以农业生产和农业生产者居住为主的单一功能，逐步转向"农业＋生态＋非农业"构成的多样化产业与功能。农村功能的演化映射出了城乡空间关系的变化，最后归结为城乡要素流动的变化，其影响逻辑的大致顺序为：经济活动结构的变化导致了居住人口职业结构的变化，导致了农村居住人口社会结构的变化，导致了农村功能向乡村功能的演变，导致了决定乡村产业结构的基础发生了变化，最终产生了对调整资源配置空间结构的内在需求。因此，功能变化是重新定位"农村"的客观依据，也是重新配置乡村资源和要素的现实基础，我们需要按照乡村功能的变化认真思考农村产业的定位。

三、关于"推进城乡融合发展、率先实现农业农村现代化"的重要举措

会议紧扣推进城乡融合发展的主线，针对"十四五"期间北京山区农业规划取向、乡村建设、乡村产业发展、现代化都市圈建设等事关率先实现农业农村现代化的重点难点课题，提出了相关解决思路与政策建议。

张义丰围绕北京山区农业"十四五"的规划取向，提出要科学认识北京山区经济，让"保护北京绿水青山、让人民吃得放心"成为落实"以人民为中心"发展理念的目标要求，让山区农村成为北京绿色发展的主战场。农业发展目标从"增产、增收"双目标向"稳产、增收、可持续"的目标转变，绿色发展成为农业农村发展的主流，也是农业农村现代化基本要义。"十四五"期间，针对北京山区农业农村发展面临的问题和挑战，一要对产业结构作出战略性调整，二要着力构建地域性特色化产业结构，三要站在京津冀全局谋划北京发展，在更大的空间布局上施展拳脚，为北京高质量发展提供广阔腹地支撑。"十四五"期间应努力打造北京山区农业升级版，产业结构要再优化，要素品质要再提升，科学技术要再集成，产业增量要再拓展，服务价值要再提升。

张义丰建议，山区农业的发展出路：第一，从特色农业切入。特色农业不仅是推动农业快速发展的有效途径，也是促进农民增收和加快农村振兴的重要举措。以新型工业化和现代服务业带动传统农业的转型升级，将三产整合成一个综合性的新型产业。第二，从特色农产品优势区突围。特色农产品优势区构建有利于推动农业规模化经营，为特色产业发展带来机遇，延长产业链，推动特色产业融合发展。从国家和社会需求来看，农业的多功能需求将逐渐增加，激励区域特色产业发展和推动三产融合模式就显得至关重要。优化农产品区域布局，建设产业带和发展特色产品是今后一个时期北京农业结构调整的战略突破口。第三，创建北京山区国家中医农业示范区。"中医农业"对推动农业、中医药及相关产业融合发展具有十分重要的示范意义。北京山区应加快建立生态农业产业体系、生产体系、经营体系，把其作为山区产业振兴的平台载体和重要抓手。按照全产业链开发、全价值链提升的思路，支持选择山区基础好、有特色、比较优势显著的中医农业相关主导产业。第四，推出北京山区全域美丽之乡。坚定不移创新践行"绿水青山就是金山银山"发展道路，始终坚持以人民为中心的发展思想，深入推进北京山区全域美丽之乡建设。第五，培育北京气候好产品（中国气候好产品）。新一轮科技革命是以绿色、低碳、健康为主题，将引发农业，尤其是特色产业深刻变革，新一轮科技革命与中国气候好产品评估必将促进产业结构调整和区域经济格局的深刻变化。应在中国气候好产品基础上，推出独具北京特色的北京气候好产品。第六，打造北京山区农业新型品牌化。北京山区地域的多样性和农业生产的分散性决定了众多优质农业产品必须依靠地脉下的区域公共品牌来标识其品质。强化北京山区特色农产品优势区因地制宜建设一批特色化品牌，让品牌成为优质农产品和区域特色产业的代表性符号。北京气候好产品是农业品牌化的生力军，倡导"区位＋地域功能＋农业气候创意评价"是品牌发展不可或缺的方向和力量。第七，推出独具首都特色的北京山区接续减贫示范区。培育北京山区接续减贫示范区，是立足北京市情，着眼长远的重大考量，选择山区作为接续减贫示范区，在国内外均具有重要影响。北京山区农业可考虑六个新定位，即"两山经济"新标本、健康养生新高地、中医农业示范区、全域美丽之乡（山区）、北京气候好产品（中国）、北京接续减贫示范区。

龙文军围绕"赋能文化元素，助力乡建行动"，建议要在北京市的"十四五"规划、北京郊区发展规划中体现出文化的作用，充分展示优秀传统文化在京郊乡村建设行动中的价值，将其重新应用到乡村生活场景中，使其融入现代生活，不断提高京郊社会的文明程度，把京郊乡村打造成全国乡村社会文明学习的标杆。

龙文军建议，北京"十四五"期间应开展 7 个方面的工程。一是实施公民精神文明建设工程。持续推进农村精神文明建设，建设乡村文化礼堂、农家书屋等阵地，让习近平新时代中国特色社会主义思想在京郊家喻户晓，落地生根。引导广大干部群众心往一处想，劲往一处使，齐心协力创造幸福美好的生活，不断提高乡村文明程度。二是实施区域特色文化传承工程。深入乡村文化中蕴含的优秀思想观念、人文精神、道德规范，并结合时代要求进行创新。结合重要节事活动的开展，打造中华农耕源头文化品牌，让传统农耕文化在更大范围内传播，为增强文化自信提供优质载体。三是实施京郊乡风传习工程。以培育家风正、村风良、民风淳等社会生活新风尚为方向，深入挖掘优秀传统文化和中华美德。建设公益服务平台，让美德善行有载体；传承中华文化精髓，融入现代文化理念；教育引导广大农民见贤思齐，崇德向善，移风易俗。四是实施优秀乡村文化记忆工程。划定乡村建设的历史文化保护线，有计划地开展传统村落、历史文化名镇、名村和建筑的保护利用，把各类农业文化遗产和优秀乡村文化的保护传承，与新型城镇化发展、旅游产业、民俗节庆创新融合发展。五是实施民间手工艺振兴工程。整理保护有地方特色的非物质文化遗产，培育特色的传统手工艺产品，鼓励非物质文化遗产传承人、其他文化遗产持有人开展传承和传播活动，促进传统手工艺提高品质、形成品牌、带动就业。组织创作以弘扬京韵文化为主题的文学、戏剧等优秀文化作品。促进文化资源与现代消费需求有效对接，大力提升传统文化的附加价值。六是实施乡村健康生活工程。健全人文关怀和心理疏导机制，培育自尊自信、理性平和、积极向上的农村社会心态。广泛开展贴近农民群众生活的体育健身活动，不断夯实农村公共体育设施建设，培育农民群众健康生活理念，提高农民身心素质。七是实施新时代的新人培育工程。推出一批新时代农业先进模范人物。加强优秀乡村文化人才的选拔培养，扶持建设传统戏曲、民间艺人等人才培养基地，依托国家级、省级非遗传承人培训项目带动一批基层文化工作者、民间文化能手，培育一支懂文艺、爱农村、爱农民、专兼职相结合的农村文化工作队伍。

赵弘围绕现代化都市圈建设，提出城镇化质量亟待提升。治理"城市病"要找准"病因"，并非是简单的人口多就会得"城市病"。"城市病"的核心病因主要是对城市发展中两大规律把握不到位。第一，城市空间结构规律把握不到位，未能将城市从单中心向多中心都市圈空间结构演进。面对来势迅猛的城市化浪潮，对城市尤其是大城市发展规律认识不够，没有把握好城市发展内在规律。北京虽采取了组团发展的方式，但空间结构仍不尽合理。规划对城市科学发展的引导作用不充分，"单中心"格局始终无法打破，单一空间上的人口、产业、城市功能过度集聚，超出了规模经济的要求。北京早期的城市规划借鉴国外经验引入"边缘集团""卫星城"等概念。但是，北京没有建立起像样的卫星城。建立卫星城，形成合理空间结构，有五个因素非常关键，缺一不可。一是理念，卫星城和新城要承载城市功能或产业，尽可能实现职住平衡；二是距离，新城离主城的距离应该为30～70 千米；三是通道，要有大容量、高效便捷的市郊铁路；四是规模，以中小城市为主；五是顺序，建卫星城要先建交通设施，再建公共服务设施，最后建居民住宅。对比东京，北京居住功能与经济功能不匹配。北京市居住功能郊区化，65％的常住人口分布在四环外，五环外的人口超过 1 000 万，接近总人口的一半。但经济功能主要集中于四环内，中心城区集中了全市 70％的 GDP 和 72.7％的城镇单位从业人员。北京城市功能布局不合理，对城市运行造成巨大压力。第二，对城市发展中的交通结构规律把握不到位，未能实现城市结构的根本性转变。对城市运行效率具有决定性作用的一个重要条件是建立其与大都市规模体量、空间结构相适应的交通结构。运行效率比较高的国际大都市，其交通结构的共同特点是公共交通在城市交通结构中占主导，轨道交通在公共交通结构中占主导。轨道交通要呈现合理的结构体系。一般来说，15 千米半径以内的核心区以地铁为主，15～30 千米近郊以快速铁路为主，在 30～70 千米范围内的远郊区通勤以大容量、一站式、便捷、低票价的市郊铁路为主，70 千米以上以城际铁路为主。北京轨道交通体系存在两个短板：一是中心城区轨道交通密度不够，二是市郊铁路缺乏。超大城市的理想交通结构是 60∶20∶10∶5∶5，即出行比例上，轨道交通占 60％，地面公交占 20％，私人小轿车占 10％，出租车占 5％，自行车占 5％。因空间结构不合理和交通结构不合理，未能形成城市圈结构，未能建立起与超大城市需求特征相适应的以轨道交通为主的公共交通体系，极大地降低了北京城市的承载能力，"城市病"提早暴发。

赵弘认为，建设现代都市圈要注意三个关键点。第一，充分认识防范和治理"城市病"的重要性和紧迫性，把都市圈建设作为推动城市和城市群高质量发展的重要战略。着力弥补第一阶段大规模城市化的短板和不足，破解城市病难题。实施科学的城市病预防措施，为第二阶段高质量城市化奠定基础。跳出都市圈与城市群对立性认识误区，强调都市圈不是反对城市群，是对城市群发展中都市圈发展不充分、"城市病"愈演愈烈背景的一种补课式强调。应分类施策，宜圈则圈、宜群则群、宜单则单。保证规划的科学性和权威性。第二，把建设"轨道上的都市圈""轨道上的城市群"作为重要战略路径，畅通功能、产业、要素在都市圈、城市群的集聚和扩散。轨道交通要先行，市郊铁路布局要有前瞻性。第三，建立适宜都市圈空间战略落地的体制机制，久久为功，在规划体制机制上给予保障。

张强围绕"两化"相得益彰背景下的乡村产业转型发展，提出关于高度城镇化阶段特征的思想认识得到了真正的解放。下一步，要按照城镇化和逆城镇化的客观规律和发展趋势，考虑产业结构变化与资源配置以及支撑资源配置的制度调整问题，积极地选择正确的政策和策略将逆城镇化引入正确的轨道。从逆城镇化实践经验来看，农业、生态建设业、旅游休闲业、宜居服务业应该是首都乡村的主导产业。针对农业，应坚持按照现代农业的种养结合的产业结构规律性，保持具有内在有机联系的生态链和产业链。针对生态建设业，既是事业，也是产业；不仅需要政府支持补助，也应通过适当发展林下经济、林业经济及相关经济增强自身的造血能力，逐步改变主要靠财政投入支撑的状况，实现可持续发展。针对旅游休闲业，从"观景"追求为主的旅游向"慢生活"追求的休闲提升，从门票、采摘收入为主向餐、住、娱等收入为主提升；适应不同需求发展多样化、多层次业态，实现乡村旅游休闲产业提质增效。针对宜居服务业，农村本来就是从事农业的农民居住的地区。随着农村功能向乡村功能演变，乡村居住功能提升，围绕宜居的服务业将成为主要产业，属于资产经营性产业和"无能人产业"。

张强提出，下一步需要细化研究影响农村产业发展的若干课题，包括关于农村功能的变化与产业选择的变化、顺应两化相得益彰和乡村功能演变的重大政策调整、关于村庄的权利和对村庄权利的尊重、城乡融合怎样从板块式结合向有机式融合深化、工商资本进入乡村是否会严重损害农民利益的问题等。

张光连在总结中指出，要跳出北京"三农"看北京的"三农"问题。现在北京农业已经相当萎缩了，不光规模萎缩，比较效益、人均效益、亩均效益都在下降。北京市区与郊区有巨大反差，郊区不仅产业落后，村容村貌的建设也逐渐落后。过去北京的农业虽然规模不占优势，但具备示范带动优势，锦绣大地、小汤山园区、通州的种业园区曾经代表着国家农业的发展水平，设施农业、规模化养殖也曾走在全国前列。现在农业受到了影响，农村也出现了很多新问题。农村的发展是未来实现大循环双循环的关键所在。实现农业农村的发展，首先要解决好农村发展不平衡不充分问题，在基础设施建设、功能布局等方面缩小和城市的差距。其次要解决市场问题，在京津冀协同发展中制定实质性政策，用政府和市场两只手共同推动"三农"发展。对北京而言，农业要稳，稳在规模，稳在产出，稳在效益；农民要富，富在经济，富在物质，富在精神文化；农村要活，各种市场要素都要释放活力。

（执笔人：杜成静、刘雯，单位：北京市农研中心调研综合处）

城乡融合发展和
美丽乡村建设

2020 年北京市城乡融合发展报告

2020 年，北京市坚持以习近平新时代中国特色社会主义思想为指导，深入贯彻习近平总书记对北京重要讲话精神，统筹做好新冠肺炎疫情防控和农村改革发展稳定各项工作，科学有序实施乡村振兴战略，扎实推进补短板、强弱项重点任务，城乡融合发展水平进一步提升。

一、打赢低收入帮扶攻坚战，农村民生有效改善

（一）全面完成低收入农户"脱低"工作

抓实"六个一批"帮扶措施，安排产业帮扶项目 129 个，资金 2.5 亿元，全市低收入农户全部实现"脱低"，低收入村全部消除。2020 年，低收入农户人均可支配收入达到 17 588 元，同比增长 16.8%，高于全市居民人均可支配收入增长 14.3 个百分点。

（二）围绕"七有""五性"补上农村民生短板

全市共帮扶农村劳动力就业 6.1 万人，低收入劳动力就业率达到 97%。落实医保免缴政策，促进低收入农户参加基本医疗保险，参保率达到 99.5%。强化低收入村和偏远山村巡诊，持续推进农村基层医疗卫生服务全覆盖，巡诊共覆盖 300 余个行政村，近 10 万农村群众受益。将乡村小规模学校和乡镇寄宿制学校建设纳入《北京市教育设施布局专项规划（2018—2035 年）》，提高农村教育基础设施保障水平。推进全市四级文化设施建设，建成市级和区级文图两馆共 43 个，街道乡镇综合文化中心 330 个，社村文化室 6 457 个，覆盖率达 98.78%。

（三）农村社会保障水平持续提升

城乡低保标准从家庭月人均 1 100 元调整为 1 170 元，惠及 3.8 万农村低保户；基础养老金提高至每人每月 830 元，福利养老金提高至每人每月 745 元。

二、建成更高水平小康社会，农村短板加快补齐

（一）农村人居环境整治三年行动目标任务全面完成

扎实推进"百村示范、千村整治"工程。全市 3 200 多个村庄普遍达到干净、整洁、有序的要求。2 915 个村庄实现规划"应编尽编"。统筹推进生活垃圾治理、污水治理、"厕所革命"等工程，完成 162 处非正规垃圾填埋点整治，行政村生活垃圾处理率达到 99%；完成 300 个村农村生活污水治理任务，处理率达到 60% 以上；累计实施公厕改造

5 615 座、卫生户厕改造 15.2 万户，无害化卫生户厕覆盖率 99.3％；开展 125 个农村大集整治工作，396 个城乡接合部村庄完成环境整治，推进农村地区厨余垃圾资源化利用试点。国务院农村人居环境整治大检查反馈问题全部整改完成。

（二）高水平推进美丽乡村建设

第一批 1 075 个创建村基本完成工程建设任务。152 个"百村示范"创建培育村中，147 个村基本完成建设工作。门头沟区、通州区被评为 2019 年全国村庄清洁行动先进县。朝阳区高碑店乡高井村等 10 个村获评 2020 年第六届全国文明村镇称号。

（三）统筹推进农村基础设施补短板任务

全市已有 3 398 个村庄顺利完成煤改清洁能源改造，占比达 87％。全市 3 920 个行政村共建有农村供水工程 3 269 处，农村地区自来水普及率达到 99％以上，供水保证率持续稳定在 95％以上，两项指标均位居全国前列。如期完成 8 735 户农村危房改造和中央下达的 1 900 户抗震节能试点任务目标。年内完成山区搬迁 200 户、800 人的工作目标。"四好农村路"建设任务全面完成。

（四）提升乡村综合服务功能

推进农村社区综合服务设施建设，引导服务管理向农村基层延伸，为农民提供"一门式办理""一站式服务"，建立健全线上线下相结合的乡村便民服务体系。建成乡镇养老照料中心 117 个、农村幸福晚年驿站 433 个，社会心理服务站（中心）100 个。

三、推动农业创新发展，乡村产业持续优化

（一）农业科技支撑水平不断提升

加强农业科技支撑，制定《平谷区农业科技创新及产业提升三年行动计划（2020—2022 年）》，推动平谷区获批创建国家现代农业（畜禽种业）产业园。启动实施现代种业三年行动计划，国家玉米种业技术创新中心、国家种业智库等重大项目落户北京。扎实推进"国家农产品质量安全市"整市创建，标准化基地覆盖率达到 60％，"菜篮子"产品"三品一标"认证覆盖率达到 81.7％，农产品质量安全合格率保持在 98％以上。

（二）重要农产品生产止跌回升

完善农业支持保护政策，制定耕地地力保护补贴、设施农业绿色高效发展、生猪产业优化提升发展和保障猪肉市场稳定供应等扶持措施，出台高效设施农业用地试点方案。压实"米袋子""菜篮子"责任制，农业生产止跌回升。粮食生产全年播种面积 73.3 万亩、产量 30.5 万吨，同比分别增长 5.1％、6.2％。蔬菜生产全年超过 130 万吨，同比增长16％。推进 11 家新建、6 家改扩建规模化生猪养殖场，做好非洲猪瘟等重大动物疫病防控，全年生猪存栏 32.17 万头，同比增长 177％。

（三）乡村产业高质量融合发展

深入开展休闲农业"十百千万"畅游行动，推动休闲农业和乡村旅游提档升级。打造乡村旅游重点村，北京市共有 32 个乡村入选全国乡村旅游重点村名录。加强乡村旅游产业投融资体系建设，累计为 16 家乡村民宿经营单位（户）、13 家旅行社、6 家宾馆酒店提供贷款担保支持，银行放款金额共计 8 156 万元。确定 1 个乡镇和 20 个村开展林下经济试点，累计种植林下花卉、中药材、食用菌等 3 650 亩，养殖蜜蜂 2 120 群。

（四）农业生态安全水平稳步提高

印发化肥减量增效、农药减量控害、农业投入品废弃物回收处置和耕地休耕等工作方案，配送有机肥料 12.8 万余吨，绿控产品覆盖面积 46 余万亩，回收废旧地膜 736 吨、农药包装废弃物 41.6 吨。稳步推进休耕试点，在全市 9 个区开展休耕轮作试点，实现化肥农药零投入。

四、持续深化农村改革，"三农"活力不断增强

（一）深入推进"三块地"改革

出台《关于落实户有所居加强农村宅基地及房屋建设管理的指导意见》，指导各区制定实施细则，加快建立市级指导、区级主导、乡镇主责、村级主体的宅基地管理机制。出台《关于进一步加强农村集体土地管理加快建立健全"村地区管"机制的指导意见》，强化区级政府管规划、管用途、管合同、管程序、管监督、管查处的"六管"权责。承包地确权证书发放率达 98％，完成国家确定任务。

（二）扶持壮大村级集体经济

开展扶持壮大村级集体经济试点，实现 70 个集体经济薄弱村年经营性收入超过 10 万元的试点目标。完成全市农村集体资产清查工作、集体经济组织登记证书换证工作。规范农村集体经济合同 27 284 份。完成新型集体林场试点建设任务。大兴、通州、顺义、密云 4 个区新登记注册 15 个新型集体林场，全市新型集体林场试点总数达到 30 个，涉及 9 个区、45 个乡镇、463 个村，经营管理集体生态公益林 32 万亩。

（三）促进农村人才振兴

出台《关于加强和改进农民培训工作的指导意见》和《加强和改进农民培训实施方案》。通过创业补贴、担保贷款、"岗补社补"等方式，引导人才下乡创业。打造了一支 10 300 人的农村创新创业人才队伍，年累计服务农民 40 余万人次。举办"京科惠农大讲堂"44 期，参与人数 9 万余人次。打造北京市"星创天地"63 家（其中国家级"星创天地"49 家），聚集创业导师 360 余名，累计培训创业人才 10 万余人次；强化了产学研结合，转化科技成果 700 余项。

五、加强乡村治理，群众满意度稳步提升

（一）健全乡村治理机制建设

出台《北京市关于加强和改进乡村治理的工作方案》，健全自治、法治、德治相结合的乡村治理体系，形成乡村治理协调联动工作机制。以乡镇为单位完善村级重大事项决策清单。北京市1个镇、11个村获评全国乡村治理示范村镇。

（二）加强基层党组织建设

组织13个涉农区对3 876个村集中开展"两委"换届"回头看"，全市共排查确定123个示范村、133个重点提升村和109个软弱涣散村。年内软弱涣散村100％实现转化提升。全面加强带头人队伍建设，落实村党组书记区级备案管理制度，严把基层干部人选关。大力培养农村后备人才队伍，为每个村选拔1～2名优秀后备人才，每年科班培养200～400名"村务管理专业"农村人才。选派217名村第一书记驻村帮扶。

（三）加强乡村治理能力建设

统筹推进市域治理现代化试点，着力构建富有活力和效率的基层社会治理体系。在乡村开展"听党话、感党恩、跟党走"宣讲活动。总结推广"村规民约"协同治理经验，出台文件规范"四议一审两公开"和"三务公开"制度。新时代文明实践中心建设稳步推进，海淀区被确认为全国10个新时代文明实践中心建设重点联系县（市、区）之一。落实"街乡吹哨、部门报到"和"接诉即办"工作要求，用好12345市民服务热线，打通基层治理抓落实的"最后一千米"。据市统计局调查，农村居民社会治理满意度达到94.4％，农村基层民主建设满意度达到95.5％。

（供稿：北京市委农工委研究室）

北京新市镇和特色小镇发展研究

城镇是城乡融合的节点，在城乡发展一体化中起着承上启下的作用，发展新型城镇也是推进我国城镇化建设的重要途径。党的十八大以来，新型城镇的发展备受重视，北京城镇也迎来新的发展机遇，对北京新型城乡体系建设具有重要的实践意义。因此，本文围绕新市镇和特色小镇两种城镇形态，从内涵外延、实践进展等内容入手，从理论到实践梳理新市镇、特色小镇的发展情况，总结经验、剖析问题，提出相应的对策建议。

一、新型城乡体系布局下新型城镇的发展定位

北京市城镇化已逐渐形成一体两面、内在统一的城乡体系建设布局，解决了"新型城乡体系包括哪些具体城乡空间单元及各单元空间分布"问题和"新型城乡体系包括哪些具体层级及各层级定位与相互关系"问题，不仅增强了北京市城镇化发展的科学性、规范性，而且也为北京市城镇化发展赋予了基于首都需要、符合时代特色的灵活性、多样性。

（一）城乡体系的内容

《北京城市总体规划（2016—2035年）》对北京市城镇化体系布局提出了两个层面的要求。一是在城镇化体系的空间布局方面，规划提出，为落实城市战略定位、疏解非首都功能、促进京津冀协同发展，要在北京市域范围内形成"一核一主一副、两轴多点一区"的城市空间结构，着力改变单中心集聚的发展模式，构建北京市新的城市发展格局。二是在城镇化体系的发展原则方面，规划提出要创新完善"中心城区—北京城市副中心—新城—镇—新型农村社区"现代城乡体系，把城市和乡村作为有机整体统筹谋划，破解城乡二元结构，推进城乡要素平等交换、合理配置和基本公共服务均等化，优化完善功能互补、特色分明、融合发展的网络型城镇格局，形成以城带乡、城乡一体、协调发展的新型城乡关系。

（二）《北京城市总体规划（2016—2035年）》对新型城镇的发展定位

根据城镇的不同性质与特征，《北京城市总体规划（2016—2035年）》对新型城镇进行了类型划分，并对这些新型城镇的功能定位与发展目标进行了明确规定。

1. 新型城镇的分类

《北京城市总体规划（2016—2035年）》提出，新市镇是辐射带动和服务周边乡镇地区发展，承接中心城区部分专项功能疏解转移的新型城镇；特色小镇是塑造特色风貌形态，提升建成区环境品质，具有深厚历史记忆和鲜明地域特色的新型城镇；小城镇是本地区就业、居住、综合服务和社会管理中心，是引领促进本地城镇化发展的新型城镇。

2. 新型城镇的功能定位

不同形态的新型城镇在其功能定位上也存在差别：新市镇作为独立且具备较完善城镇功能的新型城镇，其功能定位集中于疏解非首都功能，缓解中心城区压力；特色小镇作为推进产业集聚、升级的新平台，更专注于培育新经济、新业态和新动能，促进产城融合的新型城镇化；小城镇则着力于本地建设与辐射带动农村发展，在城乡、工农协调发展中具有重要作用。

3. 新型城镇的发展目标

虽然不同形态的新型城镇功能定位各有侧重，但其发展目标是统一的，都是要建设绿色智慧、特色鲜明、宜居宜业的新型城镇，打造成为疏解非首都中心区功能的新空间与引领乡村振兴的新引擎，在北京市城乡融合、城乡发展一体化中发挥出承上启下的重要作

用，突破北京城镇化发展过程中中心城区功能拥挤、乡村发展乏力的局限，提升城区、镇域等发展极以城带乡的辐射能力和乡村发展的内生动力，不仅为北京市城镇化发展中城乡产业耦合对接、要素良性循环构建平台，也为城乡协同并进、融合发展打通梗阻。

二、北京新市镇的发展

在新市镇建设初期，尤其是在英国等发达国家，新市镇主要是为了疏解大城市过密的人口和产业，解决住房问题、改善居住环境。当新市镇理论传入新加坡和印度等亚洲国家和地区后，推动乡村地区城市化开始逐渐成为新市镇建设的另一个主要目标。这种演变的主要原因在于经济欠发达国家和地区城乡二元结构在不同程度上存在，要促进区域经济协调发展，必须打破二元结构，实现城乡一体化，这也是新市镇建设的最终目标。

（一）北京新市镇的建设与发展

1. 北京新市镇的发展现状

以《北京城市总体规划（2016—2035 年）》为指引，各区编制了"分区规划"来指导规划、建设、管理新型城镇发展。目前，已从市级层面统筹研究确定了 8 个新市镇，分别为丰台区长辛店镇、房山区窦店镇、大兴区采育镇和魏善庄镇、顺义区杨镇、昌平区南口镇、平谷区马坊镇和通州区永乐店镇（表1）。

表 1　北京新市镇的基本情况

新市镇名	行政隶属	规划模式	发展路径	空间结构
长辛店镇	丰台区	服务京雄科技创新与高端制造	以绿色人居和综合服务为主要功能	一轴两带、四区多点
窦店镇	房山区	产城融合，校城融合	强化城镇承上启下的作用	两山两水、三区三轴、三团多点
采育镇	大兴区	具有休闲旅游特色的新市镇	重点发展新能源智能汽车及体育休闲产业	一轴、一心、三城、三带、多点
魏善庄镇	大兴区	具有文创展示特色的新市镇	重点发展文化展示、航空服务	一轴、一心、三城、三带、多点
杨镇	顺义区	建设宜居新市镇，打造河东中心区	校镇融合的教育科研集聚区，宜居宜游的品质新市镇	一港两轴、三带多点
南口镇	昌平区	农业、工业、科研、文化旅游协调发展	重点为生态保育、产业升级、老镇区改造	一轴一带一廊、两城一区多点
马坊镇	平谷区	产城融合、宜居宜业宜游	体现服务首都功能和融入全区发展的示范带动作用	一城多点六园、两廊两带一区
永乐店镇	通州区	京津发展轴的重要节点	吸纳本地就业，统筹周边农村发展	城市副中心—亦庄新城—镇—新型农村社区

各区关于新市镇的定义与建设规划，都是按照"规划统筹、因地制宜、高标准建设"的原则，深入研究镇域的空间布局、功能定位和产业发展等。根据新市镇的自身优势来积极承接适宜的公共服务及产业功能，为新型城镇化的发展起到承上启下的重要作用。在各区对于新市镇的具体建设上，不约而同提出了高品质、高标准建设要求，对新市镇发展给予了高度重视，有序推进镇区建设，带动镇区外围村庄改造提升，实现镇村协同发展。

2. 新市镇的地位与作用

新市镇建设的一个重要目标是与中心城区、新城、乡村等形成梯级发展体系来打破郊区发展与中心城区对立的概念，并将承担疏解中心城人口的功能，同时聚集新的产业，形成带动区域发展的规模化城市地区，形成规模效益和聚集效益，以弥补城镇化过程中的发展短板。北京市各区新市镇可划分为三类，包括承接型新市镇、辐射型新市镇和承接辐射型新市镇。承接型新市镇是承载新城功能、承接中心城区部分专项功能疏解转移的重要补充；辐射型新市镇更注重辐射带动和服务周边乡镇地区发展；承接辐射型新市镇则兼具承接与辐射的作用与效果，促进区域协同发展，发挥城镇承上启下的作用。

3. 新市镇的发展特征

北京市新市镇发展目前仍处于规划时期，主要集中于城镇自身的规划建设，辐射带动作用尚不明显。但目前新市镇的建设与发展已经呈现一定的空间和功能特征，主要表现在以下三方面。

第一，新市镇普遍趋于交通节点处，区位条件便利。规划中的 8 个新市镇大部分分布于交通要道，尤其是高速公路节点上，铁路、公路、河流干线等将对沿途城镇发展起到明显的带动作用。

第二，中心城区—新城—新市镇—农村社区这一空间结构逐渐清晰，中心城区的优势对周边资源具有较强吸引力；同时在政府政策引导下，新市镇依托丰富的土地资源和生态环境成为中心城区资源外迁的新导入地，也使得物流、信息流、资金流、劳动力流动更加频繁，规模更大，如南口镇建立的"东科、西工、南农、北旅、中城"的产业发展格局。

第三，新市镇能够与周边地区进行功能整合，尤其是将中心城区的经济转型与新市镇的发展相结合，在承接产业转移、加强平台建设、提高郊区吸引力和减小城乡差距方面发挥了重要作用，如杨镇以"校镇融合"为核心的新市镇建设。

（二）经验与问题

1. 发展经验

北京市新市镇的发展虽然多数处于统筹规划阶段，但也有如杨镇、南口镇等地已经开始了对新市镇建设的实践探索，并产生了一定效果。总结这些新市镇发展的实践经验，有助于推进各区新市镇可持续发展，为促进区域协同发展、辐射带动和服务周边乡镇地区发展做出贡献。

（1）找准城镇定位、统筹战略规划。在特大城市资源约束背景下，新市镇作为连接城市与乡村的纽带，既要优化城镇功能也要推进城乡融合。把握城乡协同、服务均等、以人为本、经济社会和资源环境协调发展的要求，坚持城乡统筹、均衡发展，依托自身资源禀赋，探索特色发展模式。杨镇就是以"校镇融合"为核心，与大学深度嵌合，使产学研相结合，做到城镇服务大学、产业承接大学，从"育人""育产""育城"三个维度统筹规划，建设特色产业鲜明、集聚能力较强、管理水平较高、生态环境优美、宜业宜居的新市镇。

（2）明确产业体系，制定发展策略。从新市镇的实践来看，建设新市镇需要设定产业遴选原则，提炼产业的发展方向，构建项目的现代产业体系，明确产业集群，细化产业门类与功能项目，同时明确提出产业发展策略。在已有新市镇发展中，南口镇就是通过分析各个片区的位置、规模等条件分别设定主导产业，明确特色片区产业布局，结合相关产业体系，从多重维度保障产业的顺利发展，制定全方位的产业策略措施。

（3）改革体制机制，提升发展动力。新市镇发展离不开土地、金融、城乡体制等制度政策的创新和完善。杨镇将体制机制改革作为扫除内部发展障碍、挖掘内生发展能力的重要手段，加快土地制度改革创新，以保障新兴产业的用地需求。杨镇于 2016 年修订了土地利用规划，提出产业向规模经营集中、工业向园区集中、农民向城镇集中的"三集中"思路，通过城乡建设用地增减挂钩、盘活存量建设用地及加快农村土地流转释放土地资源活力，同时继续完善政务服务平台建设来适应新市镇管理需求。

2. 存在问题

当前，北京新型城镇的发展面临诸多难题，思考与破解这些问题将对北京新型城乡体系建设、新型城镇发展具有重要的实践意义。

（1）起步时间较晚，指导与配套措施不完善。我国新市镇建设整体起步较晚，尤其是北京市新市镇建设目前还处于摸着石头过河阶段，缺少成功经验，相关研究也不多，市、区两级对新市镇发展还未出台具体政策，对新市镇建设中土地、金融、城乡体制等面临的制度障碍还没有明确政策。以杨镇为例，推进"校镇融合"涉及城镇建设、产业、公共管理等多方面，是一个系统工程，但是目前来看杨镇缺少对"校镇融合"的深入研究和规划，对"校镇融合"的潜力挖掘不足，相关配套措施未能形成体系，校区与城镇相对分离，大学补充和优化城市发展功能尚未体现，学院与镇区在基础设施、公共服务设施等方面的共建共享体制还未形成。

（2）建设力度较弱，人才与资源保障不充分。目前，北京市各区的规划对于新市镇的建设要求不够细致明确，只有总体性目标要求。多数地区的新市镇仍是个规划概念，具体规划范围、职能判定等都处于研究探讨阶段而未能确定，因此无法对实践中的新市镇发展做出具体安排。在已经做好规划的杨镇、南口镇中，也存在很多实践发展的现实难题：普通城镇居民甚至政府工作人员对新市镇的概念以及规划建设的认知度不高，新市镇建设过程中会面临资金不足、融资困难等困境，如杨镇面临着产业和配套设施用地不足、财政资金困难、城乡体制障碍难以突破等问题，制约了"校镇融合"的深入推进。这些问题势必影响新市镇的建设和发展。

（3）发展水平较低，承接与辐射带动能力差。由于北京市新市镇建设刚起步，且多数郊区的社会经济发展水平并不高，导致新市镇对中心城区的功能承接作用特别是对周边地区的辐射作用效果较弱。目前来看，新市镇与中心城区的差距依然较大，在新市镇建设过程中容易出现人口向城市中心区"倒流"现象；在辐射功能方面，多数新市镇自身的产业体系还没有完全培育出来，新市镇建设只停留在核心区发展方面，弱化了其他地区的发展，对新市镇周边乡镇的辐射带动作用非常有限，尤其是容易出现规划与当地发展出现矛盾的情况。

三、北京特色小镇的发展

2020 年，国务院办公厅转发国家发展改革委《关于促进特色小镇规范健康发展意见的通知》中定义特色小镇为规划面积一般为几平方千米的微型产业集聚区，既非行政建制镇、也非传统产业园区，具有细分高端的鲜明产业特色、产城人文融合的多元功能特征、集约高效的空间利用特点，在推动经济转型升级和新型城镇化建设中具有重要作用。

（一）特色小镇的建设与发展

1. 特色小镇的发展现状

2016 年，《北京市"十三五"时期城乡一体化发展规划》明确提出，将在原有 42 个重点小城镇基础上，立足北京全国政治中心、文化中心、国际交往中心、科技创新中心的城市战略定位以及疏解非首都功能、京津冀协同发展的城市要求，结合各小镇不同区位条件，规划建设一批功能性特色小镇，以实现农民就近、就地城镇化。根据《北京城市总体规划（2016—2035 年)》，各区县发布的"分区规划"也从整体层面给予特色小镇发展和指导。目前，北京市规划中的特色小镇数量为 84 个，其中昌平区 6 个、大兴区 8 个、房山区 8 个、怀柔区 7 个、门头沟区 7 个、密云区 8 个、平谷区 14 个、顺义区 9 个、延庆区 9 个、通州区 8 个。其中包括 7 个国家级特色小镇，分别为房山区长沟镇、昌平区小汤山镇、密云区古北口镇、怀柔区雁栖镇、大兴区魏善庄镇、顺义区龙湾屯镇、延庆区康庄镇。

根据各区分区规划，特色小镇多选择在生态特色突出、人文底蕴深厚、产业优势显著的地区进行建设，因镇制宜，形成格局特色的产业发展格局，便于提升环境品质、整合资源、精准定位、强化特色。另一方面，结合特色小镇建设也可以提升乡村品质和魅力，缩小城乡基本公共服务差距，促进乡村经济多元化发展。分区规划中特色小镇的主要发展方向涵盖了文化创意、生态智慧、科技服务、休闲旅游等多方面，强化不同类型特色小镇的发展模式，有利于和新市镇、小城镇的公共服务设施等形成有效对接。

2. 特色小镇的地位与作用

（1）特色小镇是经济高质量发展的新平台。一是特色小镇在几平方千米的小空间内集聚特色产业和先进要素，有利于国土空间利用效率提升和生产力布局优化。二是特色小镇着眼于做精做强一个细分产业，促进产业链、创新链、人才链等耦合，有利于产业转型升级和全要素生产率提高。三是多数特色小镇不在城市中心城区，土地、劳动力、住房等成本相对较低，有利于降低创新创业的成本。

（2）特色小镇是新型城镇化建设的新空间。一是特色小镇可吸纳一定规模的农村富余劳动力进城就业生活，是促进农业转移人口市民化的一种有效载体。二是很多特色小镇在大城市郊区，有利于疏解中心城区非核心功能，缓解交通拥堵、房价畸高、环境污染等"大城市病"。三是特色小镇"产城人文"功能齐全，特别是在开发区等产业园区内的特色小镇，有望成为推动开发区等产业园区拓展城市功能的重要引擎。四是特色小镇形态上"非镇非区"，没有行政等级和行政框架，布局方式和发展建设模式更为灵活，有望成为城镇体系的点状补充。

（3）特色小镇是城乡融合发展的新支点。城乡融合发展是大趋势。预计未来很长一段时期，城市要素下乡发展、城市人口下乡消费会越来越多，关键是乡村要有接住这些要素和消费的能力。建成的特色小镇拥有较好的基础设施、公共服务和生态环境，有望成为城乡要素跨界配置、城乡产业协同发展、城市人口下乡消费的新支点。

（4）特色小镇是传统文化传承保护的新载体。中华民族有 5 000 多年的优秀传统文化，非物质文化遗产分布广泛、种类繁多、内涵丰富。以特色小镇为载体，推动传统文化创造性保护、创新性发展，促进非物质文化遗产活态传承，既有利于为特色小镇注入文化灵魂，也有利于保护优秀传统文化。

3. 特色小镇的发展特征

一是加快培育已有特色产业功能的小城镇。一些著名特色小镇具有的初始禀赋条件优于其他小镇，是有特点、有特色的小城镇。如利用工业园区转型升级的阎村金融科技小镇就是由"特色小镇自然形成＋政府培育发展"模式发展起来的。房山区阎村金融科技小镇是在金融安全产业园的基础上，腾退不符合功能定位的产业，整合工业用地、传统工业厂房，通过空间打造、产业集聚、人才汇集，实现了以工业园区为载体建设特色小镇的蜕变。

二是以体制机制改革为契机创新资源开发模式。海淀区中关村创客小镇就是在集体建设用地上由集体经济组织开发建设、为小微企业提供孵化平台的创新小镇。创客小镇最大的特色就是创客产业，为原来的物业经济注入了实体产业，承担了集聚创新的功能。创新开发模式一方面解决了北京特色小镇培育的土地指标困境，另一方面实现了集体土地的高效利用。

三是通过产业转移拉动小镇经济发展，同时为有序疏解非首都功能提供支撑。如通州区台湖演艺小镇定位为小剧场艺术创新演艺小镇，突出"小""精""新"，突出创意创作、展艺交流、艺术推广和文化旅游主导功能，带动了当地就业及基础设施建设。通过构建"艺术轴、小组团、水文脉、大观园"的空间格局，合理优化空间结构、强化交通支撑能力、对接功能需求。

（二）经验与问题

1. 发展经验

（1）统筹利用集体产业用地，合理解决用地指标。土地资源是特色小镇建设发展的基础。在北京市非首都功能疏解的大背景下，土地减量节约发展成为不可逾越的红线，如何实现产业用地的利用提质增效是我们面临的课题。目前，北京的工业园区大多处于业态低端、闲置企业较多的状态，面临着疏解腾退，下一步将腾退出大量的产业用地。阎村工业园区利用存量建设用地进行转型升级，以互联网金融安全产业为主导产业，发展培育金融科技小镇；中关村创客小镇利用集体土地发展特色小镇也同样解决了北京特色小镇培育的土地指标困境，都为特色小镇用地需求提供了参考。

（2）产业体系协同发展。用特色主导产业来避免小镇的同质化，以特色产业引领的特色小镇成为城市高端要素扩散并重新组合而成的新空间。特色小镇推动产业融合的作用源于其本身是以产业为核心。成功的特色小镇发展路径大多以产业集聚为依托，靠近核心城市，立足原有产业，营造营商环境，培育竞争性企业，而后吸引与该产业相关的合作商、供应商和相关机构，在建设之初为产业融合打下基础，在建设过程中进行产业融合，利用产业融合为特色产业赋能，进而挖掘出"产业＋地域"的竞争优势。

（3）政府牵头，具体政策措施落地。特色小镇产业的发展离不开政策导向与宏观扶持。目前来看，发育良好的企业都充分利用了政策优势并把政府的措施落到实处。中关村创客小镇充分利用了海淀区集体产权制度改革的制度条件，并且海淀区为了吸引人才流入，放宽常规公租房准入要求，利用财政收入补贴，为中关村创客小镇发展奠定了良好的政策基础。在阎村特色小镇发展过程中，各政策供给同样是立足实际、符合当地的发展要求。阎村金融科技小镇是由北京市互联网金融安全示范产业园的前身北京博源包装制品有限公司经过市场选择、转型升级打造的，在建设过程中所遇到的困难和政策诉求，也由市、区相关部门开展定制化方案研究予以协调解决，政府积极扶持为特色小镇发展创造了优越的环境。

2. 存在问题

（1）基础设施建设滞后，公共服务有待完善。北京特色小镇的建设承担着吸引中心城区部分功能的任务，特色小镇吸引高端要素集聚离不开高标准的基础设施和优质的公共服务水平。当前大多数特色小镇所在乡镇的基础设施、公共服务水平和环境还不能满足特色小镇需求。同时，乡镇在环境整治方面的专项经费主要用于市政基础设施，面临着较大的资金压力，使得部分乡镇对于特色小镇的培育积极性不高。部分特色小镇的民生社会事业发展还存在滞后，公共服务产品提供与小镇社会需求还存在差距。自然风貌、生活设施等硬件条件和教育、医疗、体育、文化及科技创新资源等软件条件跟不上发展节奏，造成有产业无人口的窘况，这成为制约特色小镇下一步发展的瓶颈。

（2）人才、资金要素保障制度缺乏。特色小镇培育的关键在于如何吸引优质资本、聚集优质产业、留下优质人才。目前，大部分特色小镇周边的自然风貌、生活设施等硬件和医疗、教育、休闲娱乐等软件的建设都有所欠缺，难以吸引、留住优秀人才；目前，特色小镇的人才引进政策和社会保障制度缺乏。尽管小镇建立机制、平台提供优厚待遇，但对于人才依旧没有足够的吸引力，人才引进后会因为其他因素留不住，目前的人才政策作用发挥较为有限。

（3）产业就业带动效应微弱。第一，由于产业特色不明确导致产业发展停滞，就业带动效应不明显。部分特色小镇对特色产业的论证不到位，产业特色不显著、规模小、链条短、技术差，缺少主导领军企业，难以形成集聚效应和特色产业集群。从产业联系来看，在产业布局上存在不合理之处，在联动上缺乏链条，产业之间相对独立；从产业融合来看，如台湖演艺小镇，演艺与旅游功能融合不够，没有形成一定的供需关系，建设需求与产品供应没有与其他产业相融合。总的来说，特色小镇在横向上的联系与融合不充足。第二，部分特色小镇所选择的特色产业较为前沿、高端，部分高科技岗位人才短缺，暂未能吸引优质的高科技人才。同时，与此配套的岗位却常常是价值链低端的服务行业，并且工资不高。此外，受限于特色小镇"小而精"的特征，低端岗位数量也较少，难以吸引周边区域劳动力务工和参与特色小镇建设。

四、北京新型城镇发展趋势与展望

当前，以新市镇和特色小镇为代表的北京新型城镇加快发展，在产业、服务等多方面体现出自身独有的发展趋势，也正逐渐在城市功能、辐射带动、区域发展中发挥越来越重要的作用。

（一）北京新型城镇的发展趋势

1. 新市镇的发展趋势：产业跨界＋多元功能融合发展

一是强化特色产业激活新市镇开发。北京各新市镇在发展过程中，针对自身不同的区位条件、资源禀赋，逐步培育出了更具发展潜力与成长性的主导产业，并围绕主导产业适当延长产业链条，在丰富乡村经济业态的同时促进产业跨界融合发展。同时，新市镇及其所在区政府也依据产业发展特征"量身定制"新市镇的城镇功能空间组织模式，以推动产业项目真正落地实施。

二是新市镇更加强调多元功能的复合型发展。与传统城镇规划发展不同，新市镇着重突出生产、生态、生活"三生空间"的融合发展，每个新市镇都会逐渐形成特有的文化标识空间和地域特色，形成多元化的功能空间和叠加效应，从而将新市镇培育成为宜居、宜业、宜游的充满活力的城镇空间。

2. 特色小镇的发展趋势：产城融合＋"人的城镇化"

一是以文旅、康养小镇为代表的一批特色小镇日益实现"产城融合"。这些特色小镇依托自身在人文历史、民俗文化、资源禀赋、区位特点方面的优势，以文旅、康养产业为核心，将小镇原汁原味的特色资源作为卖点，同时涵盖产业、文化、旅游、社区多项功能于一体，形成"产业本身＋产业应用＋产业服务"的特色产业集聚结构，满足了消费者的多重需求。

二是特色小镇在发展中充分体现了其"小＋X"的综合优势。北京特色小镇的发展充分发挥自身小尺度、近距离、微景观的优势和地方文化特色、建筑特色、产业特色、生态特色，通过产业链不断发掘、细分和创新，从追求规模到追求质量转变，通过完善基础设施建设、完善社区服务、营造宜居环境，在吃住、交通、宣传、文创产品等方面构建多元化配套体系，形成完善的运营系统满足小镇自给自足的发展需求。

（二）北京新型城镇发展的展望

党的十九届五中全会提出，要强化县城综合服务能力，把乡镇建成服务农民的区域中心。从实际发展趋势来看，未来北京新市镇、特色小镇将在北京新型城乡体系发展中多元功能的持续融合、国土空间布局的合理优化、京津冀区域协同发展城镇支撑体系的完善过程中扮演重要角色。

1. 北京新型城乡体系多元功能的重要承担者

一是新市镇在地位与功能两方面向小城市提档升级，进而带动周边其他小城镇发展。新市镇将充分依托自身在区位分布、基础设施建设和基本公共服务方面的优势，继续承接中心城区乃至北京城市副中心的部分专项功能的疏解转移，继续吸纳中心城区等区域的人口向首都核心区域外流动，逐渐发展成为北京核心城区逆城镇化进程的缓冲点和整个北京市郊区城镇化的集聚点，显著提升自身在新型城乡体系中的地位，并带动周边其他小城镇的发展。

二是特色小镇成为小范围区域内的产业集聚平台，辐射所在乡村的乡镇逐渐升级发展。特色小镇将凸显自身精品化、特色化的优势，各特色小镇本身的产品线更加清晰，核心产业、衍生产业和配套产业的商业模式完善成熟、高度融合，从而彰显特色小镇小而特、小而优、小而美、小而精的综合吸引力，成为特色小镇所在区域风貌的缩影和城市文化的标志。

2. 北京新型城乡体系国土空间布局中的重要节点

一是新市镇成为新型城乡体系中重要的"提质"节点。目前，北京规划的 8 个新市镇既是北京疏解非首都功能的重要容纳区，也是城乡接合部基础设施建设与城市功能提升的重点待发展区。因此，北京新市镇的发展方向均是增强城市功能、提升城市服务能力，本质是新市镇的"提档升级"，既包括新市镇本身的"提档升级"，也意味着新市镇将带动周边乡村的进一步发展，其未来将成为北京新型城乡体系中与核心城区密切联动发展的城郊区域的"提质"节点。

二是特色小镇成为新型城乡体系中重要的"辐射"节点。特色小镇是在镇（乡）域一定规模建设用地上聚集特色产业的创新创业平台，其"小而精"的优势，决定了特色小镇在新型城乡体系空间布局中的地位是"城市之尾、农村之首"，通过小空间内的高密度要素融合，形成新的经济增长点。这些新经济增长点的形成，将在广大的北京郊区乡镇范围内逐渐形成分布广泛、特色多样的"辐射"节点，不仅能够引领所在乡镇的经济发展，由于不同特色小镇的"因镇制宜"、错位发展，还可以辐射带动周边其他乡镇，并在此基础上与新市镇对周边区域的带动作用无缝衔接，进一步细化、泛化、深化新型城镇的经济发展引领功能和生产生活服务功能。

3. 京津冀区域协同发展的新型城镇支撑体系的重要构成

北京的新市镇和特色小镇大多都分布在《北京城市总体规划（2016—2035 年）》提到的顺义、大兴等"多点"地区这一首都面向京津冀协同发展的重要战略门户。随着北京新市镇和特色小镇的发展，不仅新市镇未来将成为"多点"地区发展的重要"增长极"，特色小镇也将成为"多点"地区发展中重要的"微型增长点",这都将进一步促进城镇层面的要素流动、制度协调和区域统筹,为北京"多点"地区的各级各类新型城镇同保定、廊坊、唐山、秦皇岛等市以及天津市西部各区的协同发展创造条件,共同融入京津冀协同发展的大轨道和区域经济社会发展整体格局,从而使北京市的新型城镇发展成为京津冀区域协同发展的新型城镇支撑体系的重要构成。

五、对策建议

当前和今后一段时期,应在加强具体指导、优化资源供给、推进产业聚集、加强区域统筹、改进评价机制等方面继续调整政策措施、加大保障力度,助推北京新型城镇更好更快发展。

(一)加强具体指导,保障政策实施落地

新型城镇的发展应注重从基层实际出发,对城镇资源优势、产业特征、周边经济等进行竞合分析,研判发展战略方向,并在加强具体指导上下功夫,扎实做好不同建设阶段的政策落实。一是在新型城镇的前期规划上,应科学确定城镇的地位和作用,具体地把每个规划单位的实际情况摸查清楚,高效地帮助指导制订好符合地区实际的详细规划。二是在新型城镇的实地建设上,着眼于各城镇不同的发展实际,补短板要因时施策并分清轻重缓急,在建设过程中,也要不断引导其深入查找问题,剖析原因和教训,研究制订具体的整改措施,并加强跟踪检查,督促抓好政策落实。三是注重新型城镇规划的协调性与可操作性,因地制宜、区别对待,最大限度地发挥各地的比较优势,灵活解决功能分区与要素流动中存在的矛盾。

(二)优化资源供给,科学编制土地规划

一是规范土地供给。要科学合理预测不同新型城镇的发展潜力,确定城镇的发展规模,预先编制土地利用等资源规划,对用地的规模布局与基础设施、公共设施的设置安排进行指导,合理安排新型城镇各类用地供应的类型比例,控制增量、消化存量,确保土地供应过程的公开、公正和透明,促进住房市场供求平衡和价格稳定。

二是增加土地利用效率。一方面,可通过对特定地块的住宅建设、公共空间的规模及比例进行设定,推广混合居住模式,促进城市空间融合;另一方面,可通过低效用地再开发盘活存量土地。通过政府收储改造、原国有土地和集体土地使用权人自行改造、市场主体收购改造等多元化方式,对城镇建设用地中低品质、低效率、利用不充分不合理的存量用地进行整治、改善、重建、活化和提升,为城镇的产业发展和建设创造新的空间。

三是加强各层级规划对城镇低效用地再开发的统筹引领。通过设置专项审批通道,简化审批流程,并建立低效用地再开发的考核和奖励机制,将低效用地改造纳入各级政府绩效考核体系,对改造进度完成较好的地区可采取部分返还土地出让金作为奖励,实施"改奖挂钩"。

（三）推进产业聚集，加快工业园区转型

要因地制宜选择新型城镇产业集聚的发展方向，科学设计产业链条延伸的环节，加快各新型城镇特色优势产业的发展。各新型城镇特别是新市镇要结合自身实际，坚持"产为主导，研为基础，企为主体"的产业基础创新建设，选准一两个重点产业做大做强，使之成为新市镇产业优化集聚、城市功能转型升级的支柱力量。各特色小镇也依托资源禀赋，应选取特定的特色产业领域，通过项目化、品牌化发展，促进乡镇有机更新和产业升级，增强特色小镇的发展活力。

（四）加大统筹力度，促进区域联动发展

新型城镇发展要继续坚持分类指导、区域协同，按照主体功能定位，进一步完善区域发展战略，推动各区域协调联动发展；要逐渐融入产业聚集区和城市群，特别是要推动中心城区的乡镇融入都市圈，推动城市周边乡镇融入城市功能，推动产业带里的乡镇之间加强协作、共同升级，推动景区附近乡镇实现景镇融合，推动县域乡镇与县城联动发展，推动偏远乡镇实现镇村联动，从而形成新型城镇发展"统筹、联动、融合"的新局面。

（五）建立评价机制，推进城镇均衡建设

在新型城镇建设过程中建立完善考评机制与奖惩措施，考评结果要与新型城镇享受的扶持政策相挂钩，年度排名靠前的城镇将在下年度土地指标、环境容量配置等方面优先考虑，为新型城镇的高质量、高品质、特色化发展提供探索导向和评价范本，推进各城镇的均衡化发展。

新型城镇建设要把握好发展与规范的关系，及时组织各区县全面梳理新型城镇建设发展中的典型经验和警示案例，实行正面激励与负面纠偏"两手抓"，进一步引导新型城镇高质量发展，严防触碰底线红线，努力促进新型城镇走上理性良性发展轨道。

（作者：赵术帆，单位：北京市农村经济研究中心；

王任，单位：中国农业大学经济管理学院；

康林园，单位：北京民生智库科技信息咨询有限公司）

北京科技农业发展研究

本文通过对科技农业的内涵与特点进行界定，对科技农业发展的现状以及国内外科技农业发展经验的梳理，剖析北京发展科技农业存在的主要问题，提出未来北京科技农业发

展的五点建议：一是进一步深化农业科技体制改革，二是多渠道增加和改善农业科技投入，三是建立需求导向的农业科技产业体系，四是建立以人为本的激励政策体系，五是大力培育企业创新主体。

一、科技农业的内涵与特点

（一）科技农业定义

通过研究本文对北京的科技农业做了一个初步界定。具体内容如下：

1. 科技农业的定义

科技农业，也叫科技主导型农业（technology oriented agriculture），是在传统农业基础上，运用现代农业高新技术（涵盖生物技术、信息技术、航天技术、新能源技术、新材料技术、海洋技术等）、精准的农业管理组织模式、创新的机制体制来武装农业、改造农业生产力和生产关系的现代化农业。科技农业主要是实现农业技术的先进化、组织管理模式的精准化、科技机制体制的创新化。

2. 科技农业的内涵外延

从覆盖范围看，科技农业既包括各种高新技术在农业产业中的应用，又包括农业产业各环节组织管理模式（如田间管理、流通管理、加工管理等）优化，还包括农业领域科技产学研（研发、试验、示范、转化、推广、采用等）机制体制创新，既要实现生产力科技化，又要实现生产关系的科技化。

从生产驱动力看，科技农业既是对农业生产力的改造，又是对农业生产关系的提升。

从目标看，科技农业主要是为了促进生态农业、高效农业、高质量农业、现代农业的发展。具体来看，一方面，为北京"新北京·新格局"战略服务，助力北京科技创新中心和国际交往中心建设，将北京打造成全国农业科技创新中心和农业科技合作国际交往中心。另一方面，从全国看，北京作为科技中心，为全国农业发展探索出一条科技农业发展道路，提高北京科技农业的辐射带动作用，探索科技农业机制体制创新的模式，提高北京科技农业对全国科技农业发展的服务能力。

从参与对象看，科技农业的投入主体主要包括中央和地方政府部门、中央和地方科研机构、国内外高科技公司、农业企业和合作社，科技农业的最终受益者为中央和地方政府部门、中央和地方科研机构、高科技公司、农业企业和合作社及农民等。

（二）科技农业的特点

北京科技农业的特点，可概括为"三高""两大""一可观"。"三高"包括科技含量高、商品化程度高和实施风险高，"两大"是指辐射规模大、资金投入大，"一可观"是指投资效益可观。

1. 科技含量高

是指运用现代农业高新技术、精准的农业管理组织模式、创新的机制体制来武装农业的各环节，确保每个环节都有科技支撑，因此确保科技农业阶段的农业产业科技含量高。

2. 商品化程度高

科技农业输出产品的商品化程度高，且与传统农业不同的是，能够输出更多有科技含量的产品，包括籽种、疫苗、农业机械装备、数字农业系统以及可复制、可推广的新型农业科技推广体系，市场需求大，商品化程度高。

3. 实施风险高

科技农业在产品研发和推广过程中仍然存在研发和推广周期过长或者失败的风险，通常需要在反复尝试和修改中才能研发出新的产品、创新的机制体制等，实施风险和不确定性相比于传统农业更高。

4. 辐射规模大

科技农业是通过科技与农业的全产业链相融合，因此涉及的产业跨度较广，像种苗、疫苗等高科技产品辐射的范围非常广，此外可复制、可推广的农业科技体系也具有辐射范围广、可推广面积大等特点。

5. 资金投入大

科技农业，一般是需要投入大量的资金进行研发、推广和转化来实现科技含量相对较高的特点，因此存在资金投入大的特点。

6. 投资效益可观

科技农业的产出投资效益可观，一般成熟的产品或者机制体制推广都会带来可观的效益，以种苗、疫苗为例，产品高利润，此外可复制、可推广的农业科技体系成功推广后也会带来可观效益，因此存在投资效益可观的特征。

（三）科技农业发展的本质和核心

科技农业核心是科学化，发展本质是姓农、为农、兴农，通过科技农业的发展稳定住农业的基本盘，驱动北京农业产业转型升级，改善产业结构，提高生产效率和产品质量，降低生产成本，有效集聚农业全产业链要素资源，建立产业链、创新链、价值链精准匹配的农业科技服务体系，推进农业产业集群向协同、高端、规模、智能化发展。

（四）科技农业、农业科技和现代农业的关系

科技农业是现代农业发展的一个高级阶段，是现代农业发展的重要支撑，随着科学技术发展，先进的技术和现代的经营管理方式在现代农业中的占比会越来越大，必然会出现科技主导型的现代农业阶段，即现代农业阶段。

如图1所示，农业科技是贯穿农业发展过程中的重要组成部分。在农业发展过程中，无论是传统农业、城郊农业、都市农业还是现代农业，都离不开农业科技的支持，只是不同阶段农业科技的需求程度、需求范围存在很大差异。在科技农业阶段，农业科技的比重是其他阶段过程中最高的，因此为科技主导型农业。

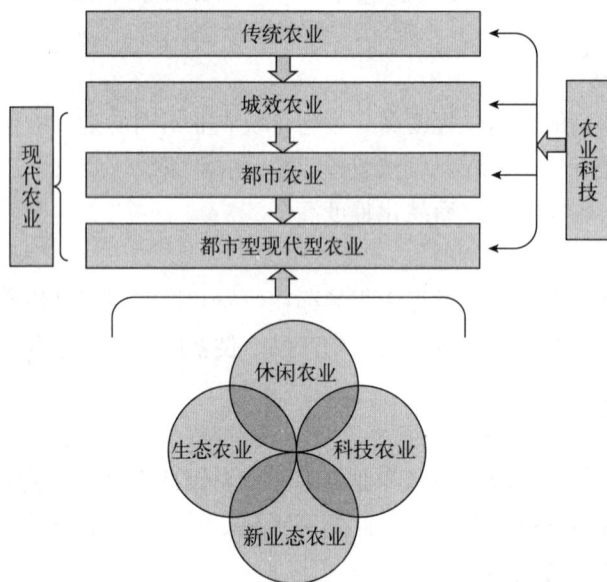

图 1　科技主导型农业构成

二、当前北京科技农业发展的现状

（一）北京科技农业发展的政策演变

北京农业体量小、科技贡献率高。北京农业体量小，但 2018 年北京农业科技贡献率已达到 72％，接近发达国家水平。近年，北京市结合自身"大城市小农业""大京郊小城区"特点，出台一系列指导文件和政策继续推动农业科技创新，加快发展科技农业，"十二五"到"十三五"期间，北京农业科技政策呈现既存在一定传承又存在不同时期差异性的特点。

1."十二五"期间北京科技农业政策特征

以北京国家现代农业科技城和现代种业科技创新为主要抓手，提升都市型现代农业发展的内生动力，适应中国特色世界城市建设要求。《北京市人民政府关于进一步加强农业科技工作的意见》[①]中，明确提出了北京国家现代农业科技城和现代种业科技创新为北京农业科技工作的主攻方向，重点提出了国家级农业科技创新平台、现代农业产业技术体系北京创新团队建设工程，重大农业科技成果惠民工程和先进农业科技成果助农工程等项目。

农业科技投入方面较为宏观且落实效果不佳。"十二五"期间提出要建立市、区县两级财政农业科技投入稳定增长的长效机制，要在财政预算内保障农业技术推广资金，保证财政农业科技投入增幅明显高于财政经常性收入增幅。从实际落实情况看，农业科技投入

---

① 北京市人民政府，2012. 北京市人民政府关于进一步加强 农业科技工作的意见［EB/OL］.http：//www.beijing.gov.cn/zhengce/zfwj/zfwj/szfwj/201905/t20190523 _ 72528.html.

没有达到预期效果。

2. "十三五"期间北京科技农业政策特征

（1）更加强调"互联网＋现代农业"对北京农业的支撑作用。《北京市乡村振兴战略规划（2018—2022年）》指出，要大力发展"互联网＋现代农业"，进一步提出加强物联网和互联网技术对农村产业的服务支撑，发展数字田园、智慧养殖、智能农机，推进电子化交易。开展农业物联网应用示范基地建设，推进村级益农信息社建设，做好相关数据采集、研究，建设北京农业数据中心。

（2）现代种业仍然是北京科技农业的主攻方向。《北京市乡村振兴战略规划（2018—2022年）》指出，建设通州、平谷现代种业创新中心；搭建种业创新服务平台、种业成果转化平台、种业交流交易平台、北京南繁科研育种平台；实施现代种业双轮驱动创新工程、种业企业创新能力提升工程、农作物种业促进工程、畜牧种业促进工程、水产种业促进工程、林果花卉促进工程、品种权保护工程、中国种业"一带一路"走出去工程、京津冀种业协同发展工程、世界种业主题公园建设工程等10项重点工程。

（3）提出了加强京津冀三地农业关键技术联合研发与应用。《北京市"十三五"时期都市现代农业发展规划》明确提出了发挥首都科技资源优势，加强京津冀三地农业关键技术联合研发与应用，开展协同创新，全面提升三地农业科技研发与支撑水平。

（4）强调了农业科技的高端性和服务性。《强化创新驱动科技支撑北京乡村振兴行动方案（2018—2020年)》指出，以"高端、高效、高辐射"为导向，以农业高端研发、产业链创新和现代服务业引领为重心，大力提升农业高端服务、产业链创新和先导示范功能。

3. "十四五"期间北京农业科技政策特征

（1）依靠科技内涵式增长推动农业发展。"十四五"期间，北京农业科技政策将会更加注重依靠科技推动农业减量发展、绿色发展、创新发展和高质量发展。科技内容由"农业科技"向"农业农村科技"转变，更好地支撑美丽乡村建设和现代农业发展。

（2）由"北京科技"向"首都科技"转变，向央属的科研机构借力。提出了由"北京科技"向"首都科技"转变，除了需要依赖北京市属科研机构外，还要加强与央属的科研机构合作，充分发挥首都科技优势，加强农业农村科技创新。

（3）注重农业科技园区的推广示范作用。"十四五"期间，北京将整合资源，建设一批具有示范、引领作用的农业科技园区，通过园区示范推广，提高北京农业的科技含量。

（4）更加注重集成推广应用。科技创新重点要由"单一技术"向"套装技术"转变，充分利用基层推广体系和创新团队，创新科技机制，优化北京市创新团队建设，加强农技推广体系建设，提高北京农业科技集成推广应用的能力。

（二）北京科技农业的发展特征

1. 北京农业科技投入方面的特征

农业科技投入的总量、结构和方式决定着科技成果的产出规模、效率和发展方向，直接影响农业科技进步和农业科技创新能力，对未来农业和农村经济的发展与农村社会进步产生重要影响。北京是我国农业研究领域最全面、优势团队最多、高端人才最为集中的区域，农业科技投入力度大，农业科技成果丰硕，北京农业科技投入呈现如下特点：

北京农业科技投入仍处于"技术改进阶段"而非"技术创新阶段"。根据全球农业科技投入规律，当研发强度不超过 1% 的时候，技术研发处于使用技术的阶段；研发的强度在 1%～2% 之间的时候，技术研发就处于技术改进阶段；而当研发强度超过 2% 的时候，技术研发就处于技术创新阶段。我国与发达国家的投入差距，严重阻碍了农业科研基础条件的改善，也不利于吸引农业科技人才引进，进而降低农业科技"孵化率"，导致我国农业科技对农业生产的贡献率偏低。

如表 1 所示，北京农业科技投入强度远低于北京科技投入强度，但高于全国农业科技投入强度。2018 年，北京的农业科技投入强度为 1.56%，约为北京科技投入强度的 1/4。从全国看，全国农业科技投入强度是全国科技投入强度的 1/3。从比例看，北京农业科技投入强度与北京科技投入强度的占比低于全国平均水平。2019 年，北京农业科技投入强度比 2018 年略有增长，但是增长幅度较低，北京农业科技投入强度是全国农业科技投入强度的 2.5 倍，但是 2018—2019 年的增幅低于全国农业科技投入强度的增幅。

表 1　北京市与全国农业科技投入对比

单位：%

	2018 年	2019 年
北京农业科技投入强度	1.56	1.61
全国农业科技投入强度	0.67	0.70
北京科技投入强度	6.17	6.31
全国科技投入强度	2.18	2.23
北京农业科技进步贡献率	72.00	73.50
全国农业科技进步贡献率	58.30	59.20

数据来源：《国家统计局》，北京市农业农村局科技处以及课题组的测算。

北京农业科技强度远低于国际发达国家水平。全球发达国家的农业科技强度一般在 2% 以上，北京的农业科技强度低于一般发达国家水平，尤其是与美国、法国和巴西的农业科技投入强度（2009 年三国分别为 3.68%、4.81%、2.1%）还存在较大差距。

种植业的农业科技投入比重最高，农业服务业增幅较大。从北京农业科研投资的行业结构及变化趋势看，农业科研内部的不同研究领域经费分配不均，农业科研有限的经费也大多集中在农作物上，而畜牧业、产前和产后投入很少，近几年农业服务业投入比重增加，且速度较快。

2. 北京农业科技产出方面的特征

农业科技研发创新产出包括直接产出和间接产出两个方面。直接产出主要指专利、论文、成果与奖励。间接产出指经济和社会影响，具体来看，北京科技农业产出存在如下特征。

北京在农业、植物学和动物学领域科研贡献突出。北京的农业科技处于领先地位，

《2019全球城市基础前沿研究监测指数》显示，北京在农业、植物学、动物学、生态环境科学领域等基础前沿研究能力排名全球首位。2020年，北京农业科技进步贡献率预计达到75%，北京农业科技对北京和全国农业产业高质量发展做出了重要贡献。

如表2、表3所示，北京科技创新能力居于全国首位。全国范围内农业科研机构科技创新能力排在前五位的省份分别是北京、广东、浙江、江苏、山东，均位于东部地区，北京以绝对优势排在第一位；高水平地区仅有北京，主要得益于北京特殊的区位优势，获取国家资源相对集中，且有我国农业研究的领头机构中国农业科学院。从各分项得分看，北京的创新基础、创新投入、科研活动、成果产出四项能力排名都最高，特别是科研活动能力最强。

表2 我国各省份农业科研机构科技创新能力分类情况

发展水平	省 份
高水平	北京
较高水平	广东、浙江、江苏、山东、黑龙江、云南
中等水平	甘肃、河南、湖北、海南、上海、广西、新疆、安徽、湖南、四川、福建、辽宁
较低水平	内蒙古、吉林、河北、重庆、山西、天津、贵州、江西、西藏、宁夏、陕西、青海

如表3所示，北京转化扩散能力不足、辐射带动效果不显著。转化扩散能力相对较低，排名第三位（在广东和浙江两省之后）。北京的辐射带动能力不强，如周边省份河北和天津农业科研机构科技创新能力很低。

表3 我国部分省份农业科研机构科技创新能力值及排名

省份	创新基础能力		创新投入能力		科研活动能力		成果产出能力		转化扩散能力		综合能力	
	得分	排序	得分	排序	得分	排序	得分	排序	得分	排序	得分	排序
北京	0.873	1	0.979	1	1.000	1	0.986	1	0.326	3	0.826	1
广东	0.583	2	0.056	7	0.214	6	0.291	5	0.816	1	0.231	2
江苏	0.479	3	0.079	4	0.236	4	0.394	2	0.256	5	0.164	4
云南	0.273	12	0.133	2	0.128	12	0.080	19	0.144	10	0.131	7
浙江	0.422	5	0.085	3	0.216	5	0.322	4	0.787	2	0.223	3
黑龙江	0.415	6	0.057	6	0.339	2	0.111	5	0.279	4	0.136	6
山东	0.478	4	0.047	9	0.317	3	0.391	3	0.164	7	0.152	5

农业科技加快推进种业成果产业化进程。在北京相关种业政策引导下，逐渐具备了种业科技创新、研发转化、市场推广和总部聚集的巨大优势，不断加快种业成果产业化进程，打造农业高端发展的创新基础，实现了作物、果蔬、林木种苗等一系列领域的良种创制，"京葫36"西葫芦新品种成功打破国外企业的长期垄断，抗TY病毒番茄品种实现了国产化，太空香蕉、太空树莓、太空月季等作物销往广东、海南、辽宁等多个省份，推广面积超过10万亩。优质玉米品种"京科968"，2017年实现累计推广

面积超亿亩。

农业科技有效推动了北京农业结构调整。通过狠抓"高精尖"经济结构,调整经济结构和空间布局,做到减速不减势、量增质更优。实施作物、蔬菜、林果花卉、畜禽、水产等品种更新换代和提质增效工程,京郊作物蔬菜良种更新率为100%。京科、中单玉米系列推广占全国市场18%以上,京红、京粉系列蛋种鸡市场占有率达40%以上。建成全国最大、遗传水平最高的奶牛良种繁育体系及供种基地,年改良奶牛200万头。鲟鱼苗种供应量占全国70%以上,优质观赏鱼苗种市场占有率从2013年的58%增至2018年的72%。

农业科技强力支撑首都绿色节水农业发展。围绕构建"农机农艺结合,良种良法配套"的绿色增产模式,推动亩均化肥施用量降低30%,实现生物农药用量达25%,开展农资安全投入品套餐服务与示范,累计推广应用面积11.2万亩,辐射面积21万亩;开展都市农业用水监测评价和管理平台研究与示范、抗旱新品种筛选和农艺节水技术研究与示范、水肥一体化的高效节水灌溉系统研究与示范、都市农业生态高效节水科技示范工程建设,实现节水4 000余万米^3,农业用水减少7.39%,直接经济效益为0.7亿元,间接经济效益6.4亿元,示范区内农业节水灌溉率超过90%,耕地综合地力提升15%以上,水资源利用率不断提高。

三、国内外科技农业发展经验启示

(一)荷兰和以色列科技农业发展启示

1. 发展特点

荷兰和以色列科技农业发展的特点:科技含量高、经济效益好、资源消耗低、环境污染少、人力资源充分发挥、可持续发展。

取得如此大的成就,主要做法包括:一是农业科技投入强度大;二是根据市场需求变化及时调整农业种植结构;三是支持和鼓励不同农业生产经营组织形式的发展,进而有效降低农业生产成本和风险。

2. 经验启示

荷兰和以色列受农业资源约束,将农业定位于以现代科技为支撑、走资源高效利用的集约化发展道路。北京的农业资源条件与荷兰、以色列有着相似之处,要发展科技农业,必须加大科技投入与创新,转变生产方式,实现农业可持续发展。

(1)宏观层面。一是提高农业科技投入强度,提升农业科技进步贡献率。荷兰的农业科技投入强度超过2%,农业科技进步贡献率超过80%;以色列的农业科技投入强度超过3%,农业科技进步贡献率高达95%,而北京的农业科技投入强度为1.56%,农业科技进步贡献率为72%,虽然高于全国平均水平(0.67%和60%),但是与以色列、荷兰这样的科技发达国家相比还有一定差距,还需要北京将对农业科技投入的重视程度进一步提高,对农业科技投入的力度进一步加大,提升北京市的农业科技进步贡献率,以科技创新引领农业现代化(表4)。

表4　荷兰、以色列、中国及北京的农业科技现状

	荷兰	以色列	中国	北京
农业科技进步贡献率	超过80%	95%	60%	72%
农业R&D投入强度	2%以上	3%	0.67%	1.56%

二是提高农业从业者素质，提高技术推广水平。荷兰和以色列都有完整的农民培训和再教育体系、完善的科技推广体系，农业从业人员的文化素质、知识水平普遍较高，从业人员对于新技术的接受程度就会较高，有利于技术的快速传播和广泛推广应用。

（2）微观层面。一是强化设施农业和节水农业，提高生产效率。同荷兰、以色列类似，北京农业发展同样面临土地、水资源等方面的制约，发展设施农业、节水灌溉农业。在我国农业是水资源的最大利用产业，我们必须在农业发展中节约利用水资源，发展节水灌溉，利用喷灌、滴灌等代替大水漫灌，减少水资源浪费。注重水资源保护，减少水资源的直接和间接污染。加大工业废水、生活污水的处理力度，降低污水净化水的价格，加强污水净化水在环境绿化、城市卫生以及农业生产等方面的利用。建立分层的用水价格体系，减少农业用水中水资源的浪费，兼顾公平与效率。二是鼓励发展新型经营主体，提高农民组织化程度。在应对大市场竞争下，分散的小农户组织化程度低，缺乏规模效益，缺乏获取相关信息和服务的条件，将面临较高的生产、交易成本和较低的利润率，有较高的技术和市场风险。积极发展各类农民合作社等组织，提高农民组织化程度，鼓励农民抱团经营。

（二）南京和成都农业科创中心发展启示

1. 南京体制机制创新经验

南京农业科创中心的功能定位是打造成立足江苏、面向全国、放眼全球的农业产业科技创新、技术集成、产业孵化、示范推广和农业"双创"服务功能为一体的国家现代农业产业科技创新大基地。为此，南京农业科创中心有以下几点创新做法。

（1）强化体制机制创新，推进农业科技成果转化及高新技术产业化。创新科技成果转化及农业高新技术产业化机制。发挥市场导向作用，构建前期企业注资研发、中期联建中试平台、后期参股合作经营的产学研结合新模式，支持各类高层次人才以知识产权入股、配股科技型企业，促进高端人才聚集和效能发挥。转变政府职能，变立项拨款为立项科技融资服务，变项目资助为成果奖励，调动企业、科研院所、高等院校等科研机构和科研人员推进农业科技成果转化的积极性。

（2）创新农业科技投融资机制。促进金融服务与科技创新结合，构建多元化、多层次、多渠道的投融资体系，提供孵化扶持、债权融资、股权融资、上市融资等解决方案。积极探索让企业"出题、出资"，通过园区创新平台，招募科创团队的科研创新投融资市场化机制。对可以市场化的课题，积极探索风险投资机制，缓解科创团队的研发风险，成果变现取得收益后进行合理分配，并逐步建立"现代农业产业技术创新基金"。

（3）创新示范区运营管理机制。建立竞争择优、能进能退、低价有偿、收益分成的运营管理机制。示范区内研发共享实验室、孵化试验基地等核心功能区及领军科技项目团

队，面向国内外招标，遴选科技团队或企业，政府以低价甚至零租金、资产托管等方式委托其开展低价有偿经营服务，并相对稳定。对其余科研团队实行课题化管理，通过设立财政专项、定期发布项目指南等方式，遵循竞争择优原则遴选入驻，以自主申报课题的方式，择优扶持；同时，建立退出机制，设定时限和绩效两类指标，到期达不到绩效和项目目标的，适时劝退。示范区内的大型仪器设备、标准实验室、孵化基地等以低价有偿方式提供给各类主体使用。

2. 成都院地合作经验

成都科创中心同中国农业科学院通力合作，以成都科创中心为纽带，加快搭建成果转化新平台、培育成果转化新动能，构建完整的建设运行机制、院地合作机制、区域协调机制，有效提高了科创中心的运行效率、促进了农业科技成果转化应用与落地，实现了以下几种做法：

（1）创新建设运行机制。成都科创中心由成都市农业农村局主管，由天府新区负责建设，由中国农业科学院都市农业研究所承载运营，既保证成都科创中心不仅有稳定的资金支持、政策支持，也有具体的建设部门和运营部门，各司其职，实现科创中心与地方各级政府部门以及中国农业科学院各所的对接与联动。

（2）创新院地合作机制。开展以市场为导向的合作运行机制，将中国农业科学院、成都科创中心与成都市政府、地方特色产业的经营主体联系起来。加强院地合作平台建设，构建"政、产、学、研、金、介、用"七位一体的合作平台。共同集成转化全产业链技术，集成产前、产中、产后各环节的技术，拉长产业链，增加附加值。

（3）创新区域协调机制。一方面，开展成德眉资（成都、德阳、眉山、资阳）协同，以都市现代高效特色农业产业带建设为契机，全面加强四市规划对接、政策协调、项目统筹、设施互通、平台共建、一体谋划、统筹推进，实现农业产业协同发展。另一方面，开展成渝协同，打造具有全国影响力的科技创新中心，是成渝地区双城经济圈建设的重要任务之一。以成渝经济圈建设为契机，在提升科技创新平台、集聚科技创新资源要素、推进核心技术攻关和成果转化、深化国际科技交流合作等方面需要两地协同谋划、共同发力，同时应共同争取国家重大政策、重大项目、重大工程等在协同地区布局，加强创新资源共建共享，全面提升成渝地区协同创新发展能力。

四、北京发展科技农业存在的主要问题

按照北京市科学委员会测算，2020 年北京市农业科技进步贡献率达到 75%，比全国贡献率 60% 高出 15 个百分点，位居全国前列。但是，北京市农业的生产效率、科技研发水平与发达国家相比还有一定差距。当前，北京发展科技农业还存在以下问题。

（一）体制机制层面

1. 人才激励机制不完善，科研人员积极性不高

2017 年 5 月，北京市出台了《关于支持和鼓励高校、科研机构等事业单位专业技术

人员创新创业的实施意见》，但目前市属主要科研单位和高校细化落实措施不多，科技人员积极性没有充分调动起来。在利益分配方面，农业科技成果知识产权保护制度和法规不健全，难以对科技成果转化从法律上予以保护。合作成果转化利益分配缺乏可行的操作细则等，也影响农业科技活动和科研人员的积极性。

2. 传统农业分散经营模式制约科技成果转化应用

由于北京农业主要是分散经营模式，对土地的经营始终以农户家庭为主，使得单个农户使用技术的成本相对较高，单个农户经济力量单薄，同时家庭分散经营导致信息闭塞和低水平的重复生产，供给与市场脱节，导致现阶段农民卖粮难，从而进一步导致农民对农业利润下降的心理预期，失去采用技术发展农业的动力，使得农业依靠技术支撑陷入停滞不前的恶性循环。

（二）资源要素层面

1. 疏整促背景下，农业发展空间受限

随着城市建设发展，北京农业的生产性空间逐步压缩，耕地面积逐渐减少，再加上住房用地不断增加，北京市的农业用地已越来越少。在农村土地资源减少的同时，北京市积极采取措施增加农业用地，在增加的农业用地中，林地增加最多，其次是园地，而增加的农业用地与减少的农业用地相抵消后，与之前的普查结果相比，总体上仍处于减少趋势，而对农产品的需求并未减少，相比之下，采用高效率的生产方式，提高土地利用率成为缓解农业用地不断减少的最优选择。

2. 水资源、环境约束日益趋紧

北京作为全国政治经济文化中心，随着城市规模日益壮大，水资源问题日益成为其发展的制约因素之一。

一是北京市水资源紧缺。北京市属于资源型重度缺水地区，近年，由于北京市人口迅速膨胀，以及城镇化水平和生活水平的提高造成用水量增加，北京市地下水资源呈逐年缩减趋势，一定程度上制约了科技农业发展。同时，农业结构尚需调整和优化，水资源才能够合理并高效利用。二是环境污染的制约。随着首都经济不断发展，城市的生态环境压力越来越大。北京京郊外围生态圈中存在的沙尘天气、水源污染、水资源短缺等问题，都是威胁首都生态安全的最大问题，这在一定程度上制约了北京科技农业发展。主要表现为北京市农业发展过程中高投入、高消耗、高产出的生产行为导致农业污染问题日益突出，农业污染量已占到总污染量的1/3至1/2。农业污染问题日益突出主要来源于化肥、农药等的不科学、过量、低效率施用。另外，人口众多、快速工业化和城市化使已经十分有限的农业资源更为紧张，生产方式落后和过度开发造成资源质量下降以及生态环境恶化。三是农业能耗、农药化肥用量均较高。北京农业科技绿色生态价值指数在全国排名第十八位，处于较为落后的位置。具体来看，一方面，由于北京设施农业比重较高，近五年万元农业GDP能耗年均仅降低了0.61%，在全国排在第二十位。另一方面，虽然近五年北京的农药、化肥消耗总量呈逐年减少趋势，但单位播种面积的农药和化肥用量年均增长了5.29%，农药化肥减量化在全国排倒数第二，这与北京的农业产业结构中蔬菜瓜果、果园

比重高有很大关系，但如何在农业产业结构不变的条件下，依靠农业科学技术发展低能耗农业及单位播种面积农药化肥减量化都将是北京农业绿色发展的重要路径。

3. 农业科技投入资金仍然不足

近几年，虽然北京的农业科研投入大幅增长，农业科技投入强度稳步提升，2018 年达到 1.56%，是全国农业科技强度的 2.3 倍，但与发达国家比还存在一定差距，仍低于法国、南非、荷兰和巴西，且北京科技农业投入仍然处于科技改进阶段，而不是农业科技创新阶段。

（三）相关主体层面

1. 科研机构存在的问题

一是农业科技成果整体转化率不高，与市场需求脱节，辐射带动能力不强。中国农业科学院的最新研究表明，北京的创新基础、创新投入、科研活动、成果产出 4 项能力名列全国第一，特别是科研活动能力最强，但统计数据表明，近些年北京科研成果转化为现实生产力的仅占 40%左右，落后于广东和浙江两省，且与国外一些发达国家农业科技成果的转化率（可达到 80%以上）差距较大，主要是因为现行的成果应用与市场需求出现错位、脱节，农业科技研究偏重技术和理论，过分追求项目的"高大上"，科技成果考核体系不合理，衡量标准与实际应用转化偏差较大，难以实施产业化。此外，北京农业科技的辐射带动能力不强，如周边省份河北和天津农业科研机构科技创新能力远低于北京，京津冀农业科技一体化的步伐跟不上。

二是农业科技创新短板较为突出。农业产业发展的技术领域存在很多短板缺陷，核心关键技术受制于人。具体来看，畜禽遗传育种核心种源 80%依赖国外进口，设施番茄和辣椒国外品种市场占有率达 60%以上，自主选育的高端设施蔬菜品种较少。农作物精密播种、高速栽插、高效植保与施肥、多功能收获等关键部件及技术研究不足，定位变量、智能控制、农机农艺配套和联合复式作业机具尤其缺乏。农业投入品安全使用技术、高效精准实时检测技术研发不够。

2. 农业企业存在的问题

一是企业作为创新主体活力不足。创新活力反映了一个国家或地区在原创性科学研究和技术研发方面的产出规模、产出水平和活跃度。北京创新活力总指数在全国 31 个省、区、市中居首位。从科技创新活力各项指标看，北京的农业科技基础研究指数排名第一，技术研发指数排名第三，科技奖励指数排名第一。呈现出以科技论文为表征的基础研究实力雄厚，以科技奖励为表征的重大科学研究突破数量最多，而以专利为表征的技术研发实力略显不足的特点，其中规模指数（排名第八）和影响力指数（排名第十）处于相对靠后的位置，显示出北京农业技术创新活力不足。存在基础研究向关键技术转化方面略显不足，农业企业技术创新主导地位有待强化，农业科创企业的扶持力度较弱等问题。

二是受资金、人才等投入不足影响，企业难以成为科技创新的主体。近期出台的相关政策，一直强调企业在创新中的主体地位。然而，在历史与现实因素影响下，我国农业科技科研主体仍然是拥有科研资源和人才优势的科研院所与高校，它们同时还是新技术示范推广的重要力量。大多数企业面临人才短缺、资源匮乏、研发经费投入不足等问题，在短时期内难以担当创新主体的重任。目前，北京市农业高新技术企业研发投入占到销售总额的6％，种业企业研发投入已经占到总销售额的11％，但仍然低于发达国家的水平。

3. 农业从业者存在的问题

一是农村劳动力素质较低。由于我国农业的耕作方法一直停留在较原始的状态，农民文化素质低，目前北京市农民平均受教育年限仅为9.65年，初中及以下农民占农民总数的59.8％，认识不到科学生产的重要性，思想具有局限性，在现金实用技术的推广应用上接受缓慢，阻碍农业劳动生产率的提高和农业科技的推广。目前北京仍面临直接从事农业生产的劳动力素质不高的问题。

二是大量优质劳动力转移到城市。由于北京市二、三产业较为发达，为农民进城就业创造了良好的外部环境，加之农业与二、三产业的比较收益相对较低，农民放弃农业生产进城就业的趋势明显，尤其是素质较高的农民，在城市中能获得更多的就业机会，其放弃农业生产的行为更为普遍。因此，尽管从全国横向比较看，北京市农民素质处于相对较高水平，但随着优质劳动力转移，实际从事农业生产的群体呈现出明显的老龄化、女性化、兼业化、外埠化趋势，其素质提高缓慢。

五、未来北京科技农业发展的政策建议

（一）进一步深化农业科技体制改革

政策目标：加快建立符合北京农业科研规律和创新需求的体制机制，为北京"新北京·新格局"战略服务，助推北京农业科技中心建设。

政策措施：按照"放活内部、强化支持、优化服务"的思路，加快推进北京公益性农业科研机构的改革，尽快促进各项改革措施落地。放活内部。国家级、省级公益性农业科研机构的内设机构根据北京及全国农业科技发展趋势、现代农业需求、国际科技竞争等综合因素自主设计，实行备案制度。强化支持。重新定位各级各类农业科研机构职能，并建立与其功能定位匹配的财政投入支持体系；对于公益性科研机构要建立合理的薪酬体系并全额保障经费投入，同时建立健全以知识产权转移、科技成果转化收入分配为主的绩效激励体系；统筹协调科研人员参股、持股政策。优化服务。转变政府管理科技创新角色，按照法人治理结构参与中国特色现代农业科研院所建设；参照国外科研经费管理政策，探索科研经费全成本核算和差旅费总额包干等制度；通过建立科研成果管理数据库等方法减轻科研人员填报表、报账等行政管理类负担，集中精力和时间搞科研；减少科研活动事项审批环节。

（二）多渠道增加和改善农业科技投入

政策目标：以立法形式保证。2021年北京农业科技投入总量比重由当前的1.56％增至2％，2035年达到2.5％，2050年达到4％。

政策措施：一是增加财政稳定支持力度。中央和地方财政投入总量增加，扩大公益性基础性科研支持力度。二是强化企业研发投入。激励企业增加研发投入，企业研究开发费用税前加计扣除比例由现行的50％提高到100％。科技型中小企业研究开发费用税前加计扣除比例由现行的75％提高到150％。三是增加全社会农业科技投入，设立农业科技创新基金。创建新的农业科技投入方式，增加社会资金投入。设立"1分钱"农产品创新基金，每销售一斤粮食、一斤蔬菜、一斤肉提一分钱用于支持农业科技创新。基金中的60％用于农业公益性科技事业，40％用于农业科技市场化资源配置。

（三）建立需求导向的农业科技产业体系

政策目标：促进"学研产"向"产学研"转型，加快农业创新经济发展。

政策措施：充分发挥国家农业科技创新联盟和现代农业产业技术体系的作用。逐步形成中央—省—市三级、科研院所—大专院校—涉农企业三类主体共同参与农业科技创新的格局，集多方创新资源、优势互补、专业协作，实现农业产业全链条、研究开发全过程的集成化创新。以市场需求为导向，发挥企业及其他新型经营主体在技术创新中的主导作用，增强创新动力和能力，促进科研成果转化，加速产学研深度融合。

（四）建立以人为本的激励政策体系

政策目标：增强科研人员物质和精神两个层面的满足感，建设高水平创新团队。

政策措施：一是简化薪酬制度，为研究人员提供有保障的工资收入。在保障基本工资水平正常增长基础上，逐步提高体现科研人员履行岗位职责、承担政府和社会委托任务等的基础性绩效工资水平，并建立绩效工资稳定增长机制。加大对做出突出贡献的科研人员和创新团队的奖励力度，提高科研人员科技成果转化收益分享比例。鼓励科研人员通过科技成果转化获得合理收入。科研人员在履行好岗位职责、完成本职工作前提下，经所在单位同意，可以到企业和其他科研机构、高校、社会组织等兼职并取得合法报酬。二是提高科研人员福利保障水平。帮助科研人员，尤其是青年科研人员解决住房、子女教育等后顾之忧，营造良好环境，让科研人员潜心研究。三是完善人才顺畅流动的体制机制。破除人才流动的体制机制障碍，倡导"开放、流动、竞争、协作"的科研新机制，促进农业科研人员在事业单位和企业间合理流动。四是推进社会文化建设，实施环境激励。加强舆论引导、营造尊重科研的社会氛围。要在全社会树立起"尊重人才、尊重知识、尊重创新"的意识形态，使科技实用人才的价值被社会充分认可，在这样的意识形态和文化氛围下，更容易做出突出贡献。

（五）大力培育企业创新主体

政策目标：到2035年，企业成为农业技术创新主体，科技型涉农企业占比达到10％。

政策措施：设立企业创新引导基金。鼓励企业积极参与农业技术创新，增加农业技术创新投入。增强农业科技创新的企业话语权。扩大企业参与创新决策的规模，加强农业企业科技创新平台建设，支持企业牵头组织实施科技创新项目，以税收优惠、后补助等方式鼓励企业加大研发投入。为企业科技创新营造公平的市场环境。建立公平的市场准入规则，有重点地落实政策，降低企业创新的成本和风险，加强知识产权保护力度，加大对假冒侵权等违法活动的打击力度，提高侵权成本、降低维权成本，保护企业创新的积极性，积极拓展创新创业企业的融资渠道。

（作者：赵术帆，单位：北京市农村经济研究中心；

麻吉亮，单位：中国农科院农经所；

康林园，单位：北京民生智库科技信息咨询有限公司）

北京市宅基地基层管理实践研究

宅基地是农民最重要的财产之一，北京的宅基地制度改革问题涉及京郊 229 万农民的切身利益，更涉及首都整体安全稳定的大局，可谓牵一发而动全身。当前宅基地改革路径顶层设计越来越清晰，其具体实施步骤、操作流程和管理主体的管理手段将迎来相应调整。在宅基地管理制度改革推进过程中，基层乡镇、村委会直面宅基地管理的复杂问题，实践中各具特色的有效管理措施有必要总结推广。

本文通过梳理我国宅基地管理体系，实地调研走访北京各典型区域村庄宅基地管理实践，梳理当前北京乡镇和村委会等基层宅基地管理现状，分类总结基层宅基地管理的经验，挖掘基层管理智慧，发现亮点与矛盾，为更好地维护法律权威，贯彻落实中央有关政策精神奠定基础，提出了更切合北京实际的宅基地制度改革推进的基层管理建议，为形成超大城市郊区宅基地管理体系的北京范本助力。

一、我国宅基地管理体系

（一）我国宅基地管理制度变迁

新中国成立以来，农村的宅基地经历了从农民私人所有到集体所有、农民使用的历史性变化，其管理和使用呈现出越来越收紧的态势，整个历程大致可分为 6 个阶段：

1. 新中国成立初期农村宅基地私有制度（1950—1961 年）

新中国成立后，在土地改革中分配土地的同时，没收地主多余房屋分配给少数贫雇农，使其居住条件有所改善。1952 年北京郊区完成了房地产登记发证，向农民颁发了"北京郊区土地房产所有证"，证书上明确印有"为该户全家私有产业，有耕种、居住、典当、转让、赠予等完全自由，任何人不得侵犯"。这个时期实行的是宅基地农民私人所有政策。该阶段为农业农村经济恢复发展时期，宅基地归私人所有，最大限度地保障农民的居住权利，维持社会稳定发展。

2. 人民公社化中期"六十条"宣布农村宅基地归生产队所有（1962—1981年）

该阶段为积极探索努力提高农业生产率时期，宅基地归生产队所有，首次明确提出了宅基地概念，对宅基地所有权与使用权进行划分。1962年9月，党的八届十中全会通过的《农村人民公社工作条例修正草案》（常称"六十条"），改变宅基地私有制，宣布宅基地归生产队集体所有，不准出租和买卖；同时承认房屋归社员私有，可以出租买卖，从此确定了宅基地与地上房屋的"一宅两制"特点。

3. 改革开放后宅基地管理逐步规范化（1982—1997年）

党的十一届三中全会后，农村出现了建房高潮，同时发生了乱占滥用耕地，在承包地上盖房等问题。1981年起，国家连续出台镇建房用地管理条例政策文件，强化农村宅基地的管理制度，主要有1982年的《村镇建房用地管理条例》和1986年出台的《中华人民共和国土地管理法》。这一时期的政策仍允许某些非农人口（回乡落户的离休、退休、退职职工和军人，回乡定居的华侨）无偿或有偿使用农村宅基地。

4. 宅基地政策持续收紧时期（1998—2006年）

20世纪90年代后期开始，随着市场经济发展，城乡人口流动加速，宅基地管理不断加强，使用权流转不断收紧，该阶段对农民房屋的交易对象开始进行严格限制，取消和禁止城镇居民购买农村宅基地和农村房屋，具有典型的管制性和限制性流转特征，形成了我国宅基地制度"集体所有，农民使用，一户一宅，福利分配，免费使用，无偿回收，限制流转"的基本特征。其中，标志性事件是1998年全国人大常委会修订通过《中华人民共和国土地管理法》，规定"农民集体所有的土地使用权不得出让、转让或者出租用于非农业建设""农村村民一户只能拥有一处农村宅基地"。

5. 宅基地权利结构的改革探索阶段（2007—2013年）

2007年《中华人民共和国物权法》颁布，明确了农村宅基地的用益物权属性，宅基地权利的制度安排初步形成体系，拉开了国家严格宅基地管理制度下的宅基地权利结构的探索完善之路。此后，国家在继续严格宅基地管理的同时，开始不断完善宅基地的权利结构。2008年党的十七届三中全会《关于推进农村改革发展若干重大问题的决定》提出"完善农村宅基地制度，严格宅基地管理，依法保障农户宅基地用益物权"。

6. 十八大后全面深化宅基地改革（2014年至今）

2014年之前，历年中央一号文件对于宅基地的关注，主要在于管理、整治和确权颁证等；自2014年中央一号文件提出宅基地"三权分置"改革思路后，此后几乎每年都会有所推进：2015年提出"改革农民住宅用地取得方式，探索农民住房保障的新机制"；2017年提出"探索农村集体组织以出租、合作等方式盘活利用空闲农房及宅基地，增加农民财产性收入"；2018年中央一号文件则提出了宅基地的所有权、资格权、使用权"三权分置"。2019年，中央农办、农业农村部印发《关于进一步加强农村宅基地管理的通知》，重申了国家对宅基地管理的有关规定和政策，进一步明确了宅基地管理的红线、底线和鼓励方向；农业农村部联合自然资源部印发《关于规范农村宅基地审批管理的通知》，明确了两部门职责和宅基地申请审批的具体流程。2020年，针对农村乱占耕地建房问题，自然资源部联合农业农村部印发《关于农村乱占耕地建房"八不准"的通知》《关于保障农村村民住宅建设合理用地的通知》，对农民住宅建设用地从空间规划、用地指标、耕地占补平衡、申请审批等方面作出明确规定。该阶段在所有权方面，严守宅基地集体所有的底线，农民可以依法无偿取得宅基地；在使用权与流转方面，积极探索适度放活农户宅基地资格权和房屋使用权，探索宅基地"三权分置"，激活宅基地的金融属性，盘活农村闲置宅基地和闲置农房市场。

（二）宅基地管理主体

1. 农业农村部门

在宅基地管理中，新一轮机构改革明确将农村宅基地管理和改革职责划转农业农村部门。具体承担指导宅基地分配、使用、流转、纠纷仲裁管理和宅基地合理布局、用地标准、违法用地查处，指导闲置宅基地和闲置农房利用。组织开展农村宅基地现状和需求情况统计调查，及时将农民建房新增建设用地需求通报同级自然资源部门；参与编制国土空间规划和村庄规划等工作。

2. 自然资源部门

自然资源部门负责国土空间规划、土地利用计划和规划许可等工作，在国土空间规划中统筹安排宅基地用地规模和布局，满足合理的宅基地需求，依法办理农用地转用审批和规划许可等相关手续。

3. 省级农业农村部门

负责指导宅基地分配、使用、流转、纠纷仲裁管理和闲置宅基地、闲置农房利用，会同有关部门指导宅基地合理布局、用地标准、违法用地查处。

4. 乡镇政府

乡镇政府主要承担属地责任，并负责农村村民住宅用地的审核批准。具体应在充分尊重农民意愿基础上，采取措施，按照省、区、市规定的标准保障农村村民实现户有所居。因地制宜探索建立宅基地统一管理机制，依托基层农村经营管理部门，统筹协调相关部门宅基地用地审查、乡村建设规划许可、农房建设监管等职责。负责对宅基地申请、审批、使用的全程监管，落实宅基地申请审查到场、批准后丈量批放到场、住宅建成后核查到场等"三到场"要求。负责农村宅基地动态巡查和指导村级组织完善宅基地民主管理程序。

5. 基层组织

基层农村经营管理部门负责宅基地管理具体工作。

村委会是宅基地管理中最直接的力量。具体负责宅基地申请的初级审查工作，审查农户申请、村民小组会议记录等材料。重点审查提交的材料是否真实有效、拟用地建房是否符合村庄规划、是否征求了用地建房相邻权利人意见等。审查通过的报送乡镇政府。

（三）宅基地管理客体

1. 宅基地

农村宅基地是农村村民用于建造住宅及其附属设施的集体建设用地，包括住房、附属用房和庭院等用地，不包括与宅基地相连的农业生产性用地、农户超出宅基地范围占用的空闲地等土地，是宅基地管理实施的最重要客体。

2. 地上房屋

农房是宅基地上建造的在农村中供村民居住的房屋，具有以下特征：一是在土地性质上，农房建设占用集体所有土地；二是取得方式上，只允许符合条件的农村集体经济组织成员申请取得宅基地进行建设；三是土地使用年限上，与城市商品房不同，现行法律和政策没有具体规定农村宅基地使用权期限；四是交易条件现阶段还存在很多限制，如农房只能在本村集体经济组织内部经批准后交易给符合宅基地分配资格的成员，不得抵押等。

3. 所有者、使用者

现行法律规定，我国农民集体拥有宅基地所有权，农村集体经济组织成员拥有宅基地使用权。对于集体所有的土地，属于村农民集体所有的，由村集体经济组织或者村民委员会代表集体行使所有权；分别属于村内两个以上农民集体所有的，由村内该集体经济组织或者村民小组代表集体行使所有权；属于乡镇农民集体所有的，由乡镇集体经济组织代表集体行使所有权。

（四）宅基地管理规则

1. 宅基地的申请与审批

宅基地申请：依据2019年新修订的《中华人民共和国土地管理法》，结合各省（区、市）宅基地管理的有关规定，农村村民满足"无宅基地的""因子女结婚等原因确需分户而现有的宅基地低于分户标准的"等法规所列五条标准之一的，可以以户为单位申请宅基地。

宅基地审批主体：《中华人民共和国土地管理法》第六十二条规定，农村村民住宅用地，由乡（镇）人民政府审核批准；其中，涉及占用农用地的，依照本法第四十四条的规定办理审批手续。第四十四条规定，建设占用土地，涉及农用地转为建设用地的，应当办理农用地转用审批手续。2019年《农业农村部 自然资源部关于规范农村宅基地审批管理的通知》明确审批工作中，农业农村部门负责审查申请人是否符合申请条件、拟用地是否符合宅基地合理布局要求和面积标准、宅基地和建房（规划许可）申请是否经过村组审核公示等，并综合各有关部门意见提出审批建议。自然资源部门负责审查用地建房是否符合国土空间规划、用途管制要求，其中涉及占用农用地的，应在办理农用地转用审批手续后，核发乡村建设规划许可证；在乡、村庄规划区内使用原有宅基地进行农村村民住宅建设的，可按照本省（区、市）有关规定办理规划许可。涉及林业、水利、电力等部门的要及时征求意见。

宅基地审批程序：农村宅基地分配实行农户申请、村组审核、乡镇审批。按照《农业农村部 自然资源部关于规范农村宅基地审批管理的通知》，宅基地申请审批流程包括农户申请、村民小组会讨论通过并公示、村级组织开展材料审核、乡镇部门审查、乡镇政府审批、发放宅基地批准书等环节。

2. 宅基地的合理利用

《中央农村工作领导小组办公室 农业农村部关于进一步加强农村宅基地管理的通知》

（中农发〔2019〕11号）进一步要求，合理安排宅基地用地，严格控制新增宅基地占用农用地，不得占用永久基本农田；涉及占用农用地的，应当依法先行办理农用地转用手续。城镇建设用地规模范围外的村庄，要通过优先安排新增建设用地计划指标、村庄整治、废旧宅基地腾退等多种方式，增加宅基地空间，满足符合宅基地分配条件农户的建房需求。城镇建设用地规模范围内，可以通过建设农民公寓、农民住宅小区等方式，满足农民居住需要。

3. 宅基地的监督管理

根据《中华人民共和国土地管理法》和农业农村部"三定"方案，农业农村部负责农村宅基地改革和管理有关工作。承担农村宅基地制度改革工作，负责起草农村宅基地管理和使用相关法律法规草案及政策，指导宅基地分配、使用、流转、纠纷仲裁管理和宅基地合理布局、用地标准、违法用地查处，指导闲置宅基地和闲置农房利用。

自然资源部门负责土地等国土空间用途转用、土地整理复垦、不动产统一确权登记、拟订国土空间规划并监督实施等工作。具体工作中，村庄规划、土地利用年度计划、乡村建设规划许可、房地一体的宅基地使用权确权登记颁证等工作由自然资源部门负责，宅基地的管理、改革、利用、调查、监管等工作由农业农村部门负责。

4. 宅基地的退出

《中华人民共和国土地管理法》第六十二条规定，国家允许进城落户的农村村民依法自愿有偿退出宅基地，鼓励农村集体经济组织及其成员盘活利用闲置宅基地和闲置住宅。

在宅基地制度改革试点探索中，农民退出宅基地主要包括以下步骤：农户提交书面申请、村审核、专业机构评估价值、农户与村集体签订协议、农户获得补偿、县级主管部门变更登记。

二、北京市宅基地管理现状与问题

（一）北京市宅基地总量现状

1. 全市宅基地基础数据

依据2014年调查数据，截至2013年底，全市农村宅基地面积93.9万亩（不包括乡级的0.2万亩），包括散居院落和农民住宅小区，占集体建设用地的36%。拥有宅基地的农户129.1万户（含已转居在原村仍有宅基地的农户），涉及宅基地房屋142万处（套），每户平均1.1处，每处平均0.66亩。建筑面积2.5亿米^2，每处（套）平均176米^2。

2. 宅基地利用情况

（1）宅基地自用占78%，出租占17.9%。从宅基地利用情况看，完全自用的占比78.3%，部分自用、部分出租的占比13.8%，完全出租的占比4.1%，完全闲置的占比2.6%，对外转让的占比0.7%，其他占比0.5%。

（2）宅基地经营收入主要来源于出租。从经营情况看，全市有经营行为的农户22.8万户，涉及26.9万处，2013年经营净收入55亿元。其中，出租收入42.8亿元，占比77.8%；自营净收入12.2亿元，占比22.2%。全市平均每户24 126元，每处（套）20 403元。

其中，远郊平原地区利用宅基地经营的净收入很高，占全市的 70％，经营项目以出租为主（占 80.3％）。近郊区靠近城市中心区，出租比重最高，占经营净收入的 90.2％。远郊山区农宅经营收入偏低，净收入仅占全市总数的 9.2％。山区的农宅经营以发展商服为主，占经营净收入的 63.3％，其中，旅游业收入较高，占净收入的 35.6％。山区农宅出租净收入比例较低，仅占 31.1％。

（二）北京市宅基地管理多主体博弈

随着北京市宅基地资本化特性日益显著，宅基地附有价值所产生的利益增加，引起各利益主体对其分配、博弈和争夺。因此，明确界定各利益方，厘清各利益方之间的关系，揭示其产生的机理，对北京市研究制定宅基地管理政策至关重要。针对宅基地管理主体，最重要的特征是中央政府、地方政府、村集体、农户四方的博弈。

1. 中央政府层面

中央政府作为国家最高行政机关，负责全国事务，既是政策的制定者也是改革方案的设计者和实施者。农村宅基地制度是一项为保障农民居住权而制定的带有中国特色的社会福利和社会保障制度。因此，"保障农村人口居住权，实现居者有其屋"一直是我国农村宅基地使用权制度立法设计的唯一价值目标。制定过程中，国家将其设定为一种对农民的保障和福利制度，具有无偿性、公平性、身份性等特性。

国家顶层设计秉承宅基地管理一直以来的政策思路，以"保障性"为基本的政策目的，充分考虑农村住房的保障性功能，落实户有所居政策，在符合宅基地申请条件下，鼓励农民申请宅基地，落实住房保障功能。这是从中央政府层面对于宅基地管理的最核心、最基本的制度设置，也是宅基地制度改革中最不可或缺的核心思想。

2. 地方政府层面

虽然国家对宅基地改革非常谨慎，但在"土地财政"和做亮点的政绩逻辑下，地方政府以"资本下乡"推动宅基地资本化的尺度要远大于国家的规定。各级地方政府是中央政府意图的贯彻者和制度变迁的具体实施者，同时也有自身的利益诉求。一旦全局性的共容利益和地方性的狭隘利益产生冲突，那地方政府就会倾向于通过种种或明或暗的方式对中央的政策进行抵制或变通，从而对制度变迁造成阻滞。

对于地方政府来说，刺激当地经济发展，"激活资源"是基本需求。地方政府出于土地财政考虑，通过土地的"增减挂钩"政策，为了获取建设用地指标，将农民集中居住后多出来的建设用地指标拿到城市中进行置换，以获得额外的土地收益；或将农民的宅基地置换出工业用地，既获得了一定数量的土地出让金，又满足了当地工业发展，从而得到连续的税收和财政收入。这是地方政府最大，也是最直接的一笔土地"资本化"收益，成为基层政府推动农村建设的最大动力。

3. 村集体层面

村集体在宅基地管理中承担着重要角色，既是地方政策执行者、集体产权代理人和农民管理者，同时自身组成者又是本村农民。实际宅基地管理工作中，村委会替代集体经济组织行使土地所有权权利。村集体想要通过宅基地所有权实现对"激活"宅基地资源的收益分享，从而实现村集体从宅基地增值中获取收益最大化。

但是，由于我国绝大多数农村集体经济发展乏力，村集体无力承担村委会日常运行及办理村庄事业所需经费，这类经费的支出主要源于乡镇政府的转移支付。这种经济联系进一步增强了村委会对地方乡镇政府的依赖，地方政府对村委会的控制也随之强化。因此在现有体制下，村集体与政府进行谈判博弈时，话语权不足，无法真正获取相应的土地增值收益，也无法真正代表村民集体利益。

4. 农户层面

对于农户来说，宅基地是最重要的财产，宅基地制度创新直接影响着农户的切身利益。农户是制度变迁的初级行动者，是宅基地制度改革的事实受益者和推动者，是宅基地改革政策的反馈者。从土地权利构成来看，宅基地权利包括宅基地所有权、使用权、收益权和处分权。法律规定宅基地所有权属于集体所有，农户以其集体成员身份无偿享有宅基地使用权。

在宅基地管理中，农户唯一考虑的就是经济利益，他们希望得到更多的征地补偿。集体经济组织与农户附于地上的关系是土地所有权和土地使用权的关系。按照法律规定，集体经济组织得到所有权补偿，农户获得使用权补偿，同时农户作为集体经济组织成员应该按份享有所有权。但农户作为宅基地使用者，对于自身权益认识不清，对于宅基地盘活或退出等利益期许较高。再加上在整个社会政治系统中，农户的谈判能力和博弈能力一直处于劣势，在集体经济组织与承包经营者之间征地补偿利益分配中，集体经济组织占主导地位，大部分农户处于被动接受地位。因此，农户在宅基地增值过程中所获得的收益并无法满足农户需求，从而产生利益纷争。

（三）北京市宅基地管理中的问题

1. 管理面临形势紧迫

一是宅基地资源紧张。一方面是人口增长较快，宅基地资源有限，无法满足新成立家庭的宅基地申请需求；另外农村"一户多宅"现象较多，宅基地退出路径不明，无法将闲置宅基地合理利用。二是宅基地资产显化区域不平衡。就北京市而言，城中村、城乡接合部经济较为发达，受城市辐射大，带动农村住房升值，宅基地也因此具有更高价值。偏远郊区经济发展较慢，受城市影响较小，宅基地增值明显较弱，造成各区域发展不平衡。三是农民主体意识觉醒。随着宅基地资产价值日益显化，农民对于宅基地这块资产的主体意识日益增强。尤其是经济发达地区，农民作为追求经济利益的理性人，为从自己的宅基地中获取更高利益，不惜违法违规占用耕地建房、私搭乱建住宅、买卖宅基地等，导致宅基地管理乱象丛生。

2. 管理体系有待强化

一是管理主体职责不清。机构改革后，农业农村部和自然资源部对于宅基地管理实施过程中各自职责交叉，宅基地用地建房审批管理涉及农业农村、自然资源等多个部门，各地对《中华人民共和国土地管理法》中有关执法条文存在不同理解，从而造成主体不明、职责不清的管理困境。二是管理客体历史遗留问题较多。由于历史政策变化等原因，不同时期发布不同的宅基地管理条例，使得农村宅基地登记、产权、区位、面积等均产生遗留问题，按照现行法律制度无法统一合理解决，从而造成如今宅基地管理无法遵循统一制度。三是管理基础薄弱。对于宅基地管理，全国尚未出台统一管理办法或细则，对于宅基地数量、登记确权、区位等关键性信息没有统一掌握，缺乏专业规范的管理台账，现状不清、情况不明，管理基础较为薄弱。

3. 管理队伍薄弱

一是人员配备不齐。机构改革后，农业农村部门负责宅基地改革和管理有关工作，但下属机构依旧在逐步建立中，如北京13个涉农市区中，还有5个区未建立健全宅基地管理机构，已建立机构的区也依然面临人员配备不齐的现状。二是专业人员缺乏。在现有宅基地管理人员中，科班出身的管理人员较少，专业化程度普遍不高，对于宅基地合理布局、用地标准、纠纷仲裁、违法查处等工作无法做出专业性判断，缺乏系统的专业知识和技能。三是基层执法人员不足。农村宅基地需要进行动态巡查，从而及时发现和处置涉及宅基地的各类违法行为，同时面临拆除违建等大量基层工作，但村级宅基地执法人员不足，村级组织对于宅基地管理程序也不明确，无法及时对宅基地进行管理。

三、基层宅基地管理典型经验

（一）村镇规划有序、严格执行落实

村庄规划改变了乡村资源利用模式，推动乡村产业发展，提高农民收入水平，改善村庄居住环境，对宅基地管理起到引领管控作用。通过科学合理的村庄规划，会对村庄农业成规模发展产生积极作用。

大兴区长子营镇北蒲州营村在村民集中区域实行科学乡村规划，本着节约集约利用土地原则，合理安排宅基地用地，对村民住宅建设布局、建筑风貌、房屋间距、层数、高度等基础原则做出规范，为村庄整体经济发展打好基础。故本文选取北蒲州营村为典型案例，以期为北京市宅基地规划管理提供实际借鉴。

案例1：大兴区长子营镇北蒲州营村

北蒲州营村地处北京市南部，大兴区东部，长子营镇域中部地区。2005年，北蒲州营村被农业部选取为全国35个新农村建设示范村之一，是早期进行过完整村庄规划并执行较好的村庄。

作为原农业部所选取的新农村建设示范村之一，完备的规划设计以及充分的规划实施为北蒲州营村土地利用带来了良好的正向影响。一是形成整齐的宅基地布局及建筑风貌。截至2018年底，北蒲州营村宅基地总面积约7.76千米^2，全村人均宅基地面积约86.70米^2，共有宅基地254块，不存在一户多宅或多户一宅现象。村内各宅基地块面积相差较小，最大宅基地块面积约为343.40米^2，整体性相对较强，充分体现出较强的规划控制引导性。相较于其他村庄的宅基地建设布局，整齐划一的宅基地布局及建筑风貌共同构筑了良好的村庄人居环境。二是形成规模化大棚种植产业。村庄依托良好的土地利用规划，搭建规模化蔬菜种植大棚。村内98%的农民从事蔬菜种植，设施农业发展基础较好，农产

品质量高、病虫害少，为村民创收的同时也能建立特色产业链。2018 年，村内年人均收入 25 081 元，远高于长子营镇平均水平，是长子营镇经济发展最好的村庄之一，规模化蔬菜大棚的搭建为村庄经济发展提供了强有力的驱动。

（二）充分发挥自治的主观能动性

村民自治是我国农民创造的农村基层治理制度，它提供了一条解决农村基层社会难点热点问题的有效途径，拓展了农民利益诉求的政治渠道，减少了农民非制度化参与的冲突，促进了农村经济和社会发展，缓解农村社会矛盾，有力促进了农村的社会稳定。

朝阳区王四营乡充分发挥村庄自治能力，对村庄宅基地违法建筑进行控制和查处，为北京市乡村治理体系建设提供借鉴，具有一定典型性。

案例 2：朝阳区王四营乡

王四营乡坐落于朝阳区东南部，下辖 6 个行政村、3 个社区，实行村居合一的管理模式。王四营乡积极发挥村庄自治功能，控制和查处宅基地违法建设。

结合乡域实际和发展前景，王四营乡充分认识到严格控制宅基地违法建设的紧迫性、长远性，及宅基地违建带来的人口无序增长和公共安全隐患的危害性。一是完善村规民约。村委会在广泛听取群众意见的基础上，与村民达成共识，将控制宅基地违建条款写入村规民约，加强村民宅基地建设的制度规范。二是加强基层组织建设。在广泛宣传引导的基础上，各村成立宅基地拆违控违领导小组，对全村宅基地实行全面巡查，对于违法建筑发现一起、拆除一起，做到村级全覆盖。三是充分发挥村民力量。与村民联动，组成乡、村两级网格化队伍，对各村进行覆盖式巡查，一经发现及时制止，将违法建设消灭在萌芽状态。发动村民加大对各村路口和重要地段的管控，发现有运送建筑材料的车辆及时检查，从源头杜绝违法建筑。

自 2013 年 4 月至 2018 年 11 月，乡内共巡查发现宅基地违法违规施工 161 处，建筑面积 15 300 米^2，通过村内自治取得良好效果，对于违法违规搭建建筑均处置完毕。

（三）第三方组织的辅助力量

随着当前乡村社会结构的调整以及乡村利益诉求的多元化，乡村社会逐渐向"多元"治理格局转变，乡村社会第三方组织日益成为乡村治理的重要辅助力量。第三方组织依托社会公司、村民合作社等形式，对乡村协同治理产生积极作用。

在这样的背景下，怀柔区渤海镇依托当地优美的自然环境，积极组建民宿旅游专业合作社，探索乡村治理新模式。因其贴近农户、利益关系相对简单清晰以及管理透明等特点，在解决公共物品需求方面开展了大量有效工作，较好发挥了第三方组织的治理辅助作用。

案例 3：怀柔区渤海镇

怀柔区渤海镇位于北京市区正北部、怀柔水库上游，林木覆盖率达 86%，拥有丰富的旅游资源。渤海镇引入第三方组织机构，以合作社为载体，搭建民宿产业联盟，大力推动当地民宿产业快速发展。

一是以合作社为载体，整合村内旅游资源。建立六渡河民俗旅游专业合作社，将村内26家民俗民宿及1家精品酒店整体打包纳入政府会议采购，探索民宿服务纳入全市党政机关会议服务定点机制。二是搭建民宿产业联盟，助力产业发展。组织镇域内景区、民宿及餐饮饭店，搭建独具渤海特色的民宿产业联盟，同步引入民宿服务平台，将民宿整体宣传推广，促进民宿规模化、集约化发展。三是集中建立综合生态园，拓宽发展渠道。在景峪村整合闲置房屋及院落23处，投资5 000万元，占地5 000余米^2，建设集科技示范、观光游览、休闲采摘、民宿接待于一体的综合型生态园，为广大科技工作者提供激发创新灵感的宜人环境，打造高品质"科学家工作室"，以期吸引更多企业入驻。

截至目前，渤海镇依托产业联盟等第三方组织，利用闲置农宅累计建成精品民宿107家，143套院落。2019年，渤海镇乡村旅游共接待中外游客232万人次，实现旅游综合收入3.01亿元，旅游综合收入首次突破3亿元大关，为村集体带来巨大经济收益，为乡村进一步发展提供可能性。

四、加强北京宅基地有效管理的几点建议

（一）强规划、实行分区域管理

一是依据不同区域宅基地功能的变化调整管理模式与手段。宅基地制度改革政策的制定要注重宅基地功能的演化，根据区域经济社会发展状况设置有差别的宅基地制度，以此满足发达地区和不发达地区、城郊与偏远山村等不同层次水平农民的需求。农户是宅基地的利用主体，宅基地制度改革要在尊重农民意愿基础上，根据不同地区区位条件、资源禀赋、经济发展水平、农户自身特征等差异，制定差异化的改革政策，选择适合的农村宅基地管理模式，才能更大限度增加改革参与方的支持和认同，有利于改革的实施和推进，实现提高宅基地利用效率和让农民分享土地增值收益的目标。

二是加强村镇规划，发挥村民的主观能动性，严格落实规划。整合村庄土地利用规划、村庄建设规划等乡村规划，实现土地利用规划、城乡规划等有机融合，编制"多规合一"的实用性村庄规划。以一个或几个行政村为单元编制进行规划，坚持先规划后建设，通盘考虑土地利用、产业发展、居民点布局、人居环境整治、生态保护和历史文化传承。

（二）清职责、完善管理体系

一是建立健全农业农村部门和自然资源部门的分工协作机制。在宅基地管理上，新一轮的机构改革明确将宅基地审批、监督管理和执法等职责划转农业农村主管部门，而村庄规划、宅基地确权颁证、计划指标管理等职责还在自然资源部门。实践中，两部门的职能存在一定程度的交叉以及两部门职能都不包括的空白地带。如何建立两部门在宅基地管理上的有效协同机制需要认真研究，其中，信息和数据共享是健全两部门协同机制的核心。

二是完善"部省指导、市县主导、乡镇负责、村级主体"的农村宅基地管理机制。乡镇政府探索完善审批环节，建立一个窗口对外受理、多部门内部联动运行的农村宅基地用

地建房联审联办制度。加强对宅基地申请、审批、使用的全程监管，全面落实"三到场"要求；指导村级组织完善宅基地民主管理程序，探索设立村级宅基地协管员。各村应发挥自治功能，组织开展农村用地建房动态巡查，及时发现和处置涉及宅基地使用和建房规划的各类违法违规行为。

（三）组队伍、充实管理力量

一是配备专业基层宅基地管理专职人员。建立完善农村宅基地管理人才开发培育机制，建立宅基地管理人才的专业技能体系培训，组建农村执法队伍。二是借助第三方管理力量。积极引入第三方管理组织、社会企业等，通过吸引社会力量，对村宅基地实行动态管理。建立健全宅基地管理监督检查评估体系，对宅基地管理绩效进行测度，并制定相应的奖惩机制。三是充分发挥村民自主治理力量。调动村集体人员自身力量，对本村宅基地进行自主管理，发挥其在基层调解矛盾、治安巡逻等方面的作用。

（四）搭平台，数字化管理与数据共享

一是抓紧推进宅基地确权登记。应紧抓当前人居环境工程拆违的机遇，抓紧推进宅基地使用权确权登记办证工作进程，为宅基地数字化创造条件。二是发挥农村基层管理作用。县、乡镇人民政府应切实承担属地责任，落实农村宅基地管理工作的基层重心，对宅基地进行细致排查、登记，为数字化管理提供基础一手资料。三是落实农业农村部门行业管理职能。农业农村部门要与自然资源与规划部门加强沟通，整合村庄规划、用地指标和使用现状等情况，尽快搭建数字化管理平台。

（作者：赵雪婷，单位：北京市农村经济研究中心；张渊婕，单位：中国农业大学）

村集体是宅基地改革的实施主体

——大生庄村旧村改造模式创新调查

减量发展是当前落实《北京城市总体规划（2016—2035年）》，推进首都转型发展的基本特征和根本要求。1 536千米^{2}的集体建设用地成为"瘦身健体"的重点。然而，依托低利率金融工具创新支撑的棚改或传统的房地产开发由于过高的补偿费用，均已放缓。维持以户为单位的自由对外出租方式又会导致私搭乱建等外部性成本剧增。为此，宅改的实质是通过改变实施主体来创新实施模式，以降低旧村改造补偿成本与社会成本，提高资源配置效率。大兴区西红门镇大生庄村在依托镇级联营公司拆除工业大院（非宅）部分的基础上，发挥村集体经济组织的主体作用，低成本地完成了宅地部分的旧村改造和新村建设，实现了社会成本内部化、交易成本节约化与产权社会化。

一、基本情况与问题

大生庄村南临黄亦路，西接南苑机场，村庄位于南中轴路与五环路内交叉口，区位优势明显。村庄现有本地户籍人口 186 户、368 人，原有外来常住人口 2 300 人，现已减少到 358 人，宅基地 146 宗，村域面积 1 000 余亩，属于"二道绿化隔离带"的一个小村庄。宅基地改革前，面临突出问题主要有：

一是"户自为战"式出租农宅，社会成本不堪重负。随着首都中心城市产业和功能的辐射扩散，村庄原农地主导的土地利用结构发生了剧烈变化，宅基地财产功能凸显。改造前：位于村西侧的村工业区 260 亩，东侧的国有工业用地 220 亩，南侧的 140 亩农地被征占为公路与交通用地，出让土地 80 亩，基本农田 160 亩，宅基地 141 亩。在"村村点火，户户冒烟"的发展体制格局下，社会治安、安全生产、资源环境等负外部性的社会成本激增。外来常住人口与本地常住人口倒挂比例一度达到 1∶7。仅垃圾运输一项，日均 8 车次，合计 16 吨，为此，每年村集体支出 100 多万元。村内农宅多为 20 世纪七八十年代的房屋，年久失修，缺乏污水管道、天然气管道、消防等设施，安全风险极大。

二是传统的房地产开发商带动的征占地改造模式面临畸高的补偿成本。近年，依托房地产开发商，采取一级开发或棚改模式推进旧村改造，改造一个村庄往往动辄十几亿元，甚至几十亿元成本，致使大量的旧村遗留下来。深层次原因在于改造过程变成农民彻底丧失土地产权的一场零和博弈，"一锤子买卖"，导致农民索取尽可能高的各类补偿款，约占到总成本的 50% 或更多。按照 2008 年版西红门镇域总体规划，大生庄村要整体搬迁至 2 千米以外的团河组团，一直没能启动实施。

三是每院落出租年收入偏低且固化，土地资源配置效率亟待提升。由于长期不能审批宅基地，出现了"一宅多户""一户多宅"或长期外租等宅基地多元化的利用方式。改造前，单宗宅基地内 1 户的有 48 宗，占总宅基地的 32.9%；2 户的有 48 宗，占 32.9%；3 户的有 12 宗，占 8.2%；一户多宅涉及宅基地 4 宗，占 2.7%；户口不在本村但在本村居住的涉及 25 宗宅基地，占 17.1%；其他类型的 9 宗，占 6.2%。在利益诱导下，村内 95% 的自然院落用于出租。但是，平均每户租金收入仅 3 万~4 万元/年，农户收益在一个较低水平趋于固化。随着农户子女结婚买房的刚性需求压力逐年增加，上楼愿望日益迫切，盘活并集约利用村内宅基地资源需求日益强烈。

二、任务与模式

2016 年 6 月，大生庄村"宅基地翻建实施方案"获得村民代表会决议通过。

一是原址翻建，原位次分配。建设成仿古四合院。改造前宅基地共 146 宗，房屋占地面积共 100 亩。一期改造的 108 宗宅基地建筑面积（不含院子）：200 米² 及以下的 21 宗，201~300 米² 的 78 宗，301 米² 以上的 9 宗。以现有正房宅基地为准，院内每间房每户出资 1 万元。为保证道路横平竖直，需往外扩建的房屋，该户需缴纳扩建资金，东西向每米

2 万元。没有本村户口，长期租用宅基地的不享受本村补贴政策。

二是统规统建，内部自主设计。每户出资后，建房工程由村委会全权负责，统一招标、统一建设、统一管理。在房屋布局及外观设计上统一风格，宽度一致、高度一致，突出北京四合院的文化韵味、民族风味、现代品位。提升基础设施配套，让所有住户都临街临路。每户按照统一的规格和尺寸，不建二层、不挖地下室，前后街坊统一预留 80 厘米滴水。在院内房屋内部设计上，鼓励各户根据各自不同特点及需求个性化自主设计。

三是培育村集体产业。通过旧村改造，集约出 18 亩土地用于培育集体产业，其中建设村委约 2 亩，村民养老院或活动场所约 2 亩，其余 14 亩按照整体规划建设成标准化四合院（按照 1 亩地建设 3 个四合院）或其他类型的集体产业。下一步，二期改造中，计划村中心街道东侧位置后移，发展"百家小吃一条街"项目。利用现有 218 亩的农用地发展农业观光园项目，结合竹园建设，发展古宅文旅产业。与中央电视台教育频道合作，开展影棚节目录制场地建设。

四是配套提升。规划建设一个养老驿站，一所幼儿园，一个 400 米^2 综治维稳工作中心，停车泊位 300 个左右，完善各类视频监控设备。村内基础设施全部按现代城镇标准配置，完善养老、教育、治安、交通、文化设施，还原升级街巷式华北乡土风格民居。

三、资金平衡机制："集体主导，民办公助"

建设成本主要来自建设、装修和配套，拆除补偿农户成本为零。资金来源主要是政府基础设施投资、村集体和村民自筹、镇联营公司土地流转费用、集体产业趸租以及企业垫资等，总体上实现了资金平衡。企业垫资部分可以通过集体经济组织未来年份收益陆续返还。如表 1 所示。

表 1　大生庄村四合院翻建及基础设施建设资金平衡统计

支出			
项目	数量（米^2）	单价（元/米^2）	总价（万元）
房屋建设	25 600	1 600.00	4 096.00
房屋装修	25 600	1 183.32	3 029.31
道路工程	—	—	794.19
给水工程	—	—	134.25
雨污工程	—	—	531.39
电力工程	—	—	587.59
变电站工程	—	—	511.31
燃气工程	—	—	待定
合计	—	—	9 684.04

（续）

收入			
项目	数量（米²）	单价（元/米²）	总价（万元）
基础设施政府投资	—	—	2 600
村集体自筹	—	—	400
村民自筹	600（间）	10 000（万/间）	600
村工业大院腾退	约300亩；3年	—	1 200
集体产业用地趸租	14亩；10年	—	3 373
建设单位垫资	—	—	1 600
合计	—	—	9 773

结余：+88.6（万元）

目前，经过一期集体改造，108宗宅基地改造任务全部完成。特别是，集约出了14亩村集体产业用地，成为未来农民融入城市的永久利益依托。

四、村集体作为宅基地改革实施主体的原因剖析

习近平总书记在参加十三届全国人大二次会议河南代表团审议时的讲话（2019年3月8日）指出，"要用好深化改革这个法宝""要完善农村集体产权权能，发展壮大新型集体经济"。大生庄村成功完成一期改造后，西红门镇剩余几乎所有村庄均向镇政府申请参照大生庄模式进行旧村改造，表明传统的征地拆迁模式正在走向历史尽头。实际上，京郊有许多这样的典型案例，如朝阳区的白家楼村、通州区的西总屯村、房山区的窦店村、大兴区的狼垡二村、平谷区的挂甲峪村等。其取得成功的根本原因在于发挥了村集体的主体作用。

一是内部化了社会成本。从经济学一般原理看，市场主体只关注个人成本和个人收益，对于自身活动产生的社会成本和社会收益，要么依靠市场主体之间谈判解决，要么交由政府规制。城中村所呈现出来的人口资源环境矛盾的"大城市病"实质是"市场失灵"和"政府失灵"的结果。大生庄村改造后，村内环境得到根本性改观，整洁的四合院组成了花园式社区，形成了强烈的正外部性，吸引了影视剧组前来洽谈场地拍摄长期合作。村内垃圾清运量快速减少，并进行了就地集中无害化处理，公共使用的电费、水费用量减少。这两点，源于社区集体经济组织有效发挥了千百年孕育形成的村社熟人社会下的社区机制。大生庄村"宅基地翻建实施方案"村民代表会决议时，90.9%同意，9.1%弃权，集体行动的快速达成与长期的公开、公正、公平的村民自治习惯锻炼密不可分。如针对出租房屋保证金、管理费等事项，《大生庄村村民自治章程》（2010年3月修订，2019年7月修订，前后内容类同）明确规定："村民未按本《章程》规定或村民代表会决定缴纳有关费用的，村民委员会有权从村级发放的福利款中进行扣除直至扣足应缴纳的有关费用为止，并对该村民户停办一切需要村民委员会办理的有关手续"，并通过《大生庄村〈村民自治章程〉实施细则》（2019年7月）予以保障，构造了村规民约基础上的村域"小宪

法"，社会治安、环境维护、安全生产等成为自觉行动。

二是节约了改造交易成本。一般的征占地拆迁或近年的棚改成本均在 1 000 万元/户以上，大部分用在了征地补偿与人员安置上面。村集体主导改造模式下，不改变集体土地产权归属，采取"自愿报名、自愿拆除、自愿周转"的零成本补偿方式，传统模式下的大部分成本节约下来，将每户院落总建设成本降至 90 万元/户以内，不及棚改成本的 1/10。

三是旧村改造有效落实了"三权分置"，促进了农宅使用权的产权社会化，进而推动了社区园区化的物理转型。落实宅基地集体所有权，保障宅基地农户资格权和农民房屋财产权，适度放活宅基地和农民房屋使用权，需要一定的前提条件，如村庄完成了旧村改造，村域整体规划落地，从而让宅基地的资源价值最大化。大生庄村集约出集体产业用地，主要用于建设标准化四合院（按照 1 亩地建设 3 个四合院）。按照单院 15 万元/年价格测算，14 亩集体产业用地全部用于四合院建设，合计 52 个院落，年租金约 780 万元。同时，农户凭借宅基地资格权，可将四合院整体委托给村集体或直接交给社会企业运营，年租金达到 15 万元/院以上，且仍在快速增值。扣除在周边城区租房 4 万～5 万元，年增纯收入 10 万元以上。随着集体产业培育的逐步成熟，预计还可以获得集体经济组织的分红收入 10 万元/户。社会企业依靠专业化运营，仍然可以有更多收益。如一家社会企业流转了 6 户改造后的农宅发展精品民宿，成本为 90 万元/年。按 4 间（院落）标准估算，共 24 间用于对外出租。每间房租金 300 元/天，合计 7 200 元/天，一年有 300 天用于出租，年收益为 216 万元，获利仍然丰厚。前来租赁的有许多中小型科技企业，一个多功能的科技园区俨然已露雏形。

五、亟待破解的若干问题：路径调整与政策瓶颈

一是探索农民集中上楼新路径，解决"户有所居"。新修订后的《中华人民共和国土地管理法》要求，在人均土地较少、不能保障一户一宅的地区，"可以采取措施"，实现户有所居。大生庄村位于五环内，属于集中城镇化地区，一般应通过农民上楼方式完成社会结构转型。村庄改造完成后，农户在比较利益诱导下，自愿将整院退出，用于长期出租，改造后的社区逐渐变成了多功能的产业园区。农户自己只能选择在附近租住商品房解决住有所居问题。由于是原地翻建，原位次分配，并没有触碰"一宅多户"问题。为此，应适时推进城乡一体的农民保障房建设。建议完善"乡镇统筹，联营联建"体制机制，发挥乡村两级集体经济的积极性，以建设"农民保障楼"为主要形式，促进联村进行旧村改造，实施产业与居住用地的统筹规划，集约开发。

二是健全集体产业用地利用的配套政策。近期，中央农村工作领导小组、农业农村部印发的《关于进一步加强农村宅基地管理的通知》中，要求"落实宅基地用地指标，建立国土空间规划、村庄规划、宅基地确权登记颁证、农房建设等资源信息共享机制"。宅基地一般是居住类用地（有些村庄虽已规划为绿地，并未实施而维持原状），通过旧村改造，交换整合，形成一定量的集体产业用地。大生庄村在改造过程中依托了"乡镇政府会议纪要"等，尚未形成一个规范的工作流程。亟待对于旧村改造及新形成的集体产业用地利用

的专项的审批流程和管理办法，在用地规划、用地审批、建设许可、市政配套、竣工验收、产权登记等出台配套政策，对存量改造项目研究合适的规范管理办法。

三是研究集体土地开发的利益分配机制。《中华人民共和国土地管理法》修正案正式通过后，鼓励农村集体经济组织及其成员盘活利用闲置宅基地和闲置住宅。加快集体经济组织主导供给土地开发模式的税收分配制度设计已然是一个摆在面前的重大课题。在京郊城市化进程中，出现过诸如东升科技园、高碑店古旧家具一条街这样的集体土地上建设的产业园区或商圈。这些不动产经常由于集体土地自主开发性质，国家、集体与农民之间关系不清晰，并影响到园区周边的设施相应配套问题。西红门镇联营公司在园区开发过程中，甚至还要负担园区外的道路、桥梁等基础设施建设。建议尽快进行集体土地开发利用中关于土地增值税、房产税、契税等系统性的制度设计，在法律框架下解决国家和集体之间的利益分配问题。

（作者：陈雪原，单位：北京市农村经济研究中心；

张华义，单位：北京市大兴区政府办公室；

李尧，单位：北京金域美境科技有限公司）

杨镇：新市镇"校镇融合"典型案例分析

"校城融合"型新市镇发展路径早在20世纪就已出现，"校城融合"特色城镇以大学为核心，引导高新技术产业聚集，教育、科研、产业相互结合，为北京市新市镇发展提供了新思路。顺义区杨镇具有良好的区位、交通条件和产业基础，通过"校城融合"引进北京城市学院、农业农村部规划设计研究院等科研院所打造新市镇。本文对杨镇在新市镇建设过程中的路径特征与校城发展水土不服的问题进行提炼总结，为杨镇新市镇发展提供借鉴和参考。

一、基本情况

（一）杨镇概况

杨镇位于顺义区潮白河东部九镇中心，镇域面积96千米²，截至2018年底，常住人口7.3万人，户籍人口5.55万人，户籍乡村人口5.51万人。杨镇距顺义新城14千米、首都国际机场20千米、北京城市副中心35千米，是北京城区与平谷及廊坊北三县、顺义新城与东部乡镇连通的重要交通枢纽。全镇拥有12所大中小幼学校、4所医院，是顺义河东地区重要的教育、医疗中心。杨镇一、二、三产业基础较好，主要农作物产量居顺义区前列，工业以汽车及零部件生产等高端制造业为主导，拥有汽车零部件等企业32家，吸纳就业人员约7 000人。三产以旅游为主，年接待游客约100万人次。

杨镇良好的区位、交通条件和产业基础奠定了新市镇建设的良好基础，但城镇化水平低、产业层次低、基础设施和公共服务设施标准低也是新市镇建设要着重解决的问题。

（二）杨镇新市镇建设情况

杨镇是北京市规划建设的 8 个新市镇之一，属于辐射承接型新市镇。《顺义分区规划（国土空间规划）（2017—2035 年)》提出积极承接中心城区科研、教育、医疗等功能疏解，将杨镇建设成为"校镇融合"发展、文化特色鲜明、城乡协调共生的首都活力新市镇。杨镇新市镇建设以"校镇融合"为核心，引进北京城市学院、农业农村部规划设计研究院等科研院所，通过"校镇""校产"融合，带动镇区基础设施、公共服务设施及相关配套设施建设，推动产学研结合，发挥院所科技、人才优势，通过高端要素导入，推动传统农业向现代农业转型、传统制造向智能高端制造升级，培育创新产业，实现产业链由低端向高端跃升。以公共服务设施改善、产业链提升强化对周边地区的服务和产业带动能力，形成以点带面、辐射带动区域的发展格局。

北京城市学院主校区于 2015 年迁入杨镇，目前一、二期已投入使用，三期完成拆迁，即将启动建设。杨镇将镇中心区改造与北京城市学院建设相结合，在城市建设、产业升级、社会进步等方面与北京城市学院实现校镇融合、产城融合。围绕服务保障学院建设，镇中心区镇北路、杨镇大街建设，完成杨镇水厂升级改造，完成杨镇一中改扩建和顺义第二医院建设，镇中心区基础设施、公共服务设施显著改善。城市学院与北汽集团、顺鑫农业、金蝶软件等 100 余家驻顺企业建立战略合作关系，推动在杨镇共建共享高精尖产业园区和创业孵化基地，以科技驱动传统产业转型升级（图 1）。

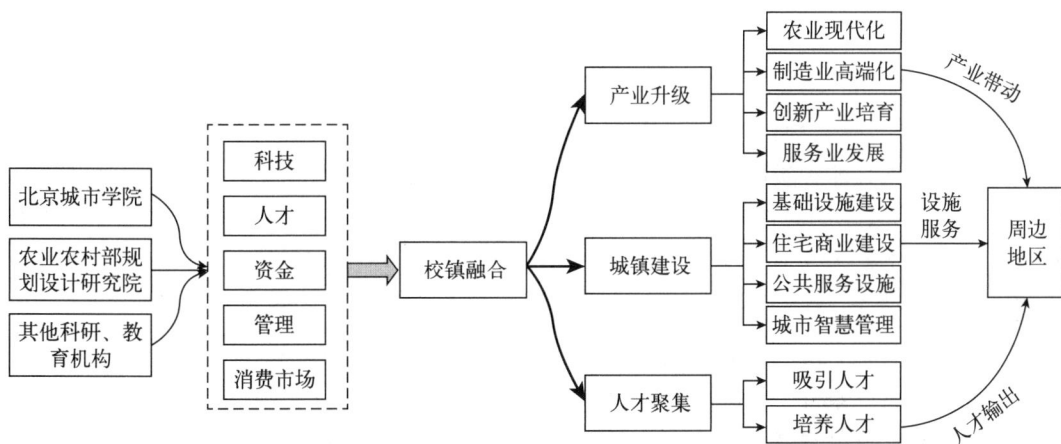

图 1 杨镇新市镇"校镇融合"模式

二、"校城融合"机制及经验启示

（一）校城融合理论机制

在知识经济时代，知识就是生产力。作为地方性知识生产的重要基地，大学已成为推动区域创新的重大基础设施。世界范围内已出现高新技术产业围绕大学聚集现象，教育、科研、产业相互结合，形成了一批以大学为城市核心的"校城融合"特色城镇。根据大学城的形成机制，"校城融合"可分为渐进型大学城和现代大学城，前者一般是先有城镇、后有大学，城镇在与大学长期互动中，形成了服务大学、承接大学的城镇设施和产业体系，如牛津、剑桥；后者则是以政府或社会为主导，新建或迁建大学，围绕服务大学形成城镇或现有城镇转型服务大学，如比利时新鲁汶、日本筑波大学城。

校城融合具有城镇服务大学、产业承接大学的特点，大学对城镇的影响具体体现在"育人""育产""育城"三个维度。"育人"维度是依托院校吸引和培育优秀人才，为城镇聚集活力和人才资本。"育产"维度是依托高校优势学科和创新资源，培育创新性产业，吸引相关产业集聚。"育城"维度包括大学带动服务于高校的基础设施及相关配套设施建设，大学带来的人口集聚带动了商业、娱乐等城市服务业发展，提高了城镇化水平，同时大学文体设施的开放共享，补充了城镇相关设施。

（二）剑桥大学城发展经验启示

剑桥大学城位于英格兰剑桥郡剑桥市卡姆河畔，距伦敦市区 36 千米，占地面积 41 千米^2，有学生约 16.9 万人，拥有 35 个学院。剑桥大学城是世界各大学城中最具特色的开放式校区，校园建设与剑桥城镇的发展相互渗透、相互影响。"城市中有大学"，学校无围墙，也没有统一的校区，各学院分散布局于城镇之中，各院系同生活区自成体系。在剑桥市的发展中，剑桥大学发挥了关键作用。剑桥大学城的发展经验可以概括为三方面：

一是城市与大学深度嵌合。大学为城市集聚了人口，剑桥大学的学生、教师及引入的学者、创业者等占到了剑桥市人口的 50% 以上。并且，剑桥市与剑桥大学共享基础设施、公共服务设施，市民能够从大学的发展中获益。

二是产学研结合培育现代产业。剑桥大学是欧洲领先的高新技术产业研发中心，形成了企业研发机构、高校研究机构和技术咨询机构为三大创新主体的独特产学研合作网络，培养了大批高端人才，集聚大量风险资金和跨国企业，是欧洲高端要素最集中的地区，以剑桥大学为圆心，32.19 千米（20 英里）半径范围内的"大剑桥区"，聚集了 3 500 多家高科技企业，创造了 5 万多个高新技术就业机会、37 万多个总就业机会，为经济增长的总附加值达到了 550 亿英镑，成为欧洲最有影响力的高新技术产业集群。

三是城镇与大学协同发展。城镇服务和保障大学发展，完善基础设施，美化环境，为大学发展创造良好条件。同时，剑桥大学也提升了城市知名度，使剑桥成为英国热门的旅游目的地，年接待世界各地游客 400 多万人次。

三、杨镇新市镇建设路径

杨镇新市镇建设以"校镇融合"为核心，依托北京城市学院育人、育产、育城，集聚现代高端要素，加快基础设施和公共服务设施建设，推动产业升级和产城融合，培育城镇科技教育文化特色，带动管理服务能力提升，建设特色产业鲜明、集聚能力较强、管理水平较高、生态环境优美、宜业宜居的新市镇。

（一）以基础设施和公共服务设施建设形成高端要素集聚的引力

杨镇将基础设施和公共服务设施建设作为"校镇融合"的切入点。为保障和服务学院建设，杨镇从交通、给排水、城市景观等多方面加强建设，推进顺平路高架桥、木燕路改造、木北路改造、中干渠路改造，提升城镇主要对外交通道路等级。推进杨镇中心区镇北路、杨镇大街建设，满足北京城市学院周边市政需求。完成杨镇水厂升级改造、汉石桥湿地污水处理厂升级改造，提升区域供排水能力。完成杨镇一中改扩建，推进顺义区第二医院建设、筹划引进国际学校、建设一批小学和幼儿园，提高教育、医疗等配套服务能力。镇区棚改获北京市批复，新增 310.69 公顷住宅用地，满足高素质人才生活居住需求。抓住北京城市学院建设契机，推动镇区的基础设施、公共服务设施建设和城镇化进程，为聚集人才、企业、资本、科技等高端生产要素创造了条件。目前，北京城市学院在校师生约 5 000 人，直接吸纳本地就业 300 人，带动周边服务业就业 3 000～5 000 人。

（二）以产学研结合培育产业转型升级的动力

杨镇将打造产学研结合的科研成果转化体制作为"校镇融合"的突破口。依托北京城市学院的科技、人才及创新资源，推动创新创业，促进传统产业转型升级，共建清洁科技、文化创意等符合首都功能定位的产业体系。城市学院与北汽集团、顺鑫农业、金蝶软件等 100 多家驻顺企业建立战略合作，协助推动杨镇申报国家级特色校镇，打造杨镇科教魅力小镇，共建共享高精尖产业园区和创业孵化基地。

（三）以体制机制改革塑造城镇内生发展的能力

杨镇将体制机制改革作为扫除内部发展障碍、挖掘内生发展能力的重要手段。加快土地制度改革创新，保障新兴产业用地需求。2016 年，杨镇修订土地利用规划，提出产业向规模经营集中、工业向园区集中、农民向城镇集中的"三集中"思路，通过城乡建设用地增减挂钩、盘活存量建设用地及加快农村土地流转释放土地资源活力。2019 年，杨镇获批开展 6 个村棚户区改造，通过增减挂钩集约城镇建设用地 310 公顷。推进二、三产业基地"腾笼换鸟"，疏解低端产业，将疏解后的产业用地重新开发为高端产业用地。加快农村集体土地确权登记，引导农村土地流转。适应新市镇管理需求，杨镇启动政务政府平台建设。

（四）以城乡融合挖掘城镇高质量发展的潜力

杨镇将城乡融合发展作为优化内部资源配置、挖掘内部发展潜力的重要手段。加快镇区棚户区改造，2019 年批复实施一街村、二街村、三街村、老庄头村、东庄户村、二郎庙村等村棚改安置，涉及村民 13 000 余人，规模建设面积 310 公顷，建设安置房 67 万米^2，改善村民生活居住条件，同时集约部分建设用地，用于科研、商业等产业发展。

四、主要问题

杨镇新市镇建设目前还处于探索阶段，起步时间短，发展水平较低，存在着很多问题和不足，主要体现在以下几方面。

（一）政策配套不完善

目前，市、区两级对新市镇发展还未出台具体政策，新市镇建设中对土地、金融、城乡体制等面临的制度障碍还没有明确政策。杨镇作为一个镇级行政单位，缺少行政自主权，无权自主开展政策创新。在推进"校镇融合"中，杨镇面临着产业和配套设施用地不足、财政资金困难、城乡体制障碍难以突破等问题，制约了校镇融合的深入推进。

（二）校镇融合不深入

校区与城镇相对分离，大学补充和优化城市发展功能尚未体现。学院与镇区在基础设施、公共服务设施等方面的共建共享体制还未形成。产学研体系不健全，北京城市学院、农业农村部规划设计研究院等科研机构与杨镇产业尚未形成有效衔接，对产业升级的驱动效应还未显现。

（三）缺少宏观规划指导

我国新市镇建设起步晚，目前还处于摸着石头过河阶段，缺少成功经验，相关研究较少。推进校镇融合涉及城镇建设、产业升级、公共管理等多方面，是一个系统工程。目前，杨镇缺少对校镇融合的深入研究和规划，对校镇融合的潜力挖掘不足，相关配套措施未能形成体系，未能发挥校镇融合的最大效应。

五、思考与建议

"校镇融合"是杨镇承接北京中心城区高端要素转移的主要抓手，高校及其所带来的人才、科技、创新资源对杨镇城镇化、现代化具有显著作用。结合国内外大学城建设的案例，杨镇以校镇融合作为新市镇建设路径的方向是正确的，但同时也需要做好以下几个方面工作。

（一）加强宏观研究，编制乡镇规划，完善政策配套

委托专业机构，深入研究"校镇融合"与乡村振兴、城镇建设、产业升级等战略的关系，寻找校镇融合与相关战略的衔接点，充分挖掘"校镇融合"对新市镇建设的潜力。编制"校镇融合"总体规划，明确杨镇发展的方向、任务和重点，谋划一批重点项目和政策改革清单，申请上级政府的支持和放权。

建议将杨镇作为"扩权强镇"改革试点，区政府下放一批社会事务管理权限，鼓励杨镇开展新市镇改革创新。推动将杨镇新市镇建设用地需求纳入区级年度土地利用计划，统一调配统筹。通过"腾笼换鸟"、土地增减挂钩储备一批城镇建设用地，保障未来产业用地需求。建立健全鼓励新兴产业、传统产业升级、人才引进、创业孵化等政策体系。

（二）搭建校产关联

1. 推进产业升级

依托引进的科研院所，加快构建产学研结合的科研转化体制，构建产业创新全链条，借助科研院所的科技、人才资源推进传统产业升级，培育创新产业。建议借鉴荷兰绿港发展经验，搭建由政府、科研院所和企业组成的产业创新联盟，推动企业与科研院所构建成果转化利益联结机制，围绕科研院所优势学科培育创新产业，依托产业基础引进科研院所，充分实现产学结合。发挥北京城市学院在智慧城市、3D技术等方面的优势，培育智慧城市软件开发和相关配件生产。依托农业农村部规划设计研究院加工所试验基地，发展农产品加工机械装备制造。

2. 强化校城一体化资源共享

探索推进"校城融合"发展，鼓励北京城市学院打开围栏办学，与镇区共建共享基础设施、公共服务设施、绿色开敞空间等。引导北京城市学院在校外布局研究所、试验基地，支持企业与大学共享实验室、共建研发中心，促进产学深度融合。

（三）持续完善基础设施和城市配套设施

研究建设连接京平高速、京承高速的快速连接线，推动开通直达中心城区、地铁枢纽的快速公交，改善区域交通可达性。加快镇区人才公寓、商业综合体、科研孵化基地等项目落地。持续改善镇区道路、供排水、燃气及景观绿化等市政基础设施建设，改善人居环境，建设花园城镇。

（作者：赵术帆，单位：北京市农村经济研究中心；

钱宁、康林园，单位：北京民生智库科技信息咨询有限公司）

城镇发展的三种典型模式研究

20世纪80年代，费孝通在小城镇研究过程中提出了"模式"的概念，并分别调查分析了"苏南模式""温州模式""珠三角模式"各自的特点与发展状况。费老提出的三种模式虽然侧重于经济发展领域，但同时也是社会发展模式，这三个区域的城镇化发展在经济发展带动下取得了瞩目成就，成为我国改革开放以来取得成功经验的三大发展模式。当前，国内专家学者对三种城镇发展模式的研究颇多、覆盖广泛，现将三种模式的自身特点、发展脉络、发展局限性、制度创新等方面的研究进行提炼总结，为北京城镇发展提供借鉴和参考。

一、苏南模式——乡镇企业崛起的城镇化发展

以小城镇和乡镇企业发展带动为特征的苏南城镇化被冠以"苏南模式"，成为我国备

受关注的发展模式之一[①]。苏南地区密集聚集着许多乡镇企业，这些企业的发展将小城镇发展推向繁荣，是工业带动当地城镇发展的典型[②]。苏南地区城镇化经历了自上而下的城镇化和内外资多元驱动的城镇化两个阶段，并且正在经历新的发展模式。

（一）发展阶段

1. 起步阶段（1978—1992 年）

20 世纪 80 年代初至 90 年代初是"苏南模式"起步阶段，这一阶段通过大力发展乡镇企业，加快农村工业化进程，推动农村城镇化。1970 年，随着人口不断增长，苏南农村人多地少的矛盾不断加剧，苏南农民开始进行农副工综合经营，一批社会企业由此出现。改革开放以后，一系列扶持乡镇工业发展的贷款和税收优惠政策进一步推动了乡镇企业发展，从而极大带动了苏南小城镇的发展。这一阶段，苏南地区建立了典型的发展政府主导型乡镇模式，核心发展力量是政府主导下的乡镇企业。

2. 内外资多元驱动阶段（1992—2000 年）

20 世纪 90 年代初至 21 世纪，苏南地区以扩大对外开放为动力，推进整个区域开放型经济大发展。浦东开发以来，苏南城镇兴办各类开发区，吸纳了大量的外资和港澳台资金，这些资金成为苏南经济和城市发展的新动力，也因此出现了由外资和港澳台资金诱发的外向型城市化，城镇发展出现了质的提升。此阶段苏南地区的小城镇发展以乡镇合并为重点，小城镇的镇区初具规模，部分中心镇建设迅猛。

3. 发展新阶段——新苏南模式的诞生（2000 年至今）

进入 21 世纪以后，苏南地区的私营、外资共同发力，打造苏锡常全面合作的发展模式。此阶段小城镇进行新一轮乡镇合并，新建了许多大规模的工业园区，镇区规模不断扩大，产业园区逐步完善，各乡镇特色产业日趋成熟，同时不断接受周边城市的技术、经济、产业辐射，各乡镇建设用地大批量增加。

（二）发展特征

苏南城镇化模式有三个特点：

1. 分阶段进行

在城镇化的初级阶段，通过大力招商引资，扶持乡镇企业扩大，实现农村工业化，就地推进城镇化；在第二阶段依托各类开发区建设，带动农村推动城镇化向外资拉动型城镇化转变。

2. 依托乡镇企业创造一批工业和人口重镇

苏南地区集体经济实力比较雄厚，政府通过大力培育发展乡镇企业，实现人口的聚集，进而就地实施城镇化建设。

[①] 费孝通，1999. 苏南乡村发展的新趋势［A］. 了望（27）

罗小龙，张京祥，殷洁，2011. 制度创新：苏南城镇化的"第三次突围"［J］. 规划研究（5）：53-57，70.

[②] 曾小龙，2013. 小城镇发展的五种模式分析［J］. 城乡建设（1）：214-215.

3. 以人为本

农村、农业和农民为城镇化做出了较大牺牲，苏南地区在推进城镇化过程中十分注重工业反哺农业，以乡镇企业带动农业的产业化、现代化发展，努力提升农村居民生活水平，逐步完善农村居民社会保障制度[①]。

（三）发展局限性

1. 工业布局分散、人地矛盾尖锐

企业分散，政府配套设施如道路、供电、供水、污水处理等基础设施低水平重复建设。同时，企业间不仅无法相互匹配，无法实现上下游互补，甚至同质化竞争严重，无法实现集聚效应。

2. 城镇行政管理体制滞后，不能适应城镇建设和管理的需要；镇级财力与事权不对等，财政收入难以满足城镇建设和发展的资金需要

3. 城乡社会保障和土地制度亟待改革

苏南地区一些乡村仍存在固有问题，如教育、医疗、社会保障等公共服务水平差，道路不平、交通不便，娱乐设施老旧损坏无人管理等。且由于大部分生产用地为集体所有，企业虽拥有使用权，却无完全产权。政府一旦征地拆迁，企业所获补偿非常有限，与企业实际固定资产投资无法匹配[②]。

4. 苏南地区历史文化名镇保护与发展缺位

苏南各古镇伴随着整个"苏南模式"的城镇化进程经历了 30 多年发展，古村落乡土面貌发生改变，当地居民生活的原真性和私密性遭到破坏，历史建筑和文物建筑逐渐减少；传统河道被过度改造，机动交通发展破坏了传统街巷的空间格局，历史风貌难以维持。

（四）发展经验

1. 调整空间布局结构

引领有条件的小城镇以"高级城市化"为主导进行发展，在承接大城市产业转移的同时，依托但不依赖于大城市发展，推动主导产业，同时促进多元产业发展，建设功能复合、经济发达、环境优良的综合性新城。

2. 走"特色城镇"发展之路

引导部分缺乏资源、产业的边缘区小城镇向"特色城镇"模式发展，打造特色鲜明、环境优美整洁、经济发展、尺度适宜的新城镇。

3. 实施城乡一体化发展战略

不断完善小城镇功能，在城镇基础设施、公共服务设施、就业保障、社会管理方面实施城乡一体化发展，在基础设施方面资源共享共建，城乡覆盖，公共服务设施方面标准城

---

① 黄庆华，周志波，陈丽华，2017. 新型城镇化发展模式研究：基于国际比较 [J]. 社会科学文摘（3）：55 - 57.

② 程竹，2020. 新苏南模式下农村集体土地流转与资产化模式探析 [J]. 时代金融（25）：34 - 36.

乡均等化，就业保障实施统一就业政策，并实行户籍制度改革[①]。

4. 改变历史文化古镇的保护理念，加强生态文明建设

将古镇保护放在统筹城乡发展、经济社会发展、人与自然和谐发展的大框架中。在保护古镇核心区建筑风貌的同时，改善内部设施与功能，留住古镇居民，实现人文风貌的延续与保护。此外，合理规划调整旅游产业结构，将单一性的旅游商业向综合性的旅游休闲产业、观光体验农业升级转化，深度开发生态经济，保护、恢复江南水系环境，走上一条个性鲜明、集约高效、社会和谐、环境友好、城乡一体、科学发展的城镇化建设道路[②]。

二、温州模式——专业化市场发展城镇化

自党的十一届三中全会以来，农村经济快速发展，温州小城镇如雨后春笋般在浙南大地崛起，在平原经济发达地带形成了一个星罗棋布的城镇集群。浙江温州小城镇的基本发展之路是建立在内源性经济发展基础上，以市场化带动农村工业化与城镇化、以专业化市场为基础的专业镇模式，坚持大中小城市和小城镇的协调发展。

（一）发展阶段

1. 市域强镇涌现，中心城市恢复建设阶段（1978—1991 年）

温州城镇发展有赖于改革开放的春风。改革开放以后，温州人迅速完成了经济总量的原始积累，在旺盛的初始市场化和初始工业化的强劲推动下，尤其是农村土地承包改革以后，小城镇建设推开了温州城镇化的新局面，涌现出"中国农民第一镇"龙港镇、"东方第一纽扣市场"桥头镇、"全国最大低压电器城"柳市镇等。到1991 年，温州市农村建制镇从 18 个发展到了 121 个。

在城镇数量急剧增长的同时，温州中心城市建设仍处于逐步恢复与探索阶段。1979年，温州着手编制城市总体规划，明确指出要立足对外开放，以港口建设作为城市发展的主要动力，将温州建成浙江南部的经济、文化、科技中心，在空间上，按组团式沿江、跨江向下游发展。此外，还完成了一系列大型基础设施建设，中心城市规模有所扩大。

2. 小城镇稳步发展，中心城市加速建设阶段（1992—1999 年）

以邓小平同志 1992 年南方谈话和党的十四大为标志，我国社会主义市场经济体制改革进入实质化过程，温州的城市建设也出现了阶段性高潮。以家庭工业为特色，专业市场为龙头的个体、私营和股份合作制企业蓬勃发展，进一步促进了温州小城镇的快速发展壮大，涌现出一批综合实力较强、发展速度较快的经济强镇。这一阶段，各地小城镇在完善基础设施以及生活文化设施建设的同时，相继建立了工业小区和商贸市场，小城镇建设水平明显提高。

同时，温州中心城市发展更加迅速。温州加大了城市规划在城市建设方面的控制管

---

① 黄勇，陶特立，张金华，等，2011. "新苏南模式"——再城镇化阶段的探讨 [J]. 小城镇建设（4）：48-53.
② 杜嫣，2016. 新型城镇化背景下苏南历史文化名镇保护与发展模式研究 [J]. 常州工学院学报（34）：99.

理，首创"三层次控制规划法"控引房地产开发，将旧城改建与新区建设有机结合，以旧城改建为依托，积极带动新区建设。由于积极引入民间和市场力量，温州城市建设加速发展，到 1999 年，中心城市建成区为 1992 年的近 4 倍。

3. 城镇化增长方式转型阶段（2000 年至今）

1999 年，温州市委、市政府提出加快城市化进程，推动小城镇发展，制定了《温州市城镇体系发展规划》，按照大城市、中等城市、小城市、重点镇、一般城镇五级规模梯次分类推进。进入新世纪，温州市进一步加大城镇化推进力度，制定了《城市化进程纲要》和《温州城镇体系大纲》，构筑以大城市为中心、中等城市为副中心、小城市为骨干、一般建制镇为基础的基本现代化的城镇体系和城市格局。温州市将小城镇综合改革的重点引向中心镇的培育壮大上，建立起有利于城镇发展的集聚机制与政策环境，进一步提高城镇人口、产业集聚功能，增强城镇对区域经济发展的带动作用，把中心镇发展培育为产业的集聚区、人口的集中区、体制机制的创新区、社会主义新农村建设的示范区。

同时，中心城市由沿江向滨海方向发展，继续推进安置房、经济适用房、廉租房、安心公寓等住房建设，启动高新技术产业园区、滨海园区、轻工产业园区以及民营经济科技产业基地等工业园区建设，加大基础设施建设，极大改善了旧城环境。

（二）发展特征

温州城镇化模式有三大特点：

1. 城镇化与工业化同时推进

乡村工业和乡镇企业的蓬勃发展是城镇化的主要动力，不仅形成了比较集中的产业集群，还不断吸引人口由乡村向城镇集中，推动城镇化水平持续上升。

2. 市场机制与政府调控相结合

温州率先突破计划经济体制思维，积极引入市场机制，坚持"谁投资谁受益、谁受益谁投资"的原则，实现公共服务由开发型供给向经营型供给转变。

3. 土地有偿使用

温州率先在全国推行土地有偿使用制度，政府通过土地出让、抵押、投资入股等形式获得了大量的财政资金，为推进城镇化进程奠定了良好的基础[①]。

（三）发展局限性

1. 新旧动能转换不畅，经济发展动力不足

新旧动能转换不畅是区域经济发展新趋势与新时代下温州经济发展需跨越的首要难关。当前，温州仍在积极探索推动产业变革和社会发展的新能力、新技术、新产业、新业态和新模式，但收效甚微。

2. 要素禀赋结果不优，人才资源相对匮乏

要素禀赋结果不优也是制约"温州模式"转型发展的重大挑战，特别是资本要素。近

---

① 黄庆华，周志波，陈丽华，2017. 新型城镇化发展模式研究：基于国际比较［J］. 社会科学文摘（3）：57 - 59.

年，温州一些民间社会投资主体往往急功近利，带有强烈的投机倾向，资本投资明显脱实向虚[①]。

3. 对外开放交流不足，区域边缘现象凸显

曾有学者提出，温州的对外开放具有社会关系网络的"路径依赖"，是基于学缘、亲缘、地缘人格化网络的开放[②]。另外，由于温州特殊的地理位置，区域发展边缘化现象严重，处于"长三角一体化经济圈"的边缘位置，资源要素的集聚效应薄弱，无法显著带动地区经济发展。

（四）发展经验

1. 以市场化带动农村工业化城镇化

温州是我国农村市场经济发育较早、发育较为成熟的地区，也是民营经济最发达的地方，在市场化推动下，农村工业化、城镇化走在前列。一方面，农村工业化、城镇化有利于农村经济的发展；另一方面，由于乡镇工业对交通运输、物流和公共服务设施的需求，农村工业化的可持续发展必须以城镇为载体，而这种依赖使得乡镇工业推动了小城镇建设。此外，温州率先突破了传统的计划经济体制的运行模式，依靠市场机制，而不是行政强制，引导进城企业投资公共基础设施建设，解决了城镇建设资金短缺的问题，实现企业的转移，并引导先富起来的农民进城务工经商，依靠农民自身力量发展城镇化。

2. 发展以专业市场为基础的专业镇

20 世纪 80 年代以来，伴随着温州经济体制和经济结构转型，温州各地相继出现各具特色的专业市场，逐步形成了以同类产业区域性集聚为特征的"块状经济"格局，使得区域内部产生了相对集中的产业集群，以及在此基础上发展起来的专业型城镇，即专业镇。由于它们依托特色产业和专业市场发展起来，具有很强的竞争力与扩张力，成为推动城镇化的重要力量[③]。

3. 发挥经济强镇的辐射带动作用

经济强镇的形成与发展是温州城镇化进程中的一大亮点，经济强镇构成了区域经济的"增长极"。由于其经济发达，交通运输条件良好，具有强大的发展优势。这些经济强镇的转型升级、规模扩大以及基础设施的完善和集聚，有利于孕育现代化的中小城市。

4. 发挥城市规划对城镇发展的有效引导

从前面的介绍可以看出，温州市的城市规划对城镇化的健康发展产生很大影响，可以为更好的发展指明方向。

5. 以基础设施作为城镇化发展的保障

温州市将基础设施建设作为城镇化建设的重要抓手，通过道路交通、市政园林、公共

---

① 张战仁，张润强，任宗强，2019. 新时代"温州模式"的受限与出路——基于哈耶克理性观的辨思 [J]. 改革与战略 (12)：95 - 103.

② 王春光，2002. 移民的行动抉择与网络依赖：对温州侨乡现象的社会学透视 [J]. 华侨华人历史研究 (3)：45 - 54.

③ 许经勇，2007. 温州城镇化道路的成功经验：以内源性经济为基础的市场化、专业化 [J]. 调研世界，2007 (12)：27 - 31.

设施、景观环境等方面的基础设施建设，全力推进中心城市的现代化。市域交通网络的完善可以为城镇化进程提供有力支撑，公共设施建设则成为民生及和谐社会建设的重要着眼点，为城镇化的高质量发展提供保障①。

三、东莞模式——外向型经济发展城镇化

(一) 发展阶段

1. 经济起飞阶段 (1978—1984 年)

1978—1984 年为东莞城镇化起步阶段。此阶段工业化与城镇化同时起步，东莞县委大力发展对外加工装配业务。东莞依靠中央的特殊政策和措施，充分发挥地处沿海、毗邻香港的地理人文优势实施外向型经济发展战略，以"三来一补"为突破口，大力发展对外加工业，通过"三来一补"赚取的工缴费，完成了原始资本积累。

2. 经济快速发展阶段 (1985—1994 年)

1985—1994 年为东莞城镇化快速发展阶段。此阶段全面启动了农村工业化。1985 年，东莞撤县设市，列入沿海经济开放区。1988 年 1 月 7 日，东莞市从县级市升格为地级市。1985 年，东莞市颁布《鼓励外商投资的优惠办法》，积极实施外向带动战略，扩大招商引资的领域和规模，以此为标志，东莞市工业化进入修建标准厂房、完善基础设施、优化外商投资环境，"三来一补"和"三资"（中外合资、中外合作、外商独资）项目并重的"筑巢引凤"阶段②。

3. 经济稳步发展期 (1995—2000 年)

1995—2000 年为东莞城镇化稳步发展阶段。推进"第二次工业革命"，引导、促进全市工业由劳动密集型向技术密集型过渡，由数量型经济向质量型经济转变。1995 年起，东莞市把握世界产业经济梯度转移大潮的机遇，继续实施外向带动战略，进一步改善、优化外商投资环境，积极设园招商，重点引进以台资企业为代表的互联网制造业，推动工业转型升级。其间，外资来源逐步由中国香港地区扩展至其他经济发达国家和地区③。

4. 经济发展转型阶段 (2001—2008 年)

2000 年以后为东莞城市发展转型升级阶段。在国内经济环境发生重大改变时，东莞审时度势，围绕建设现代制造业名城的目标，大力创新发展模式，创新发展环境，创新发展能力，"园区经济"和"民营经济"飞速发展。

东莞模式是珠三角模式的有机组成部分，其城镇发展模式是东莞的地缘优势、制度优势在特定历史条件下与外资经济结合后，形成的一种以城镇经济迅速发展、城镇人口高度集聚为主要特征的城镇发展模式。在东莞经济发展模式和城镇建制模式的双重作用下，所出现的中心城区与建制镇并列发展的现象、小城镇发展突破一般建制市发展范畴的现象，

① 易千枫，徐强，项志远，2009. 改革开放 30 年温州城镇化发展回顾与思考 [J]. 城市规划 (11)：18-21.
② 王秋婧，2018. "资本空间化"视角下东莞村镇建设发展历史研究 (1978—2008) [D]. 广州：华南理工大学.
③ 登嵘，马向明，周春山，2005. 转型时期基础设施供给演变特征及其发展趋势——以东莞为例 [J]. 城市规划 (1)：9-13，44.

则是东莞城镇发展模式的一种表现。

（二）发展特征

1. 在缺乏中心性优势下实现城镇经济的高速发展

东莞地处香港、广州、深圳三大都市附近，区位优势十分明显，但就自身而言，其同省会广州相比，明显缺乏中心性优势，同特区城市深圳相比，也缺乏政策优势。但在这种情况下，东莞的地域经济和城镇化实现高速发展，其发展速度远超周边同类城市，成为广东经济的增长极。2019 年，全市生产总值 9 482.5 亿元，同比增长 7.4%，增速为珠三角第一。东莞经济快速发展，很重要的因素是其地缘优势和侨乡优势带来的外来资本。同时，东莞各城镇相对广阔的发展空间和廉价的地租，以及其所集聚的数百万廉价劳动力，也是东莞城镇经济实现快速发展的不可或缺的因素。

2. 特殊区划制度下实现小城镇与中心城镇并行发展

东莞市既不设区，也不设县，而是实行"市—镇"两级的扁平化行政管理体制，东莞市辖 4 个街道、28 个镇。在这一管理模式下，东莞小城镇突破中心城区带动作用，形成小城镇与中心城区并行发展的模式。

作为地级市，东莞减少了县一级的管理成本，并将一些县级权限直接下放给镇，使镇级财政直接与地方财政衔接，从而使东莞的行政管理模式在低成本、高效率的行政管理运作中，显现出了一定优势，并使中心城区和各镇的积极性得到双重发挥。

3. 在建制镇名义下超过一般建制市的发展水平

东莞诸镇虽保持着建制镇的一般特征，但随着城镇经济的高速发展和城镇人口的高度集聚，东莞诸镇在建制镇名义下远远突破了一般小城镇的发展范畴，达到了县域发展水平，部分城镇超过了一些地级市市区的发展水平。

（三）发展局限性

1. 城市基础设施建设滞后，公共服务供给存在缺口

东莞城镇化基础设施落后，城市功能主要以生产为重，加之现代城市要素集聚不充分，高端商务要素、金融、人才及信息等需求落后，城镇化进程明显滞后于工业化进程[①]。

2. 环境资源消耗大，生态环境出现危机

东莞的大部分工业具有低附加值、低技术含量的弱点，加上长期大量消耗环境资源，给东莞的环境造成巨大负荷。加上人地矛盾尖锐，工业用地不科学规划问题不断出现，无法控制工业污染和处理，使可用的土地资源更加不足，环境容量超负荷等问题加剧，影响整个区域的可持续发展[②]。

3. 产业结构存在偏差，产业形式有待升级

一是产业结构的构成随着各地区的经济发展不平衡，呈现不协调的发展状态；二是随

---

① 王思煜，2011. 东莞转型升级研究 ［M］. 广州：广东人民出版社.
② 周虹，陈青，2014. 东莞城镇化模式特征、存在问题及对策 ［J］. 农业经济（11）：55－56.

着结构转型升级，出现产值结构与就业结构偏差大、产值结构滞后于 GDP 水平、产业层次低；三是多、小、散、弱的工业布局成为乡镇工业化发展的首要问题，导致产业依托乡村的布局形式演变成目前散乱无序的局面[①]。

（四）发展经验

1. 优化行政区划模式

一是减少地级市的管理层次，精简政府机构，提高政府运行效率；二是根据城镇的发展实际对城市建制制度进行适度创新，开拓建制市的设置范畴，使发展较好的建制镇能获得建制市的地位和权限。强调区位相邻、生态相依、文化相似的镇街一体化发展，以经济区引领行政区，以功能区统筹行政区。

2. 调整产业结构提升产业竞争力

以"打造智能制造新高地"为目标，有计划地淘汰部分落后产业，发展战略性新兴产业，带动形成一批技术领先、核心竞争力强、规模与品牌优势突出的企业集群。重点发展高端新型电子信息及新能源、新材料等产业。

3. 加强文化建设提升城市软实力

一方面，要加强公共文化设施建设，丰富城市文化，弥补城市文化建设短板。另一方面，要加强观念形态的文化建设，快速推进的工业化和城市化正在改变着城市的文化观念和文化生态，需要在传承、弘扬本地传统文化的同时，吸纳开放带来的优秀外来文化，实现文化融合、整合与升级。

（作者：赵术帆，单位：北京市农村经济研究中心；
朱雅琼，单位：中国农业大学经济管理学院；
苑云，单位：北京民生智库科技信息咨询有限公司）

农宅的标准化统一趸租管理模式研究

——基于大兴区北臧村镇大臧村实地调研

近年，全国各地都在因地制宜探索宅基地权益保障方式，农民住房财产权的实现受到广泛重视。北京城乡接合部地区闲置农宅租赁活跃，一方面顺应了城市低收入人群的租房需求，另一方面增加了农民收入。但其衍生出的安全、稳定等社会治理难题一直困扰着各级政府和居民。大兴区北臧村镇大臧村进行的集体、企业、农民三方一体的农宅趸租模式探索，一定程度上解决了这一难题，对北京其他城乡接合部的农宅租赁具有借鉴意义。

---

① 孙霄汉，2019. 东莞模式的生成逻辑与转型发展——改革开放 40 年中国城市发展典型案例分析 [J]. 云南行政学院学报（1）：51-55.

一、大臧村村庄公寓租赁经营与管理案例解析

为了更好地服务当地生物医药企业，充分利用大臧村地域优势，北臧村镇积极实施推广"村庄公寓"项目，在大臧村建立了"大臧之家"项目。该项目是北臧村镇政府、大臧村村委会、第三方公司一同打造的企业职工宿舍。村委会向村民收购闲置、出租院落，由第三方管理公司进行统一装修和安全升级，起居室、卫生间、厨房等基础居住服务设施、设备一应俱全，更有专业人员提供贴心服务，开创了政企互动、村企互动的新型发展模式。

（一）基本情况

北臧村镇位于大兴区西部，东接生物医药产业基地，西靠永定河，距离北京大兴国际机场20千米，镇域面积46.9千米^2，下辖17个行政村。北臧村镇户籍人口1.5万，流动人口1.8万，是典型的"人口倒挂"型村镇。大臧村位于北臧村镇东部，距离地铁4号线南段终点站仅600米，紧邻拥有3 000多家企业的生物医药产业基地，是典型的城乡接合部。大臧村因其独特的区位优势，加之生物医药产业基地的加成，外来人口远远大于本地人口，"人口倒挂"现象更加明显。为解决大量流动人口的住房居住问题，北臧村镇政府同大臧村村委会，联合第三方租赁公司，共同打造了大臧村村庄公寓项目，切实解决了当地企业员工的住房居住难题。目前，本项目共改造大臧村6个院落的60余间房屋，共180余名企业员工入住，租金设定为600~800元/（间·月），一间容纳2~3人，已全部住满。

（二）具体做法

大臧村的村庄公寓模式之所以能取得现有成绩，是集政府（村"两委"）、公司、村民的"三位一体"的组织结构，形成了三个主体共同参与的租赁模式。

镇政府主要负责对项目提供政策支撑，并引入第三方公司入驻管理。前期，北臧村镇政府主动与生物医药产业基地对接，镇长带队到各企业、单位走访介绍"村庄公寓"项目，为有住宿需求的企业和公寓物业牵线搭桥。村"两委"代表负责村庄内部的动员与决策，对有需求的村民进行意见征集，并收集愿意加入项目的村民房屋，与之签订房屋租赁承包合同。将房屋收归后，再找到第三方公司，与之签订租赁合同。最终的租金由公司直接打款到村民个人，不经过村委会。村委会在其中只起到牵线搭桥的作用，并作为第三方对村民与公司进行监督（图1）。

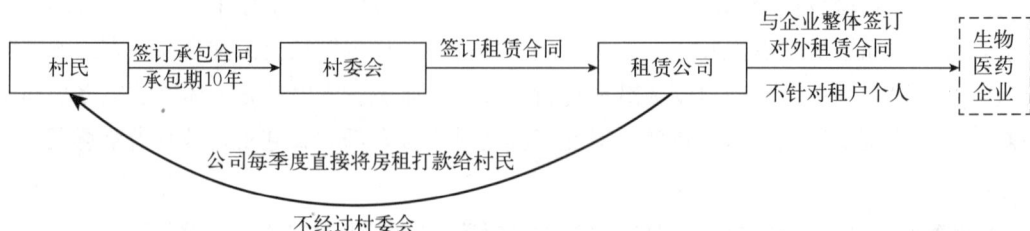

图1　大臧村村庄公寓合同签订流程

第三方租赁公司负责村庄公寓的整体运营，一是对回收房屋进行整体重装，包括房屋内装修、水电线路的重整，公共厕所、公共厨房的改装，安装电动车充电桩等。二是联系医药企业，招揽租户。目前项目还在起步阶段，采取的是订单式租赁，即医药企业向租赁公司下发订单，租赁公司依据订单的租户人数确定改造的房屋数，再统一进行改造。公司与医药公司签署租赁合同，而不是针对租户个人。公寓中的租户全部都是附近医药企业的员工，人员流入途径有保障，租户素质较高，再加上是与企业整体签订合同，杜绝了租户半路退租跑路行为的发生。三是进行日常维护与安全监管。公司接手房屋后，负责后续租户的所有问题，包括日常房屋的修缮维护、基础设施搭建、消防设施监管等，保障租房行为的有序性。

村民作为第一房东，在整个过程中起到非正式治理的作用。首先，村民的积极参与是项目开展的前提与保障。其次，村民对自己的房屋会很关心，这对于村委会和公司起到侧面监督作用。再次，有部分房东村民也住在本村，对租户的日常行为可以进行监督管理，对村庄整体治理起到协同监管的作用。

（三）治理效果

1. 村民收入提高，租户居住质量大幅改善

村民将自家房屋通过趸租方式出租，较从前以个人名义出租来说有三个优点：第一，经过第三方公司修缮精装后的房屋，随着环境的改善其出租价格也有所上升，村民的收益随之增加；第二，将出租后的管理工作委托给第三方公司，一定程度上解放了村民的日常生活，使其不必花费太多精力处理租客需求；第三，趸租采取的与企业签订合同的租赁形式一定程度上保证了收入的稳定性，这一点在2020年年初的疫情期间显得尤为关键。在保证收入数量与稳定性的同时，降低村民的工作量，这一模式给村民带来了更多的选择，改善了其生活质量。

2. 对其他村民产生示范效应，改善村庄整体环境

首先，镇政府对于村民私搭乱建的违规建筑进行了拆除，打击了村内群租房乱象，使得村庄内整体建筑环境大为改观。其次，房屋改造出租的收益对其他居民房屋基础设施建设产生了示范效应，其他村民在趸租收益有保障的情况下会进行效仿，对自家房屋也进行了翻修重整再出租，使得村庄的生活环境质量及安全水平随之提升。再次，住房等配套设施的集聚有利于吸引其他企业前来驻扎，在同等条件且可选择的情况下，大部分企业更愿意选择配套设施相对齐全的地区，"村庄公寓"的存在将在当地进行招商引资时提供助力。

3. 整合租住人群，治安情况好转

相较于原本面向个体租户的群租房，面向企业的趸租公寓对租户的来源控制更加严格，人员构成相对简单，租户之间的摩擦概率大大降低，已很少出现之前的打架斗殴现象，极大降低了政府治安管理成本。面向企业的整体出租，也能保障租户的素质，房屋损耗大大降低，同时中途退租逃租的现象大大减少，保障了房东的利益安全。

4. 为当地进驻企业提供便利，降低管理成本

"村庄公寓"类租赁形式的出现，为驻扎在当地的生物医药企业提供了配套的居住服务，降低了职工的通勤成本，价格相对低廉的趸租房一定程度上减少了企业在职工住房上的支出。同时，职工统一居住也为企业提供了统一管理的基础，降低了企业的管理风险与成本，给企业提供了充足的便利（表1）。

表1 大城村"村庄公寓"建成前后比较

比较内容	建成前	建成后
租户构成	散户，多为周边打工的快递员、保洁、保安等外来人员	全部为生物医药企业的员工
人均租住面积	2～3 米² （不符合标准）	≥5 米² （符合标准）
租金	约50 元/（人·月）	300～400 元/（人·月）
生活质量	较差，6～8 人一间，且无法提供基本生活保障	较好，2～3 人一间，提供公共卫生间、厨房、电动车充电桩等生活必需设施
管理模式	村民自行管理，管理很难到位，较散乱	第三方公司统一入驻管理，权责分明
保障体系	水电线路老化，消防设施缺失	水电线路、消防设施均进行整修，安装电动车充电桩，安全系数较高

二、北京各区农宅租赁规范管理的探索

针对农村住房租赁规范性管理缺位的问题，近年，北京市在农房租赁方面做出了大量探索。村庄为主体、乡镇基层政府支持推动、区级政府指导，以盘活为目的，规范管理为目标手段，开展农村租赁模式的探索。

延庆、怀柔及昌平等地区，均有以个人为单位，将宅基地上房屋进行修缮精装后以"民宿"形式出租的案例。据专门做农村信息发布的"美丽新乡村网"统计，2020 年以来，仅北京区域每天都有十套以上的农村房源在"美丽新乡村网"挂牌。另一组数据是，"美丽新乡村网"延庆经纪人截至 2020 年 5 月初就上传近千套闲置农村出租房源，而房山区域经纪人也上传近 500 套房源。顺义、密云、门头沟、昌平、平谷、大兴等地的农民上传出租房源数量也大幅增加。

部分村庄还出现了以村为单位，村委会为主体，对村内空置住宅进行建设后整体经营出租的情况。延庆、怀柔等具有优势旅游资源的地区，出现了以有实力的农民专业合作社、农村集体经济组织为主体，村委会联合具有专业化经营能力的企业法人通过投资、租赁等方式，对乡村民宿进行运营的情况。

当前，在石景山区、大兴区及海淀区等多个地区开展了趸租试点，试点对象正在从城市空余住房逐渐向城乡接合部的农村住宅进行转变。可以看出，对于趸租这一新兴租赁形式，北京市正在逐步接纳与探索，但对于农村住宅的趸租，目前尚未有一个相对完整的规定章程。

三、农房趸租统一管理租赁经营模式的分析

（一）趸租统一管理租赁经营模式发展的成效

1. 盘活农村闲置住房资源

趸租统一管理租赁经营模式的发展，可以鼓励社会资本合理进入农村，以租赁的方式将闲置农房进行盘活，可真正实现闲置农房的可利用价值。合理利用现有的闲置农房资源，带动城市资金、人才流向农村，实现资金人口的双向流动，可以有效促进盘活农村宅基地，积极探索农村闲置住宅的居住功能多样化实现，是增加农民财产性收益、实现农村住房居住价值、提升乡村文明建设、实现乡村振兴的重要渠道。

2. 激活农村经济活力

趸租统一管理租赁经营模式能够吸纳大量周边的务工人员，人口是经济发展的根本要素，人口的集聚必然会带来配套产业向村庄靠拢。包括餐饮、娱乐在内的多种服务型产业的到来，不仅会提高村庄配套设施及环境，还能对其他围绕人进行的产业提供吸引力，进一步提升村庄周边的经济环境，为村内留守居民提供工作岗位。此外，村民收入的提高可能会减缓村庄劳动力流失的状况，让年轻人留下来，进一步激发农村的经济活力。

3. 保障中低收入群体体面居住

趸租统一管理租赁经营模式在保证低收入群体能够住得起房的同时，最大限度上保障了租客的生活质量。以大藏村为例，"村庄公寓"建设前，低收入群体往往会选择生活条件极差的廉租住房，租金为每人每月约 50 元，但一个单间往往会住 6～8 个人，生活质量极差。如想选择条件较好的租赁房，在当地类似条件下的公寓租金为每月每间 1 400～2 000 元不等，即使在满足人均 5 米^2 的生活空间条件下每间住两人，一人也需支付 700～1 000 元。"村庄公寓"建成后，租户每人每月仅需支付 300～400 元，就能住上生活质量相对较好的租赁房。且由于距离工作地点较近，还省下了通勤费用。可以看出，农房趸租确实一定程度上在缓解了中低收入群体住房压力的同时，还尽可能保证了中低收入租户的体面生活。

4. 有利于村庄规范化管理

趸租统一管理租赁经营模式的引入对于村庄"群租房"违规市场是一个巨大的冲击，农村违规建房的乱象得到初步遏制，私搭房屋被拆除，村庄整体风貌提升。基于第三方公司的专业化管理，对村民的闲置农房进行全部翻修，一改原先农房杂乱无序的现状，并将私搭的旱厕均改为新式公共卫生间，保证村庄的环境整洁。整租可有效提升租户素质，提高租户的整体性，大大减少了农村治安问题的发生，实现村庄的规范化管理。

（二）趸租统一管理租赁经营模式发展的适用条件

1. 具有城乡联结的区域特征

通常来说，趸租统一经营租赁需要市场支撑，城乡联结紧密区域（尤其以城乡接合部为主）能够有效地汲取城市发展红利的地区部分，同时这些地区与农村的联系较为密切，

当地的人口就整体的文化水平、生产和生活方式等方面与农村地区有很大相似性。城乡接合部与一般的农村地区相比，具有更加突出的经济发展条件，能够更加有效地引入各种资源、资金、技术等优势条件，其向城市过渡的优势明显强于农村。

同时，与其他地区的城乡接合部面临的高污染、低技术、偏向加工与低效制造的企业结构相比，由于特殊的政治经济地位，北京的城乡接合地区往往拥有属于较高层次的产业结构，对村庄产生的负面影响相对其他地区较少。租赁模式的出现能够充分利用这一特殊的区位优势，提高村庄宅基地利用率的同时，为周边企业提供配套的服务与设施。

2. 具有广阔的租赁市场

一方面，村庄的土地价格远低于城市，吸引了企业进驻的同时，带来了大量具有居住需求的职工，对相对高质量居住环境的需求高；另一方面，由于本身靠近城市，村庄中大量人口被城市吸收，村庄住宅利用率相对较低。

（三）趸租统一管理租赁经营模式发展的局限性

1. 闲置农房管理体制机制仍有待优化

闲置农房的管理存在多部门牵头，职能界限不清晰，部门间沟通机制不顺畅的问题。县级住房和城乡建设部门主要负责农房的建设管理，农村危旧房改造及农村人居环境建设。

在农村闲置住房盘活利用"房地一体"思路下，各部门体制机制仍然有待优化。问题主要集中在：牵头部门不明确、能力弱；闲置农房改扩建审批流程多、耗时长；农宅服务站投入高、运营难；闲置农房激活后承租方税负重等方面。这些问题需要地方政策给予一定支持。

2. 部分村民处置闲置住房的意愿不强烈

目前，大城市周边仍然存在一些非正规住房（小产权房）闲置，在租售、抵押等政策上存在处置困境。同时，一些农村闲置住房位置偏远、交通不便利、建设年代久远，改造盘活投入大、回报周期长，直接影响农户的处置意愿。此外，进城农户的收入水平一般高于当地农民收入平均水平，具有较好的经济条件，在盘活闲置农房经济效益不足的情况下，缺乏盘活农村闲置住房的意愿。

由于在建设过程中租赁宅基地是否成规模对最终租赁结果有一定影响，因此，宅基地租赁中村民的意愿与配合度是政府及村委会在进行组织过程中面临的问题之一。

3. 村庄基础设施和公共服务质量不高

村庄基础设施直接影响城市人群在乡村居住的便利程度，村庄公共服务质量关系到城市人群在乡村的居住体验，两者都间接影响到农村闲置住房的盘活利用。当前，农村基础设施和公共服务数量、质量低于城镇，既有总量不足的问题，也有质量不高的问题。

农村交通、水电、网络等生活服务基础设施的不完善，教育、医疗、养老资源等公共服务投入的不充足，都使农村居住环境、居住便利程度等与城镇地区存在差距，这一差距是仅对出租农屋进行改造所无法弥补的，这也一定程度上影响了宅基地租赁的未来市场。

四、几点思考

如果要将这一模式进行推广，最重要的就是要对租赁过程进行规范，结合目前我国宅基地管理现状，实施建议如下：

（一）明确承租农房的出租用途

在实际操作中，如果不对农房出租后的用途进行限制，第三方公司在运营中可能将所出租的房屋另作他用，如将原本的住房改造为仓库或其他形式，这一行为不仅破坏了宅基地本身的居住职能，同时，还会影响村庄生活环境，降低村民参与趸租的意愿。

因此，在对趸租这一租赁模式进行规范化推广，需在合同上对租赁后宅基地的用途进行明确，依据村民意愿与村庄实际情况对租赁后的宅基地用途进行管制，防止宅基地乱用的情况出现。另外，还要对承租人的身份进行严格核实。

（二）限制承租农房的开发程度

应完善建立农房租赁规范体系中的各项标准，第三方公司在对所租赁房屋进行开发时，应根据设立的相应标准进行开发。要设立农房租赁开发标准，对租赁后开发房屋的层数、房屋规模、强度，水电设施，以及修缮后房屋的居住人数，人口密度等进行规定。第三方公司不得超出规定的开发强度，以防农房租赁后过度开发。

同时，加强对村民违章扩建农房的监督管理，一旦发现要坚决查处，强制拆除，没收违建房屋租金，同时要对出租农房配置相应的消防设备标准进行核查，对于年代久远的进行危房认定并规定不允许出租。建立有效的农房租赁管理机制，加强对农房租赁的规范管理。

（三）进一步理清村民宅基地的产权关系

《中华人民共和国土地管理法》第62条规定"农村村民一户只能拥有一处宅基地，其宅基地的面积不得超过省、自治区、直辖市规定的标准。农村村民出卖、出租住房后，再申请宅基地的，不予批准"。在开始租赁关系前，应当对本村宅基地的产权关系进行清查，明确村民的宅基地所有关系，将出租宅基地的所有关系进行核实落册，在宅基地出租后，严禁出租宅基地的村民再次申请，避免因宅基地租赁造成产权关系混乱而造成的"一户多宅"现象。

（四）尽快研究农房开发租赁经营主体的资格条件认定

对开展农房租赁经营的第三方公司，需要进行资格认定和关系确定。上级政府要对租赁行为进行全程监管，保证租赁行为的公平性。对第三方租赁公司的引进过程需透明公开，接受公众监督，避免农房租赁成为农村经济的一块腐败之地。

（作者：赵雪婷，单位：北京市农村经济研究中心；

张渊婕，单位：中国农业大学）

塘约道路引领下的"酿蜜"扶贫模式

——贵州省毕节市箐口村调查

报告文学《塘约道路》点燃了全国各地学习塘约村，把农民组织起来发展壮大集体经济的热潮，一个一个村庄的兴起用事实证明"塘约道路"的一般性意义。同在贵州省的毕节市大方县猫场镇箐口村就是其中之一。由于自然环境恶劣，交通闭塞，该村一直是国家级深度贫困村。箐口村村支"两委"三进塘约村，在悟深悟透"穷则思变"的思想内涵基础上，探索形成了"社企一体（蜂王）、组社一体（雄蜂）、抱团发展（工蜂）、优化治理（蜂箱）"的"酿蜜"扶贫模式。解析该模式的一般性意义，对于中国相对落后的农村地区以集体经济组织为核心实施主体推进乡村振兴战略具有极为重要的借鉴和推广价值。

一、基本情况

箐口村位于大方县城西南 65 千米，距离毕节市 70 千米，也是猫场镇最僻远贫困的村庄，属于喀斯特地貌，没有水源，没有平地，出入仅靠一条 4.5 米宽的盘山公路跨越崇山峻岭。村域总面积 8.8 千米^2，共 8 个村民组、498 户、2 019 人，其中贫困户 206 户、685 人，贫困发生率 41%。以往以种植玉米为主，没有产业，没有村集体合作社，因此没有村集体经济来源，环境卫生脏乱差。部分能人成立了若干个专业合作社，承包小工程建设，或购置小货车搞货物运输，但由于单打独斗，技术、管理及营销手段较落后，未能做大做强，也缺乏带动群众脱贫致富的能力。

箐口村村支"两委"在大方县委、猫场镇党委、镇政府组织下深入考察学习了"塘约道路"，解剖村里长期以来贫穷的根源："土地分散不长钱，劳力闲散不来钱，资金零星不生钱，房屋空置不值钱，自然风光不卖钱，集体空壳没有钱。"制定了"党建引领、激发动力、整合资源、抱团发展"的助推脱贫攻坚发展新思路，建立了"党支部＋村集体公司（村土地股份合作社、组级专业合作社）＋农户（贫困户）"的新型集体经济组织架构，带领群众和贫困户联合劳动、共同致富。2017 年 6 月，毕节市委书记、市人大常委会主任周建琨来调研时定义箐口村为践行"塘约道路"的示范村。

如图 1 所示，酿蜜扶贫模式中，中间第 1 圈的国旗代表蜂王，指村支"两委"带领下的村级集体经济组织，目的是通过党建引领，组建村社一体的产权主体，发挥带动农民进入市场的"龙头"作用；第 2 圈的小旗就如雄蜂，代表 8 个组社一体的专业合作社，体现了相对专业化的分工发展模式；第 3 圈的蜜蜂代表工蜂，喻义联合劳动，抱团发展；第 4 圈的蜂箱代表了"酿蜜"的体制机制，喻义优化社区治理机制；第 5 圈就是大家一起努力的结果，整合村内、村外资源，联合"酿蜜"，最后的分配方式是按劳分配、多劳多得、少劳少得、不劳不得。

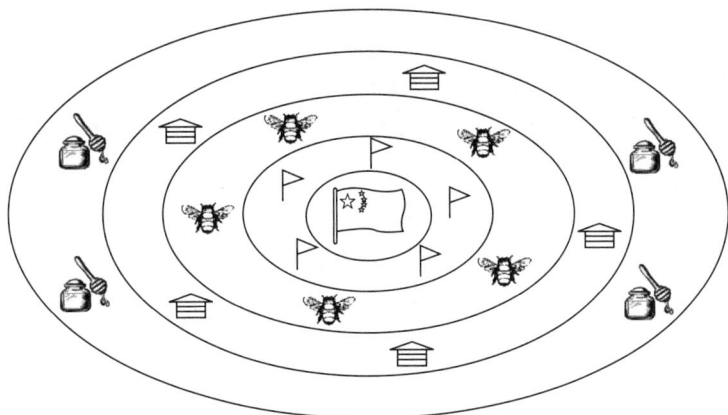

图1 箐口村 "酿蜜" 扶贫模式

2017年，箐口村"酿蜜"扶贫模式仅运行1年多时间，就迅速显现出农民组织起来的强大力量，带动农户215户（其中贫困户153户）种植李子、猕猴桃等经果林4 600余亩，初产期可实现总收入300万元，户均可增收4 800元；养蜂650箱，覆盖67户贫困户，户均增收800元。近年，箐口村集体经济收入实现了三级跳：2017年村集体收入4万元，2018村集体收入12万元以上，2019年在遭受冰雹灾害情况下，村集体收入16.3万元。2019年，社员人均收入9 477元。

二、主要做法

（一）培育村社一体的产权主体

1. 组织起来

以村土地股份经济合作社、本村8个村民小组为主体的8个专业合作社及群众和贫困户为股东，注册成立村集体公司——贵州聚合同步生态农业发展有限公司，形成公司管理合作社、合作社带群众和贫困户的"1个公司＋N个股东"的"1＋N"组织模式。组建工程队、运输队、爱家环卫队、治安维护小组、残疾人创业协会等，更好地把群众组织起来。公司负责整合资源、成立工程队、运输队、营销团队，合作社负责组织农户进行养殖产业的具体实施；村民以土地、荒山入股，在合作社指导下开展生产。箐口村土地股份经济合作社主要是将农户现有土地资源进行整合，形成连片土地入股，用于猕猴桃、李子等种植经营。合作社负责前期秧苗、支架等投入，提供技术服务、帮助产品销售，收回投入成本后，合作社获得净收益的10%；入股农户负责猕猴桃栽种、浇水、治虫、除草、剪枝、施肥、更换死亡苗木、管理以及后续所有工作，收回投入成本后，农户获得净收益的90%（土地入股占30%、劳动力入股占60%）。截至目前，共带动贫困农户51户，兑现分红9.6万元。

2. 资源整合

一是土地资源。箐口村人少地多、户均耕地面积10亩以上。在村干部带动下，群众转变了传统思想，主动要求把土地资源入股到合作社，全村群众参与度达 81％。二是整合政策资金和资产资源。以贫困农户产业扶贫资金和"特惠贷"资金作为股金，农民用土地、房屋、车辆、机械等折价入股加入合作社，农机具等财产折价入股 28 万余元。三是调整种植结构。将原来种植收入较低的马铃薯、玉米地和荒山大部分种上收益较高的猕猴桃、李子、樱桃等果树，并在经果林里套种油菜、辣椒、荞麦等经济作物，提高土地利用效益，确保每年都有收成。累计整合土地 1 650 余亩、荒山 1 500 余亩；共种植猕猴桃 1 250 亩、青脆李 1 500 亩、樱桃 400 亩、布朗李 800 亩，发展油菜、荞麦、辣椒、黄豆等林下种植，养殖了近 800 箱中华蜂。农户通过自己制作蜂箱、自行浇筑猕猴桃架子，各种项目统筹实施，有效降低了生产成本。

3. 收益共享

在种植、养殖项目中，主要按照两种方式进行利益分配：一是农户有能力参与种植的，利益分配中农户占 90％、公司占 5％、村集体占 5％；二是农户无种植能力的，由公司整合资源、合作社负责实施，农户获得每亩 300 元的保底收入，产生利益再次进行分红，农户占 60％、合作社占 30％、公司占 5％、村集体占 5％。工程队获得的净利润，按照工程队 70％、集体经济 30％的比例分配。

（二）组社一体

依托专业合作社培育专业化的新产业。新梦想种植专业合作社主要种植猕猴桃，重点带动火石坡组；兴梦圆种植专业合作社主要种植猕猴桃和樱桃，重点带动大田边组；追梦种植专业合作社主要种植枇杷和李子以及养鸡，重点带动箐口组；祥梅种植养殖专业合作社主要种植樱桃和养鸡，重点带动麻窝组；群联养殖合作社主要养殖蜜蜂和种植猕猴桃，重点带动小丫口组；农科种植养殖合作社主要种植樱桃和猕猴桃，重点带动下寨组；乡情农种植合作社主要种植李子，重点带动大陆沟黄家寨组；富元鹏种植合作社主要种植李子，养殖土猪和牛，重点带动大坡组。

（三）抱团发展

1. 干部带头引领产业发展

2016 年箐口村完成了村"两委"班子调整，吸收"80 后"返乡能人加入班子，提高了基层组织的战斗力。新班子肩负起了将资源、资金、农户组织起来的任务，要求全村现有党员除了年长的，要结合自身技术专长带动一个产业，如村支书带头养蜂、村主任带头种植猕猴桃、副支书带头养鸡、副主任带头种樱桃。通过调整农业产业结构，全村种植李子 2 200 亩、猕猴桃 1 500 亩、枇杷 700 亩、樱桃 400 亩、中药材 300 亩，农业效益大幅提升。为提升品牌效应，公司以箐口谐音"沁口"为品牌注册商标，并在工商部门注册"沁口"牌生态农业产品系列商标数十个；对所有农产品进行订单销售，使箐口村所有农产品以统一品牌进入高端市场，卖出更高的价钱。2017 年第一批猕猴桃销售为社员带来户均 5 600 元分红。

2. 劳动力分工合作

全村劳动力按照年龄、技术分工合作。组织有一技之长的劳动力，组建技术指导队，对全村种养殖技术进行指导；组织所有的砖工、瓦工、水泥工、木工等组建工程队，承接房屋、道路、沟渠等项目建设；其余劳动力，男性编入工程队当副工，女性编入种植、养殖合作社队伍。目前，192 名 60 岁以上的老年人主要负责看管留守在家的孩子；624 名 60 岁以下群众，男劳动力加入重体力活的建筑队，女劳动力加入主要以手工为主的种植、养殖合作社。合作社根据发展情况，因时因需吸纳就业，借助产业结构调整吸引外出务工人员返乡就业，提高了村民生活的幸福指数。2016 年底至 2017 年 8 月，外出务工人员从 300 余人降到 90 多人，留守儿童从 121 人降至 60 人，空巢老人从 31 人减为 1 人。

（四）优化社会治理机制

发展经济的同时，箐口村效仿塘约村"红十条"，制定了"三建七改十不准"的村规民约和"箐口村村民十讲十美"标准，通过制定村规民约，提高村庄治理水平。"三建"即建和谐家庭、建和睦邻居、建文明村庄；"七改"即改思想、改饮水、改道路、改圈舍、改厨房、改沟渠、改厕所；"十不准"即不准房屋乱建、不准车辆乱停、不准垃圾乱倒、不准污水乱排、不准粪土乱堆、不准柴草乱放、不准家禽乱跑、不准乱砍滥伐、不准滥办酒席、不准种毒吸毒。每个村民小组 30 岁以上的男性自发组成自保小组，将以前无所事事的影响社会治安的青年经思想改造后组成发展和治安维护小组，加强晚间巡逻，提高全村治安水平。村规民约的实行，改变了群众生活陋习，形成了群众相互监督、自我管理的长效机制。

三、"酿蜜"扶贫模式的一般意义探讨

（一）党建引领是"酿蜜"扶贫模式的灵魂和原动力

村集体经济发展，村党支部是核心。在箐口村发展的各个重要环节，都能看到村党支部和党员的身影。如通过村支"两委"换届优化了村支"两委"的年龄结构和文化程度，增强了凝聚力和号召力；通过乡村能人、实用人才等各种形式的培训，增强了干部队伍整体素质；村支"两委"班子成员和党员带头发展产业，重点做好群众和贫困户尤其是钉子户的思想工作，增强脱贫攻坚的信心和干劲。党的先进性得到了充分体现和发挥，是脱贫攻坚的标杆和引擎。

（二）村集体是"酿蜜"扶贫模式的核心实施主体

传统户自为战、单打独斗的发展模式限制了土地、资金等农村资源的合理配置和有效利用。单个农民或农户很难独自提升技术水平、拓展销售渠道、形成产业链，已经不能适应市场化条件下产业发展需求。外来社会资本由于过高的交易成本和自身的逐利性，难以有效实现村域内部的资源整合。箐口村通过成立村集体公司，将农民和贫困户组织起来，是土地资源、政策扶贫资金集中统筹使用的关键点。

村集体能成为"蜂王",取决于自身的唯一、不可替代的组织比较优势。一是交易成本节约化,全村大部分土地在短时间内流转到了村级,快速实现了土地资源整合,为农地规模经营创造了先决条件。二是土地资源开发立体化,如充分利用果树多的特点发展了养蜂业,进而组织生产队承担村里的道路建设、制作蜂箱、猕猴桃支架等统一劳动,实现蜂箱制作自给自足、猕猴桃架子自行浇筑,有效降低了生产成本。三是产权社会化,高效融入市场经济,通过打造"沁口"品牌、开展订单销售等,打通了产品的销售渠道。目前,在集体公司工作的专业技术人员165人,占全村人数的8.2%。四是收益在地化。村集体经济获得收益的40%用于带动贫困农户发展,30%用于扩大村集体经济,20%用于公司管理人员工资,10%用于公益事业。五是社会成本内部化。对鳏寡孤独、老弱病残、精神障碍等无劳动能力导致贫困的村民,在民政兜底基础上,由村集体公司给予固定股份分红,对因学因病致贫的村民,在相应时期内采取"输血式"帮扶脱贫。村集体由于改变了传统发展模式,对资源、资金、人力、产业等进行集中统筹,使箐口村经济开始增长,最终摆脱贫困。

(三)"酿蜜"扶贫组织形态反映了农村集体经济组织架构的普遍特征

集体经济一般为"社+公司"的组织形态。社下属公司的组织结构,一般是由总公司、专业公司、市场化公司三级组织构成。箐口村的组织架构体现出了集体经济组织形态这一特点。村集体下设了村社一体的村集体公司,公司下面设置了8个与村民小组重合的专业合作社,每个专业合作社的任务是带动所在地区的产业发展。随着专业合作社规模的扩大,组织体系势必由各专业合作社进一步往下细化和扩展,公司、合作社、家庭农场等各类新型经营主体组织形态将更加丰富多样。

四、"三变"改革若干模式对比

贵州省2014年开展"资源变资产、资金变股金、农民变股东"的农村"三变"改革以来,以打造"股份农民"为核心,聚焦精准扶贫,通过产业项目带动,激活了农村资产、资源、人力、资本等发展要素,激发了农村集体经济造血功能,成为农村脱贫攻坚和实现全面小康的"新引擎"。省内各地在统筹模式、组织体制、收益分配机制等方面进行了广泛探索,形成了若干典型模式。基于初步考察和总结,与箐口村扶贫模式进行比较分析,寻找不同模式的共同点。

沙湾片区联村联建模式。沙湾片区包括陇财、隆黑、金华、朱官、陈堡等五个村。借助现代农业生态旅游示范园区沙湾农业大观园项目,带动农民向产业工人转化,实现了农民增收和环境改善。主要做法:①推进土地经营权确权登记颁证,开展土地经营权抵押贷款试点,鼓励土地流转到规模农业经营主体,建立沙湾农业大观园。②整合了林业、水利、移民、农业、扶贫、国土等各类政府资金共8 000万元,撬动社会资金1.2亿元。③开展特色农业保险试点,包括茶叶、蔬菜、家禽、家畜、农房等。④成立用水协会,建立现代高效节水灌溉系统。⑤实施了环保、道路硬化、民居改造、设施建设,成立旅游服务公司等工程。⑥成立了县、镇、村三级公司，县级公司负责融资与规划，镇级公司负责项目管理，村级公司负责组织生产，农业、水务局等相关部门提供技术指导。村级公司成立时，由政府注入 100 万元作为周转资金，可 3~5 年偿还。2016 年园区总计脱贫人口 535 户、1 628 人，占整个片区贫困户总数的 56％，贫困发生率从 2013 年的 25.1％下降到了 5.1％。

秀水村社会企业帮扶模式。社会企业兴伟集团在省政府"千企帮千村"政策引领下，选派百余人的帮扶团队进驻秀水村，与安顺市政府共同出资打造农旅综合开发项目，随后交由村集体经营管理，推动秀水村经济发展。主要做法：①企业、政府共同出资打造产业。其中集团出资 73.2％，其他由政府整合项目资金和群众筹资，发展乡村旅游、特色农业产业和农家休闲产业。②项目建成后，全部交由村集体负责运营，集团提供指导。为与集团对接开展项目运营，村集体成立了旅游、农业、花卉、文化产业四家公司，组织农民将土地、林地、房屋、资金、技术、劳动力等资源折股参与企业经营。项目为农户提供就业岗位，平均每户吸纳 1.9 人就业。③创新"五股"收益分配机制。以村集体发展旅游产业产生的全部纯收入作为村民分红股金，按照人头股 10％、土地股 30％、效益股 30％、孝亲股 5％、发展股 25％进行利益分配。2016 年，秀水村农民人均可支配收入达 11 147 元，为 2014 年的 2 倍。

大用镇镇合作社带动模式。基地在国有企业平台公司带领下，通过"公司＋合作社＋基地＋农户（贫困户）"模式，整合扶贫资金、集体土地资源，发展山地特色农业产业，带动农户增收。主要做法：①农户以土地入股与公司合作。罵冗村、凉水井村的农民把土地流转到镇合作社，合作社以土地作为股份与公司合作，股份比例为 30％。2017 年，入股土地 6 000 亩，盘活闲置的荒山荒坡 2 000 余亩。②推进农业产业结构调整。基地在充分利用自然资源发展红心猕猴桃的基础上，发展农业休闲旅游、农产品冷链加工、林下种植、农业体验旅游、医疗养老、乡村休闲度假酒店等，进一步升级为农旅一体化发展的高效农业园区。③多方式带动农户增收。公司负责基地的投资、生产及销售，在基地未产生效益期间，由公司每年给农户 800 元/亩的保底收益；产生效益后，按照镇合作社所占股份进行分配。此外，村级合作社组织农户（贫困户）到基地务工，增加农户工资收入。目前，户均土地入股分红每年 1 800 元，带动两个村所有建档立卡贫困户 305 户、553 人参与产业发展；发放务工分红累计 210 万元，其中，贫困户务工分红 59 万余元，每人次约 71 元。

落别乡板照村政府带动模式。基地最初由个人投资成立，通过投入资金、流转土地、完善配套设施、养殖销售等，填补了六盘水市水产养殖空白，取得了较好成效。随后，政府平台公司以涵盖 400 户贫困户的 700 万元扶贫资金入股到水产养殖公司，占股 30％，共同扩大经营规模。经营中，由公司负责养殖、销售，贫困户按照资金比例参与经济分红。扩大生产后，基地预计可为 400 户贫困户每户每年增加 3 432 元分红收益，参与养殖水面流转的农户每年可获得每亩 800 元的流转保底金和纯利润 8％的分红收入。

如表 1 所示，通过对以上五类扶贫模式相互比较发现，箐口村"酿蜜"扶贫模式的运行模式与其余四类具有相同点，如基层党组织的引领、资源要素整合、市场化运作等。基本点是发展壮大集体经济，即用集中统筹发展模式替代传统的"村自为战，户自为战"模式，充分发挥基层党组织的引领作用和集体经济组织的主体作用，整合农村和贫困地区的资源要素，提高政府扶贫资金的使用效率，促进产业升级、农民和贫困户增收。箐口村"酿蜜"扶贫模式和实践的一般性意义，在于让扶贫脱贫变"输血"为"造血"，推动基于乡村的发展战略。

表1 "三变"改革若干模式对比分析

发展模式	典型案例	资源特点	主要资金来源	组织形式	主要成效
联营联建模式	沙湾片区	石漠化地区	政府资金撬动社会资金	政府＋项目＋农户（贫困户）	① 传统农业向规模农业、现代农业转变 ② 农户向产业工人转变，促进增收 ③ 环境改善
社会企业帮扶模式	秀水村	旅游资源丰富	社会资金＋政府资金	企业＋集体＋农户	①"荒山转金山、瘠地转肥土、农村转景区、农业转产业、碧水转秀水" ② 带动农民就业 ③ 创新"五股"收益分配机制
镇合作社带动模式	大用镇狝猴桃基地	喀斯特山区	政府扶贫资金、国企投资	公司＋合作社＋基地＋农户（贫困户）	① 盘活集体闲置的荒山荒坡资源 ② 农业产业结构调整，形成山地特色农业产业链 ③ 覆盖村贫困户，全部参与产业发展
政府带动模式	落别乡板照村	水资源丰富、水质优良	政府扶贫资金	政府＋公司＋基地＋贫困户	① 扩大产业规模 ② 提高扶贫资金使用效益 ③ 带动贫困户增收
村集体带动模式	塘约村、箐口村	贫困村	政府＋投资（贷款）	村党支部＋村集体＋合作社＋农户	① 将土地、资金、资源、人力组织起来发展产业 ② 提升基层党组织凝聚力 ③ 发展壮大集体经济实力，带动农户增收脱贫

（作者：王洪雨，单位：北京市农村经济研究中心；

张凌，箐口村村委会主任；

陈雪原，单位：北京市农村经济研究中心）

农业农村信息化发展

北京市农村经济发展报告 2020

2020 年北京市农业农村信息化发展报告

2020 年，是全面建成小康社会决胜之年，也是"十三五"收官之年，在北京市农业农村局统筹指导下，系统各单位和各郊区农业农村局坚持以习近平新时代中国特色社会主义思想为指引，全面贯彻党的十九大和十九届二中、三中、四中全会及中央经济工作会议、中央农村工作会议精神，以实施数字乡村战略等契机，以提升数字农业农村发展为主线，以巩固网络安全保障为基础，做到疫情防控和推进农业农村信息化工作两不误，全面推进农业农村信息化工作，促进"三农"工作高质量发展。

一、北京市农业农村信息化发展环境

（一）国家层面

2020 年全国农业农村工作明确了打赢脱贫攻坚战和补上全面小康"三农"领域突出短板两大重点任务，提出了确保农村同步全面建成小康社会的总要求。2 月，中共中央、国务院《关于抓好"三农"领域重点工作　确保如期实现全面小康的意见》，提出要加快现代信息技术在农业领域的应用。5 月，中央网信办等四部门联合印发的《2020 年数字乡村发展工作要点》中提出，要加快以信息化推进农业农村现代化，优化提升"三农"信息化服务水平。经国务院同意，农业农村部会同国家发展改革委、财政部、商务部印发了《关于实施"互联网＋"农产品出村进城工程的指导意见》，有力有序推动"互联网＋"农产品出村进城工程试点工作。7 月，中央网信办等七部门联合印发的《关于开展国家数字乡村试点工作的通知》中指出，数字乡村既是乡村振兴的战略方向，也是建设数字中国的重要内容。农业农村部印发了《全国乡村产业发展规划（2020—2025 年）》要求以信息技术带动业态融合，促进农业与信息产业融合，发展数字农业、智慧农业。11 月，《中共中央关于制定国民经济和社会发展第十四个五年规划和二〇三五年远景目标的建议》，围绕"优先发展农业农村，全面推进乡村振兴"提出建设智慧农业等系列要求。

（二）市级层面

北京市高度重视数字农业农村发展，在农业生产、农业经营、农业农村管理、公共信息服务等多个领域全面推动首都数字农业农村发展进程。2020 年 6 月，市委、市政府发布《北京市加快新型基础设施建设行动方案（2020—2022 年）》，聚焦"新网络、新要素、新生态、新平台、新应用、新安全"六大方向。该行动方案指出，建设大数据平台，加强城市码、"健康宝"、电子签章、数据分析与可视化、多方安全计算、移动公共服务等持续向各区以及街道、乡镇等基层单位赋能，逐步将大数据平台支撑能力向下延伸。发布《关于加快培育壮大新业态新模式促进北京经济高质量发展的若干意见》，进一步从基础设施和发展模式的角度提出加快北京市数字农业农村发展。《北京市促进新消费引领品质新生活行动方案》中指出，加快城乡消费融合发展。建立全市农产品产销对接联动工作机制，解决京郊农产品销售难问题。进一步提升乡村商业网点连锁化率。积极开展"战疫助农"电商直播，助力农产品销售。发布《北京市区块链创新发展行动计划（2020—2022年）》，提出要把区块链作为核心技术突破口，为促进经济高质量发展提供有力支撑。7月，市政府新闻办联合北京市科学技术委员会等有关部门发布《北京市加快新场景建设培育数字经济新生态行动方案》，提出以数字化赋能经济发展和培育优化新经济生态的工作思路。8月，市农业农村局印发《关于全面推进信息进村入户工程的实施意见》的通知（京政农发〔2020〕98号），就本市全面推进信息进村入户工程提出具体实施意见。

二、北京市农业农村信息化发展现状与成效

（一）不断探索数字农业农村发展

1. 继续开展北京市数字农业农村发展水平评价工作

2020年6月，农业农村部信息中心发布《农业农村部信息中心关于开展2020全国县域数字农业农村发展水平评价工作的通知》（农信息〔2020〕11号），继续组织开展全国县域数字农业农村发展水平评价工作。优化构建了6个一级指标、15个二级指标、20个三级指标、39个填报项的指标体系，从发展环境、基础支撑、生产信息化、经营信息化、乡村治理信息化、服务信息化6个维度对2019年全国县域数字农业农村发展水平进行综合评价。为数字农业农村发展提供有力支撑，进一步打造农业农村数字化建设推进杠杆，切实发挥绩效评价的"指挥棒"作用。北京市积极组织落实，以区为评价单位，13个涉农区（朝阳区、海淀区、丰台区、门头沟区、房山区、大兴区、通州区、顺义区、昌平区、平谷区、怀柔区、密云区、延庆区）全部参与了数据采集填报工作。开展了培训、数据采集、填报、审核、汇总、评分、上报等，累计审核处理数据3万多条，排名计算70多次。11月，在第十八届中国国际农产品交易会数字乡村发展论坛上，农业农村部发布《2020全国县域数字农业农村发展水平评价报告》。北京市城乡经济信息中心荣获优秀组织奖，门头沟区、平谷区荣获全国县域数字农业农村发展水平评价先进县。

2. 加强分析研究找准数字农业农村发展实现路径

结合市情农情，乡镇的农业农村资源禀赋和发展特征更为突显，在继续做好13个涉农区数字农业农村发展水平评价工作基础上，首次尝试将范围扩大到172个乡镇，以此引领、探索、促进和提升乡镇数字农业农村发展水平。以2019年度数据为基础，依据农业农村部信息中心全国县域数字农业农村发展水平评价指标和评价结果，进一步对北京市数字农业农村发展水平进行了分析评价和各项指标的对比研究。通过数据评价分析逐步摸清了以数据为支撑的全市数字农业农村发展水平，为市、区找准位置和差距、正视与其他省份的差距，明确努力方向，加速推动区域数字农业农村发展具有重要意义。相关指数被全市乡村振兴发展规划吸收和采纳。数据表明，北京市县域数字农业农村发展总体水平达31.7%，数字农业农村建设稳步推进，不断探索区域数字农业农村发展模式和路径，逐步

形成了北京优势和区域建设特色，但与先进地区相比，短板差距明显，仍处于发展关键期，需要大力支持和强力推进。

3. 农业农村大数据建设取得新突破

全市乡村振兴大数据平台建设项目申报工作取得较大进展。形成《农业农村大数据实践应用研究报告》。组织大数据平台的定级分析专家评审会，完成了系统安全等级定级划分，并形成了分析报告。项目申报通过市经济和信息化局前置评审、市财政局事前绩效评估评审。按照总体目标和建设原则，平台将实现市、区、乡、村（生产主体）四级用户统一平台协同工作，资源共建、共享。即实现数据一仓库、管理一平台、决策一乡图、应用一掌通（京农通）。持续加强北京市涉农资源平台建设与应用。实现新版登陆。实现全市概况、农村、农业、农经四大类历史数据图标静态展示，六大类外部数据共享至涉农资源平台。初步建立一套标准规范体系，地图查询模块实现查询、搜索、制图等功能，数据下载方式更便捷。村情、统计年鉴、休闲农业三个专题数据进行完善和应用场景拓展；与北京现代农业物联网应用服务平台重新对接，搭建农情专题应用；与智慧乡村综合服务平台对接，搭建展示智慧乡村建设成果的新专题。继续开展农产品市场信息监测预警。2020年，针对新冠肺炎疫情，从农历大年初二开始启动"菜篮子"产品市场应急监测，全力服务"菜篮子"稳产保供大局，全年共完成日报 250 多期，周报 50 期，月度、季度市场行情分析报告 12 期；为农业农村部提供生猪全链条监测分析报告 54 期，为"菜篮子"稳产保供政策实施提供了数据支撑和决策参考。

（二）加速推进农业生产数字化应用

1. 大力度推进数字菜田建设

按照市农业农村局发布《关于印发〈2019 年北京市数字菜田建设实施方案〉的通知》要求，通州区、顺义区、大兴区、昌平区、怀柔区等积极推进实施项目建设。按照建设目标与工作要求，实现菜田信息化应用覆盖率≥30％。推进面积 11 万亩。其中，通州区结合本区"通州区数字农业信息管理系统"建设项目，69 家生产主体为数字菜田实施主体，形成以智能物联网设备驱动的数据采集和应用体系，将数据服务于农业生产，为农业生产经营提供更加简便的应用和服务，保证数字农业平台高效运营。顺义区在 75 家种植业标准化生产基地和低收入村种植业生产基地建设"1＋1＋N"模式，即 1 套"数字菜田"生产综合数字化服务体系、1 个天地云物网一体化的物联网络系统、N 个业务服务应用，促进蔬菜产业高质量发展。大兴区结合镇域规划和农业发展实际，在 9 个镇 158 个村 115 个农业园区（合作社）数字菜田建设地块和生产经营主体建设实施，对实施数字菜田建设的地块建档立册、上图入库，确保相关数据与市级平台对接。昌平区结合本区田园综合体项目，以昌金路两侧为主，在崔村、兴寿、小汤山等 11 个镇 65 个农场开展数字菜田项目建设，逐步实现全区菜田信息化管理服务。怀柔区与区设施农业等项目统筹推进。房山区结合 2019 年蔬菜绿色高质高效示范区创建、蔬菜产业提升两个项目建设，融合推进本区的数字菜田建设。通过数字菜田建设逐步探索利用互联网技术创新北京市蔬菜产业管理模式，注重发挥数据的作用，促进蔬菜产业绿色、安全、优质发展。

2. 持续强化北京现代农业物联网应用服务平台服务能力

优化完善平台功能，规范基础数据信息，增强平台统计分析与数据运营，加强技术安全保障。针对新冠疫情防控，加强指导农业园区（企业）生产过程在线完成、信息发布与提醒、产销对接服务、培训信息推送、技术保障，减少了人员接触，降低了农产品销售风险，园区生产经营管理更加安全、精准、高效。仅3月份在疫情防控关键时期，农业园区（企业）通过平台制定生产计划、分配生产任务，工人通过手机小程序接收任务，并记录农事过程，任务完成情况，实现园区生产过程的线上完成。通过订单管理系统，将农产品在线上商城进行销售。平台用户产生种植过程数据5 690条，线上销售订单10 923笔。针对当时交通限制，农产品销售困难的问题，以平台生产数据为依托，通过对接中石化易捷便利店，为通州区10家农业园区提供农产品销售合作机会。结合各区数字菜田建设实施，依托平台整理编制了相关的接口参数、编码信息等提供给各区参考，并优化完善了生产环境监控、农事履历、投入品使用等功能模块，便于区级数据的对接。整理了292家农业园区信息为各区选择建设园区及服务商参考。2020年，平台接入农场数量618个，占地面积47.3万亩，设施数量1.6万个，设施面积2万亩，农作物品种数量283种，传感器数量1 581个，摄像头数量928个。开展园区系统应用培训、重点产品溯源营销服务、农脉圈服务、电话回访等1 433余次。

3. 全市设施农业台账系统投入使用

围绕全市重点任务，积极参与设施大棚房季度巡查工作、粮菜生产督导工作，加快推进设施台账建设及巡查、督查。已全面完成了全市设施农业台账信息的新增、销账等更新工作；全面完成了全市设施农业二维码标牌装挂工作；全面完成了台账展示系统、巡查系统、统计系统的开发工作，巡查系统已经上线投入使用，在2020年二、三季度市级巡查工作中发挥了重要作用。设施农业台账系统已全面完成项目验收，为全市设施农业的标准、规范管理提供了统一的线上工具。

4. 进一步探索创新农业智能技术与产品

基于北斗导航和物联网技术开发了大田多平台化学农药精准喷洒技术及装备，完成精准施药过程远程监测及可溯源管理，构建了规模化农业生产数据管理平台，实现了精准化施药作业装备产业化与应用推广，累计示范推广52万亩，平均节本增效28.9%。露地甘蓝无人化作业关键技术研究，实现了蔬菜规模化生产人机智能协作技术在自主作业规划和无人协同作业两方面关键技术创新，并在甘蓝全程无人化作业实际生产中得到长时高效验证。以农业智能信息服务能力提升为目标，从问答技术研究、图像识别技术研究以及"农科小智"机器人产品开发等重点开展了系列研发工作。结合顺义小麦科普馆智能科普需求，构建了含有近1 000条的品种、技术及病害等信息的知识技能库，开发了小麦智能科普机器人产品，集成提供了基地介绍、小麦知识智能问答、小麦问题专家连线、农耕文化科普等多种功能，并在小麦科普馆进行了宣传推广。种鸡智能育种数据平台研发应用。完成了种鸡智能育种数据平台的软件研发工作和部分硬件设计的采购和集成工作，项目已在大兴保种场、百年栗园进行大范围试用，大兴包括四个批次，共计46 080只鸡，百年栗园包括1批次，共计6 000只鸡。系统运行良好，建立了专门的技术支持团队，并利用

"农科创投会"直播栏目将项目产品对外推广。

（三）有效提升农村管理高效化

1. 智慧乡村由建设向应用转变

2020 年，京郊在建与新建智慧乡村 17 个，累计建设 233 个，超额完成"十三五"全市建设 200 个智慧乡村任务。在对新建及已建的 91 个智慧乡村建设应用运行监测结果显示，优秀及良好率达到 68.92％，乡村治理型建设比重和关注度逐年提升。在新冠疫情防控期间，利用智慧乡村建设成果，积极应对，迅速响应，助力村庄精准防控。建设运行的"晓村务"小程序优化升级为"晓村务"微信公众号，增加了消息主动推送提醒功能。研发上线"乡村防疫"功能模块，仅 3 月份，村镇累计发布通知 20 条、疫情资讯信息 57 条、便民服务信息 50 条，村民累计点击次数达到 9 870 次。昌平区南口镇 1 月 26 日至 3 月 20 日利用智慧乡村视频会议系统召开视频会议 11 次，与 28 个村、11 个社区进行防疫工作调度、部署，及时沟通基层情况，解决了一个又一个具体的防控问题，提升了工作效率，得到了镇、村、社区的高度评价和认可。朝阳区黑庄户乡信息化科技手段成为一线作战有力武器。三天内研发上线了"黑庄户地区人口管理系统"，减轻了基层负担，精准掌握辖区内人员疫情防控信息。在推进农村地区垃圾分类工作中，房山区周口店镇黄山店村积极探索垃圾分类回收的"乡村模式"，研发"积分制垃圾分类回收"小工具，村民参与率达到 70％。2020 年，"晓村务"小程序覆盖 40 个村，注册人数 2 030 人。物业报修 801 条，办事指南 672 条（浏览量 8 435 次），就业服务 737 条（浏览量 4 539 次）；村民培训 1 375 条（浏览量 12 029 次），"三务"公开 239 条（浏览量 247 次），大家说 99 701 条。优化升级的"晓村务"微信公众号覆盖 40 个村和 11 个社区，注册人数 4 714 人。"三务"公开及通知公告 519 条（浏览量 4 404 次），片区清扫巡查记录 2 453 条，进出村 87 486 条，防汛采集数据 46.5 万条。

2. 首次开展国家数字乡村试点建设

根据《关于开展国家数字乡村试点工作的通知》（中网办通字〔2020〕15 号）要求，中央网信办会同农业农村部、国家发展改革委、工业和信息化部、科技部、市场监管总局、国务院扶贫办等部门组织开展国家数字乡村试点工作。中央网信办、农业农村部、国家发展改革委、工业和信息化部、科技部、市场监管总局、国务院扶贫办联合印发《关于公布国家数字乡村试点地区名单的通知》，公布首批国家数字乡村试点地区名单，北京市房山区、平谷区被确定作为国家数字乡村试点地区。2020 年 11 月，北京市网信办、北京市农业农村局发布《关于做好国家数字乡村试点工作的通知》，公布了试点地区名单，要求房山区、平谷区作为首批国家数字乡村试点要抓紧组织开展试点工作，落实强化试点工作主体责任，构建跨部门推进机制，统筹用好相关资源，完善支持政策，突出区域特色，紧扣本区试点方向，有力有序推进试点工作。细化实化试点工作计划，提出具体可操作、可落地的举措，制定相应时间表和路线图，及时总结进展情况及做法经验、典型案例。

3. 不断提升农村"三资"监管平台服务能力

北京农村管理信息化综合应用平台（农村"三资"监管平台）整合了北京市农经管理各项信息资源，涉及市、区、镇、村四级用户，用于农村收益分配、农村土地承包、集体资产管理、合作社组织、产权制度改革、家庭人口（参加收益分配的）劳动力、基层组织建设、经济合同管理等基础信息采集。2020年，"北京农村管理信息化综合应用平台V6.0"进行了安全加固处理，系统新增《北京市农业农村局新冠肺炎疫情对农业农村经济影响的快速调查问卷》、农业社会化服务情况统计表，提供相应的查询表。北京市农村集体资产清产核资管理系统按照《农业农村部办公厅关于开展全国村级债务摸底调查的通知》（农办政改〔2020〕10号）的要求，在农村集体资产清产核资的基础上，组织开展村级债务摸底调查，系统新增加债务调查表以及相应的查询功能和农业农村部数据转化功能。平台目前拥有全市郊区每个年度的300多万条农村集体经济组织成员的基本信息、180多万条农村劳动力就业信息、100多万份农村土地承包合同，以及京郊农村经济五个层级、三大产业、十大行业的经营收支和资产负债信息。

（四）持续深化农业农村电子商务

1. 成功申报"互联网＋"农产品出村进城试点区

按照农业农村部部署，延庆区与中国邮政集团北京市延庆区分公司、北京中益农信息科技有限公司、北京绿富隆农业股份有限公司共同建设，试点农产品品种为有机蔬菜、有机鲜果、有机花卉，打造区域公用品牌"妫水农耕"，成功申报全国"互联网＋"农产品出村进城试点区。以绿富隆、北菜园等企业为代表，借助"互联网＋"农产品出村进城试点工作，整合资源、发挥优势，推动产业发展。通过产销对接、直采直供、订单分享等模式，整合全区上游资源，形成特色产业集群；同中邮集团签订战略合作协议，制定了农产品物流补贴政策，利用邮政物流渠道优势，打造覆盖全区的农邮通三级物流体系，实现产前、产中、产后各环节的全覆盖，形成完整的供应链；通过农邮通服务项目，建立物流配送队伍，设专用冷链运输车9辆，建立服务站点9处，连通全区76家冷链设施。利用腾讯、新浪等网络平台，举办优选蔬菜惠民直送直播活动、丰收节直播带货活动、消费扶贫产销对接直播等6场活动，向广大网友推介延庆区优质农产品，累计观看人数达211万人次，销售农产品2337单，销售额26万余元。117家益农信息社助力电商服务满足村民生活消费需求。发展"妫水农耕"品牌战略，已吸纳9家企业、合作社，注册25类商标注册证，开设4家"妫水农耕"品牌直营店，设立了微信公众号，入驻京东、淘宝商城等大型电商平台。

2. 带动区域特色农产品销售

市级层面，北京农业电商协会研究制定20种蔬菜和西甜瓜、甜玉米、鸡蛋电商分级、包装、贮存、运输等标准。制定了《北京电子商务市场蔬菜分级包装技术规范》，成为国内省级农业部门首个规范蔬菜电商的指导性标准。区级层面，密云区通过区农产品电子商务协会持续打造密云区域农业品牌，加入协会的电商总数达到40余家，实现抱团取暖，协同发展。平谷区持续优化"互联网＋大桃"发展环境，构建电商体系、物流快递体系。2020年，平谷区大桃专项服务小程序实现果农、合作社、经纪人和客商、消费者信息对接。电商售桃2 125万千克，销售量占总产量11.5％，销售额3.6亿元，农民增收1.5亿元。镇（乡）级层面，门头沟区斋堂镇建立斋堂镇低收入帮扶电商服务中心、仓储中心，在京东、淘宝电商地方馆开设斋堂尚品店铺、开通微信公众账号。注册了"斋堂尚品"特色公共品牌，统一包装设计，打造苹果、梨、金丝小枣、蜂蜜、玫瑰酱等特色农产品。开发库存管理软件、商品溯源软件，加强营销体系建设和品牌培育。村级层面，5月13日，门头沟区斋堂镇东胡林村、西胡林村、杨家村、高铺村与北京佳仕百年教育科技有限公司签署"电商扶贫、助农增收"农产品收购合作协议，签订了115亩70多万元黑糯玉米的收购协议，北京佳仕百年教育科技有限公司保底收购，镇政府按照收购协议指导农民种植，8月逐批分次收获、加工、上市。

3. 新载体新模式促进农产品流通

怀柔区渤海镇四渡河村、平谷区大兴庄镇西柏店村首次网上直播带货，搭建"栗满山""菊香缘"微店，四渡河村直播销售油栗84单、517千克，西柏店直播销售食用菊花35单、79盒。北京市农林科学院农业信息与经济研究所拍摄了《吃货聊天室》等科普短视频，从科普农产品膳食营养知识切入，宣传推广帮扶基地农产品，培养社区居民采购黏性，帮助基地敲开了产品直通社区的大门。借助"智农宝农产品电子商务平台"，在疫情防控特殊时期，开展了社群团购业务，向12个社区推广销售北京安定贾尚精品种植园等25个科技惠农基地产品，保障社区居民优质蔬果的供应。联合北京广播电视台等优势媒体资源，在中国农民丰收节、第十八届中国国际农产品交易会期间，组织开展了多场助农直播促销活动，多渠道合作赋能农产品销售，带动了北京农业企业和京郊基地优质农产品实际创收。

（五）提升丰富公共服务便捷化

1. 全面推进信息进村入户工程实施

按照部署和要求，除撤村建居、拆迁上楼等509个不具备条件的行政村，全市13个涉农区建设益农信息社3 301个，完成了建设任务指标。结合公益、便民、电子商务、培训体验服务开展"九个一"的内容服务，即一村一网站、一村一微信公众号、一村一个微营销平台、一村一微信技术服务群、一村一秀（益村秀）、一天一件公益服务、一周一次职业农民培训、一年帮扶一个贫困户、一村塑造一个品牌，打造"北京经验"和"北京模式"。2020年，村级益农信息社提供公益服务6.34万次，电子商务交易额2 270.18万元，农产品上行605.6万元，生产资料下行561.34万元、工业品和必需品下行1 103.24万元。打造了多网融合资源服务平台，建设了北京益农信息网、村支书农创网、京品放心购电商平台，研发了北京益农信息社OA管理系统。新冠肺炎疫情防控期间，面向农村推送一批简单、实用的手机软件、微信小程序，把"公益服务、便民服务、电子商务、培训服务"深入到基层群众。

2. 提升"互联网＋政务服务"水平

2020 年 8 月，市委农工委、市农业农村局印发了《市农业农村局系统单位政府投资信息化项目管理办法（试行）》，进一步加强和规范中共北京市委农村工作委员会、北京市农业农村局系统政府投资信息化项目管理，保障项目质量和投资效益。规范"接诉即办"工作流程；加强了数据的分析研判，定期形成《全市农业农村行业 12345 热线反映周报》，筛选、总结、归纳 837 个诉求"关键字"。2020 年 1 月 1 日至 10 月 18 日受理 12345 市民热线派单 517 件，1—9 月直办"接诉即办"工单的响应率 100％，解决率 96.16％，满意率 97.47％。北京"三农"舆情监测相关新闻 42 198 条，同比上升 18.4％；发布日报 249 期，摘录新闻 6 106 条，同比上升 14.0％；制作月报 12 期。围绕 2020 北京"两会"、新冠疫情防控涉农舆情信息、智慧乡村科技战"疫"、北京农民丰收节和北京农村垃圾分类等主题，编写舆情专报 5 期。全国信息联播北京频道发布信息 4 094 条，同比上升 14.1％；首页推送 577 条，被采用 431 条，采用率同比上升 28.1％。

3. 不断涌现新模式新内容

立足服务智慧乡村、助力"三农"发展的初心，创新服务形式，"首都农经"发布博文 62 篇，总阅读量为 81.4 万人次，累计粉丝为 30 495 人；"北京智慧乡村"发布博文 353 篇，总阅读量为 115.2 万人次，同比增加 12.2 万人次，新增粉丝 72 人，累计粉丝 2 904 人；"乡慧"公众号，全年发布文章 48 期 214 篇，同比上升 14.4％，覆盖 13 个区，92 个村，针对疫情防控，新增"同心战疫"矩阵，发布相关文章 9 篇。开展线上线下互动活动 37 次，累计 6 886 人次参与，同比上涨 16.1％。继续开展农产品市场信息监测预警。针对新冠肺炎疫情，从农历大年初二开始启动"菜篮子"产品市场应急监测，全力服务"菜篮子"稳产保供大局，全年共完成日报 250 多期，周报 50 期，月度、季度市场行情分析报告 12 期；为农业农村部提供生猪全链条监测分析报告 54 期，为"菜篮子"稳产保供政策实施提供了数据支撑和决策参考。远程教育平台研发了党建知识图谱与精准服务系统、北京党员教育 App 系统。北京党员教育 App 系统具备上线试运行及全市推广条件。2020 年，北京党员教育注册用户数 123.41 万人，页面浏览量累计达 16 390.01 万次。平谷区"新农人"讲师团电商培训在微信基础营销、淘宝微店建立以及抖音、快手短视频直播吸粉基础上，增加了直播带货及社群营销培训内容。开展线下培训 485 场，12 000 余人次；线上培训 209 场，11 000 余人次。培训覆盖大华山、镇罗营、刘家店、南独乐河、金海湖等 14 个乡镇街道。80％参与培训的果农学会了电商营销技能，积累了客户，在桃季结束后还销售核桃、苹果等，带动"互联网＋多果"模式发展，促进果农增收。

三、北京市农业农村信息化发展的新形势

（一）新要求

党的十九届五中全会提出全面建设社会主义现代化国家，进入新发展阶段，要体现新

发展理念，构建新发展格局。"十四五"规划和 2035 年远景目标突出了创新在我国现代化建设全局中的核心地位，强调科技创新需要坚持"四个面向"，即面向世界科技前沿、面向经济主战场、面向国家重大需求、面向人民生命健康。2021 年 2 月 21 日，中共中央、国务院印发的《中共中央 国务院关于全面推进乡村振兴加快农业农村现代化的意见》指出，构建新发展格局，潜力后劲在"三农"，迫切需要扩大农村需求，畅通城乡经济循环。加快数字化发展，发展数字经济，推进数字产业化和产业数字化，推动数字经济和实体经济深度融合，加强数字社会、数字政府建设，提升公共服务、社会治理等数字化智能化水平，为数字农业农村发展带来了新机遇。优先发展农业农村，全面推进乡村振兴，提高农业质量效益和竞争力，建设智慧农业，实施乡村建设行动，深化农村改革对数字农业农村发展提出了新要求。

（二）新任务

贯彻《北京城市总体规划（2016—2035 年）》，以县域为"三农"工作主战场，加快发展数字农业农村是顺应数字化进入大数据新阶段的必然要求。数字化发展是实现农业农村现代化的基础和主要驱动力，是改变传统农业的生产方式、经营方式、组织方式，优化升级产业链、供应链，实现都市型现代农业高质量发展的必然选择。2021 年 3 月 31 日，市委、市政府发布的《关于全面推进乡村振兴加快农业农村现代化的实施方案》中指出，举全市之力推进率先基本实现农业农村现代化，加快补齐本市农业农村发展短板，推动解决城乡区域间发展不平衡不充分问题。率先基本实现农业农村现代化是全市"三农"工作新目标，在有关数字化、信息化方面，指出建设乡村振兴大数据平台，构建全市农业农村数据资源"一张图"，推动主导产业全产业链数字化转型，抓好智慧农业创新工场等试点。实施数字乡村建设发展工程，农村千兆光网、5G、移动物联网与城市同步规划建设，促进乡村公共服务、社会治理数字化、智能化，2021 年基本实现村庄卡口可视化全覆盖。抓好平谷、房山数字乡村建设。这些都为全市数字农业农村建设指明了方向。

（三）难点与挑战

2020 年全国县域数字农业农村发展水平评价结果显示，北京市数字农业农村的建设与东部地区乃至与全国平均水平仍有差距。主要表现在信息技术在农业生产、经营、服务应用程度明显不足，建设与应用融合发展不够充分。各功能区、各区数字农业农村发展各自为战，差异较大，发展不均衡不充分问题依然突出。信息技术在畜禽养殖及农产品质量安全追溯方面应用程度均高于作物种植、设施栽培、水产养殖，农业产业间数字化水平两极分化，差异较大。农业生产经营主体应用信息化等先进技术的意识有待提升，对应用效果往往持怀疑和观望态度。农业园区、村庄负责信息化方面的人员欠缺，且流动性大，在推广应用信息技术方面有心无力，从而影响信息化的普及和推进。一些传感器、视频监控等物联网设施设备存在老化、丢失、损坏、搁置，甚至无法正常使用，缺乏后续维护资金，长效管护机制不健全。农业园区生产、产品加工、包装、配送等标准体系不完善，难以满足与标准化、信息化、智能化的需求对接，现有的追溯和监管机制不完善。

四、北京市农业农村信息化发展趋势

2021 年是中国共产党成立 100 周年，是"十四五"开局之年，是开启全面建设社会主义现代化国家的新征程、向第二个百年奋斗目标进军的起始之年。2021 年全市农业农村信息化工作要以习近平新时代中国特色社会主义思想为指导，全面贯彻党的十九大和十九届二中、三中、四中、五中全会精神，贯彻落实中央 1 号文件和北京市农村工作会议部署，紧紧抓住实施数字乡村战略、"新基建"、发展数字经济契机，立足新发展阶段，坚决贯彻新发展理念，积极构建新发展格局，按照新版北京城市总体规划和实施乡村振兴战略要求，促进数字农业农村高质量发展，全面服务于首都乡村振兴战略实施。

（一）把握新基建机遇，夯实数字农业农村发展基础

加速农村地区 5G 基建、大数据、人工智能新型基础设施建设与落地应用；整合农业农村全行业、全系统数据资源，建立农业农村大数据平台，实现数据统一管理和在线共享，丰富大数据创新应用；围绕农业产业和乡村治理现代化，依托北京科技优势，加强产学研合作，强化原始创新、集成创新和系统布局，重点攻克一批关键核心技术。

（二）发展农业数字经济，加快智慧农业建设

坚持产业集群和区域特色相结合，加速发展符合北京特点的资源节约型和环境友好型的可持续智慧农业，促进农业产业链供应链优化升级。大力推动移动互联网、物联网、智能控制、区域链、大数据等在蔬菜、籽种、生猪等特色产业中的推广应用，打造一批智慧农业示范镇、先行镇、农业园区（企业）。持续提升北京现代农业物联网应用服务平台服务能力，建立农业大数据管理应用中心，搭建"云服务"平台，推动"一张图"管理。围绕打造名优区域品牌、企业品牌、产品品牌，推进农产品质量安全追溯系统建设和特色农业电子商务发展，大力促进产销衔接、优质优价。

（三）建设数字乡村，推进乡村治理体系和治理能力现代化

围绕村庄生态、生产、生活和生命四个要素，在智慧乡村建设基础上，加快新一代信息技术与美丽乡村建设的融合，将智慧乡村建设融入美丽乡村村庄规划和重点工程，与北京市"百村示范、千村整治"工程、农村人居环境整治等有序衔接，持续打造一批国内领先的智慧绿色村镇示范样板，在网络基础设施、乡村规划、美丽乡村建设、传统村落保护、惠民工程等建设中，促进数字乡村建设，培育乡村新业态，形成区域示范带动，探索长效机制建设。体现新发展理念，创新村庄数字化服务新模式，加快政务数据、惠民工程在村镇间的共享服务，把公共信息服务从解决"有没有"的问题转向解决"好不好"的问题，为农村居民提供更加丰富和精准的公共信息服务。

（四）提高镇村便民服务水平，促进农民创业创新就业

完善益农信息社长效运营机制，整合服务资源、优化服务手段、拓展服务内容，实现公益服务、便民服务、电子商务、培训服务可持续运行。加快在乡镇建设综合便民服务平台和网上办事平台，实行"一门式办理、一站式服务"，实现网上办、指尖办、马上办，推动"互联网＋社区"向农村延伸，促进城乡基本公共服务均等化。提高教育、医疗、就业、养老等民生领域的信息惠农服务能力。大力推广运用远程网络等法律服务模式，促进城市优质法律服务资源向农村辐射，运用新媒体新技术普法。针对不同主体开展数字化学习与培训计划，加快推进数字技术在农业生产、农村治理方面的应用落地；发挥现代农业远程教育传播优势与社交网络平台，培育一批具备互联网思维和信息化应用能力的"新农人"；加大数字农业宣传推广力度，创新农货线上销售模式，提升农户对自媒体认知能力和应用水平。

（五）强化科技自主创新和应用推广

聚焦数字农业农村"卡脖子"技术，攻坚大数据分析核心技术，建立农业农村大数据分析实验室。大力推进自主创新和原始创新，聚焦科技前沿和数字农业农村科技发展重点领域，加强农产品柔性加工、人工智能、虚拟现实、大数据认知分析等新技术基础研发和前沿布局。充分利用首都各方资源优势，打造北京产学研用一体化的数字农业农村生态圈。形成政府引导、科研单位支持、企业主导、农户参与的科技科研支撑体系，促进科研要素向企业集聚，培育一批数字农业农村领域创新型企业。发展具有自主知识产权的数字田园、AI种植、农业工厂，开展农业物联网应用示范基地建设。促进国产装备普及应用。充分利用北京作为国际科技创新中心的优势，积极促进与国内外一流数字农业农村科研机构和科技资源的交流与合作。争取国家数字乡村、数字农业等重大项目在京落地，逐步将前沿科技成果转化为现代农业农村发展成果。

（执笔人：刘军萍、马俊强、常剑、郭嘉，

单位：北京市城乡经济信息中心）

北京市数字农业农村发展水平评价报告

党的十九大提出实施乡村振兴战略以来，国家先后出台了一系列数字农业农村的政策文件，把数字"三农"建设摆在更加突出的位置，以加快推进农业农村现代化。在此背景下，2019年农业农村部首次开展全国县域数字农业农村发展水平评价工作。2020年优化调整了部分指标，从发展环境、基础支撑、生产信息化、经营信息化、乡村治理信息化、服务信息化6个维度再次对2019年全国县域数字农业农村发展水平进行了综合评价。旨

在运用绩效管理理念和方法，打造县域数字农业农村发展"指挥棒"，不断强弱项、补短板、增优势，推动县域数字农业农村快速健康发展。

北京市积极落实，在数据采集填报基础上，以2019年度数据为基础，依据农业农村部信息中心全国县域数字农业农村发展水平评价指标和评价结果，进一步对北京市数字农业农村发展水平进行了分析评价和各项指标的对比研究。本次评价工作中，成立了由市农业农村局信息化主管领导负责的专项工作组，市场与信息化处牵头，市城乡经济信息中心具体实施，各区农业农村局负责组织实施本区域数据采集、填报、审核工作。全市以区为评价单位，13个涉农区全部参评，县域参与率达到100%。在继续做好13个区数据采集填报基础上，首次尝试将范围扩大到172个乡镇。

通过此次数据评价分析初步摸清了以数据为支撑的全市数字农业农村发展水平，为市、区找准位置和差距、正视与其他省份间的不足，明确努力方向，加速推动区域数字农业农村发展具有重要意义。

需要指出的是，在数据填报过程中，存在数据质量参差不齐的情况，对评价结果有一定影响，还需进一步完善。

一、北京市数字农业农村发展评价结果

（一）北京市县域数字农业农村发展总体水平达31.7%

近年，北京市数字农业农村建设稳步推进，不断探索区域数字农业农村发展模式和路径，逐步形成了北京优势和区域建设特色，但差距明显，仍处于发展关键期，需要大力支持和强力推进。数据表明，2019年北京市县域数字农业农村发展总体水平达31.7%，低于全国平均水平4.3个百分点，在全国31个省（区、市）中排名第20位。

从全国看，北京市县域数字农业农村发展总体水平比全国东部地区、发展水平排名全国前100和前500的县（市、区）分别低9.6、37.5、20.8个百分点。比浙江省、天津市、上海市、重庆市分别低37.1、5.8、19.3、8.6个百分点（图1）。

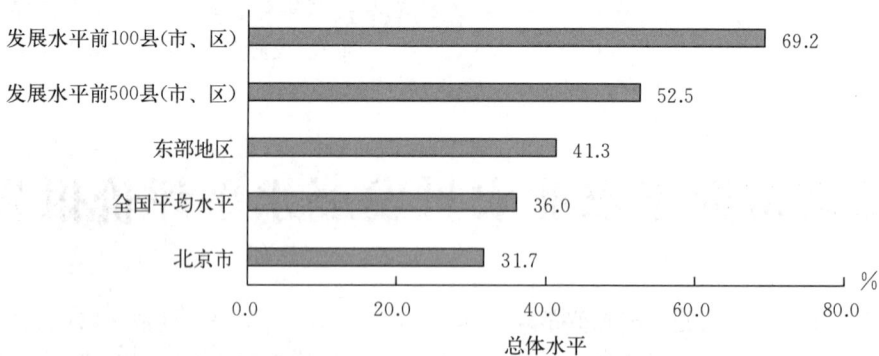

图1　北京市与全国及其他地区县域数字农业农村发展总体水平测算结果

从各区看，有6个区发展总体水平高于全国平均水平。其中，门头沟区、平谷区分别为67%、46.9%，两区均荣获2019年度全国县域数字农业农村发展水平评价先进县，排

名进入全国前100和前500县（市、区）。丰台区、怀柔区、延庆区在40%～50%之间；顺义区、海淀区、密云区、通州区、昌平区在30%～40%之间；大兴区、房山区、朝阳区在10%～30%之间，朝阳区最低，仅为10.2%。

从指标看，与2018年相比，北京市互联网普及率、信息技术在水产养殖业的应用率、信息进村入户村级信息服务站覆盖率、电商服务站覆盖率、信息技术在农村"三务"公开中的应用率均有上升。其中，信息技术在农村财务公开中的应用率增幅最大，达到35.7个百分点。人均农业农村信息化财政投入，信息技术在种植业、设施栽培、畜禽养殖、农产品质量安全追溯信息化应用率，农产品网络销售率均有所下降。

（二）县级农业农村信息化管理服务机构覆盖率73.1%

2019年北京市县级农业农村信息化管理服务机构覆盖率为73.1%，高于全国平均水平6.9个百分点，排名全国第8位。13个区均设置了农业农村信息化管理服务机构，11个区农业农村局为区网络安全与信息化领导机构成员或组成单位，9个区成立了网络安全与信息化领导机构，11个区设置了承担信息化相关工作的行政科，7个区设置信息中心或信息站等事业单位。

（三）县域农业农村信息化财政投入9 035.6万元

2019年北京市县域农业农村信息化建设的财政投入为9 035.6万元，县均投入为695万元，乡村人均投入14元。均低于全国平均水平，两项数据分别排名全国第9位和第17位。

从全国看，县均投入分别比东部地区、发展水平排名全国前100、前500县（市、区）低921.9万元、4 863.4万元、1 393.9万元，人均投入分别低29.9元、165.1元、45.5元。北京市县均投入比浙江省、重庆市分别低5 655.3万元，2 986.9万元，乡村人均分别低203元、68元。北京市县均与人均投入均高于天津市和上海市（图2）。

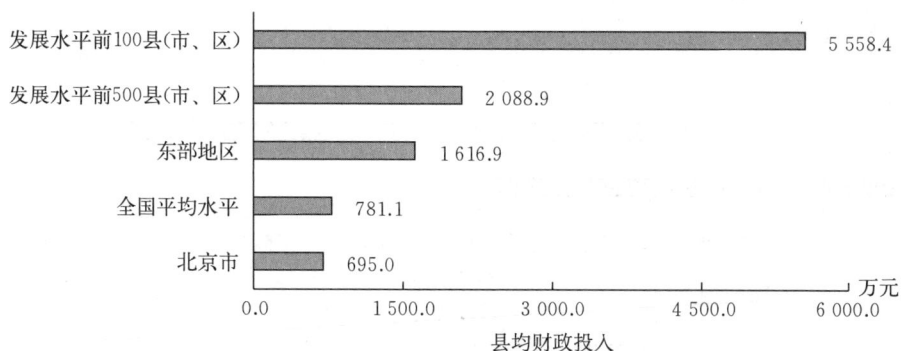

图2　北京市与全国及其他地区县均农业农村信息化财政投入对比

从各区看，有4个区的县均和乡村人均投入高于全国平均水平。其中，海淀区、门头沟区乡村人均投入高于发展水平前100县（市、区）。除门头沟区和通州区乡村人均投入较上年有所增加外，其余 11 个区均呈下降态势（图 3）。

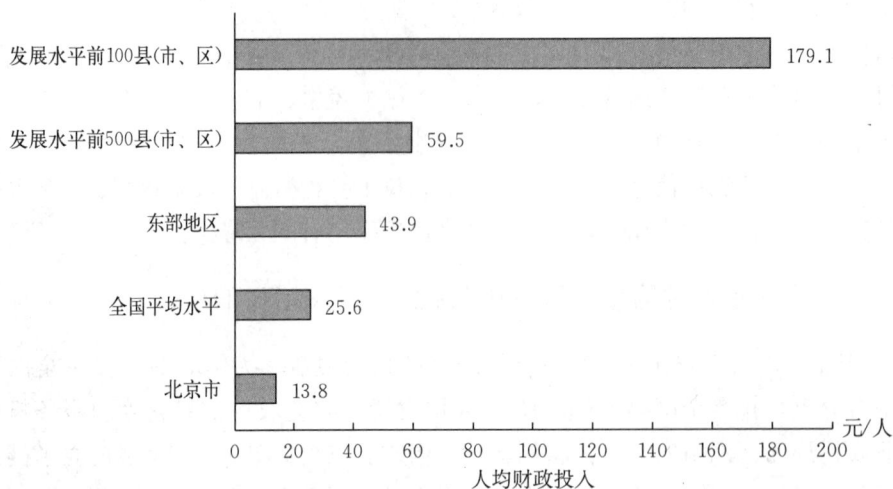

图 3　北京市与全国及其他地区乡村人均农业农村信息化财政投入对比

（四）县域农业农村信息化社会资本投入 3.5 亿元

2019 年北京市县域农业农村信息化建设的社会资本投入为 3.5 亿元，县均投入 2 720.9 万元，人均投入 54 元。

从全国看，北京市县均投入比全国平均水平高 666.3 万元，排名全国第 6 位，比东部地区、发展水平排名全国前 100 和前 500 县（市、区）分别低 2 179.8 万元、15 879.1 万元、2 959.2 万元，比浙江省、重庆市低 19 957.8 万元，3 474.9 万元，比天津市、上海市分别高 1 620.3 万元、1 875.8 万元（图 4）；人均投入比全国平均水平低 13 元，排名全国第 11 位，比东部地区、发展水平排名全国前 100 和前 500 县（市、区）分别低 79 元、545 元、108 元，比浙江省、重庆市分别低 721 元、84 元，比天津市、上海市分别高 18 元、27 元（图 5）。

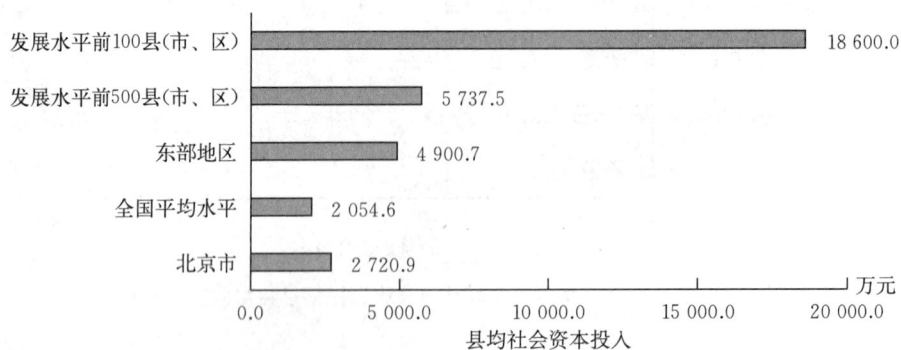

图 4　北京市与全国及其他地区县均农业农村信息化社会资本投入对比

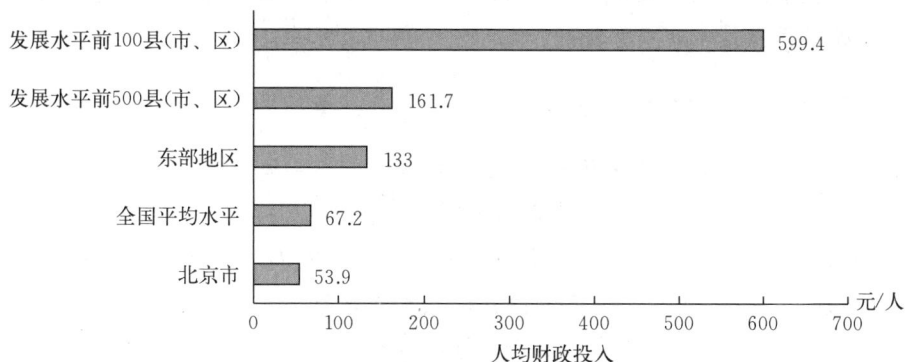

图 5　北京市与全国及其他地区乡村人均农业农村信息化财政投入对比

从各区看，有 3 个区的县均和人均投入超过全国平均水平。其中，大兴区、平谷区乡村人均投入超过发展水平全国前 500 县（市、区）。

（五）农业生产数字化水平为 21.2%

2019 年北京市农业生产数字化水平为 21.2%，比全国平均水平低 2.6 个百分点，排名全国第 13 位。

从全国看，北京市农业生产数字化水平比东部地区、发展水平全国前 100 和前 500 县（市、区）分别低 4.3、49.5、21.5 个百分点。比浙江省、天津市分别低 38.3、9.5 个百分点，略高于上海市，比重庆市高 8.8 个百分点（图 6）。

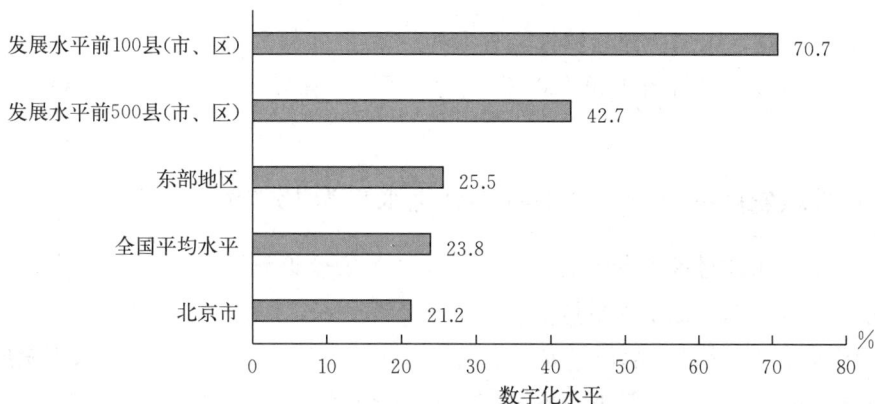

图 6　北京市与全国及其他地区农业生产数字化水平对比

从行业看，畜禽养殖呈现一枝独秀，为 50.4%，比全国平均水平高 17.6 个百分点，排名全国第 3 位；设施栽培、种植业和水产养殖分别为 20.2%、9.5%、5.8%，比全国平均水平分别低 15.5、7.9、10.6 个百分点，三项数据分别排名全国第 24 位、第 28 位、第 26 位。

从各区看，有 4 个区农业生产数字化水平超过全国平均水平。其中，门头沟区最高，为 92.6%，其余各区均低于 50%，有 6 个区不足 10%。其中，丰台区、海淀区、顺义区、密云区种植业，门头沟区、顺义区设施栽培，顺义区、大兴区、平谷区畜禽养殖，怀柔区水产养殖的信息技术应用率较好，均超过全国平均水平。

（六）县域农产品网络销售率为 5.4%

2019 年北京市农产品网络零售额为 87.8 亿元，农产品网络销售率为 5.4%，比全国平均水平低 4.6 个百分点，排名全国第 21 位。

从全国看，北京市农产品网络零售率比东部地区、发展水平全国前 100 和前 500 县（市、区）分别低 6.9、23.9、12.2 个百分点。比浙江省、上海市、重庆市分别低 22.2、10.1、6.9 个百分点，比天津市高 3.9 个百分点（图 7）。

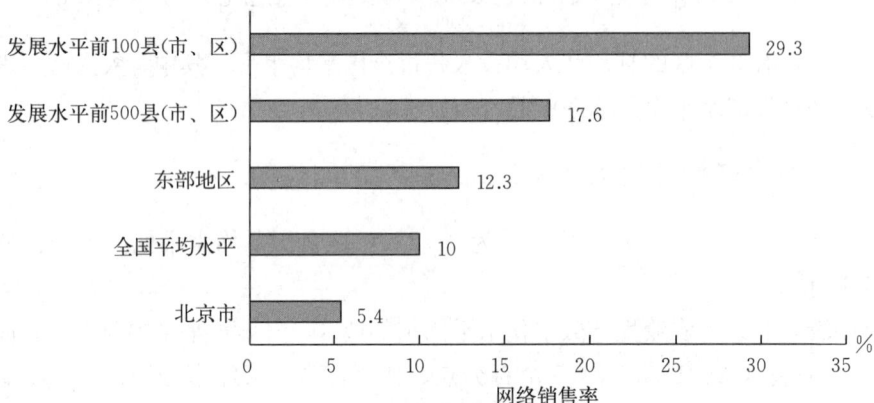

图 7 北京市与全国及其他地区农产品网络销售率对比

从各区看，差异较大，普遍较低。有 5 个区高于全国平均水平，仅门头沟区、怀柔区、密云区超过发展水平全国前 100 县（市、区）。有 8 个区农产品网络销售率均低于 10%。

（七）县域农产品质量安全追溯信息化水平为 15.6%

2019 年北京市通过接入自建或公共农产品质量安全追溯平台，实现质量安全追溯的农产品占比为 15.6%，比全国平均水平低 1.6 个百分点，排名全国第 13 位。

从全国看，北京市农产品质量安全追溯信息化水平比东部地区、发展水平全国前 100 和前 500 县（市、区）分别低 10.8、37.7、15.1 个百分点。比浙江省、上海市、天津市分别低 44.3、44.3、4.4 个百分点，比重庆市高 5.4 个百分点。

从行业看，北京市种植业、设施栽培、畜牧业、水产养殖业分别为 8.7%、15.9%、31.9% 和 6.4%，排名全国第 22 位、第 26 位、第 8 位和第 26 位。仅畜牧业高于全国平均水平 10.3 个百分点，种植业、设施栽培、水产养殖业比全国平均水平分别低 4.4、11.9、5.5 个百分点。

从各区看，有 6 个区超过全国平均水平。其中，丰台区、门头沟区、怀柔区种植业，丰台区、门头沟区、房山区、怀柔区设施栽培，海淀区、门头沟区、房山区、大兴区、平

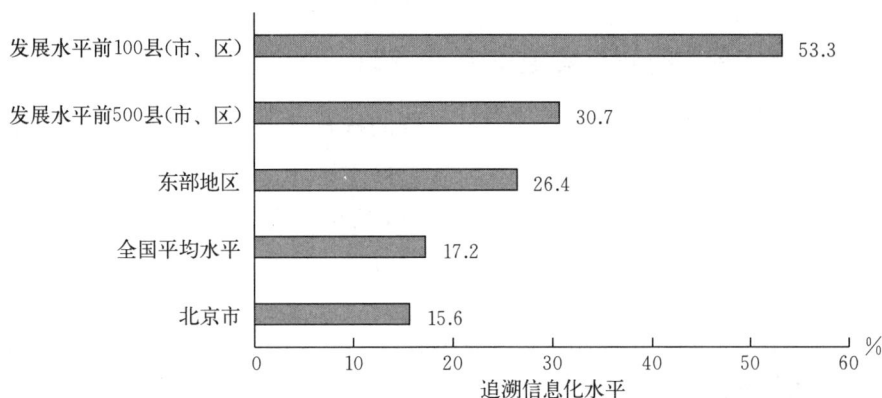

图 8　北京市与全国及其他地区县域农产品质量安全追溯信息化水平对比

谷区、延庆区畜牧业的农产品质量安全追溯信息化应用率超过发展水平全国前 100 县（市、区）。

（八）应用信息技术实现行政村"三务"综合公开水平为58.2%

2019 年北京市应用信息技术实现行政村"三务"综合公开水平为 58.2%，比全国平均水平低 7.1 个百分点，排名全国第 19 位。

从全国看，北京市应用信息技术实现行政村"三务"综合公开水平比东部地区、发展水平全国前 100 和前 500 县（市、区）分别低 7.7、39.2、32.2 个百分点。上海市已实现 100%全覆盖，浙江省和重庆市均超过 90%，北京市差距较大（图 9）。

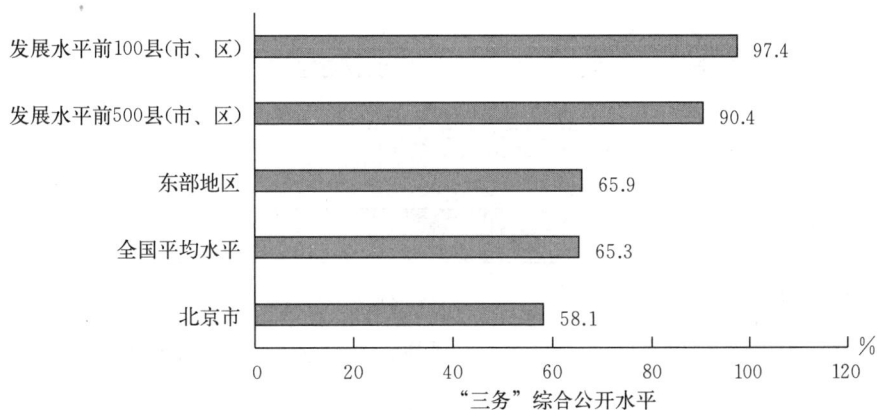

图 9　北京市与全国及其他地区应用信息技术实现行政村"三务"综合公开水平对比

从行业看，北京市应用信息技术实现行政村党务、村务、财务公开水平分别为 51.6%、51.6%、71.2%。其中，财务公开水平高于全国平均水平 7.5 个百分点，排名全国第 15 位，党务、村务公开水平比全国平均水平分别低 15.1、14 个百分点，分别排名全国第 24 位和第 23 位。

从各区看，有 6 个区超过全国平均水平。其中，5 个区达到 98%以上，超过发展水平全国前 100 县（市、区），丰台区实现 100％全覆盖，但仍有 6 个区不足 40％。

（九）"雪亮工程"行政村覆盖率为 45.2％

2019 年北京市完成和正在实施"雪亮工程"的行政村为 1 751 个，"雪亮工程"行政村覆盖率为 45.2％，比全国平均水平低 21.6 个百分点，排名全国第 23 位。

从全国看，北京市"雪亮工程"行政村覆盖率比东部地区、发展水平全国前 100 和前 500 县（市、区）分别低 24.2、50.8、45.4 个百分点。上海市实现 100％全覆盖，浙江省超过 90％，天津市、重庆市均高于北京市。

从各区看，有 6 个区高于全国平均水平。其中，海淀区、通州区、平谷区实现 100％全覆盖，但仍有 6 个区不足 30％。

（十）县域政务服务在线办事率为 73.7％

2019 年北京市县域政务服务在线办事率为 73.7％，比全国平均水平高 48.3 个百分点，排名全国第 9 位。

从全国看，北京市政务在线办事率比东部地区、发展水平全国前 100 和前 500 县（市、区）分别高 24.7、4.5、10.4 个百分点。比浙江省、上海市、天津市分别低 20.7、1.2、17.5 个百分点，比重庆市高 29.9 个百分点（图 10）。

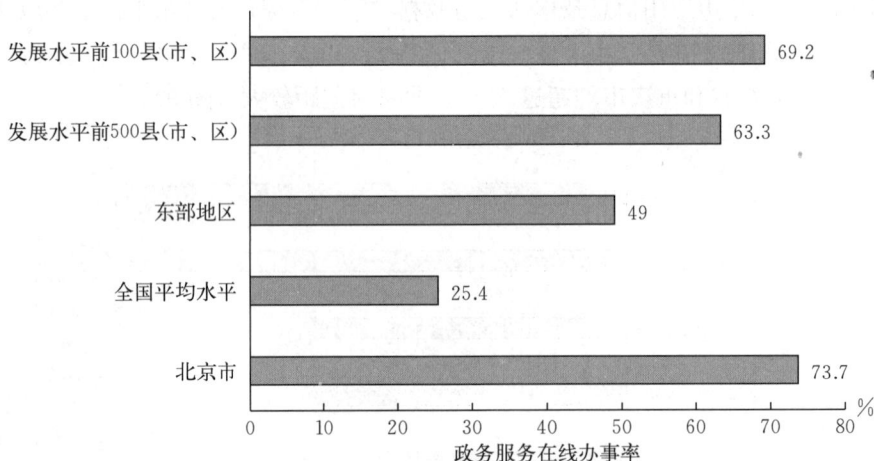

图 10　北京市与全国及其他地区县域政务服务在线办事率对比

从各区看，各区在线办事水平普遍较高，有 11 个区超过全国平均水平。其中，6 个区达到 90％以上，8 个区超过发展水平全国前 100 县（市、区），海淀区、平谷区实现 100％全覆盖。

（十一）行政村电子商务站点覆盖率为 65.3％

2019 年北京市已建有电子商务服务站点的行政村 2 533 个，共有电商服务站点 4 271 个，行政村电子商务站点覆盖率为 65.3％，比全国平均水平低 8.7 个百分点，排名全国第 18 位。

从全国看，北京市行政村电子商务站点覆盖率比东部地区、发展水平全国前 100 和前 500 县（市、区）分别低 14.3、30、24.4 个百分点。上海市实现 100％全覆盖，浙江省、重庆市均超过 90％，北京市差距较大（图 11）。

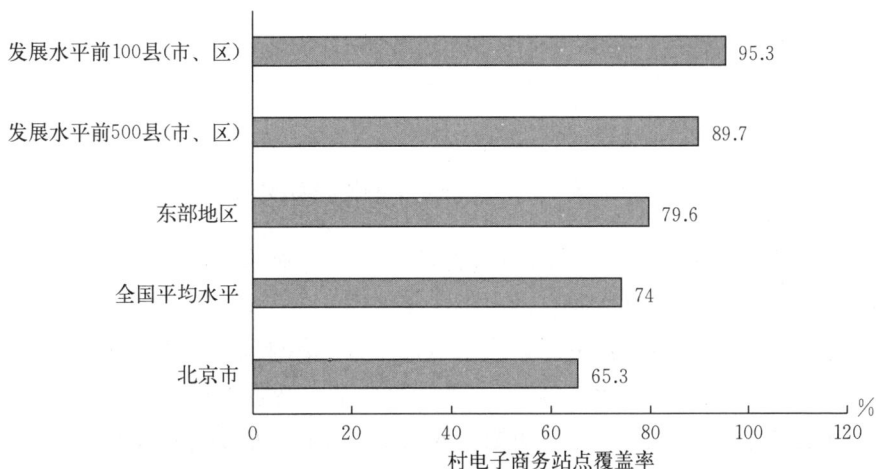

图 11　北京市与全国及其他地区行政村电子商务站点覆盖率对比

从各区看，有 7 个区高于全国平均水平，其中，海淀区、昌平区、密云区、延庆区实现 100％全覆盖，延庆区较上年提升 76.9％，增幅最大。

（十二）典型乡（镇）数字农业农村发展总体水平为 32.3％

全市乡（镇）级数据测算显示，北京市发展水平排名前 50 的乡（镇）数字农业农村发展总体水平与全市发展总体水平接近，为 32.3％。其中，35 个乡（镇）发展总体水平超过镇级发展总体水平，发展总体水平在 30％~50％之间占 50％，门头沟区斋堂镇最高，达到 78.5％。各乡（镇）间差异较大，有部分乡（镇）均未有对当地农业农村信息化财政投入、社会资本投入，且未设置相关信息化机构。信息技术在农业生产领域、农产品质量安全追溯方面应用较弱，农产品网络销售、应用信息技术实现行政村"三务"综合公开水平、"雪亮工程"行政村覆盖率、村级信息服务方面呈现较好发展态势。

二、北京市数字农业农村发展的优势与特色

（一）互联网普及提升为数字农业农村提供良好支撑

互联网在京郊的普及提升，成为推进北京市区域数字农业农村发展的不竭动力和基础支撑。根据评价结果显示，2019 年北京市县域互联网普及率处于较高水平，为 80.6％，同比增长 1.4％。有 11 个区高于全国平均水平，其中，丰台区、顺义区、密云区分别达到 100％、99.2％、96.7％，远高于东部地区和发展水平全国前 100 县（市、区）。

（二）农业农村信息化管理服务体系建设较为均衡完备

以机构改革为契机，进一步强化构建了以本区农业农村局为县网络安全与信息化领导机构成员或组成单位，网络安全与信息化领导机构，承担信息化相关工作的行政科（股），信息中心或信息站等事业单位的四类机构设置。各功能区的县级农业农村信息化管理服务机构综合设置情况均在 70.8％～83.3％之间。北京市农业农村信息化管理服务体系建设较为均衡完备，为推进数字农业农村建设提供强有力的组织与服务保障。

（三）市场主体参与数字农业农村建设的格局初步显现

2019 年北京市社会资本在县域农业农村信息化建设中的总投入是财政总投入的 3.9 倍，高于全国平均水平、发展水平全国前 100 和前 500 县（市、区）。据 2019 年农业农村部全国数字农业农村新技术新产品新模式项目征集评选结果显示，北京市 35 家企业项目入选，高于全国其他省（区、市），内容涉及智慧农业、智慧农场、乡村治理、物联网推广应用、智能控制、大数据等。北京市数字农业农村建设政府引导、市场主体、社会参与的协同推进机制开始形成，企业主动投入、农民和新型农业经营主体广泛参与的共建格局初步显现。

（四）信息化为乡村治理与服务现代化插上"翅膀"

北京市以美丽乡村建设为抓手，借助"互联网＋服务"的力量，持续推进智慧乡村建设，从网络基础设施、产业发展、乡村治理、公共服务等不同领域层面加快推进村镇数字化，促进乡村治理与公共服务信息化水平提升。2019 年北京市信息技术在农村党务、村务、财务公开中的应用率分别比上年高 20.2、23.4、35.7 个百分点。有一半以上的行政村通过互联网技术和信息化手段实现党务、村务公开，71％的行政村实现财务公开，65％的行政村建有电商服务站点，45％的行政村完成和正在实施"雪亮工程"，政务服务在线办事率远超全国及先进地区平均水平。智慧乡村建设 230 个，昌平区南口镇，平谷区刘家店镇、大兴庄镇，大兴区长子营镇进一步探索镇域智慧乡村建设。75 个村应用"晓村务"微信小程序实现"三务"公开、人居环境治理、书记信箱、物业报修等在线互动。

（五）区域发展各有侧重，呈现良好势头

与区域功能定位、经济发展相融合，不同功能区域呈现不同的优势领域。生态涵养区在农业生产、经营、服务数字化方面更为突出；城市副中心、中心城区城乡融合发展进程加快，乡村治理数字化表现良好；平原区围绕打造城乡协调的首都和谐宜居示范区，城镇化进程加速，不断加快数字农业农村建设投入，在发展环境与基础支撑方面处在领先水平。从各区看，海淀区的发展环境，丰台区的基础支撑、乡村治理，门头沟区的农业生产，怀柔区的经营以及平谷区的服务数字化方面呈现出良好发展势头。

三、北京市数字农业农村发展的短板与差距

（一）整体水平与先进地区相比，差距明显待提升

与全国平均水平及先进地区比较发现，北京市数字农业农村发展虽有一定的优势特色，但仍存在一些问题与差距。评价结果显示，在数字农业农村发展总体水平和各分项指标中，北京市有 23 项低于全国平均水平，有 28 项低于东部地区，有 31 项低于发展水平全国前 100 县和 500 县（市、区），且多项指标低于先进省、市。主要体现在农业生产、经营、服务数字化应用程度较低，需要大力支持和强力推进。

（二）信息化投入不足，建设与应用融合不够

数据显示，2019 年北京市县均农业农村信息化财政投入较上年减少 76.7 万元，乡村人均财政投入较上年减少 10.4 元/人，11 个区人均财政投入呈下降态势。2019 年浙江省县域农业农村信息化财政投入是北京市的 59 倍，发展水平高于全国平均水平 32.8 个百分点，高于北京市 37.1 个百分点。上海市县域农业农村信息化财政投入低于北京市，但发展水平高于全国平均水平 15 个百分点，高于北京市 19.3 个百分点。分析与调研发现，全国数字农业农村发展水平较高地区其农业农村信息化投入均处于较高水平，同时建设与应用的融合发展对推动农业数字转型，提升乡村治理数字化能力和水平至关重要。先进地区更加突出问题导向，积极探索"政策＋资金＋信息技术＋应用服务"的建设模式与路径，创新基层应用场景，强化对业务绩效管理的支撑和运营服务机制建设。北京市信息技术在农业生产、经营、服务应用程度明显不足，建设与应用融合发展不够充分。

（三）各区域数字农业农村发展不均衡不充分

各功能区、各区数字农业农村发展各自为战，差异较大，发展不均衡不充分问题依然突出。评价结果显示，生态涵养区、城市副中心、平原区、中心城区数字农业农村发展总体水平为 38.5%、31.5%、30.1%、24.6%。有 2 个区排名发展水平全国前 100 和 500 县（市、区），有 5 个区排名 600～1 200 之间，有 5 个区排名 1 500～2 000 之间，有 1 个区排名 2 000 之后。有 8 个区总体水平高于全市平均水平，5 个区低于全市平均水平。其中，总体发展水平最高的区与最低的区相差 6 倍多。在财政投入、社会资本投入、生产经营数字化等方面，区与区之间、不同行业领域间差距非常显著。

（四）农业产业间数字化水平两极分化，差异较大

信息技术在畜禽养殖及农产品质量安全追溯方面应用程度均高于作物种植、设施栽培、水产养殖。在农业生产方面，禽畜养殖数字化水平在 50% 以上，种植业、设施栽培以及水产养殖业均低于 30%，且种植业、设施栽培较上年同期呈下滑趋势，种植业降幅达 12.1%。在农产品质量安全追溯方面，禽牧业信息化应用率在 30% 以上，设施栽培为 15%，种植业和水产养殖均低于 10%。与全国和先进地区相比，除畜禽养殖数字化应用

程度较高，作物种植、设施栽培和水产养殖差距明显，设施栽培更为突出。

（五）信息进村入户覆盖率低于全国 53.1 个百分点

信息进村入户工程是农业农村部推进信息化与农业现代化深度融合，加快农村公益性信息服务的重要举措，提出力争到 2020 年基本覆盖所有县和行政村。评价结果显示，2019 年北京市信息进村入户村级信息服务站行政村覆盖率为 15.1%，仍低于全国平均水平 53.1 个百分点，排名全国第 24 位。13 个区均低于全国平均水平，仅怀柔区、平谷区达到 50% 以上。东部地区、发展水平全国前 100 县和前 500 县（市、区）已达 80% 以上，上海市实现 100% 全覆盖，北京市差距巨大。

四、加快数字农业农村发展的对策与建议

（一）提高对数字农业农村发展重要性和紧迫性的认识

率先基本实现农业农村现代化是全市"三农"工作新目标。贯彻《北京城市总体规划（2016—2035 年）》，以县域为"三农"工作主战场，加快发展数字农业农村是顺应信息化进入大数据新阶段的必然要求，是实现北京都市型现代农业高质量发展的现实选择，是提升城乡公共服务水平、满足人民日益增长的对美好生活向往的迫切需要，是推动美丽乡村建设、农村人居环境，提升乡村治理体系和治理能力现代化水平的重要途径。"十四五"时期是发展数字农业农村的重要机遇期，进一步摸清全市数字农业农村发展的程度和水平、发展的短板和问题，不断强弱项、补短板、增优势，是为抢占农业农村现代化的制高点提供强劲的内生动力，进一步打造形成推进首都乡村全面振兴，让广大农民共享数字经济发展红利的有力杠杆。

（二）积极谋划主攻方向和关键领域

以推动首都农业农村高质量发展为主题，以数字化与农业农村现代化深度融合为主线，在智慧农业和数字乡村两个维度，以数据为关键创新要素，围绕北京优势产业和特色区域，补短板、强弱项，在农业生产经营、农产品质量安全追溯、乡村公共服务等领域强化完善农村政策支持，实现全面提升；在乡村治理数字化应用领域，巩固已有成果，并不断创新发展模式，实现更高质量发展。

（三）加强顶层设计，营造良好发展环境

进一步优化完善"市—区—镇"三级协调工作机制建设，加强顶层设计和标准规范建设，通过强化标准、分类规划、分区指导、分级管控统筹推进数字农业农村建设；围绕《北京城市总体规划（2016—2035 年）》发展定位，因地制宜，以区、乡（镇）为实施主体，加快出台全市及各区数字农业农村发展中长期规划，制定数字农业农村建设实施细则；设立数字农业农村发展专项基金，通过政府引导、项目驱动、市场参与等鼓励和提升数字农业农村转型积极性、发挥新型基础设施的效能，强化新技术、新产品、新装备的建设与应用落地。

（四）加速新型基础设施建设，提供优良基础支撑

加速农村地区5G基建、大数据、人工智能新型基础设施建设与落地应用；整合农业农村全行业、全系统数据资源，建立农业农村大数据平台，实现数据统一管理和在线共享，丰富大数据创新应用；围绕农业产业和乡村治理现代化，依托北京科技优势，加强产学研合作，强化原始创新、集成创新和系统布局，重点攻克一批关键核心技术。

（五）发展智慧农业，助力都市型现代农业高质量发展

坚持产业集群和区域特色相结合，加速发展符合北京特点的资源节约型和环境友好型的可持续智慧农业，促进农业产业链供应链优化升级。大力推动移动互联网、物联网、智能控制、区域链、大数据等在蔬菜、籽种、生猪等特色产业中的推广应用，打造一批智慧农业示范镇、先行镇、农业园区（企业）。持续提升北京现代农业物联网应用服务平台服务能力，建立农业大数据管理应用中心，搭建"云服务"平台，推动"一张图"管理。围绕打造名优区域品牌、企业品牌、产品品牌，推进农产品质量安全追溯系统建设和特色农业电子商务发展，大力促进产销衔接、优质优价。

（六）建设智慧乡村，提升乡村治理现代化水平

围绕村庄生态、生产、生活和生命四个要素，在智慧乡村建设基础上，加快新一代信息技术与美丽乡村建设的融合，将智慧乡村建设融入美丽乡村村庄规划和重点工程，与北京市"百村示范、千村整治"工程、农村人居环境整治等有序衔接，持续打造一批国内领先的智慧绿色村镇示范样板，在网络基础设施、乡村规划、美丽乡村建设、传统村落保护、惠民工程等建设中，促进数字乡村建设，培育乡村新业态，形成区域示范带动，探索长效机制建设。体现新发展理念，创新村庄数字化服务新模式，加快政务数据、惠民工程在村镇间的共享服务，把公共信息服务从解决"有没有"的问题转向解决"好不好"的问题，为农村居民提供更加丰富和精准的公共信息服务。

（七）加强主体培训与模式创新，提升数字化应用水平

针对不同主体开展数字化学习与培训计划，加快推进数字技术在农业生产、农村治理方面的应用落地；发挥现代农业远程教育传播优势与社交网络平台，培育一批具备互联网思维和信息化应用能力强的"新农人"；加大数字农业宣传推广力度，创新农货线上销售模式，提升农户对自媒体认知能力和应用水平；围绕农业生产、农村生活新诉求，创新数字农业农村发展模式，加速北京市农业农村现代化进程。

（课题负责人：刘军萍，
课题组组长：范宏，
课题组成员：常剑、李瑾、李云龙、郭嘉、丛蕾、王洁琼，
执笔人：常剑、王洁琼，单位：北京市城乡经济信息中心、
北京农业信息技术研究中心）

北京市乡村治理数字化研究

实现乡村治理数字化，不但能够创新治理模式，持续提升治理能力，而且能够打破传统治理壁垒限制，破解传统治理无法规避的难题。本文分析了北京市乡村治理数字化应用现状，梳理了北京市乡村治理数字化的发展情况和典型模式，总结了外省（区、市）乡村治理数字化的典型经验，在对北京市乡村治理数字化需求研判的基础上，提出了北京市乡村治理数字化实现路径，并提出了相关对策建议。

一、概念界定

"乡村治理数字化"概念的首次提出是在《数字农业农村发展规划（2019—2025年）》中，其中要求"加快推进农业农村生产经营精准化、管理服务智能化、乡村治理数字化"。《中国数字经济发展白皮书（2020年）》中把"数字化治理"界定为"推进国家治理体系和治理能力现代化的重要组成，是运用数字技术建立健全行政管理的制度体系，创新服务监管方式，实现行政决策、行政执行、行政组织、行政监督等体制更加优化的新型治理模式。"结合赵春江院士认为乡村数字化治理能力建设包括建设乡村集体资产、公共服务、公共事务、公共安全、乡村党建等数字系统，实现乡村治理体系和治理能力现代化。本文把乡村治理数字化理解为多元治理主体在管理乡村各项事务，推动乡村发展的过程中，运用数字化手段推动乡村治理体系架构、运行机制的数字化智能化网络化再造，实现乡村治理体系和治理能力现代化的动态过程。

二、北京市乡村治理数字化现状

（一）京郊信息基础设施建设支撑乡村治理数字化

宽带和网络覆盖面广，全市完成了铜缆网络光纤化改造，建成了全光纤网络城市，宽带接入能力大幅提升，目前北京市所有行政村已实现光纤和4G网络全覆盖，重点行政村宽带接入速率达50M以上，重点交通干线和景区实现连续覆盖。随着近年智慧乡村、雪亮工程、物联网建设等信息化项目的推进，信息化硬件设备的应用价值已得到基层认可，成为各村信息化建设的首选和基础。各区通过增强宽带接入、加设摄像头、村域广播等方式，扩大了生活区、村委会办公区等主要公共场所的网络及监控覆盖面。

（二）乡村治理数字化发展环境及意识逐步优化

作为实施主体，区、镇、村三级立足实际，发挥主体作用，与"三农"重要工作有机结合，逐步实现资源的优化配置和统筹集约发展，从不同层面、不同领域多角度多层次地推进数字乡村的建设，涌现出丰台区"智慧草桥社区互联网平台"、昌平区"南口镇智慧村镇"、房山区周口店镇黄山店村"互联网＋休闲农业与乡村旅游"等一批典型模式和案例。在京郊乡村治理数字化的进程中，除政府的大力推进外，社会力量也进行了尝试和创新，如北京守朴科技有限公司研发的"晓村务"平台，歌华有线通州分公司开发的村内专属"生活圈"等。

（三）政务信息服务体系加强向乡村治理领域扩展

2019 年以来，北京市开始实行"闻风而动、接诉即办"群众诉求快速响应机制，作为党建引领"街乡吹哨、部门报到"改革的深化延伸。2020 年，建立"七有""五性"综合评价制度，进一步强化智能热线建设，打造北京 12345 网上互动平台，充分利用各区、市级各部门网络平台，融合媒体反映渠道，形成品牌统一、覆盖全面、服务高效的线上线下"接诉即办"受理系统。北京市 12316 三农服务热线、北京移动农网、官方微信公众号"乡慧"、北京农民远程教育平台等市级农口便民公共信息服务渠道多年在京郊均发挥了重要作用。

（四）多部门多角度统筹推进乡村治理数字化

全市智慧乡村建设多年列入市财政农业改革发展专项转移支付资金预算任务清单、农业领域和农业农村信息化重点工作，目前智慧乡村建设数量 230 个，涉及 13 个区 92 个镇，初步形成了乡村治理型、生产经营型、休闲农业与乡村旅游型、城乡结合型、区域建设型等建设类型。北京市信息进村入户工程积极联合涉农资源，汇聚社会力量，通过整合 12316 三农服务平台、221 信息平台、城乡经济信息网等公益服务资源及金融、水、电、票务等各类社会化服务资源，促进北京信息进村入户工程综合服务管理云平台与党员远程教育等系统进行对接和资源共享，实现公益服务下行和涉农数据信息上行。

三、北京市乡村治理数字化面临的问题

（一）统筹规划和顶层设计未能有效实施

北京市在乡村治理数字化建设统筹规划和顶层设计方面仍有欠缺，虽然很多项目都是市级统筹推进的，但在实践落实中却未形成统一合力，这在智慧乡村和信息入户等项目中有所体现。各治理主体把握乡村治理数字化的主战场，把握数字经济和信息技术发展新趋势还有所欠缺，导致对乡村治理数字化建设意识不足，目标认识不够，治理效率不高，效果不明显。

（二）多元主体共建共治共享格局尚未形成

北京市乡村治理数字化建设中尚未形成政府引导、市场主导、社会参与的多元主体共建共治共享格局。当前政府依然发挥着治理的主导作用，统一规划、安排布置治理事务，没有充分调动各个社会治理主体的积极性和能动性。政府治理的方式大都依靠行政命令来

执行，其他组织和村民只是被动的执行者，没有实现沟通、合作、协商的共建方式，多元治理主体间的协同推进机制没有形成。

（三）基层主体信息化应用能力不足普及推广难

乡村治理与服务信息化应用程度较低，基层治理主体缺乏专门的信息化人才以及对于乡村治理数字化的认识程度有限致使乡村治理及信息化服务普及推广难度大。在乡村治理数字化转型过程中，乡镇和村"两委"是信息化建设、应用和维护的重要主体，目前其信息化应用意识和能力较弱，还难以支撑数字乡村建设。受乡村老龄化严重、村民受教育程度低等因素的制约，村民应用数字化产品的意识和能力较弱。

（四）数据整合共享不足大数据治理手段欠缺

多元化治理主体各自为战，乡镇和乡村干部需要登录多个业务系统或 App 输入数据，导致数据都被封闭在各个单位内部，部门之间"条块分割"造成"信息孤岛"现象严重，缺少部门之间数据的整合与共享。同时，由于北京市乡村治理大数据平台的欠缺，导致各个业务系统仍旧独立运行，没有实现汇集共享，基础数据的采集、存储、管理尚未实现规范化和标准化，对数据的深度分析和价值挖掘能力不够。

四、国内乡村治理数字化的经验与启示

（一）政府统筹推动和数据整合是乡村治理数字化的基本保障

乡村治理数字化是系统工程，没有政府强有力的统筹协调是很难推进的，特别在项目建设初期更是特别关键，从上自下的覆盖推广离不开领导重视，跨部门的数据整合更加依赖政府的统筹协调。江西省农村人居环境治理"万村码上通"5G＋长效管护平台于 2019 年开展试点以来，历经 1 年时间实现九江市武宁县的全域覆盖，这就是政府统筹推动的一个典型。浙江省湖州市德清县乡村治理数字化平台注重数据整合是一大亮点，浙江省组建大数据发展管理局统筹管理公共数据资源和电子政务，为推进政务数据资源整合提供了有力的组织保障。

（二）社会积极参与和多元共治是乡村治理数字化的根本动力

乡村治理数字化是长效工程，仅仅依靠政府的推动显然难以达到持续高效运营，政府引导、市场主导、社会参与的多元主体共建共治共享的理想格局，实践中也证实了只有加入市场元素，才能提供持续动力。腾讯公司搭建的"为村"平台，从 2015 年上线后有 20 个村入驻，到如今全国近 15 000 个村入驻。中国电信搭建"村村享"平台，从管理和服务两个方面对接社会各方资源，构建自治、法治、德治相结合的乡村治理体系，服务国家乡村振兴战略。

（三）队伍体系建设和党建引领是乡村治理数字化的制胜法宝

乡村治理数字化是日常工程，离不开人才队伍和管理机制建设，在这方面，党建引领

尤为突出，各省（区、市）依托党组织体系作为基础进行乡村治理数字化的队伍建设，另外"网格员"也是各地数字化的主要队伍体系。浙江省杭州建德市运用党建引领整体性治理思维，绘制"2 468"塔基工程施工图，覆盖到市、镇、村、户各个方面。武宁县5G＋长效管护平台率先开创多员合一机制，解决传统七大员分散多头管理、收入低效益低的问题，也打造了强有力的专职管护员队伍。

（四）数字技术和积分综合运用是乡村治理数字化的重要手段

乡村治理数字化是共治平台，离不开广大人民群众的参与。任何系统和平台的运用都离不开村民的参与，而调动村民的一大法宝就是积分制，通过信息化的手段对积分进行管理也成为每个系统必备的功能。任何行动都可以转换成积分，用积分可以换生活用品、小礼品、优惠券、门票等各种东西。上海市宝山区"社区通"App、德清县乡村治理数字化平台、武宁县5G＋长效管护平台几乎每个平台都有积分系统，将治理要素转化为评价、评估、评分要素，把管理范围扩展到村民精神文明领域，随着模式的推广，积分内容会越来越多，权值计算也会越来越复杂，届时信息化的手段将会发挥更大的价值。

（五）县镇统筹和村级分类治理是乡村治理数字化的主要方式

乡村治理数字化是体系建设，数字"大脑"应设在相对较高的层级上。从全国实践来看，乡村治理数字化建设从县镇统筹切入最为有效，村级在县镇平台下统一分类管理最为便捷。实践中，乡村治理数字化典型案例也以县镇为主。数字化成本的投入以及日常的运维工作是一个村级组织所不能承受的，这就要求统筹的职能需要在上一级进行，从目前的效果看，县级或镇级政府承担这一职责具有很好的效果，这点也在基层实践中得到了很好的印证。

五、北京市乡村治理数字化实现路径

（一）夯实乡村新型基础设施支撑，消弭城乡数字鸿沟

乡村信息基础设施是实现乡村治理数字化的基本支撑和保障。一是要推动5G等新型基础设施在北京郊区的部署和落地转化，在重点区域和各类应用场景中推动5G基站建设，实现5G网络覆盖。二是要进一步提高北京市农村地区宽带通信网、移动互联网、数字电视网和下一代互联网覆盖的广度、深度和速度，补齐偏远山区网络覆盖率短板。三是要加强传感器、摄像头、智能终端等物联网基础设施和人工智能技术在乡村治理应用场景中的覆盖和应用。

（二）构筑乡村治理大数据基础，创建数字化治理新格局

加快乡村治理大数据部署，深化乡村治理大数据应用，是推动乡村治理数字化，创建数字化治理新格局的内在需要和必然选择，也是乡村治理数字化在技术层面所要实现的最终目标。部署北京市乡村治理大数据的构建与应用，本文认为需要从数据基底、

平台功能和协同参与三个方面着手，一是加强乡村治理大数据建设，打好数据基底。二是深化乡村治理大数据应用，打造平台功能。三是注重乡村治理大数据联结，促进协同参与。

（三）推进重点治理过程数字化，实现乡村治理精准高效

结合北京特点，本文认为北京市乡村治理数字化建设应以乡镇为中心进行建设，结合南口镇智慧乡镇建设的典型经验，积极探索镇级治理和服务平台的建设。以乡镇作为乡村治理数字化发展的抓手，提高数字化对乡村治理体系和治理能力现代化的支撑作用，提升数字乡村发展的集约性、高效性和全面性。主要从三个方面进行重点突破，一是以"互联网＋基层党建"为抓手，筑牢乡村治理战斗堡垒。二是以"互联网＋政务服务"为重点，提升乡村治理服务效能。三是以乡村治理事务数字化为主线，实践多元化治理新模式。

六、北京市乡村治理数字化对策建议

（一）强化政府统筹，加强顶层设计落实力度

市级相关部门出台可实施的政策文件，强化顶层设计，整体推进，做好统分结合的文章。结合当前乡村振兴战略的推进，建立健全工作推进机制，实现市、区、乡镇、村、村民五级各类信息有效连接，破除地方利益、部门利益的思想局限性，真正在大局和全局上实现数字化治理工作的"一盘棋"。

（二）引进社会力量，建立共建共治共享机制

引导各类社会主体和市民群众积极参与，实现共建共治共享，注重全国平台的本土化应用，强化本土企业的科技创新。多元主体参与，协同合作，增强各级治理主体的扁平化多元治理，真正实现多元治理主体的数字化联结。注重数字化应用建设与治理机制的匹配和融合，建立政府企业有效结合的乡村治理创新机制。

（三）总结典型经验，推动示范引领推广应用

北京乡村治理数字化建设应实现由"盆景"向"风景"的转变，开展典型示范的基础上进一步全面实施。典型的作用在于示范，更在于引领。总结、提炼现有典型成熟经验，选择部分地区结合实际推广应用。按照统筹规划、整合共享、集聚提升的原则，统筹开展乡村治理数字化典型示范工作，边试点、边总结、边推广，探索有益经验。

（四）完善配套队伍，打造线上线下结合体系

乡村治理数字化成功的关键是线下队伍体系的建设。线上的数据和事件的分享、处理都源于线下工作人员的操作，因此与线上相配套的线下队伍体系建设就尤为关键。结合各省（区、市）经验做法，本文认为北京应以"网格员"为基础建设线下的配套

系统。针对目前实际，应大力建设乡村治理数字化应用型人才队伍，强化多元协同共治的人才保障。

（课题负责人：刘军萍，

课题组组长：张春林，

课题组成员：马俊强、马晓立、贾启山、王彩虹、王增飞、

薛晓娟、丛蕾、张琳、康春鹏、张晓东，

执笔人：贾启山、王彩虹、王增飞、薛晓娟、丛蕾、张琳，

单位：北京市城乡经济信息中心）

以数字赋能，为乡村振兴植入"智慧大脑"

——江西省数字农业农村建设考察报告

江西是农业大省，农业资源丰富，生态优势明显，全省土地总面积 16.69 万千米^2。江西农业在全国具有得天独厚的优势和非常重要的地位，是长三角、珠三角和闽三角等地优质农产品重要供应基地。生态环境优美，非常有利于发展绿色高效农业。近几年，江西省通过数字赋能乡村振兴，加快转变农业发展方式，走出一条产出高效、产品安全、资源节约、环境友好、彰显特色的江西现代农业发展之路。

2020 年 10 月 20—22 日，北京市农村经济研究中心党组成员、副主任，市城乡经济信息中心主任刘军萍带队前往江西省调研，先后与省农业农村厅信息中心交流了在农业农村信息化推进过程中整体情况，参观了省智慧农业体验中心、农业大数据平台建设成果，走访了九江市三县、五乡、两园区，重点考察了省级智慧农业大数据的建设应用情况，以及九江市武宁县"万村码上通"5G＋长效管护平台，详细了解武宁县运用"5G＋"手段，实现农村人居环境整治数字化转型的工作思路和主要做法，形成调研报告。

一、筑数据之基，赋智慧之能，打造江西现代农业"升级版"

为积极顺应"互联网＋"的时代要求，努力实现传统农业大省向现代农业强省的发展转型，2015 年，江西省农业农村厅紧抓"互联网＋"发展机遇，率先在全国采取 PPP（政府与社会资本合作）模式，整省推进智慧农业建设，创新性地将"互联网＋农业"战略转化为智慧农业"123＋N"建设总体构架。该项目 2016 年入选财政部 PPP 示范项目，2017 年入选国家发展改革委首批农业 PPP 试点项目，成为全国农业领域首个 PPP 示范项目。

（一）智慧农业助力江西现代农业"弯道赶超"

随着"互联网＋"时代的到来，现代农业嬗变出全新的发展理念，为江西省现代农业

实现"弯道超车",插上腾飞的翅膀。经过近两年时间,以"一个云"(江西农业数据云),"二个中心"(农业指挥调度中心、12316 资讯服务中心),"三个平台"(农业物联网平台、农产品质量安全监管追溯平台、农产品电子商务平台),"N 个子系统"(涉及种植业、养殖业及农业技术服务等)构成的"123+N"为主要建设内容的智慧农业初见成效。江西智慧农业建设坚持理念创新、顶层设计、规划先行、整省推进,重点打造"123+N"模式,实现了"四好"。

"种得好"。建设物联网平台、配方施肥、高产创建、农机调度等系统,解决了农民"种得好、养得好"的问题。农业物联网云平台用于实现精准生产和节本增效,逐步形成全省农业生产大数据。平台已接入全省 173 家现代农业示范园和企业的视频、图像、环境参数等数据,部署物联网设备 5 510 个,年数据量达 1.54 亿条。其中,在鹰潭邓家埠水稻原种场试点成功了全国农业领域首个 NB-IOT 项目。

"管得好"。建设农产品追溯监管平台、移动执法、投入品监管、畜禽监管等系统,实现了生态环境安全、农资安全、农产品安全。农产品质量安全监管追溯平台分别建立了政府管理、企业备案和公众查询三个专业应用系统,备案企业近 35 000 家,生成追溯二维码 7 189 个。

"卖得好"。建设赣农宝电商平台,打造县级运营中心、村级益农信息社,创新互联网金融、智慧物流、众筹认领等新型业态,实现江西农产品风行天下,在省外叫响了"要想吃得好,就上赣农宝"的口号。农产品电子商务平台"赣农宝"针对全省名特优新农产品免费推广销售,分别设立了"三品一标"名优展馆和市县特色馆,更为偏远地区、贫困地区的土特产打开了销路。平台现开设店铺 527 家,产品 5 120 种,其中"三品一标"产品 1 974 种,平均月销售额达 500 万元。

"服务好"。建设 12316 综合服务中心、农业大数据中心,开展三农热线、短彩信、App、远程诊断等服务,提升农民获取快捷、便利、高效信息的能力。据统计,自 2015 年以来,江西 12316 综合服务平台已累计受理各类咨询近 23 余万次,回复率达 100%,发送惠农短信 2 000 余万条,制作广播节目 1 200 余期,受众群体超 1 000 万人,农民满意度达 99%。2019 年推出了 12316"一码找专家""扫码施肥""乡村人居环境码上通""专家微课堂"等新媒体"码上"系列服务,获各级领导肯定和农民朋友赞誉。

(二)智慧农业成为江西现代农业转型的"靓丽名片"

智慧农业建设是一项以"大数据"思维颠覆传统农业发展方式的革故鼎新之举,是一项推进农业发展转方式的大工程。江西作为传统农业大省,通过加快转变农业发展方式,走出一条江西现代农业发展之路。那么,江西省在推动智慧农业建设上究竟有哪些"智慧锦囊"呢?

智慧锦囊一,顶层设计,科学布局整体框架。

智慧农业建设属于全局性、战略性的工程,在建设的过程中,江西采取先谋启动、谋定而动的策略,立足高起点、高站位、管长远,统筹规划全省智慧农业战略布局,制定《江西省农业信息化十三五规划》,确立了"123+N"的总框架,即以农业数据云作为大脑核心,对海量数据进行集中处理储存、建模分析研判,统领各平台正常运行;以农业指挥调度中心、12316资讯服务中心为依托，提供指挥调度、观摩演示、农情会商、特色资讯等保障服务；以农产品电商、物联网、农产品质量安全追溯平台和"N个系统"为建设重点，搭建行业数据汇集渠道，实现数据互联互通、自动获取，最终形成江西农业大数据，有效避免以往决策凭经验、"跟着感觉走"。

智慧锦囊二，注重实效，明确功能定位。

江西智慧农业建设围绕农业生产智能化、经营网络化、管理高效化、服务便捷化的目标，坚持理念创新、顶层设计、规划先行、整省推进，重点打造"123＋N"建设，即一云（智慧农业云）、二中心（农业指挥调度中心和12316综合服务中心）、三平台（农业物联网云平台、农产品质量安全监管追溯平台、农产品电子商务平台）和涉及种植业、养殖业、农业技术服务等全厅各业务应用的N系统（目前系统规划了60个业务系统）。同时，在全省"百县百园"开展农业物联网示范应用，推进信息进村入户服务工程，建立起全面支撑现代农业和城乡一体化发展的信息化新格局。

智慧锦囊三，多管齐下，确保工作落到实处。

为抓好智慧农业建设，全省上下形成共识、积极行动、步调一致，部门之间密切配合、通力协作。加大整合省直单位、涉农企业资源，聚合三大通信运营商、邮政、银行、保险、金融及淘宝、京东、苏宁等互联网企业力量，与邮政、人保、农行等单位签订共同推进益农社建设的协议；与江西联通合作共建农业数据云；与江西电信合作共建全省农业系统OA无纸化办公系统；与新媒体合作推出手机App、微信公众号等，与电视台合作打造品牌栏目"稻花乡里"，进一步强化12316资讯服务中心平台功能，进一步提升农民获取快捷、便利、高效信息的能力。

智慧锦囊四，巧借外力，运用互联网思维突破瓶颈。

江西在智慧农业建设前期缺资金、缺人才和缺设备的情况下，将农业大数据作为重要资源，吸引社会资本和专业公司来投资建设。通过搭建政府与社会资本合作（PPP）模式，引进北京农信通、重庆兴农股权投资公司作为社会资本，参与江西智慧农业建设，有力化解全省农业互联网人才、技术革新、资金筹措等多方面难题，率先在全国启动了江西智慧农业建设布局，构建了"政府引导、企业运营、社会参与、服务农民"的服务体系。江西智慧农业建设PPP项目总投资约2.18亿元，合作期15年（建设期2年、运营期13年）。2018年完成了项目的招标及合同签订，并成立了项目公司（由政府方出资代表南昌鑫富维农业发展有限公司、社会资本方北京农信通公司及重庆兴农投资共同组成），2020年3月，发布项目开工建设令，计划两年内完成建设任务。通过不懈努力，江西省将今后15年智慧农业建设列入省级PPP项目，并作为全国首例"互联网＋现代农业"项目成功获批国家第三批PPP示范项目，这在全国"互联网＋农业"领域属第一家，成为江西农业转型升级的一张"靓丽名片"。

二、刷新"颜值"，提升"气质"，推进农村人居环境整治数字化转型

改善农村人居环境是以习近平为核心的中央领导集体从战略和全局高度作出的重大决

策，是一项民生工程、民心工程，江西始终坚持高规格推动、高效率落实、高强度投入、全方位发动。绿色是江西农业最亮的底色，在推进农业绿色发展的道路上，江西省利用数字化手段，打造出江西省乡村振兴的《富春山居图》。

（一）借力"5G＋"人居环境治理，赣鄱大地换新颜

农村人居环境治理"万村码上通"5G＋长效管护平台是江西省农业农村厅联合中国电信江西公司打造的5G智慧化平台。该平台运用物联网、云计算、大数据、5G、AI等新技术手段，实现农村管理精细化、群众上报便捷化、问题处理及时化和长效管护科学化目标。平台主要由管护调度"一张图"、监督考核系统、大数据辅助决策、生态环境物流感知应用、群众监督投诉系统应用五大功能模块构成，并由省、市、县、乡、村五级共同参与，分级响应、协同共治。

1. 立足高位推动

江西省"万村码上通"5G＋长效管护平台着眼于推进农村管理信息化建设，提高乡村治理现代化水平，主要目的是畅通农民群众监督投诉渠道，切实把群众反映的问题解决在基层，让"五定包干"长效管护落地生根见效。该平台标志着江西"五定包干"长效管护工作步入了标准化、规范化、智慧化的新阶段，也标志着全省农村人居环境整治迈入了"共建共治共享"新格局，是加快推进乡村治理体系和治理能力现代化的重要举措。

2. 注重规划引领

以推动省、市、县、乡、村五级互联互通为首要任务，江西省在建设"万村码上通"平台上计划分"三步走"，从2020年起利用3年时间，实现"万村码上通"平台互联互通。第一步，试点运用。2020年在省本级、九江市本级、武宁县三级平台试运行的基础上，逐步向11个设区市、19个"美丽宜居示范县"推广运用。第二步，梯次推进。2021年从第二批美丽宜居试点县、农村人居环境整治试点县中遴选40个县，纵深推进平台建设。第三步，在全域推开。2022年，94个涉农县（市、区）全面完成平台建设。

（二）武宁县：从"一时美"转为"持久美"，绘出乡村振兴"美丽底色"

习近平同志强调，"建设好生态宜居的美丽乡村，让广大农民在乡村振兴中有更多获得感、幸福感。"建设生态宜居的美丽乡村，是实施乡村振兴战略的一项重要任务。农村人居环境整治是实施乡村振兴战略的"前哨站"。为此，江西省九江市武宁县坚持以人民为中心的发展思想，将打造"最美小城"样板区的经验复制到创建"美丽宜居试点县"上来，扎实推动村庄清洁行动、厕所革命和生活污水治理长效管护出成效、高质量、走前列。特别是在率先开创农村生态管护"多员合一"机制基础上，迈好"数字乡村"建设新步伐，引入智能化管理平台构建"事常管、景常美、民常乐"新境界，实现了农村面貌品质提升、环境洁美。

江西省农村人居环境治理"万村码上通"5G＋长效管护平台于2019年在江西省

武宁县开展试点建设，历经 1 年多两期项目建设，现已成功实现武宁县的全域覆盖。全县新农村建设覆盖率 89.2%、农村垃圾无害化处理率 98%、户用无害化卫生厕所普及率 90.87%。获评 2019 年度全国村庄清洁行动先进县、全省首批美丽宜居示范县等殊荣，被誉为全省"最干净县"，连续两年以全省第一名的成绩荣登"中国最美县域"榜单，在全省村庄环境长效管护考核和全市城乡环境综合整治工作考核中均位列第一。

调研组在武宁县农业农村局参观了县级"万村码上通"5G＋长效管护信息化平台演示，并到罗坪镇棉花山金色家园和长水村就长效管护运行进行了现场考察。

1. 构建便捷高效的"智"数据平台

本着"政府统筹、多方参与、分类定标、智慧监管"的原则，武宁县投入 2 000 余万元搭建跨区域、跨层级、跨部门的"万村码上通"5G＋长效管护平台，给乡村装上"智慧脑"、安上"千里眼"、注入"神经元"。

一是运用"5G＋管理"，实行云台统管。该平台实行"四个一"，即一平台、一中心、一张图、一个端的运行模式，将全县农村生态环境和农村居民生产生活区域统一纳入一个立体空间，构建"乡村大脑"，设置"垃圾处理、污水处理、厕所革命、村容村貌、长效管护"等板块。以"一图全面感知"的方式，运用"5G＋管理"技术，实现全县农村人居环境治理工作统一指挥调度、物联告警分析和预警研判、长效管护综合管理服务。二是推行"物联感知"，助力智慧监控。在全县 318 个一类村以及乡村主要交通路口、人流量大的密集场所、垃圾中转箱和生活污水检测站配备 565 个监控摄像设备，实时联网接入指挥大厅调度中心。在罗坪镇试点建立智能垃圾监测及垃圾分类管理体系的基础上，推广至全县一类村庄并配备 226 套智能垃圾箱，各乡镇 27 辆垃圾收集车辆根据垃圾箱满溢情况的预警信息，实时处理，车辆活动轨迹自动录入平台。三是试行终端监管，问题及时处理。与"全省农村人居环境政策咨询和问题投诉处理端口"无缝对接，设立县级管理员，对于群众通过手机 App 在"码上通"平台发送的村庄垃圾、生活污水、村容村貌等相关问题实时语音、上传的现场图片，及时反馈至平台进行可视化管理和调度。

2. 构建对账闭环的"智"管理机制

按照"一抓到底，构建常态"的理念，充分发挥平台"大数据"比对能力，全方位、全时段、立体化对"五定包干"落实情况进行监管。

一是"数字"助力生态长效管护。武宁县创新推广"多员合一"生态管护机制，按照农村服务人口 2‰～3‰的比例全面整合原有分散的、季节性的、收入低的护林员、养路员、保洁员等队伍，转化为集中的、全季节性的、收入相对合理的专业队伍，实现"一人一岗、一岗多责"。通过集中培训、分片指导和网格监督方式，对生态管护员实行 GPS 定位管理，利用 NB 卡牌技术将工作信息数据及时上报汇总调度平台，全面提高生态管护员的水平和能力，保障全县农村人居环境得到更有效的监管和运行。二是"数字"助力精准高效"5G＋监管"。积极践行"全生命周期"管理理念，将全县 1 942 个自然村庄划分为"一、二、三类"三个管护类别，通过电子设备的全天候监控、管护人员的流动式监控、群众的随机性监控，构建涵盖水质、垃圾、管护等方面大数据汇总的监控物联网，主动发现问题、上报问题、及时处理问题，推动人居环境持续向好。

3. 构建共建共治共享的"智"治理体系

将"5G＋长效管护"作为推进乡村治理体系和治理能力现代化的有力抓手，通过政府主导并发动群众参与、凝聚各方力量，绘就"共建、共治、共享"的美丽乡村新画卷，为"乡村善治"配上"金钥匙"。

一是政府主导塑颜值。成立县乡两级农村生态环境管护领导小组，建立联席会议制度，结合"涉农项目资金监管平台"，合理安排和核定新农村建设项目资金，实现秀美乡村"从建成到建好、从管住到管好、从干起来到干得好"的转变。二是群众主体美乡风。推行"五好家庭""清洁家庭"创评自治机制，建立"公德银行＋公德超市"20家，将农户环境卫生的行为以积分制登记入册、实行积分兑换物资。三是社会参与兴产业。在乡村人居环境显著提升的基础上，越来越多农民返乡创业。2020年五一期间，5G平台系统监控下的长水村紫杉醇客栈游人如梭，发展民宿经济、数字经济的积极性空前高涨。

三、启示与借鉴

科技与智慧，数字乡村"吹"来的是乡村振兴新机遇。数字化建设带来的是农民幸福感、获得感、安全感的同步提升。江西省的经验对北京市农业农村数字化转型助力乡村振兴有着重要的借鉴作用。北京市作为科技创新中心，已进入全面推进以数字经济为核心的新型"智慧北京"关键时期，"大京郊小城区"的基本市情，凸显了乡村振兴数字化转型的重要地位。如何统筹推进数字乡村发展战略与乡村振兴战略的深度融合，着力发挥数字化在推进乡村治理体系和治理能力现代化中的基础支撑作用？如何发挥智慧农业的优势，助力现代农业发展转型？如何发挥"5G＋技术"潜力，实现农村人居环境整治数字化？

（一）整体智治：以顶层设计理念引领"数字乡村"发展

加强规划引领，资源聚合。面向现代农业建设主战场，把握数字经济和信息技术发展新趋势，强化顶层设计，因地制宜，重点突破，分步推进，制定出符合市情的数字农业农村发展规划及地方配套推进办法，为数字乡村发展描绘总体发展框架，制定目标和路线图，形成市级数字乡村发展一盘棋局面。江西省农业生产大省的基本情况与北京市大城市小农业的情况有所不同，但其"棋盘"虽大，尚能统一谋划、层级联运、整体推进，下好全省"一盘棋"的经验值得北京市借鉴。目前，北京市各涉农部门、各区都零散建设了农业信息化业务系统，但存在"信息孤岛、数据烟囱"的问题，且建设力量分散，标准不一，导致系统运行推广不畅、农业数据资源家底不清等问题。借鉴江西省经验，抓住编制《北京市"十四五"时期数字农业农村实施规划》这一有利契机，加大顶层设计和组织实施力度，整合农业农村全行业、全系统数据资源，建设统一管理、开放共享的大数据平台，在统一架构下进行各系统数据流和业务流的打通和汇聚。

（二）创新驱动：以市场化合作模式引领"智慧农业"发展

拓宽智慧农业的投融资渠道。建立以政府投资为引导，以企业投资为主体，金融机构积极支持，民间资本广泛参与的多元主体参与的共建格局，撬动社会资金投入智慧农业建设，并通过合理方式授权企业参与运营和管理，形成可持续的商业模式。江西属经济欠发达省份，财政支持农业力度有限。面对资金不足的问题，江西省农业农村厅通过市场运作，大胆探索PPP模式，引入北京农信通集团作为江西智慧农业发展战略合作伙伴，借助社会资本为全省智慧农业提供保障。采用BOT模式，促进社会力量探索项目长期可持续运营，实现政企双赢。同时，江西省对扶持农业信息化企业高度重视，为江西农信通这样的企业进驻和发展壮大提供有力支持，从而促使农业信息化企业扎根和反哺。借鉴江西省经验，充分发挥北京市的资金、技术、人才优势，进一步加强吸引社会资本投入京郊数字农业农村建设的力度，深入探索采用市场化运作机制，破除资金投入的限制，加速农业农村信息化的进程，同时利用社会力量探索可持续运营机制，破解生产经营中面临的问题，实现农业信息化、农业现代化的弯道超越，缩短城乡之间的数字鸿沟。

（三）技术赋能：以大数据智能化引领"美丽乡村"发展

改善农村人居环境，让村民望得见山、看得见水、记得住乡愁，是建设生态宜居的美丽乡村题中应有之义。利用"互联网＋平台"的技术，通过农村人居信息服务平台，以大数据智能化引领"美丽乡村"发展，构建网络实时、智能、精准监测生态的新局面。北京市高度重视农村人居环境治理，在探索长效管护模式的过程中，需要考虑综合运用大数据、AI、物联网、移动互联网，搭建人居环境长效管护平台，实现村庄环境一网统管，村庄数据一图感知。整合各部门、各层级业务流，运用"互联网＋"技术实现乡村人居环境管理决策定量化、精细化，生态环境信息服务多样化、专业化和智能化，减少基础资源的重复建设和投入，对各乡镇的村容村貌、污水处理、垃圾转运箱、生态管护员、垃圾转运车辆等要素动态进行实时感知和精准管控，让管护工作上报和监管在线化、便捷化、标准化，全面实现农村人居环境治理向智能化和智慧化提升，让北京市一幅幅丰收的田园剪影擘画出乡村振兴的《富春山居图》。

"数字乡村"让乡村振兴有"智"更有"质"。习近平总书记强调，要推动互联网、大数据、人工智能和实体经济深度融合，加快推动农业数字化、网络化、智能化。坚持整体智治，在顶层框架构建上走在前列；坚持创新驱动，在引资下乡合作模式上走在前列；坚持技术赋能，在推进大数据应用上走在前列；以数字赋能，真正把首都打造成为乡村"智慧大脑"建设的标杆城市，让"数字乡村"建设不断擦亮高质量全面小康底色！

（考察组组长：刘军萍，

考察组成员：马俊强、李云龙、王彩虹、薛晓娟、张琳，

执笔人：张琳、薛晓娟，

单位：北京市城乡经济信息中心）

让园林绿化数据资源"活"起来

一、园林绿化数据资源建设情况

大数据已成为国家战略，北京市也成立了"北京市大数据管理局"，负责大数据的建设和管理工作。北京市园林绿化局按照"数据采集更规范、采集渠道更通畅、数据管理更科学、数据存储更安全"的建设要求，积极推动信息资源的整合与利用。

2019年，北京市园林绿化局开展了数据资源目录梳理工作，共梳理了20个处室的职责目录273条、以职责目录为基线进行整理的数据资源目录105条、已有的信息系统管理目录22条。

2006年以来，北京市园林绿化局开展了数据资源目录梳理工作，共梳理了业务事项目录、信息资源目录、政务公开目录、行政办事事项目录等各项目录。并在目录梳理的基础上，以各项目录为基线，进行数据资源建设，目前共有300多项数据资源，数据资源记录数达125万条，主要包括以下各方面的数据资源：

（一）空间基础数据资源

主要包括全市矢量、影像、2.5维等基础数据资源，航拍影像每年更新一次，城区0.2米分辨率，郊区0.6米分辨率。

（二）卫星遥感资源

主要积累了2006年以来每年两期或四期，多年度、多时相、多精度的全市卫星遥感数据，以区县为单位共计304个卫片资源，分辨率为4米和2.5米。

（三）三维实景信息资源

2014年建设了北京市三维实景展示平台，并通过实地三维激光点云测绘扫描、数据建模及模型渲染，快速构建了一个权威全面的北京园林三维模型。汇聚了二环、三环等环路绿化及高速公路等道路绿化的三维实景数据，公园、果园、苗圃等三维实景数据。

（四）统计报表数据

积累和采集了林业资源、花卉、果树等各类业务100多张基础表和分析表；实现了与国家林业和草原局系统的对接，扩充完善了局各项业务报表数据的采集方式，形成了具有统一标准、多种手段、科学扩展等特性的长效数据采集机制。

（五）空间业务数据资源

自 2000 年建立空间数据管理系统，将各项园林绿化业务资源基于空间进行可视化管理，主要形成了公园风景区、城市绿地管理、野生动植物保护、林木病虫害防治、生态工程等 12 类核心业务数据，近 300 个图层，共计 114 万条记录，数据量达 5G。且按照数据"谁提供、谁负责"的原则，每年由各业务部门组织更新完善。

（六）行政审批数据资源

自 2006 年推行行政审批，建立行政许可办理系统，规范证照管理，实现木材出省运输证，林木采伐许可证、林木移植许可证、树木砍伐许可证、树木移植许可证、征占用林地许可证等规范管理，累计 88 256 条许可证数据资源。市园林绿化局综合数据库以面向对象的管理思想重新组织存储园林绿化行业数据，可自动从其他业务系统获取数据，为其他系统提供数据支撑，实现数据的集中存储。通过综合数据库的数据采集、数据分发和数据关系建立等机制，加强信息资源建设，促进了系统间的数据共享与数据利用。截至目前，综合数据库已采集存储管理主体数据 1 786 条、对象数据 5 493 条、业务数据 2 076 条、资源数据 89 827 条及其他数据资源 638 条。

二、数据资源应用存在的问题

通过聚焦大数据助力园林绿化高质量发展工作中的热点难点问题，发现目前园林绿化信息化工作主要存在几个方面不足之处：一是数据管理不规范，数据存放分散，20 多个部门，大部分单位没有完整的数据，数据都在数据生产单位、高校、公司、个人手中。在全局开展资源目录梳理工作时，梳理出来的数据较少。二是数据管理薄弱，力量不足，机制不健全，缺少专门的人员投入，大多是一身兼多职。三是数据共享整合程度不高，数据价值没有得到充分的挖掘和利用，数据没有汇聚到统一的平台，无法产生聚合效应。四是数据质量不高，数据标准、口径不统一，数据内容缺失、不完整，数据项不准确或存在明显错误，造成数据不能用、不好用。五是数据更新机制落实不到位，大部分数据都是阶段性历史数据，不能实时掌握现状数据。

三、探索数据资源应用的策略

针对园林绿化大数据应用中的问题，围绕"如何让园林绿化数据资源'活'起来"，下一步将采取以下策略：

（一）拓宽园林绿化数据来源渠道，增加实时、动态、鲜活的数据

一是通过布设传感器，收集园林绿化生态环境的各项实时监测数据，动态监测园林绿

化运行状况，服务于园林绿化养护、管理、环境建设等各项业务。二是收集联通、电信、移动三大运营商的手机通信信令数据，开展大数据分析应用，服务于公园绿地景区的游客分析、公共安全、规划编制、分析等方面。

（二）加强数据管理，制定相应的规章制度和管理办法，使数据更安全，数据使用更规范

2019 年 1 月印发了《北京市园林绿化局大数据行动工作方案》，下一步，在加强方案落地实施的同时，还将制定数据安全防护、内容安全管理以及安全防护监控等管理制度与办法，实现园林绿化大数据全生命周期的跟踪监控，确保数据汇聚共享全程留痕、变化可溯。

（三）建立相应的考核机制

目前，各单位对信息化建设的认识水平不均衡，有的对投入人力、物力进行信息化建设仍有一些犹豫。因此，建立科学合理的考核机制非常必要。此外，还可以对全局各部门数据资源收集、更新、共享、开放等情况定期形成工作报告，在全局范围内进行通报，督促各部门加强数据的管理。

（四）加强宣传和培训，提高认识

信息技术日新月异，随着国家大数据行动计划的实施，出台了很多新的规定，有很多新的管理要求，因此要加强宣传和培训。

应用大数据助推园林绿化高质量发展，让园林绿化数据资源"活"起来用起来，是一项长期、繁杂的系统性工程，需要长抓不懈，持续推进。

四、让园林绿化数据资源"活"起来的建议

（一）研究数据资源管理的机制、工具、技术

围绕"如何让园林绿化资源数据'活'起来"的目标，应该建立合适的数据管理机制、管理工具以及运维技术。

1. 完善数据质量保障机制

基于规则的数据质量管理机制，支撑数据综合治理工作要求，建立更可靠的数据质量分析机制。

2. 建立园林绿化局数据资源手册

局内核心数据资源的索引工具，形成数据资产"设备台账"信息。

3. 建立数据资源全生命周期管理工具

信息化标准、主数据等资源的全生命周期管理工具，建立核心数据资源维护流程，业务运行和发展的支撑工具。

4. 提升数据集成服务能力

公共数据模型（SG－CIM）的管理工具，基于组件接口规范的数据服务，促进数据共享开放。

5. 提升数据中心日常运维管理技术

数据中心数据量统计和数据抽取情况分析，数据资源运行及健康分析，数据治理水平评价机制。

（二）重点加强生态大数据的采集和应用研究，布设相关传感器，加强物联网数据采集，提高生态大数据、土壤污染防治等方面的应用与监测水平，更好地服务于首都生态建设。

（三）加强公园、绿地、行道树分布及健康情况、彩叶树种造林工程、平原造林工程等大数据采集、分析，选取试点公园和绿地，布设相关物联网设备，结合周边居民人口数据、手机信令数据等，对公园和绿地的游人行为进行大数据分析，提升公园、绿地、林地的服务能力和水平，为绿地系统、森林系统规划、建设、服务提供决策参考。

（四）推动果树产业大数据应用，实现果树产业科学决策，推进果树产业链综合技术服务，提高数据的精准性和服务的针对性，促进果树产业结构调整、产业水平升级和持续发展。

（五）建成全面感知园林绿化建设、运营、服务的感知网络体系，感知物理空间和虚拟空间的园林运行态势。推进智慧园林传感器建设，完善物联感知手段。

（六）整合归集林地、绿地、公园、义务植树、审批、游客量、野生动物监测、护林员定位等各类数据，实现感知、分析、服务、指挥"四位一体"，逐步构建市园林绿化管理服务指挥中心，实现对园林绿化的全面感知、态势监测、事件预警，实现"一库一图一网"建设。

（七）推动数据向社会公众开放。依法依规推动市园林绿化数据开放，不断扩大数据覆盖率，提高开放数据质量。通过对数据的发布接受社会监督。按照国家、北京市相关要求，及园林绿化管理的需要，将数据中心所积累的数据，通过网络发布出来，接受社会监督。

鼓励民间介入。在网上发布社会关注的园林绿化数据，将会吸引一大批对这个问题感兴趣的各界人士参与到政策制定的过程中来，将会使所有的问题都无所遁形，更多的问题将被发现，更多的细节将被讨论，更好的方案将会被激发。

（八）加强市园林绿化大数据基础研究和关键技术应用研究，推动园林绿化创新发展。

（执笔人：高大伟，单位：北京市园林绿化局〔首都绿化办〕）

供水管理信息化建设调研报告

2020 年 11 月，北京市供水管理信息系统项目组前往浙江省杭州、绍兴两市开展供水管理与信息化建设现场调研，分别与浙江省住房和城乡建设厅、杭州市城市管理局、杭州市水务集团有限公司、绍兴市公用事业集团等单位就供水管理信息化、智慧化、控制管网漏损管理体系与技术进行了深入交流，取得了丰富的调研成果。

一、杭州市供水信息化管理模式

杭州市供排水管理由杭州市水务集团有限公司（2019 年 8 月由杭州市水务控股集团有限公司和杭州市千岛湖原水股份有限公司整合组建而成）统一推进，并构建了原水、城市供水、污水处理、水环境治理、建设设计、技术服务等 6 大业务板块。集团日供水设计能力 204 万吨、日污水处理能力 174.9 万吨，供水管网总长度 9 543 千米、养护污水管网总长度 1 793 千米。目前，杭州市政府对杭州市水务集团有限公司的定位是：重大基础设施建设主体、基础设施的融资主体、建设基础设施的运营主体、安全高效优质的为民服务主体。

（一）深化改革促发展

杭州市水务集团按照市委、市政府的决策部署，秉承"民生为本、共建共享、融合发展"的理念，以区域融合、机制完善、资源整合、设施统筹为重点，坚持"全市一盘棋"原则，通过集团化运作方式，建立水务"一体化"的运营管理体系。

2011 年实现供排水一体化，是把供水排水整合在一起进行统一管理；2019 年实现配供水一体化，把原水和自来水整合在一起；2020 年主要是推进城乡（城区）一体化，打破城乡分割的传统水务模式，全面统筹解决城乡供水、生态用水，水资源保护和水环境整治等问题。结合《农村饮用水达标提标行动计划（2018—2020 年)》和农村生活污水设施提升改造工程，逐步将各区、县（市）符合条件的"农饮农污"项目纳入一体化整合范畴，加快推进"污水零直排"创建工程、小区二次供水改造工程等民生项目，实现市域城乡水务一体化。

（二）加强投入补短板

加快推进水厂、互联互备管道、应急调度枢纽泵站、污水处理厂等建设，打通原水、水厂、泵站、管网之间互联互备环节，实现不同水源的区域供水资源互联互备、应急调度，缓解污水片区处理能力分配不均的矛盾。

（三）对标补差强保障

优化营商环境，建立统一、高效的现代化水务服务体系，通过完善水务服务机制，创新服务举措，提升服务质量，加快水务"最多跑一次"改革，优化营商环境，建立统一、规范、高效、协作的现代化水务服务体系，切实提高人民群众幸福感和获得感。提出"13520"抢修服务圈，即"1 分钟接单、3 分钟出车、5 分钟与客户联系以及 20 分钟到现场"。

（四）杭州水务综合信息平台

杭州水务综合信息平台支撑杭州市水务集团有限公司的生产工作信息化、智能化管理与应用，是充分利用物联网、大数据、云计算及人工智能等技术，通过无线网络、水质水压表等在线监测设备实时感知城市供排水系统的运行状态，并将海量水务信息进行及时分析与处理，处理结果辅助领导决策，最终以更加精细、动态的方式管理供排水的生产、管理和服务，包含首页（运行调度、查询统计、管网抢修、地图工具、基本功能等）、应急指挥、生产管理、工程管理、外业管理、服务热线、营业收费、DMA 分析、人力资源以及财务管理。

二、绍兴市供水信息化管理模式

绍兴市智慧供水系统以"技术＋管理"联动的理念，以信息化为支撑，以全过程管控为管理模式，形成"摸清一个家底、建成一套系统、建好一支队伍、构建一套体系"的供水智慧化管理模式。

（一）摸清一个家底

绍兴市在"一幅图"上建立水厂、管线、小区、户表的关联关系，通过地图可以清楚地看到水厂、管网、户表分布基础信息、业务管理过程信息以及水厂供水范围等，摸清绍兴供水家底。并且建立动态化管理及考核绩效机制，逐步形成"全、准、动"的绍兴供水家底"一幅图"。

（二）建成一套系统

基于物联网、GIS 等技术，建成绍兴市智慧供水系统。绍兴的供水管理以智慧管网管理为支撑，管网管理从"事后被动防护"转向"事前主动预防"的智慧管理。结合管网监测点的压力、流量等监测数据，结合相关模型，智能化推断出可能发生的问题，如爆管位置等相关信息，做到提前预知、早做决策、杜绝隐患、保障安全以及改善服务。

（三）建好一支队伍

建立包含巡检、抢修、检漏的供水运维服务队伍，支撑定期开展管网检漏，主动开展阀门、排气阀等管道设施例检，并在发现问题时能够快速、准确进行专业维修、抢修等工作，保障供水安全。

（四）构建一套体系

从供水管理分区计量、全过程控制以及全员化激励保障等方面构建绍兴供水管理体系。

1. 分区计量管理

以准确的管网拓扑结构为基础，建立分区计量管理体系和总分表管理机制，实现"5大区、32小分区、1 000多居民小区、楼栋以及户表"的点、线、面三者互联互通的五层分区计量管理体系，实时掌握管网水量变化规律与趋势，为水量掌控、管网漏损提供有效科学支撑。

2. 全过程控制

从"源头管理"抓起，并在"运维""计量""营业"等环节进行重点管理，形成供水全过程"四抓"管理。从"稳步推进旧管网改造、高标准选用优质管材、高质量、加强工程管理"抓源头管理；从"检漏、巡查、抢修、普查"队伍的建立与管理抓运维管理；从"建立每个计量表的专属唯一号码、计量表的检定校核"抓计量管理；从"规范营业抄收、科学管理分析"抓营业管理形成有效的供水全过程管控手段。

3. 全员化激励保障

建立充分调动一线员工积极性的激励措施，形成主体责任到位、监督考核到位、奖惩兑现到位的激励措施。即对各个片区实行单独计量，单独考核，形成竞争机制；实行漏损率与漏失水量双挂钩，利用信息手段，实现全过程透明监管；严格实行目标责任制和定量计件考核，激发各责任主体以及检漏、抢修等关键岗位工作积极性。

三、北京市供水管理信息系统建设面临的挑战与机遇

（一）多源的供水管理信息给数据汇聚提出了更高的要求

杭州、绍兴两地已建的供水管理平台的共性特点是实现了管理对象基本感知、多源数据汇集以及对供水生产工作的指导，但并未从政府监管方面进行信息化建设。北京供水管理信息系统对象是政府行业监管人员，因此必须从行业监管的角度对采集的各类供水数据进行有效抓取、标准化处理与整合、质量控制等，建立专门的供水监管数据资源池，支撑全市供水智慧管理与应用。

（二）建立精准的供水监管分析类模型是智慧供水的重要基础

目前，城市供水监管中存在信息化水平较低、数据价值挖掘不足等问题。需要在采集大量的供水数据的基础上，基于大数据分析中的数据挖掘和综合评价等技术，利用相关性分析、随机森林、神经网络等数据分析算法，建立精准的供水管理分析模型群，对城市供水大数据潜在信息进行提取分析，开展大数据技术在供水安全动态监管与风险预警领域的应用，实现智慧供水监管。

（三）国内鲜有政府供水智慧监管成熟案例，有机会成为全国领先

根据市供水行业政府监管工作要求，加强对供水生产、配置、输送以及对供水企业的业务监管，形成供水综合监管指标和方法体系。并基于供水 GIS 地图，开展对监管对象的动态更新，支撑供水监管工作统一规划和动态管理。支撑监管数据的采集与管理，问题

发现、处置和综合分析，实现监管数据及时采集、工作进度实时监视、监管问题快速发现、问题处置公开透明、数据分析智能快速。同时，综合应用大数据、互联网、物联网等技术辅助供水监管问题的快速发现、定位和分析，提升供水综合监管工作效率和技术水平，实现供水智慧监管。

四、北京市供水管理信息系统建设目标

供水管理信息系统作为北京智慧水务业务板块的重要组成，建立包含供水监测、供水台账、监督检查、重点工程、供水服务、计量收费、辅助决策7大功能模块的业务管理框架，同时开发供水管理App，与PC端系统配合使用，共同实现对全市供水情况的统一化、智能化监管。

供水情况动态监测：可实时监视城乡各水厂供水压力、自来水管网压力、取（供、用）水量、出厂水质、设备运行工况等方面运行数据，系统同时具备实时曲线和历史曲线分析，数据报警等功能。辅助管理人员掌握供水系统运行情况，提出辅助决策依据或实施参考方案。

供水台账动态管理：能够依托地理信息系统，即时显示水厂供水人口、供水范围等数据内容，对全市城乡供水工程基础信息进行管理，与《北京市水务统计年鉴》、水利部农村供水管理系统数据要统一。

监督检查公开透明：对供水专项督查、水厂的专业化评估、运行管理检查、管水员巡查等日常检查产生的影像、文字和数据资料进行记录、汇总、分析，为下一步的供水监管提供决策指导。

重点工程全过程管控：实现对供水重点工程建设项目从立项到验收进行全过程跟踪监督。

供水服务智能化分析：对12345、12314、96166、新闻媒体等反映的供水问题进行人工智能统计分析，并指导服务和解决问题。对重点投诉问题实现在GIS图上的图像化标注，并以热力图的形式进行展示，便于分析问题的范围及根源。

计量收费整体把控：结合水厂总水表和用水户分户表安装，对供水单位售水情况及水费收缴情况进行统计分析，监测水厂的运行成本，方便后期考核及补贴。

辅助决策数据支撑：基于大数据分析，以人口、气象以及供水的动态监测数据为基础，并根据相关的供水管理模型，进行供水管理决策分析，如区域管网漏损率智能分析、水源污染影响分析等，支撑领导进行辅助决策。

五、建设供水管理信息系统的思考

（一）构建供水数据汇集平台

将全市供水企业的供水动态监测数据（水质、水压、水量等）、档案及资料数据、工艺流程数据、安全运行数据等进行统一采集与管理，形成全市统一的供水数据资源池，支撑供水智慧管理与应用。

（二）构建供水管理"一张图"

基于GIS技术，建立水源、水厂、管网以及各类监测点的关联关系，通过地图可以浏览水厂、管网、监测点的分布、基础信息、业务管理过程信息、水厂工艺流程、水厂的供水范围以及供水突发事件的位置信息等，支撑供水管理的可视化。

（三）构建智慧供水监管模式

供水管理信息系统主要面向全市供水环节的监督与管理，在与各供水企业、区供水管理各项业务流程结合的基础上，考虑政府部门对供水的监管作用，科学、精准开展供水管理系统的功能模块设计；并在供水数据实时监控与统计分析的基础上，构建供水优化配置模型、供水智能调度模型以及供水事件影响模型等，以模型模拟分析与大数据分析为支撑，建设智慧供水监管模式，提高水资源智慧化决策能力。

（四）构建供水平台建设保障机制

在领导顶层决策与资金投入的保障下，充分发挥局相关处室、技术支撑单位、技术人员与开发人员优势，分工负责业务需求框架制定与总体把控、业务场景细化与模型技术研发、业务功能设计与系统开发，充分发挥技术支撑在业务与信息化之间的串联作用。

（执笔人：王昊，单位：北京市水务信息管理中心）

信息化手段助力新冠肺炎疫情防控的做法与启示

2020年新年伊始，一场突如其来的新型冠状病毒感染肺炎疫情牵动着全国人民的心。全国上下众志成城，万众一心，共同抗击疫情。面对疫情防控的严峻形势，互联网、大数据、人工智能等现代信息技术，打破时空界限，24小时不间断、全方位服务，助力疫情防控。市城乡经济信息中心信息服务处通过新媒体报道、微信、朋友圈、电话等渠道收集了近期有关信息化手段助力疫情防控的报道及相关情况，整理如下。

一、全国做法

（一）大数据、人工智能支撑疫情精准防控

面对全国疫情严峻的形势，各级政府和社会各界快速响应，集聚各方力量与新技术手段精准定位工作重点区域、重点人群和重点场所，协助统计和预判疫情可能扩散的范围和趋

势，实现对传染源（人员）的筛查、追踪、控制和隔离，落实确诊、疑似病例人员的相关信息，追根溯源，实现疫情的精准防控。如百度公司向社会提供了"全国春运人员迁徙热力图"的城市数据，揭示了春运期间从武汉（起始地）流向全国各地的城市客流量。三大电信运营商通过对驻留、到访武汉、湖北客户进行流动分析和大数据画像，为政府部门做好疫情防控提供决策支撑。各种基于大数据技术的 App 工具相继开发应用，如"确诊患者交通工具同乘查询系统""疫情数据实时更新系统""发热门诊分布地图""新型冠状病毒感染自测评估系统"等，帮助公众做好自身防护，阻断疫情传播。百度、阿里、京东等企业发挥人工智能赋能效用，阿里云向全球免费开放 AI 算力，百度智慧医疗免费开放智能咨询助手，京东云成立应急资源信息发布平台，帮助科研机构缩短药物研发周期，为公众提供有关新型冠状病毒肺炎的在线科普、在线咨询，高效打通供应方与需求方的应急智能供应链。

（二）5G 高科技手段实现远程监控

此次抗击疫情中，刚刚商用不久的 5G 技术发挥了重要作用，在应急指挥、交通枢纽和医院管理等领域提供重要通信保障。同时，在远程指挥、远程会诊、大数据管理、防疫机器人、红外线测温仪等公共卫生管理方面发挥保障作用。武汉火神山和雷神山医院建设现场借助 5G 通信，通过新华社、央视网等多个媒体平台提供 24 小时建设实景直播，全国"云监工"共同见证中国奇迹。中国电信和华为公司完成的武汉火神山医院"远程会诊平台"，使得远在北京的优质医疗专家通过远程视频连线的方式，与火神山医院的一线医务人员共同对患者进行会诊。5G＋热成像体温筛查服务信息化平台通过"热成像技术＋人脸识别"等技术，在人群密集区域，快速完成大量人员的测温及体温监控，快速识别温度异常的个体，并将视频及响应数据准确快速实时传送至大屏或云平台，帮助政府和企业筑起疫情防控第一道防线。

（三）高科技打造"无接触"模式

为了更好地防控疫情，红外热图像、无人机、AI 人工智能机器人等一批高科技，迅速被运用到防疫一线和防控宣传当中，推出了一系列"无接触"服务。中国移动 5G 智能医护机器人，在污染区和隔离区实现无人化操作，无须防护设备，就可以代替医护人员完成远程看护、测量体温、消毒、清洁和送药等工作，有效减少人员交叉感染，减轻医护人员人力紧张的状况，并极大节约了十分紧缺的防护服、口罩等物资。京东物流的智能配送机器人不仅能够助力医疗物资高效顺畅地到达抗疫前线，还可以让市民通过配送机器人接收自己的货物，避免与他人产生面对面接触，减少感染病毒的风险。在部分地区，智能设备还被应用到政府疫情防控工作中。如利用无人机监控公共区域的人员流动，利用"疫情防控机器人"向居民主动拨打电话，进行近期行踪调查，监测和跟踪重点人员健康状况。

（四）涉农信息全方位支持疫情防控

上海市为了帮助市民"在线买到菜"、农民"容易卖好菜"，48 小时争分夺秒完成"上海地产农产品直达配送套餐查询系统（地图模块版）"的研发，于 2020 年 2 月 14 日正式上线。合作社、基地配送区域进一步扩大，套餐更加丰富，市民和农民只要在手机上动动手指，就可以获取 132 家蔬菜供应合作社和 265 种农产品套餐最新资讯，不仅提供地图查询服务，还标记了合作社地理位置，支持通过行政区域、配送范围进行筛选。绿色认证、二维码、套餐精准配对等功能，助力蔬菜精准配送。广西壮族自治区通过"广西农情信息管理平台""广西农产品产销价格监控预警系统"开展农业生产信息监测，对全自治区 14 个市、112 个县（区、市）、45 个农产品产地价格监测点，全面征集疫情期间农民群众、农业新型经营主体、农产品经纪人和农产品运销企业反映的困难和问题。截至 2 月 12 日，共收集问题 86 条。腾讯"为村"平台自 1 月 22 日起及时传递官方权威防控资讯，监测村庄舆情，有效避免谣言和迷信信息的传播。广东省河源市和平县在"为村"平台上发起"疫情防控，我们在努力"的话题，369 个村在线参与，村民浏览量超过 7 万次。云南省通过中国电信"村村享"App 的"大喇叭"多次播报防疫知识，879 个行政村 70 多万名农民群众快速了解疫情最新情况和防治方法。

二、北京做法

（一）科技创新资源助力疫情防控

北京市积极应对疫情防控工作。1 月 30 日，北京新型冠状病毒肺炎疫情地图上线试运行，通过可视化的地图形式，在北京市政务数据资源网向公众直观展示北京市各区累计确诊病例、累计治愈数量及当前疫情分布等情况，并提供数据公开与数据下载服务，方便相关企事业单位开展疫情数据的开发应用，力争汇聚更多社会力量，携手并肩，共克时艰。海淀区注重发挥科技优势，及时对接人工智能、生物医药等领域高科技企业及高校院所、科研机构，推动新技术新产品研发应用，充分发动辖区内的科技企业从疫苗研发、快速检测试剂盒研发、大客流体温检测、政府紧急指挥调度系统、小型芯片隔离人群体温监测仪器等领域切入，快速研发调试，推出旷视 AI 测温系统、智能外呼系统等产品，为疫情防控提供坚实的科技支撑。

（二）智慧医疗远程关心市民健康

丰台区依托"智慧家医"线上健康管理模式，通过手机端 App 软件向广大居民推送防控知识、在线解答病症问题，利用智能回访机器人对重点人群进行回访关照，确保签约居民在疫情阻击战中健康不掉队。软件新开通了"家医远程服务"，向所有居民开放，即使居民没有签约，只要扫码加入该系统就能享受值守医生的在线解答，实现一对一的疫情防控问诊和咨询，减少了医院就诊过程中可能存在的交叉感染风险，在线守护辖区百姓的健康。

（三）加快实现信息采集便捷化

疫情防控工作需要完成大量的人员信息采集，为进一步保障群众健康，减少人群聚集，各地纷纷推出线上 H5、微信小程序、线上办公软件、二维码等智能化手段在线填写信息，见屏不见面，精准高效智能汇总数据，加快报送效率，实现信息采集便捷化、无接触。大兴区清源街道、高米店街道、魏善庄镇和亦庄镇等应用线上智能化平台，登记返京人员信息。延庆区康庄镇通过微信公众号发布文章，号召所有进入康庄镇地区的来（返）京人员扫描文章里的小程序码，填报个人信息进行登记。丰台区新村街道将来京人员电子登记"二维码"张贴在小区出入口的显著位置，印发至出租中介，充分利用公众号、微信群等线上平台广泛宣传，动员邻里间互相提醒，租户及时登记，严密排查。

（四）农业企业齐心守护市民"菜篮子"

全市层面，市委农工委、市农业农村局及时成立防控领导小组，对京郊 238 个城乡接合部农村进行防控督导，利用微信小程序提升数据采集报送的及时性和便捷性。积极部署"菜篮子"稳产保供工作，稳定"菜篮子"供应。要求各区加强生产技术指导，强化产销对接，畅通绿色通道，积极帮助生产主体解决实际困难。截至 2020 年 2 月 7 日，全市蔬菜在田面积约 4.8 万亩，其中设施农业 4.5 万亩，包括 30 多个品种，日产量约 2 100 吨。

北京现代农业物联网应用服务平台以农业物联网应用服务为依托，疫情防控期间积极发挥平台作用，利用远程通信等多种方式和手段为北京农业园区（企业）用户提供线上服务，促进农产品的生产销售。农业园区（企业）管理者通过平台制定生产计划、分配生产任务，工人通过手机小程序接收任务，并记录任务完成情况，实现园区生产过程的线上完成，并通过线上商城进行销售，减少各环节人员接触，园区生产管理更加安全、精准、高效，降低农产品销售困难的风险。据统计，仅 2020 年 1 月 1 日至 3 月 19 日，用户使用农场云平台各模块产生的数据与上年同期相比，数据量有较大提升，较上年同期增长 45.13%，在订单、种植、库存和标签使用量上表现最为明显，系统完成销售订单10 923 笔。

农业园区（企业）积极利用自身渠道优势，采取线上线下多种途径，保障市场供应。首农食品集团旗下的北京裕农优质农产品种植公司，自有蔬菜种植基地全面加大生产种植量，全力开展育种、播作，合理布局合作基地种植茬口安排，保证库存量充足，并推出"裕农微店"线上渠道下单，邮政 EMS 合作配送的送菜上门新服务，每天为市民提供 50 多吨新鲜蔬菜。延庆区北京北菜园农业科技发展有限公司利用智慧农园系统，对接有机蔬菜生产、库存等数据信息，精准快速调配全国 12 个有机蔬菜生产基地，日供应华北地区 50 家超市和购物中心 30 余种 4 000 千克左右有机蔬菜。密云区农产品电商品牌"密农人家"为保障电商订单供应，严格执行防控措施，加班加点，日销售密云地区蔬菜 1 万千克，既满足市民供应，又消减了村民的库存积压。昌平区北京天安农业发展有限公司一方面调用备用库存，另一方面紧急调运海南基地的蔬菜到京，以最快的速度送到盒马生鲜等超市，实现蔬菜日供应量 55吨。平谷区北京市华都峪口禽业有限责任公司利用智慧蛋鸡 App 全方位服务全国近 10 万家养殖场（户），构筑起鸡群健康的防护墙，帮助养殖场（户）足不出户就能养好鸡。

（五）京郊镇（村）积极打造疫情"防护网"

在这场疫情防控阻击战中，京郊各镇、村及时通过智慧乡村建设系统平台、微信推送、电话宣传、电子显示屏、乡村大喇叭、无人机、广播等宣传疫情防控知识，提高群众疫情防控意识，提升农村疫情防控效率和水平。昌平区南口镇镇政府高频率利用智慧乡村视频会议系统，自 1 月 26 日至 2 月 12 日召开视频会议 5 次，与 28 个村、11 个社区进行防疫工作调度、部署，及时沟通基层情况，提升工作效率，并通过"晓村务"村民微信小程序，积极发布市、区、镇、村相关的防疫通知和宣传普及知识。北京广播应急系统充分利用门头沟、房山、顺义、大兴、昌平、平谷、怀柔、密云、延庆9个区132个乡镇约2 000个行政村有线广播全覆盖资源，普及防控知识，提高了农村地区防控能力。昌平区兴寿镇通过昌平先锋、微信群、电子显示屏等方式广泛宣传疫情防控知识。顺义区南法信镇通过广播、电子屏、巡逻车、微信、微博等多渠道，最大限度普及科学防控知识。通州区潞县镇主动与移动、联通等运营商合作，对进入潞县镇地域内的民众进行短信通知。怀柔区桥梓镇家庭医生通过微信、拍摄小视频、短信链接转发等方式向村民宣传防护知识。怀柔镇通过户外电子显示屏，滚动播放疫情防控要点、上级政策精神、新型冠状病毒科普小知识。密云区"村村响"广播、延庆区大篷车等都发挥着重要作用，为京郊每个角落织密疫情"防护网"。

三、思考与启示

（一）新技术引领：强化信息技术在农业农村落地应用

在此次全国疫情防控工作中，5G通信、互联网、物联网、大数据、人工智能等一批新理念、新技术、新产品积极探索落地应用，并迅速转化为战胜疫情的有效武器，提升了疫情监控、追踪、诊断、治疗、防控等方面的效率和成果转化，使公众和政府更加深刻地体会到未来科技发展的应用前景。

对于北京"三农"来说，以"智慧乡村"建设为抓手，用信息技术突破农业农村现代化瓶颈成为迫切的现实需求。需要发挥首都技术、资源、科技优势，持续加大数字农业、数字乡村建设力度，提升数字化、网络化和智能化基础设施建设，不断优化提升基础网络环境，重视鼓励宽带互联网、广播电视网、无线网络、物联网、5G通信等在村镇、农业企业（园区）布局，健全村镇、农业企业（园区）网络设备长效管护机制，加强基础性应用，加强社会治理，促进现代信息技术与北京农业农村加速融合发展。

（二）集约高效：统筹构建北京农业农村大数据

在疫情防控期间，在政府层面构建了"中央—省（区、市）—地方"垂直的大数据管理应用平台，基层数据采集报送更加及时便捷，在数据集聚汇总过程中，逐步形成"基础广、中间实、顶层优"的金字塔形态，减少了数据枝节，防止因网状交叉造成的基层工作繁杂、数据冗余等问题，使疫情管理防控工作真正做到底数清、情况明、数字准。2020年1月20日，农业农村部、中央网信办联合印发《数字农业农村发展规划（2019—2025年）》中明确指出，要在加快构建统一的农业农村大数据中心上下功夫，切实发挥大数据预测预警和优化投入要素结构两大核心功能。

北京数字农业农村建设不仅要瞄准基层，还需进一步突出政府主导作用，科学制定"十四五"时期北京市数字农业农村发展规划，与北京都市农业、北京市"百村示范、千村整治"工程、农村人居环境整治等有序衔接，突出统筹发展，集成应用，探索乡镇级智慧乡村建设模式，提升北京物联网应用服务平台、涉农信息资源平台服务能力，加快构建贯通各领域、各环节的大数据服务平台和公共数据库建设，为农业生产经营、乡村治理体系和治理能力现代化提供服务与数据支持。形成市—区—村（农业企业）的农业农村大数据闭环管理与服务，规范数据标准，加强基础性数据采集管理，形成畅通稳定的信息化沟通渠道、数据流转渠道，进一步提升农业生产经营、乡村治理水平。

（三）创新服务：打造贴合农业农村基层需求的便捷化产品

在此次京郊农业企业（园区）、各镇、村疫情防控方面，微信小程序、微博、微信公众号、App、有线广播、在线办公、在线支付等各显神通，在线化、便捷化的信息产品操作简单，备受青睐。由此可见，未来在农业农村信息产品应用服务上，要补短板，更加贴合农民和企业的需求和能力，重点打通服务农民"最后一公里"，把智慧民生应用放在重要位置，加速公共信息服务普惠落地。

借鉴智慧医疗等线上管理模式，打造更加丰富和精准的公共信息产品与服务，既利于政府管控，又方便村民日常生活，让每一个村民"可用""想用""会用""必用"。在涉及农业生产经营、乡村治理等数据采集、报送、监控等环节，以解决实际问题为导向，探索利用小程序、小软件等，注重即时性、实用性，弱化非关键数据，切实发挥信息技术的支撑和价值。在流通领域，创新发展农产品电商，打通流通销售渠道，提升品牌影响力。

（执笔人：常剑、丛蕾，单位：北京市城乡经济信息中心）

北京市"三农"舆情分析与展望

2020年是我国全面建成小康社会的收官之年，也是我国决胜脱贫攻坚战的最后一年。在这一年中，受新冠疫情的影响，北京"三农"网络舆情热点频发，"疫情防控""战疫""新发地""核酸检测""农产品""脱贫攻坚"等成为年度热点词汇。面对疫情，北京市坚持疫情防控和经济发展两手抓，支持受援地区发展经济，摆脱贫困，取得了脱贫攻坚战的圆满胜利，同时，北京农村疫情防控和农村改革发展稳定也取得了明显成效。在此期间，相关工作成效、亮点和帮扶举措成为媒体关注的热点。

一、舆情概况

（一）舆情总量概要分析

2020年，共监测到北京"三农"舆情信息239 124条，同比下降5.42%。其中，网络信息68 602条、微信52 476条、微博舆情48 142条、客户端46 079条、论坛信息16 737条（图1）。

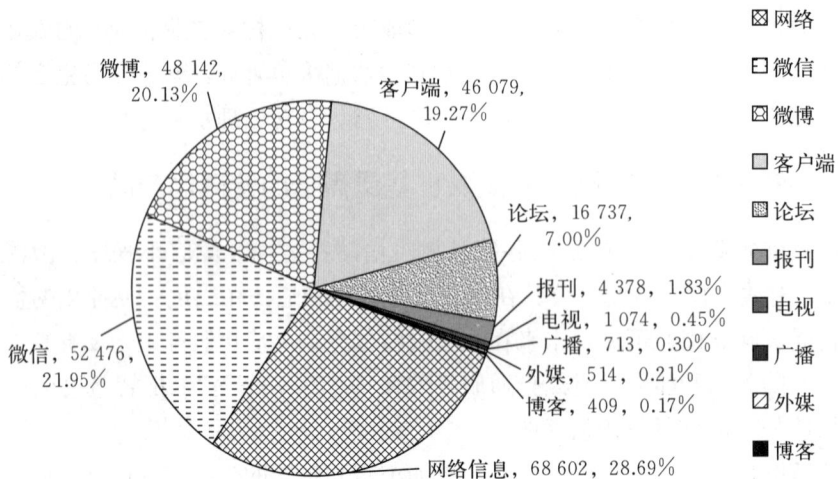

图1 2020年北京市"三农"舆情传播渠道分布（单位：条）

从传播特点看，网络、微信、微博、客户端是舆情传播的主力，报刊、电视、广播等新闻媒体凭借其专业性和权威性成为优质和原创内容的主要信源，对相关话题进行议程设置，引导舆论走向；微信、微博等社交媒体成为传播涉农舆情的重要平台，推动北京"三农"舆论声势不断壮大。从传播趋势看，2020年北京市"三农"舆情整体保持平稳，6月，在新发地农产品市场疫情暴发等事件影响下，舆情量升至54 177条，达到年度舆情峰值（图2）。

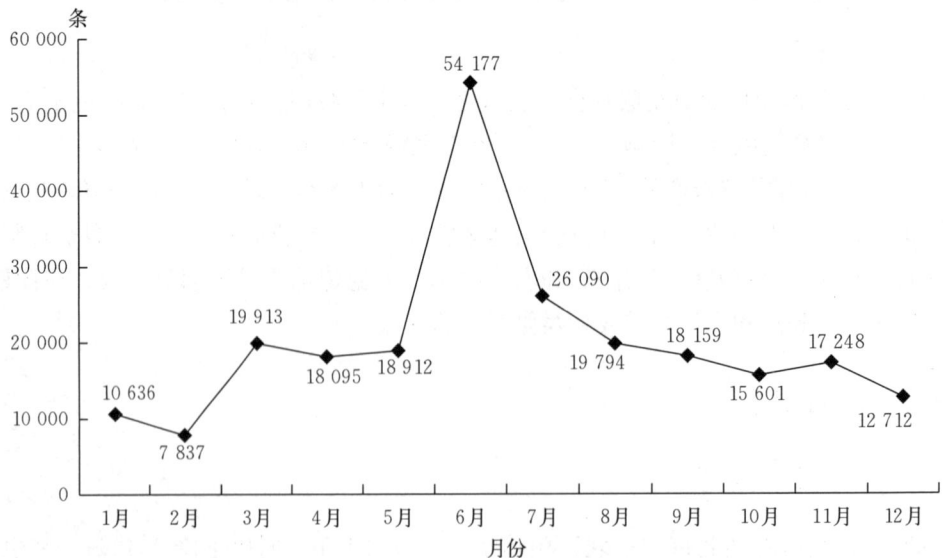

图2 2020年北京市"三农"舆情传播走势

（二）舆情内容概要分析

从舆情话题分类看，全年舆论关注的核心话题是农产品市场，舆情量居于首位；其次，新冠疫情下的农产品质量安全保障是舆论关注焦点（图3）。

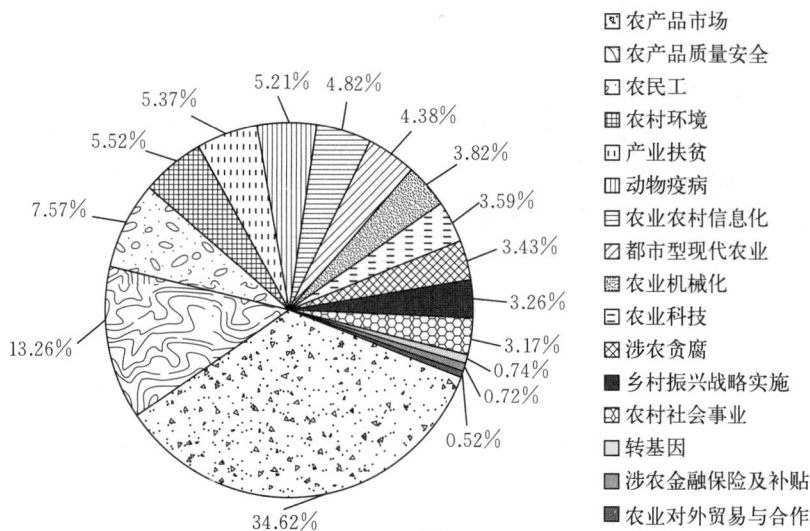

图 3　2020 年北京市"三农"舆情话题分类

图例：
- 农产品市场
- 农产品质量安全
- 农民工
- 农村环境
- 产业扶贫
- 动物疫病
- 农业农村信息化
- 都市型现代农业
- 农业机械化
- 农业科技
- 涉农贪腐
- 乡村振兴战略实施
- 农村社会事业
- 转基因
- 涉农金融保险及补贴
- 农业对外贸易与合作

百分比数据：5.37%、5.52%、7.57%、13.26%、34.62%、0.52%、0.72%、0.74%、3.17%、3.26%、3.43%、3.59%、3.82%、4.38%、4.82%、5.21%

（三）2020 年北京"三农"舆情热点事件排行

在 2020 年北京"三农"舆情热点事件的新闻、帖文进行监测和统计的基础上，通过加权计算得出热点事件的舆情热度，进而整理出排名居前 20 位的热点事件（表1）。

表 1　2020 年北京市"三农"舆情热点事件排行前 20 位

序号	事件主题	月份	首发媒体	舆情热度
1	新发地农产品市场疫情	6	新华社	53 391.9
2	新发地农产品市场复市	9	央视新闻	8 802.6
3	北京市多个村镇获选第六届文明村镇	11	中国文明网、微信	6 851.0
4	《北京市野生动物保护管理条例》	3	中国新闻网	5 689.1
5	北京丰台区长辛店镇辛庄村党总支原书记石凤刚涉黑涉恶严重违纪违法案	9	新华社	5 119.5
6	《北京市中医药条例》	5	《北京日报》	4 232.7
7	《北京市人民政府关于落实户有所居 加强农村宅基地及房屋建设管理的指导意见》	8	首都之窗	2 743.3
8	北京消费扶贫对口帮扶内蒙古农产品	8	《人民日报》	2 479.6
9	北京多次开展农民工"根治欠薪"专项行动	1	《劳动午报》	1 731.1
10	北京"限塑10条"征求意见 农业生产等六大行业成塑料制品禁限重点	11	《北京日报》	1 527.6

（续）

序号	事件主题	月份	首发媒体	舆情热度
11	门头沟区 2019 年度农村人居环境整治成效明显获国务院办公厅督查激励	5	新华社	1 434.2
12	平谷大桃助力产业扶贫	1	《新疆日报》	872.0
13	北京全面推进净菜上市工作	5	《北京日报》	828.0
14	农民工点对点返京复工	4	《人民日报》	782.6
15	延庆区刘强非法占用农用地案引关注	3	最高人民检察院	667.6
16	北京市庆祝农民丰收节	9	人民网	632.0
17	《北京市生态涵养区生态保护和绿色发展条例》	7	《北京日报》	565.1
18	首农物美扶贫超市助力农产品消费扶贫	8	《农民日报》	533.0
19	《关于做好本市农业户籍人员建立人事档案及服务工作的通知（试行）》	4	《北京日报》	371.5
20	平谷区发展花卉产业促进乡村振兴	4	《经济日报》	294.7

注：北京"三农"舆情话题热度＝（报刊＋网络＋客户端）新闻量×0.6＋微信量×0.2＋微博量×0.1＋论坛量×0.05＋博客量×0.05。

结果显示，全年有 11 个事件的舆情热度超过 1 000。其中，媒体对新发地市场新冠疫情高度关注，相关报道持续数月，舆情热度达 53 391.9；9 月，新发地市场复市，再次引发舆论关注，舆情热度达 8 802.6，居排行榜第二位；11 月，北京市多个村镇获选第六届文明村镇，舆情热度达 6 851.0。

二、2020 年北京市"三农"网络舆情传播特点

（一）"农产品市场"成为舆论关注热点话题

2020 年北京市"三农"舆情热点事件排行前 20 位中，有 3 个事件涉及"农产品市场"话题，包括农产品市场疫情、农产品市场复市、农产品净菜上市活动。其中，新发地农产品市场相关舆情引发高度聚焦，成为推动北京全年"三农"舆情热度上涨的重要因素。舆论称，新发地开辟临时交易区以及各地保障农产品供应举措，全力保障北京"菜篮子"供应。

（二）主流媒体发挥舆论引导作用，打造首都"三农"舆论良性生态圈

2020 年，主流媒体继续保持着对北京"三农"领域的高度关注，在北京"三农"舆情传播和舆论生态圈塑造中举足轻重。其中，新闻媒体仍旧扮演着北京"三农"新闻舆论中坚力量的角色。在 2020 年北京"三农"舆情热度排行前 20 位的热点事件中，由新闻媒体首发的有 18 个，占首发媒体总量的 90%。主流媒体在北京"三农"问题中发挥主导作用，积极宣传报道农产品市场、产业扶贫、对口帮扶、生态环境、农民丰收节等涉农相关内容。

（三）市属媒体和政务网站齐发力，扩大"三农"传播影响力

2020年北京"三农"舆情热度排行前20位的热点事件中，由《北京日报》首发的有5个，占首发媒体总量的25％。其中，《北京市生态涵养区生态保护和绿色发展条例》等条例、文件的发布，吸引舆论的关注。此外，政府部门主动适应新媒体舆论生态，积极创新舆论引导理念、全力推进政务信息公开。

三、热点话题舆情分析

（一）北京农村战疫打出组合拳，多措并举备春耕、稳产保供、促复市

2020年，北京多措并举备春耕、稳产保供、促复市。1月中旬北京"两会"上，代表委员对"三农"发展建言献策成为舆论关注的焦点。春节期间，北京多措并举抗击疫情，"供应充足""价格稳定"成为舆论报道的关键词。面对疫情期间蔬菜保供稳价的大考，"北京农产品供应情况""疫情期间农产品配送新举措""京郊农产品滞销情况及解决措施"成为舆论关注的重点。

2月是疫情防控的关键时期，也是春耕生产的重要时期。北京为保障春耕生产采取的举措也是舆论关注的重点。此外，党中央、国务院对全国春季农业生产作出重要部署，"防疫农时两不误"的积极态势引发舆论持续关注。3月25日，北京市委农村工作领导小组召开全体会议。其中，北京春耕备耕工作受到舆论持续关注。8月15日，北京新发地市场复市，宣布取消零售功能、不再向个人消费者开放，多家媒体对该事件进行报道，复市后不接待"散户、批零分离"等相关新政受到媒体关注。

（二）北京疏解整治工作再提速，未来农村"小桥流水人家"可期盼

2020年，北京聚焦"疏整促"，加强首都生态文明建设。4月17日，北京市委、市政府召开深入推进疏解整治促提升促进首都生态文明与城乡环境建设推动首都高质量发展动员大会，市委书记蔡奇划出2020年"疏整促"和生态环境建设重点。舆论称，打好"疏整促"组合拳，才能有效推动北京高质量发展。4月22日，《北京日报》以"首批污水治理计划发布300村庄将再现'小桥流水人家'"为题报道首批污水治理计划，涉及10个区300个村庄。舆论点赞北京美丽乡村建设，越来越多的乡村将再现"小桥流水人家"。

（三）对口扶贫工作部署得当，特色产业助力脱贫攻坚见实效

2020年初，在新冠肺炎疫情的影响之下，北京市对口扶贫工作如期开展，各种扶贫措施超前部署实施，引起媒体广泛关注。"解决扶贫产品因疫情滞销等问题""教育、医疗、产业、就业、消费扶贫，打造扶贫协作特色亮点"等多重内容被重点聚焦。"保持战略定力""增强必胜信心""统筹推进疫情防控和扶贫支援工作""坚决扛起打赢脱贫攻坚战的政治责任"等成为媒体报道的高频词。北京帮扶受援地脱贫的具体举措、成效也是媒体关注的重点，舆论点赞北京扶贫支援工作不等、不拖，助力受援地区如期打赢脱贫攻坚决战。

（四）绿色发展助力生态文明，"两山理论"守护密云一泓碧水

2020年，蔡奇指出要坚持生态优先绿色发展，践行"两山"理论，深入推进美丽乡村建设。7月24日，《北京日报》报道称，蔡奇指出把守护好绿水青山作为头等大事来抓，坚持生态优先、绿色发展，建设践行"两山"理论的典范之区。8月18日，蔡奇到平谷区调研，强调要坚持生态立区、绿色发展，守护好首都东部绿色生态屏障，打造宜居宜业宜游生态谷。8月31日，新华社报道"习近平给建设和守护密云水库的乡亲们回信强调，继续守护好密云水库，为建设美丽北京作出新的贡献"，在密云区广大干部群众中引发热烈反响。9月1日，《人民日报》发文报道《密云水库：一泓碧水润京城 ——北京密云区践行"绿水青山就是金山银山"发展理念 走绿色发展之路》。

（五）农业科技推动产业升级，"互联网＋直播"拓宽农民增收路

2020年，北京各种农业科技项目持续推进，农业与科技深度融合，为北京乡村振兴和农业产业化发展提供了巨大动力。10月中国农民丰收节期间，"农业中关村建设""农业与科技深度融合""物联网智慧灌溉""打造首都智慧农业样本""聚集具有国际竞争力的农业科技领军企业""农民丰收节""农民艺术节"等词语大量出现在媒体的报道中。

2020年上半年，受疫情影响，北京各种农产品出现销售难题，为解决这个问题，全市各区积极采用"互联网＋直播"的新销售模式，有效解决了农产品的销路问题，媒体点赞道，农民的腰包又鼓起来了。"百万观看量""数吨成交量""一上链接秒没""直播带货常态化"等成为媒体在报道中频频使用的词语。

四、2021年北京市"三农"热点舆情展望

2021年是中国共产党成立100周年，是我国现代化建设进程中具有特殊重要性的一年，是实施"十四五"规划、开启全面建设社会主义现代化国家新征程的第一年，做好"三农"工作意义重大。2020年12月28日召开的中央农村工作会议，指出我国"三农"工作已经从脱贫攻坚向全面推进乡村振兴转变。北京市以习近平总书记在中央农村工作会议上的重要讲话精神为根本遵循，认真落实贯彻市委十二届十五次、十六次全会及市"两会"部署，坚持以首都发展为统领，以大城市促进大京郊，以大京郊服务大城市，全面推进乡村振兴，高质量编制"十四五"时期乡村振兴战略实施规划，确保开好局、起好步，以"三农"工作实绩迎接中国共产党成立100周年。结合北京市2020年"三农"舆情总体概况和市委、市政府决策部署，2021年北京市"三农"舆情或将出现在以下几个方面：

（一）北京人居环境整治工作将继续维持较高舆情热度

根据《北京市进一步加快推进城乡水环境治理工作三年行动方案（2019年7月—2022年6月）》，北京市计划利用3年时间解决900个左右村庄的生活污水治理问题，2019—2020共完成300个左右村庄整治任务，农村环境整治任务基本完成，重点地区农

村污水处理设施基本实现全覆盖，剩余 600 个左右村庄整治任务将继续开展。因此 2021 年，北京农村环境整治类舆情仍将不时出现在媒体报道中，维持一定热度。

（二）推动京郊农业高效发展，巩固拓展脱贫成果将成为热点舆情话题

根据党中央的统一部署，我国"三农"工作重心实现了历史性的转移，全面推动乡村振兴被提上议事日程。北京将立足大京郊市情，推动京郊农业高质高效发展，继续发展特色农业产业，利用互联网等新销售平台，拓宽农产品的销售渠道，提升品牌知名度。同时，受北京支援已经脱贫的地区还将继续受到关注，巩固和拓展脱贫成果将成为北京市工作的重点。届时，特色农业发展和巩固拓展脱贫成果类舆情将被媒体关注。

（三）农村地区的疫情防控还将被媒体报道和关注

受新冠疫情传播规律和国内外疫情的发展，"外防输入，内防反弹"仍将是我国今后一段时间疫情防控的工作重点。北京作为首都，一线大城市，拥有大量的外来务工人员，而外来务工人员中又有相当大一部分分布在市郊农村中，人口密度大，疫情防控工作艰巨。因此，根据疫情工作的需要，随着疫情的发展，北京农村地区的疫情防控类舆情仍将不时出现。此外，疫苗接种也或将在 2021 年北京市区及农村全面展开，届时媒体将予以关注。

（执笔人：白晨、朱林、王晓丽、韩姣，单位：北京市城乡经济信息中心）

基于新媒体开展京津冀抗疫助农促生产综合服务

2020 年是脱贫攻坚收官之年。然而，新冠疫情的直接冲击与常态化防控的要求，对农业生产经营的整个链条和各个领域都造成了不利影响。为在特殊时期助推农业持续稳定发展，北京市农林科学院农业信息与经济所（简称"信息与经济所"）在春耕备播的关键时期，迅速响应，成立了"京津冀抗疫促生产新媒体助农团队"，为实现疫情防控常态化下，新媒体对上游农业生产和下游农产品销售双向助力的工作目标，集成运用网络直播、电子商务、短视频、社群营销等多种新媒体服务手段，贯穿全年开展了技术培训、成果推广、农资对接、农产品营销等扶农助农工作，取得了显著成效。

一、全面构建上下游服务组织体系

在疫情防控常态化背景下，信息与经济所面向京津冀地区上游农业生产和下游农产品销售两个层面，开展了新媒体扶农助农工作。

在服务上游农业生产层面，一是搭建了"京科惠农"网络直播大讲堂，在线传播农业科技，并辐射带动了津、冀地区农事服务直播平台的搭建，为疫情期间京津冀地区农业有序生产、促进稳定市场和农产品安全供应保驾护航。二是合作北京市农林科学院蔬菜中心、小麦中心及院属企业，举办了线上品种推介会，运营京研种业电商营销矩阵，促进了首都科研院所新产品、新技术等科研成果推广和转化，助力疫情期间农资的稳定供应与正常流通。

在帮扶下游农产品销售层面，一是拍摄制作了系列农产品流量短视频，为面向各类新媒体平台开展农产品宣传和营销提供资源，提升消费者对京津冀生产基地优质农产品的认知度，帮助基地农产品打开市场；二是通过社群营销和助农直播等手段拓宽了农产品的销售渠道，促进产销对接，助力首都对口帮扶基地和科技示范基地农产品创收。

二、新媒体服务的内容与形式创新

（一）应对疫情开通"京科惠农"网络直播大讲堂

在疫情突发、春耕备播关键时期，第一时间组织技术人员到岗就位，用最短的时间组建了新媒体直播技术团队，创新了专家远程服务"三农"工作新模式，在微信、网页、抖音等平台上搭建了"京科惠农"网络大讲堂，针对农业生产需求，组织开展了春耕备种，玉米新品种、新技术，蔬菜果树栽培新技术，农机应用，标准化生产组织，蔬菜产后处理技术，市场预测，畜禽生产，疫病防控等多门类技术支撑服务，实现从良种应用、农机耕作播种，到栽培管理、灌溉施肥、病虫害防治，再到收获加工等生产环节全覆盖，把科技贯穿了"耕、种、治、收"全过程，为京津冀农户顺利复工复产提供了及时有效的技术服务，成为疫情期间面向全国开展农业科技服务的重要力量。

（二）支援天津、河北直播平台建设

应对疫情防控常态化，优化服务能力，驰援张家口和天津建立直播服务平台，共享科技资源，组织科技专家，提供科技服务，不仅切切实实保障张家口和天津市农业在春耕关键时期顺利实现备耕复产，更承接起张家口"张垣农业"网络大课堂和天津市"津科助农"公开课全年的农业技术服务工作，全年累计为两地组织技术直播 64 场次，服务 10 余万人次，开创了京津冀联合抗疫促生产的良好工作局面，在京津冀农业保产增效方面发挥了重要作用。

（三）搭建农资供需双方网络对接渠道

积极与北京市农林科学院蔬菜中心、小麦中心及涉农企业开展合作，全方位地展示、推广首都优良新品种和新技术，促进了成果转化，保障农资稳定供应。一方面采取"科研院所搭台、农业大咖带货"的形式，组织开展了第十二届"京研"寿光新品种展示会、"品育 8012 品种发布，山农 24 高产论坛"普通小麦品种推介等多场线上直播推介活动，建立农资供需双方的网络沟通渠道，实现"网上介绍品种、线上直接下单"，降

低沟通交易成本，优惠农资价格，真正实现让利于农；另一方面，合作京研种业，打造电商运营矩阵，分别在淘宝、京东、拼多多三大主流电商平台上线运营农资店铺，推广、销售优质蔬菜种子等农业物资，拓宽了农户的购买渠道，在保障农资正常流通供应方面发挥了作用。

（四）打开京郊基地农产品网上营销渠道

为了解决疫情期间农产品销售难题，信息与经济所积极探索多种新媒体营销手段。一方面，拍摄了《吃货聊天室》等科普短视频，从科普农产品膳食营养知识切入，宣传推广帮扶基地农产品，培养社区居民采购黏性，帮助基地敲开了产品直通社区的大门。同时，借助"智农宝"电商平台，开展了社群团购业务，向周边 12 个社区推广销售安定贾尚精品种植园等 25 个院科技惠农基地产品，在疫情防控特殊时期保障了周边社区居民优质蔬果的供应，有效帮助基地解决了农产品阶段性滞销问题。另一方面，联合北京广播电视台等优势媒体资源，在中国农民丰收节、第十八届中国国际农产品交易会期间，组织开展多场助农直播促销活动，多渠道合作赋能农产品销售，带动北京农业企业和京郊基地优质农产品实际创收。

（五）面向京郊"第一书记"开展线上培训

面向全市新任村党组织书记和第一书记，采用专家授课与基层案例教学相结合方式，将在线学习、交流研讨、学习反馈等多环节有机结合，创建教、学、管、评"四位一体"的基层农村干部线上培训阵地，实现全市 182 个乡镇全覆盖，切实提升新任村党组织书记和第一书记履职能力，提高基层农村干部增强凝聚力和战斗力，使其在抗疫促生产工作中发挥桥头堡作用。直播最集中时在线站点用户 4 350 个，累计访问 13.93 万人次，得到基层站点广泛好评。

三、服务效果显著

围绕京津冀农业抗疫促生产现实要求，全年组织（合作）开展新媒体助农直播活动累计 131 场次，约 25.82 万人次参与观看。其中，"京科惠农"网络大讲堂共开展技术直播 50 期，培训基层农民 12 万余人次；组织线上品种推介会 2 场；在淘宝、京东、拼多多三大主流电商平台分别上线运营农资店铺 1 个；在快手、抖音平台发布科普短视频 33 期，累计播放 2 万多次；新建 300 人以上规模社区团购群 6 个；举办大型助农直播活动 3 场；培训新任村党组织书记和第一书记 1 500 余人，实现全市 182 个乡镇全覆盖；汇总"京科惠农"大讲堂技术内容，编辑出版《"京科惠农"大讲堂农业技术汇编》，使短期的培训转化为长期的农业知识资源更广泛地传播。

（一）经济效益

利用直播讲堂开展线上技术培训，推介蔬菜、作物、果品、食用菌等新品种 70 余种，讲解相关高效农业适用新技术 100 余项，为京津冀农业稳产高产提供了科技支撑，降低了疫情对农业造成的冲击，帮助了受援地区减少经济损失。通过社群营销组织了近 60 场 300 人次以上的社区团购活动，累计帮助 25 个院帮扶基地销售农产品 55 吨，为帮扶基地带来直接销售收益约 90 万元，间接收益约 300 万元。通过助农直播，让新媒体赋能农产品销售，中国农民丰收节期间助力首都帮扶基地和京郊科技示范基地实现农产品创收 40 万元。第十八届中国国际农产品交易会期间发挥直播平台优势，带动北京展团现场贸易总额突破 2.93 亿元。

（二）社会效益

信息与经济所基于新媒体开展的抗疫助农促生产综合服务，开创了新媒体时代农业服务的新模式，有效降低农业技术推广的成本，显著提高了转化效率，极大地扩大了科技服务的受益面和辐射范围，为下一步基于大数据、5G、人工智能等前沿技术推进农业信息服务升级积累了经验，在全国具有示范作用。

四、产生广泛的社会影响

鉴于"京科惠农"网络大讲堂在 2020 年全市保春耕促生产期间的及时响应和突出表现，2020 年 5 月被首都精神文明建设委员会评为市农委系统年度唯一的首都学雷锋志愿服务示范站。"京科惠农"网络大讲堂还受到了北京市农业农村局、北京市科学技术委员会等政府主管部门的高度认可，成为北京市新型职业农民网络培训品牌之一。2020 年全年，信息与经济所围绕技术培训、成果推广、农资对接、农产品营销等方面开展的一系列新媒体扶农助农工作，先后被《农民日报》、《科技日报》、《北京日报》、北京电视台财经频道"首都经济报道"、《河北日报》、《张家口晚报》、"河北新闻网"、北京市科委网站、北京农村科技在线等媒体宣传报道 100 多次，被人民网等主流媒体转载多次，产生了广泛的社会影响力。

（执笔人：孟鹤，单位：北京市农林科学院农业信息与经济研究所）

密农人家创新电商模式兴业增收

信息化技术给农业现代产业插上腾飞的翅膀，农业电子商务利用网络把农产品销售推向千家万户，真正实现了足不出户就能吃到地里新鲜的产品，而农民通过电商把自己的农产品价格卖得更高。密农人家是密云的典型农业电商企业，几年通过不断创新，以信息化服务为引领，以服务农业增效、农民增收为主攻方向，充分发挥信息化龙头企业的示范引领带头作用，实现农民增收、产业振兴和企业发展的有机结合。

一、基本情况

北京密农人家农业科技有限公司位于密云区河南寨镇，是一家集品种引进、生产、加工、配送、产品开发于一体的现代农业电商企业。目前，密农人家团队共 70 余人，吸引 20 多名大学生回乡一同创业，通过密农人家天猫、淘宝、京东、微信等电商平台，全年稳定供应蔬菜、水果、禽蛋、杂粮等 160 余种密云优质农产品。发挥自身示范带头作用，把实施乡村振兴战略摆在优先位置，与多个低收入村建立对口帮扶工作，帮助低收入农户增收；经过不断努力，密农人家分别被农业部和科技部评为 2017 年度全国农业农村信息化示范基地、国家级星创天地。

二、运作模式

（一）模式概括

从 2012 年成立以来，密农人家借助"互联网＋"打开农产品电商市场，创立了"精准调查—农科融合—标准生产—打造品牌—电商营销—价优富农—模式共享"的创新型电商运营模式。充分发挥密云区的天然资源优势，针对现有市场农产品安全问题和消费者对农产品的高要求，利用密云生态环境优势和特色农产品资源，发展生产基地。通过与合作社签订供应合同、收购农户农产品等，确保食品安全的同时保障农民的利益。

（二）模式特点

一是有针对性的精准种植。公司产品瞄准北京中产阶级及以上消费人群，借助互联网对消费者数据进行分析，根据消费者需求预期提前组织合作社或农户种植相应农产品，调整种植结构，有针对性地安排生产。二是有时效性地精准送达。按照当日订单需求，安排次日采摘及配送，不做库存，网店成立之初，就开创了北京市区内蔬菜"当日采摘，当日送达"的先河。三是有前瞻性的融合产业。建设农产品试验示范推广基地，用于试种新品种，培育核心特色农产品。借助互联网了解客户的线下体验需求并反馈给农户，由农户为客户提供旅游休闲服务或特色化的体验式农业项目。组织团购产品认领地块、每周会员活动等农耕体验项目，提高会员认可度和土地附加值，促进本地一、二、三产业融合发展。

（三）主要做法

1. 通过大数据开展农业精准种植

一是采取"公司＋合作社＋农户"的经营模式，与本地 17 个镇的 460 名农户、72 家合作社达成生产合作关系，发展标准化生产基地 800 余亩，分别通过直供直销和订单生产等方式，持续为消费者提供优质特色农产品。二是发挥大数据优势，开展农业精准种植。利用阿里巴巴、京东商城等大数据系统对终端 13 万余名用户进行消费特点和趋势分析，筛选优质新品种进行试种，并通过销售平台进行新产品满意度测试，获得消费者好评后，立即组织合作社和基地调整种植结构，按照统一生产标准实施订单生产，实现了由"种什么卖什么"向"要什么种什么"的转变。密农人家较其他电商获得了差异化、更优质的产品，与农民和合作社建立了更紧密的关系，同时也倒逼了农业产业基地的提质增效和种植的结构调整。

2. 通过线上线下活动提升品牌影响力

一是通过特色农产品试验示范推广基地进行"土地认领""线下体验"等活动，共吸引5 000余名北京市民前来体验，600余组家庭认领土地，让顾客不仅在品尝特色农产品的同时还能体验农耕的乐趣，并提高会员认可度和土地附加值，促进本地一二三产业融合发展。二是创新销售模式，2018年9月密农人家体验店在华润万象汇四层开业，并与多家精品水果超市展开战略合作，进行密农人家特色农产品的推广。三是伴随着农产品电商购物群体的逐步形成，线上流量已经趋于平缓，为了持续吸引消费者，增强顾客黏性，密农人家在稳定线上流量的同时，开展线下与顾客开展面对面交流，通过组织参加展会、线下体验、开通直播等形式多样的互动交流方式，加深消费者的品牌认知程度，提升消费购买力。

3. 通过产品分级标准促进企业转型发展

随着人民生活水平的不断提高，选择食用优质农产品渐渐成为大众的一种消费观念和消费文化，满足消费者个性化需求成为企业关注的重点。农产品品相差、包装不规范、保鲜方法落后，管理不规范等因素，严重制约了企业的发展。为此，密农人家特向有关方面专家及科研院所请教，通过对农产品的采收、分级、包装、配送、保鲜等环节对企业进行调研，对存在的问题进行系统性的挖掘与分析，制定了一套符合企业自身发展的农产品分级包装标准。通过应用农产品包装分级标准，一方面满足了企业的个性化需要，增强了企业农产品质量竞争力，实现农产品的优质优价，促进了农民的增产增收。另一方面在产品质量方面上升了一个较大的台阶，有效解决了产品质量等级不规范、产品质量不稳定、包装破损率高、产品损耗大等问题。

4. 通过精准帮扶带动农民脱低致富

一是采取"互联网电子商务＋线下资源整合"的扶贫方法，将西白莲峪村、燕落村、黄土坎村、新王庄村、大城子镇等低收入镇村农产品在互联网上进行推广和销售，帮助低收入农户拓宽销售渠道。成功打造了网红品牌"林下清香木耳"，并代表北京市在11月11日湖南卫视《天天向上》节目推介密云板栗。

二是依托产业和市场优势，开展实用人才技能培训，课程包括"农产品标准化种植""区域农产品电商运营""农产品质量安全"等，累计培训超过1 000余人次，为培育"一懂两爱"的农村科技队伍提供支撑服务。

三是发展产业，探索低收入村"造血"，在燕落村、塔沟村、西白莲峪村、流河峪村等本地低收入村进行特色红薯种苗免费发放，并回收特色红薯的探索，累计回收特色红薯超过1万千克，探索在低收入村发展特色红薯产业，通过高品质、节水、省人工的特色红薯产业可持续帮扶，实现了将低收入地区多样化的资源优势逐渐转化为产业优势、经济优势和后发优势的目标。

5. 通过打造区域品牌实现协同发展

密云地区有 30 多家从事区域农产品品牌打造的农产品电商创业企业，密农人家在分享经验、开展培训的同时，2016 年联合本地农产品电子商务企业创建了北京市内首家农产品电子商务协会——密云区农产品电子商务协会，共同打造密云区域农业品牌。截至 2020 年底，协会规模已经初具规模，电商总数达到 40 余家，实现抱团取暖，协同发展。主要以第三方平台（淘宝、天猫、京东、微信店铺）售卖为主，产品主要涉及蔬菜、水果、杂粮、禽蛋肉类等；通过淘宝、天猫、京东等第三方平台和自建网络平台把密云本地优质农产品销往全国各地。

三、取得成效

密农人家通过创新型电商运营模式，充分发挥辐射带动作用，实现了农户增收、企业发展、产业振兴有机结合。先后打造了"栗面贝贝南瓜""两河沙田红薯""莓莓番茄"等网红爆款产品，为成果转化和产品发展打通市场渠道，目前累计销售密云本地农产品共计 160 余种，全年销售本地产品 2 000 余吨，提供基地周边劳动力就业岗位 70 余个，带动了本地区 460 户农户。同时和农户建立了利益联合机制，以推进一二三产业融合发展，让传统种植产业的农户享受到了二、三产业的增值收益。

经过 7 年的努力，密农人家年销售额早已突破 2 000 万元，通过淘宝、天猫、京东、微信商城等平台累计服务京津冀乃至全国 13 万用户家庭，并运用"互联网＋农业"的订单合作方式，在网络市场上塑造了密云农产品"绿色、安全、健康"的品牌形象。密农人家先后荣获北京市农业好品牌、最受北京农民喜爱的十大农业电商、北京市农业信息化龙头企业，并分别被原农业部、科技部评为全国农业农村信息化示范基地、全国农村创业创新园区、国家级星创天地等荣誉称号。创始人孔博荣获了"第九届全国农村青年致富带头人"、第三十届北京青年五四奖章、全国农村创业创新优秀带头人典型案例、首都精神文明建设奖等荣誉称号，并担任北京市第十五届人大代表。

（执笔人：刘士莉、孔博，单位：密云区农业农村局、

北京密农人家农业科技有限公司）

休闲农业与农业绿色发展

2020 年北京市休闲农业与乡村
旅游发展报告

　　《北京城市总体规划（2016—2035 年)》第 102 条提出，"推动乡村观光休闲旅游向特色化、专业化、规范化转型""促进乡村旅游与都市型现代农业、文化体育产业相融合，建设综合性休闲农庄"。在《北京市浅山区保护规划（2017—2035 年)》中，休闲农业、生态休闲、都市型现代农业被列为各区规划重点。发展休闲农业，不仅可以促进农民就业增收，还可以带动农村二、三产业，特别是农村服务业的发展，促进农业产业转化升级和发展方式的根本转变，推进现代农业发展和新农村建设。

一、基本情况

　　由于突如其来的新冠疫情，大部分行业在 2020 年初均处于停摆状态，休闲农业也不例外。但疫情影响是暂时的，随着政府行动、行业自救的持续进行，疫情平稳后的京郊乡村休闲旅游行业迅速复工复产，并在下半年出现了小热潮。根据市统计局发布的数据，随着疫情防控形势趋稳，休闲农业与乡村旅游加快回暖。2020 年全市观光园和乡村旅游的总接待人次为 1 877.5 万人，总收入为 25 亿元。其中，第四季度观光园收入降幅较，第三季度收窄 12.2 个百分点，乡村旅游收入自疫情暴发以来首次实现正增长，增长 4.5%。

　　根据北京市 2020 年国民经济和社会发展统计公报数据显示，2020 年，全市观光园 925 个，同比下降 2.4%；实现总收入 15.5 亿元，同比下降 33.2%。

　　据图 1 显示，2018—2020 年京郊农业观光园个数基本平稳，但受疫情影响，总收入下降明显，下降比例为 2018 年下降比例近三倍。

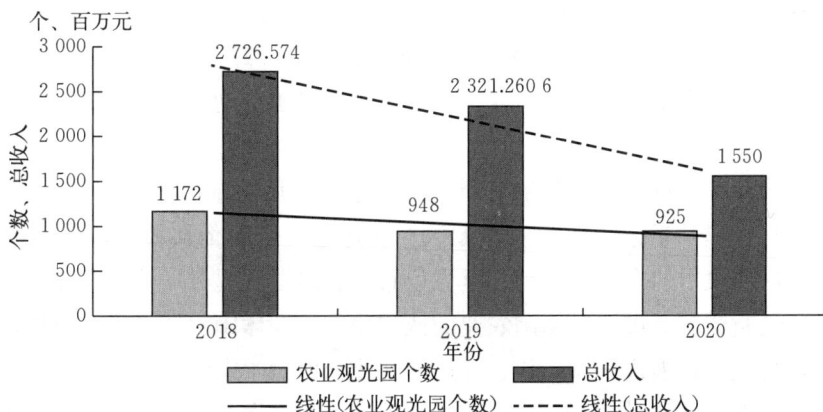

图 1　2018—2020 年农业观光园个数和总收入对比

疫情防控常态化下，乡村休闲旅游行业呈现出一些新的特点。疫情推动了新媒体应用和乡村旅游转型升级，促进了休闲农业与乡村旅游人均消费水平提升，比上年增长22.2%。其中，观光园人均消费增长18.1%，乡村旅游人均消费增长25.5%。

据图2数据显示，2018—2020年农业观光园游客人均消费呈逐年增加趋势，尤其2020年增长较为明显。丰富休闲农业产品、举办农业节庆活动、重视体验项目开发，是农业观光园提档升级的重要内容。延长留客时间，不仅增加了游客的消费，还让游客体验感受更好。

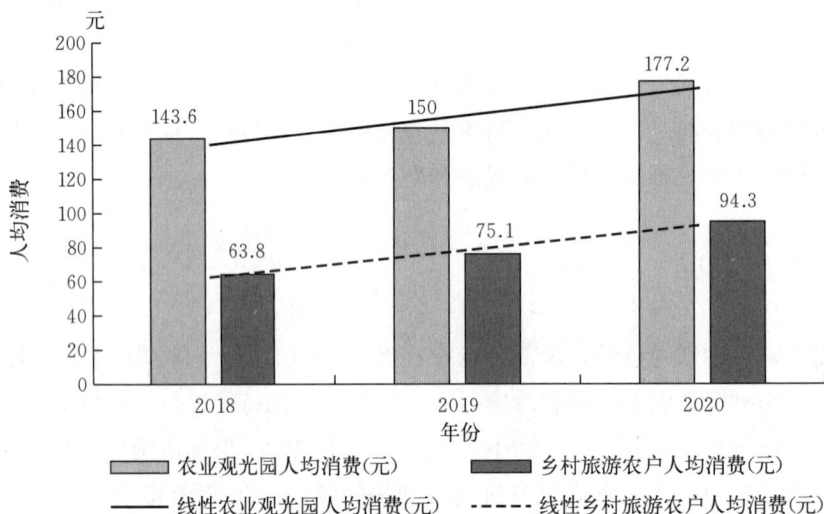

图2　2018—2020年农业观光园与乡村旅游农户人均消费对比

二、主要工作

（一）出台重要政策

2020年4月30日，市农业农村局联合市财政局正式印发《北京市休闲农业"十百千万"畅游行动实施意见》（京政农发〔2020〕53号）（以下简称《意见》），配套《北京市休闲农业"十百千万"畅游行动建设成效评价办法（试行）》（京政农发〔2020〕54号），明确未来五年，将在全市实施休闲农业"十百千万"畅游行动，深入推进休闲农业供给侧结构性改革。

北京休闲农业"十百千万"畅游行动，即在全市着力打造十余条精品线路、创建百余个美丽休闲乡村、提升千余个休闲农业园区、改造近万家民俗接待户，全面构建覆盖各区、乡村、园区与农户的全要素配套、全方位布局、多层次提升的休闲农业产业体系，提高对农户增收的贡献率、市民对休闲农业的认知率，推动休闲农业高质量发展。

在具体任务上，将围绕长城文化、大运河文化和西山永定河文化3个文化带，打造市级跨区域休闲农业精品线路，同时鼓励各区结合农业文化遗产、非遗传承、地标产品、"一村一品"等特色产业，打造各具特色的休闲农业精品线路；结合全市美丽乡村建设，打造百余个地方特色突出、产业功能多元、乡村文化浓郁、村容精致独特、精神风貌良好的美丽休闲乡村；提升千余个精品观光采摘、农业文化遗产、非遗文化体验、教育科普体验、生态体验和康养体验等特色休闲农业园；鼓励支持民俗接待户通过提升接待条件和相关标准，村集体经济组织通过作价回购、统一租赁、农户入股合作等形式整合闲置农宅资源，以及农户利用自有合法宅基地等多种方式，实现改造和发展近万家乡村民宿的目标。

该《意见》是今后一个时期指导北京市休闲农业提档升级的纲领性文件。根据《意见》提出的发展目标，到 2025 年，北京市将基本形成布局合理、业态丰富、功能完善、特色鲜明的休闲农业"十百千万"发展格局。在产业规模上，年接待游客达到 4 000 万人次，经营收入达到 50 亿元。同时，培育一批知名度高、影响力大的休闲农业精品品牌，培养一批有文化、懂技术、会经营的休闲农业新农人，形成一批特色鲜明、经营规范的休闲农业新业态，对农民增收拉动贡献率进一步增长。

（二）推进民宿经济

2020 年 10 月 15 日，市政府召开全市乡村民宿发展推进会。会议旨在贯彻落实全国乡村旅游与民宿工作现场会、全国休闲农业和乡村旅游大会要求及北京市委、市政府决策部署，推动乡村旅游和民宿经济发展。北京市副市长卢彦出席并讲话，副市长王红主持会议。会议指出，北京市委、市政府高度重视京郊旅游发展，将其作为拉动北京旅游发展的重要引擎、促进京郊农民创业增收的重要载体、推动美丽乡村建设的重要抓手。积极发展高品质乡村民宿，是京郊旅游发展的核心和重点。相关部门要把握方向，坚持文化引领、乡村特色、绿色发展、保护优先、农民主体、大众消费，统筹兼顾、协调推进，从机制、规划、政策、服务、管理等多角度入手，统筹推进、提质升级，探索走出一条具有时代特征、首都特色、北京乡村特点的乡村民宿发展模式。北京市文化和旅游局负责人进行工作部署，门头沟区、怀柔区渤海镇、延庆区民宿联盟相关负责人作交流发言。

2020 年 10 月 20 日，市农业农村局、市国资委、市文化和旅游局共同举办"在那里"北京低收入村精品民宿推介会。市农业农村局社会事业促进处、市农村经济研究中心、部分区农业农村局、文化和旅游局有关负责人，精品民宿推介人、部分低收入户代表和市民代表参加了推介会。来自全市 4 个区的 9 个低收入村的精品民宿现场做了展示和宣传。

2020 年 11 月 27—28 日，北京市文化和旅游局、北京市延庆区人民政府共同主办北京首届乡村民宿大会。本届民宿大会以"新地标、新发展、新跨越"为主题，文化和旅游部市场管理司，市文化和旅游局，市相关委办局，延庆区委、区政府和京津冀蒙等各市区县政府部门领导，部分高校代表，重点 OTA 平台、旅行社、民宿运营机构等相关行业协会、企业负责人代表及媒体记者等 200 余人参加。11 月 27 日，在北京世园公园植物馆举办以"乡村荣耀，共生力量"为主题的民宿共生社区主旨论坛。市农村经济研究中心资源区划处处长陈奕捷应邀做了《合情合理：民宿经济的村企合作之路》主题演讲。

2020 年，北京市农村经济研究中心重点围绕乡村民宿促进农民增收、促进集体经济发展开展了调研工作。乡村民宿扶贫攻坚典型经验总结成果在全市低收入村高端民宿推介会上进行了发布，明确提出了乡村民宿与农村新型集体经济融合发展的方向，在全国民宿大会、全市乡村民宿大会、京台美丽乡村论坛分别做了主题演讲，并且为市文化和旅游局举办的全市乡村民宿培训班授课。

北京观光休闲农业行业协会和中国旅游协会民宿客栈与精品酒店分会合作，协办了第六届全国民宿大会、2020全国乡村旅游与民宿投资大会，市农村经济研究中心党组成员、副主任刘军萍出席会议并作了《新乡村、新民宿、新视野》的主题演讲。2020京台美丽乡村论坛将乡村民宿发展作为主题，北京观光休闲农业行业协会配合市农业农村局合作交流作为第一协办单位，邀请了4位民宿专家出席并作专题报告。

（三）加强政策研究

2020年是收官"十三五"谋划"十四五"的关键年份。市农业农村局产业发展处研究制订"十四五"时期全市休闲农业发展规划和"十四五"时期北京休闲农业发展实施方案。根据《国家乡村振兴战略规划（2018—2022年）》《北京市城市总体规划（2016—2035年）》的相关要求，结合各分区规划，坚持休闲农业与美丽乡村建设、都市型现代农业融合发展的思路，认真科学谋划本市休闲农业"十四五"规划及《北京市乡村振兴战略规划（2018—2022年）》把促进休闲农业与乡村旅游提档升级作为重要任务的部署，研究"十四五"时期北京休闲农业发展规划、分析背景、确定思路目标、明确主要任务、提出重点工程、提出保障措施等。

市农村经济研究中心开展《北京市乡村观光休闲旅游产业转型升级》研究项目，与中国移动北京公司合作，开展京郊休闲农业大数据监测体系建设工作，完成2020年重点课题《基于北京市科技资源优势的智慧休闲农业平台建设研究》，与中国社会科学院团队合作，完成《北京市乡村民宿扶贫攻坚作用机制研究报告》。北京农学院开展了《2020年北京市休闲农业监测报告》课题。

北京观光休闲农业行业协会经过广泛调研，完成《疫情期间京郊休闲农业企业电话调查报告》《疫情下休闲农业应对策略》《设施蔬菜休闲农业园区发展现状》3个专题报告，并第一时间完成春节、清明、五一、端午、国庆节假日的监测报告，提交市农业农村局。

2020年6月30日，市市场监督管理局发布了市农业技术推广站、市农村经济研究中心共同起草的《共享农园建设与管理规范》地方标准（DB11/T 1739—2020），10月1日正式由市农业农村局组织实施。

（四）加强品牌创建

市农业农村局产业发展处按照《意见》，于2020年全年重点打造了3条市级重点休闲农业精品线路，10条区级精品线路，提升38个美丽休闲乡村，升级160个休闲园区，改造235户民俗接待户成为乡村民宿，推动休闲农业提质增效、提档升级。

按照市农业农村局的统一部署，北京观光休闲农业行业协会开展了全市休闲农业星级园区复核工作，5—11月，实地考核了12个区的85家四、五星级园区，12月完成复核工作，最终复核通过五星级32家、四星级44家、三星级67家、二星级7家、一星级1家，共计 151 家，通过此项工作，全面摸查了全市星级园区的最新情况。

市农业农村局全力支持延庆区申报创建世界级国家休闲农业重点区（县），与延庆区委、区政府一道，发掘延庆区独有资源优势、厚重历史文化，强化规划引导，加强设施建设，打造全国乃至世界有影响力的休闲农业重点区，力争为全国提供示范样板。市农业农村局还圆满完成了 2020 年全国休闲农业和乡村旅游大会承办任务，和市文化和旅游局共同组织召开了全市乡村民宿发展推进会，加大对中国美丽休闲乡村、休闲农业园区和乡村民宿的宣传推介，扩大休闲农业影响力。

（五）抓好培训指导

在疫情突发初期的最困难时刻，在市农业农村局的指导下，市农研中心、北京观光休闲农业行业协会开设抗击疫情乡村休闲旅游线上培训微课堂。从 2 月 10 日至 5 月 28 日，连续开展 25 期。在线培训 1.3 万人次，除了在京专家外，还邀请了浙江、陕西、台湾的专家在线授课，内容涵盖休闲农业如何应对疫情、未来发展资金贷款融资、如何修炼内功应对未来发展、会员制突围、节庆活动打造、开通抖音等平台直播带货、亲子微度假等内容，在讲政策、稳军心、听民意、摸情况、理思路、谋发展等方面发挥了积极的作用。

市农研中心资源区划处、北京观光休闲农业行业协会引入北京地理学会资源，在怀柔区渤海镇六渡河村开展"北京市农民致富科技服务套餐配送工程项目"，以网络教学方式开展民宿管家技能培训。北京观光休闲农业行业协会组织园区企业报名参加由北京林业大学艺术设计学院主办的生态涵养区林杂木材工艺品创意设计人才培训班。

（六）加强宣传推介

市农业农村局对休闲农业精品线路和美丽休闲乡村、休闲农业园区、乡村民宿进行多媒体、多形式、多渠道宣传，创新发布模式和搜索模式，开展"精准助农、宣销带货"的休闲农业和特色农产品宣传活动，与北京电视台财经、生活频道，"美食地图生活好物栏目"微信公众号、抖音、快手、今日头条、微博、优酷、爱奇艺等媒体平台合作，宣传一批精品观光采摘、各类特色体验的休闲农业园，推广一批优质特色农产品，推介一批主题鲜明、特色突出的民俗接待户和乡村民宿。利用"北京休闲农业""北京美丽乡村"微信公众号，开展休闲农业宣传推广、体验引导等活动。相继在五一节前推出"春意不可辜负"之精品线路推介，整理了 6 条京郊休闲旅游线路向市民进行推介，国庆节前推出京郊打卡点推介，以及二十四节气京郊游推介等，受到市民普遍欢迎。

2020 年春节期间，市农村经济研究中心与经济日报社合作，在《经济日报》推特官方号重点推出北京郊区精品民宿老友记和山楂小院英文视频，介绍当地风情，在服务国家的对外宣传中起到了良好的效果。9 月底，市农村经济研究中心与北京国际设计周组委会合作，开办"艺术乡村"主题展宣传活动，率先提出了"美育乡村"的理念和实践探索。11 月，市农村经济研究中心、北京观光休闲农业行业协会与市文物局取得联系，在 2020 首届北京大运河文化节上宣传了运河文化带上的休闲农业资源，得到市委宣传部的高度肯定。2021年1月8日，北京电视台新闻频道播出了市农村经济研究中心出品的四集专题片《2020土地·观》，围绕人与土地、设计与乡村建设等话题进行了探讨。

三、存在的主要问题

（一）用地问题缺乏具体实施细则

2020年1月1日起施行了新的《中华人民共和国土地管理法》，结合之前的休闲农业用地政策保障，现在可利用集体经济性建设用地、四荒地（荒山、荒沟、荒丘、荒滩）、闲置宅基地、城乡建设用地增减挂钩、高标准农田、生态公益林以及林场和水面、边远海岛等资产资源发展休闲农业，但现实中缺乏具体的实施意见和具体细则，使得休闲农业用地问题仍未得到解决。

（二）资金扶持力度不够

发展休闲农业，不管是硬件基础设施建设，还是软件专业服务和人才引进，都需要大量的资金投入。市农业农村局发布了《意见》，明确未来五年，将在全市实施休闲农业"十百千万"畅游行动，对休闲农业园区有相应的资金扶持政策，但转移支付资金大多数被统筹使用，区级财政没有专项资金，经营者又缺乏相应的融资渠道，从而制约着休闲农业的发展。

（三）缺乏规划设计，管理及服务水平不高

当前休闲农业发展仍为小规模的餐饮、农家乐、采摘园居多，普遍缺乏文化、文创元素的整合包装，缺乏培育主打农产品、特色文化和深度挖掘园区品牌价值的意识，部分休闲农业企业没有前瞻规划，对市、区两级发展规划不关注，不能及时进行调整，设计项目定位不明确、发展模式单一、产品同质化严重、功能布局不合理、缺乏创意设计和创意农产品及衍生品，美感不足，缺乏文化内涵和主题不突出等问题，使得园区存在农业文化活力和农产品品牌影响力不足。

（四）缺乏流通渠道

疫情期间，很多休闲农业企业歇业，农产品销售困难，但一些农业生产与农事体验并举，在地采摘与网上销售并重的企业受到的影响却较小，因为物流配送成熟、有成熟的电商渠道、有较为稳定的高端客户群等原因，此次疫情反而带来了销售量的增加，可见流通渠道的重要。

（五）利益联结机制不健全

疫情之下也让更多的休闲农业企业意识到了利益联结机制的重要性，与村集体建立了较好的利益分配机制的休闲农业企业抗风险能力也较强，也能更好调动农民积极性，发掘乡村资源，促进乡村振兴。

（六）从业人员少且专业化程度低

疫情期间，休闲农业企业用工人数缺乏，主要因为企业的用工主力为外来务工人员，疫情导致很多务工人员无法返京，也有很多人放弃来京务工的想法，企业雇佣本地员工不仅成本高，年龄也普遍偏大，普遍学历偏低，缺乏休闲农业发展经历及经验，专业化程度不高。

四、发展建议

（一）出台细则，强化落实

认真落实《意见》及建设成效评价办法，结合国家全域旅游示范区建设，同市文化和旅游局等部门共同抓好休闲农业园区、乡村民宿等核心产品的开发与拓展延伸，打造休闲农业一日游、二日游等特色多元产品。

（二）创新模式，加强推广

一是借鉴延庆"世园人家"经验，推动区域品牌建设，实现一区一精品线路、一区一特色品牌；吸收通州"海棠花海＋网红带货"、大兴阿里战略合作等新经验，扩大昌平草莓节、平谷桃花节等农事活动影响力，引导行业构建完善的网络营销体系，特色发展。二是加强与市文化和旅游局、市园林绿化局、市水务局、市人力社保局、市委宣传部等部门沟通协调，形成合力，综合山水林田湖等资源，共同做好休闲农业和乡村旅游业态创新、专业人才培养和宣传推介。三是在重大节假日前和重要农事节庆节点，利用网络、电视、报纸、微信等，以图文并茂的形式，有组织、有计划地开展休闲农业和乡村旅游宣传推介，推介市级精品线路，积极参加农业农村部全国精品线路推介活动，同时做好微信公众号的及时编发和宣传，做好宣传点的积累。用宣传推介提高全市休闲农业的吸引力，打造新亮点，以休闲农业发展更好促进农民增收致富、带动乡村良性发展。

（三）加强精品品牌培育

依托现有休闲农业资源，继续加强精品品牌培育工作，一是继续开展全市星级休闲农业园区（企业）申报工作，按市级、区级重点打造的精品线路，对线路沿线观光道路进行整体规划，突出文化特色、美化农事景观、完善配套设施、改善生态环境、打造特色村落，丰富农事体验、提升民俗接待水平，使整条"精品线路"处处是景点、村村有特色，配合精品线路，提档升级 100 个观光采摘园，提升休闲农业"精品线路"上民俗接待户的接待水平。

2021 年是加快推进农业现代化，构建现代乡村产业体系的实施年，休闲农业与乡村旅游是乡村富民产业的重要组成部分，聚集资源要素，强化创新引领，促进产业发展，为乡村振兴提供有力支撑。

（供稿：北京市农业农村局产业发展处、北京市农村经济研究中心、

北京观光休闲农业行业协会）

对新时期北京市农业资源区划工作的思考和建议[*]

一、北京市农业资源区划工作及成效

资源区划有基础性、前瞻性、综合性的特点，使得资源区划部门能够在科学的基础上超越部门利益，跨越城乡界限，从迅速恢复农业生产，到催生城乡融合新产业，从科学种田，到数字乡村，都能发挥独特的作用。

1. 有效指导了全市农业区域经济发展

改革开放后的十几年，北京市农业资源区划工作在历届市政府主管领导的牵头挂帅下，以各级（从中央到市、县）农业资源区划委员为载体，集聚了农业战线（包括农、林、水、气、农经及相关科研院校等）大批业务骨干，投入了大量的人力物力，开展了各级农业资源调查和农业区划，首次摸清了农业资源家底，形成了一大批很有价值的成果，为市、区（县）政府指挥发展郊区农业和农村经济，搞好首都现代化建设提供了有力的决策支撑，通过区划试点和依据区划成果做出的领导决策，建成了一批生产基地并形成了新的生产力，催生了观光休闲农业这样的新产业，在资源调查和区划研究中提出的一系列新观点或新思路渗透到各个领域，为城乡经济社会协调发展，特别是京郊农村现代化建设起到了历史性的作用。

以密云为例。原密云县农业区划办开展了三次大规模的农业综合区划工作，分别是20世纪80年代密云县综合农业区划、90年代密云县农业资源综合调查研究、2005年密云县农业资源与生态型都市农业区划，在不同的历史时期为政府决策起到了至关重要的作用。特别是20世纪90年代中期提出"养殖业是过渡性产业，矿产资源挖掘是快消式产业"，在制定全县（区）生态规划和将薪炭林改为果林的决策过程中，县区划办的意见起到了决定性的作用。后来的发展证明，这些决策都是正确的。

2. 引领城乡融合发展新理念

在农业资源区划工作当中提出的新观念、新思想充分体现了区划工作的战略性和前瞻性。例如，1996年在密云建设的专家支持系统信息化项目，是运用科技手段进行智慧化乡村管理的重要体现，对现今智慧城市管理的理念的提出具有重要的引领作用；在资源调查当中提出的"千米网格"的概念，成功地运用到了现今的城市建设中尤其是垃圾分类管理的网格化管理工作当中；在编制《首都边远山区"558"绿色生态富民发展纲要》时，提出"山区是财富不是包袱""穷人下山，富人上山"。这些思路和理念都在现今得到

---

* 本文为北京市农业经济研究中心资源区划处就机构改革后农业资源区划工作的职能和建议提交给市农业农村局主管领导和发展规划处的报告。

印证。

在 20 多年的研究过程中，农业资源区划部门相继提出了绿色乡村、休闲乡村、文化乡村、智慧乡村、艺术乡村、安全乡村的理念，并对其内涵进行了研究，力图用首都富集的城市要素激活京郊农业农村资源。这些前瞻性的研究，为首都的城乡融合发展、乡村振兴储备了源源不断的思想动力。

3. 催生了休闲农业新产业

《北京市农业资源与区划（1990 年）》从理论上第一次提出，"保护城乡生态环境，发展农业与开拓旅游事业结合，使郊区成为首都环境保护的屏障，市民休息和国内外宾客观光旅游佳地"，是北京郊区农业发展的功能之一。1993 年发布的《北京市农业区域开发总体规划》首次提出"观光农业"概念。1997 年 7 月，市政府以北京市农村经济研究中心名义召开全市观光农业研讨会，岳福洪副市长出席并讲话。他说，"旅游观光农业是农业由第一产业向二、三产业的延伸和渗透。这是郊区经济结构和农业产业结构调整的重要内容，也是由传统农业向现代农业转变的重要途径"。他还提醒道，"要保护农业资源和环境，绝不能破坏资源。如果鼓吹大搞基本建设，很可能是一场灾难。"

市区划办牵头制定了《北京市观光农业发展总体规划》，1998 年 5 月 20 日由市计划委员会、市政府农林办公室、市农业资源与农业区划委员会联合下发。同年 8 月 19 日，市政府召开全市观光农业工作会议，岳福洪副市长出席并讲话。他指出，"观光农业在郊区是很有生命力的。在农业战线上，思想得到了进一步的统一，认识到它是郊区农村经济新的增长点，是农业产业结构调整的一个重要组成，是区县农业发展的一个新思路。"

随后几年，按照工作会的决定，市区划办开始系统有序地研究推动休闲农业产业发展，并探索用新的组织机构和载体来实现对行业的管理和引导，配合市农委搭建起北京市休闲农业发展的"四梁八柱"。

2004 年 4 月，依托农研中心组建休闲农业行业协会。协会成立以后，立即配合市农委开展了观光农业示范园的评定工作，评定了 4 批近百个示范园，在产业发展成长期起到了积极的示范引领作用。此外，协会在市农研中心、市农委的领导和支持下，依托资源区划处的人员力量，积极履行行业管理、服务产业的职能，开展了大量的培训、考察、交流、宣传推介工作。资源区划处本身也开展了大量的调查研究工作。

围绕农业、农村、农民"三农"资源开发，陆续举办了乡村旅游商品开发系列活动（2006 年）、"凤凰乡村游、体验新农村"系列活动（2006—2013 年）、"艺人下乡传手艺、农民在家学技能"系列活动（2007 年）、北京农园节（2015 年）、中国农民丰收节金色北京大市集（2018—2019 年）、北京国际设计周"艺术乡村主题展"（2015—2020 年）等活动，市委、市政府领导多次莅临指导、指示批示，开创了全国休闲农业发展的先河，多次作为典型经验在全国区划工作会上交流和报告，有力地辐射了其他地区产业的发展，引领了全国休闲农业产业发展的潮流。

通过实践探索，逐步总结归纳形成行业标准，引导行业规范发展。2018 年，正式提交《共享农园建设与经营规范》（与市农业推广站合作）、《休闲农业园区等级划分与评定》两个地方标准，预计 2020 年底前完成发布。目前，已开展《教育农园建设与经营规范》

地方标准的前期研究。

4. 坚持运用数字化信息化新技术

从全国科学大会开始，市农业资源区划办就是最早应用信息化技术手段的部门。利用"3S"技术进行农业资源调查与评价工作是资源区划部门的看家本领。包括1990年农业资源调查与数据更新采用RS（遥感），改变了大规模利用人力的现状；1996年密云县农业专家决策支持系统开发GIS（地理信息系统）；2002年开始的北京土地利用信息系统（地理信息系统）；2004年开发建设了北京乡村旅游网。市农业资源区划办的资源信息室，发展壮大成为现在的市城乡经济信息中心。

20多年来，区划办一直坚持对郊区遥感影像进行解译，根据解译内容对北京市郊区土地利用消长变化情况进行监测，包括耕地、林地、草地、园地、建设用地等地类的数量和动态变化情况，完成每年土地利用分类图，建立土地利用分类数据和图库。自2018年起，连续三年进行分区高分辨率遥感影像解译与识别，逐步在密云、顺义（2018年）、延庆、平谷（2019年）、怀柔（2020年）进行农业源本底调查，为下一步区域开发规划做好准备。

二、强化农业资源区划工作的建议

农业资源调查和区划工作，是科学地指导农业发展的基础，具有综合性、区域性、超前性和基础性等特点。在最新一轮的机构改革中，农业农村部、市农业农村局都把"组织农业资源区划工作"作为主要职责之一。为了更好履职，需要建立完善的工作体系，现就强化北京市农业资源区划工作提出以下建议：

（一）认清形势，提高认识

1. 强化农业资源区划工作是推进国家治理体系和治理能力现代化的必然要求

农业资源区划工作是发展农业农村经济、推进农业现代化、推进农业绿色发展的重要基础性、前瞻性、综合性工作，为各级政府加强宏观决策和调控职能提供科学依据。科学有效的宏观调控是完善社会主义市场经济体制、提高国家治理体系和治理能力现代化水平的必然要求。因此，《中华人民共和国农业法》第57条规定："县级以上人民政府应当制定农业资源区划或者农业资源合理利用和保护的区划，建立农业资源监测制度。"农业资源区划工作遵循地域分异规律，综合分析人地关系，从而促进政策从"一刀切"走向"差异化"。

从历史上讲，1978年全国科学大会将"对重点地区的气候、水、土地、生物资源以及资源生态系统进行调查研究，提出合理开发利用和保护的方案，制定因地制宜地发展社会主义大农业的农业区划"作为108项重点科技攻关项目的第一项，目的就是为了扭转长期以来农业生产无视自然规律、经济规律的"瞎指挥""一刀切"的局面。改革开放后的十几年，北京市农业资源区划工作在历届市政府主管领导的牵头挂帅下，以各级（从中央到市、县）农业资源区划委员为载体，集聚了农业战线（包括农、林、水、气、农经及相关科研院校等）大批业务骨干，投入了大量的人力物力，开展了各级农业资源调查和农业区划，首次摸清了农业资源家底，形成了一大批很有价值的成果，为市、区（县）政府指挥发展郊区农业和农村经济，搞好首都现代化建设提供了有力的决策支撑，通过区划试点和依据区划成果做出的领导决策，建成了一批生产基地并形成了新的生产力，催生了观光休闲农业这样的新产业，在资源调查和区划研究中提出的一系列新观点或新思路渗透到各个领域，为城乡经济社会协调发展，特别是京郊农村现代化建设起到了历史性的作用。

党的十九届四中全会对坚持和完善中国特色社会主义制度、推进国家治理体系和治理能力现代化作出重大战略部署，"决策科学"是重要的目标。在科学化的体制机制中，农业资源区划成果与政府作用的关系是区划、规划、计划的三位一体，区划在其中不能缺位，不能错位，不能越位。规划与计划必须在区划的基础上，才能合乎科学规律，切实可行。因此，农业资源区划工作这一"用严格的科学态度领导农业生产的一项基础工作"必须要加强。

2. 强化农业资源区划工作是生态文明建设背景下推进农业绿色发展的内在要求

党的十八大以来，以习近平同志为核心的中央领导集体高度重视生态文明建设。生态文明建设要求加快形成绿色发展方式。2017 年 9 月中办、国办印发的《关于创新体制机制推进农业绿色发展的意见》，是党中央印发的第一个推进农业绿色发展的纲领性文件。意见明确提出，要优化农业主体功能与空间布局，落实农业功能区制度，立足水土资源匹配性，将农业发展区域细划为优化发展区、适度发展区、保护发展区，明确区域发展重点，努力建立反映市场供求与资源稀缺程度的农业生产力布局，并且定期监测农业资源环境承载能力，建立重要农业资源台账制度。近年，北京市在"调结构、转方式、发展高效节水农业"和首都农业功能定位的指导下，高度重视农业农村的绿色发展，正在推进全国农业绿色发展先行区的建设。其制度体系中，很重要的一项先行先试工作就是建立重要农业资源台账制度，实现对重要农业资源的监测评估与合理高效利用。这些都是农业资源区划工作的基本内容。因此，在生态文明建设蔚然成风的新时代，资源区划工作应该大有可为。强化农业资源区划工作，创新农业资源区划工作体制机制，是推进农业绿色发展的内在要求。

3. 强化农业资源区划工作是推动落实北京城市总体规划的迫切要求

《北京城市总体规划（2016—2035 年）》要求要以资源环境承载能力为硬约束，切实减重、减负、减量发展，要科学配置资源要素，统筹生产、生活、生态空间。根据《北京城市总体规划（2016—2035 年)》的要求，郊区面临着加快推进城乡产业发展一体化的历史任务，在现实发展中也提出了很多新的课题。例如，在发展都市型现代农业和城市需求导向性产业的形势下，如何确定京郊农业和农村资源的利用方向和性质？在乡村振兴国家战略实施过程中，如何实现乡村的多种功能？乡村绿色产业如何科学布局、科学评价？乡村休闲旅游产业如何转型发展并搞好空间结构布局？在减量发展的要求下，如何调整郊区产业结构与布局？如何划定永久基本农田？还有郊区小城镇发展与建设问题等。这些问题都需要加强农业农村资源区划与规划工作。

4. 强化农业资源工作是北京"大城市小农业、大京郊小城区"格局下实施乡村振兴战略的特殊需求

大城市郊区加强农业资源区划工作有其特殊性与紧迫性。京郊与城区土地邻接，生产、消费相互紧密依托，社会、生态相互强烈作用；人均资源占有量少，且利用结构复杂，变化快，人口与资源、环境之间的矛盾比较突出；同时，郊区还担负着首都鲜活食品生产基地、生态旅游休闲空间、城市发展疏导腹地以及农村经济生长空间等多重功能。因此，在配置农业和农村资源时，要按照城乡一体化和经济、社会、生态协调发展的指导原则，既要服从城市、服务城市、依托城市，又要增效农业、发展农村、富裕农民；要在摸清资源的基础上，按照市场需求进行科学配置，实现有限资源的低消耗、高产出，开发利用与保护整治相结合，绿水青山与金山银山相统一。

（二）拓展领域，深化内容

1. 农业农村并重，参与发展规划

早在 1993 年，市政府决定将原"北京市农业区划委员会"更名为"北京市农业与农村资源区划委员会"，要求各级农业与农村资源区划部门要解放思想，按照工农一体化、城乡一体化和经济、社会协调发展的原则，进一步做好农业与农村资源区划工作，更好地为发展郊区经济服务。这一决定是符合北京郊区发展实际的，农业、农村并重，也走在了全国的前列。当前，我们更要牢牢把握"大城市小农业、大京郊小城区"的基本市情，严格贯彻落实《北京城市总体规划（2016—2035 年）》，进一步强化农业、农村并重的指导思想，统筹农业农村资源要素，加快参与制定各级乡村振兴规划及各专项规划，划定生产布局和功能分区，开展农业与农村灾害区划。要服务区域发展战略，分区划片指导农业生产经营和美丽乡村建设，指导特色农产品生产格局调整和乡村休闲旅游产业合理布局，充分发挥区划工作的基础性作用，为首都乡村振兴战略的实施提供全方位的顶层设计。

2. 扩大试点范围，建设资源台账

建立国家重要农业资源台账制度是农业农村部发展规划司（原全国农业资源区划办公室）部署的一项重要任务。任务明确要求，国家农业绿色发展先行区应建立重要农业资源台账，鼓励有条件的地区建立重要农业资源台账，实现重要农业资源底数清晰，资源台账基本建立，台账汇交系统进一步完善，数据协调机制初步建立，农业资源节约长效机制探索取得积极成效。2020 年，北京市国家农业绿色发展先行区从过去的一个（顺义区），增加为两个（顺义区、大兴区）。要将近两年顺义区建设重要农业资源台账的做法和经验充分总结，推广到大兴区，为进一步在全市全面开展做好准备，要发扬"首善精神"，争取此项工作走在全国前列。

3. 强化监测评价，服务绿色发展

要全面贯彻中央《关于创新体制机制推进农业绿色发展的意见》，切实加强农业农村资源的监测与评价，探索建立资源生态效益评估、绿色价值核算的实施方法，完善生态补偿机制。科学评价农业农村资源，提高资源开发利用效率，主动谋划资源变资产的路径，构建不同农业资源特征的资产化管理制度。各级人民政府在研究和评审农业、农村开发项

目时，应充分发挥农业资源区划机构的作用，充分利用农业资源调查和农业区划的研究成果。

4. 加强遥感运用，构建数字乡村

农业资源区划工作是国家科技工作的重要组成部分，离不开对前沿技术的运用。早在20世纪80年代，遥感技术就成为农业资源区划系统开展常规业务的重要手段。党的十九大提出建设数字中国，数字乡村是数字中国的重要组成部分，农业遥感监测作为建设数字乡村的重要技术手段，在推进乡村现代化建设中具有广阔应用前景。中央《数字乡村发展战略纲要》中明确要求，夯实数字农业基础，完善自然资源遥感监测"一张图"和综合监管平台，建设农业农村遥感卫星等基础设施，大力推进北斗卫星导航系统、高分辨率对地观测系统在农业生产中的应用。农业资源区划部门要抓住数字乡村建设的机遇，主动作为，用好遥感技术这一看家本领。要结合天空地一体化数字信息科技，加强3S技术在资源区划工作中的应用，建立农业农村资源的动态监测制度。要利用遥感技术开展涉农重大政策落实的核查工作，增强敏感性，提高主动性，强化时效性。要利用数字化手段完善资源权属数据库，夯实资源变资产的基础。

（三）健全机构，充实队伍

过去一段时期，各区（县）承担农业资源区划职能的部门不尽一致，并且在历次人员变动、机构调整过程中逐渐弱化、消失，严重不适应新时期新要求，严重不利于新时期新任务。此次机构改革，农业资源区划工作的行政职能明确由市农业农村局发展规划处承担，原承担市农业资源区划委员会职能的市农村经济研究中心继续保留资源区划部门，承担具体事务性工作。这为理顺工作体制机制，落实地方责任，加强基层农业资源区划队伍建设，实现中央、市、区各级农业资源区划部门的联动提供了契机。

1. 明确机构人员

各区农业农村局应在"三定"方案中，明确发展规划科承担农业资源区划职能，指定专人负责此项工作，并明确一位主管局领导。

2. 建立协调机制

农业资源区划工作综合性强，市农业农村局和各区农业农村局应在原农业资源区划委员会的历史基础上，结合现实工作的需要，牵头建立农、林、水、规划与自然资源、发展改革、气象、统计等部门的协调联络机制。强化农业资源区划行政体系建设工作。建议市农业农村局成立农业与农村资源区划工作领导小组，负责协调联络工作，由市农业农村局主管副局长任领导小组组长，市农研中心主管副主任任副组长。领导小组办公室设在市农业农村局发展规划处，发展规划处处长任办公室主任，市农研中心资源区划部门负责人任副主任。

3. 充实工作力量

要加强市农村经济研究中心、各区基层科室承担资源区划工作的力量，形成对市农业农村局工作的强力支撑。抓住事业单位改革的契机，扩大现有资源区划部门（市农业资源区划办公室）人员编制，重点加强规划、遥感、经济地理专业技术人员力量。加强现有区划干部队伍的培训工作。保证农业资源区划工作经费和科研经费，加大研究投入，夯实基础研究，重视战略研究，强化综合研究。

农业资源区划工作有深厚的历史基础，有迫切的现实需求，各级政府要高度重视，尽快把机构、任务、人员落实下来。在生态文明建设加快推进，绿色发展蔚然成风的新时代，农业资源区划系统应该主动适应农业农村经济发展的新形势、新任务，以实施乡村振兴战略为总抓手，高举农业绿色发展旗帜，创造性地开展重要农业资源台账建设，多领域开展农业农村遥感监测分析，多维度推进农业农村资源环境管控，充分发挥农业资源区划工作基础性、战略性和前瞻性作用，为乡村振兴战略实施提供重要支撑。

（供稿：北京市农研中心资源区划处）

观往知来——站在历史关口看北京乡村休闲旅游产业发展*

2020年是北京市农村经济研究中心成立30周年，也是北京市综合农业区划提出"发展农业与开拓旅游事业结合"30年。可以说，研究、引领、参与北京乡村休闲旅游产业的发展，贯穿了农研中心30年的历史，北京市农村经济研究中心，因此也成为国内乡村休闲旅游发展研究的源头和高地。

回顾历史，按照工作的侧重，可将北京乡村休闲旅游产业的发展分为三个大的历史时期。

一、理论突破、提出规划的时期（1990—2003年）

市农业区划办①编辑出版的《北京市农业资源与区划（1990年）》从理论上第一次提出"保护城乡生态环境，发展农业与开拓旅游事业结合，使郊区成为首都环境保护的屏障，市民休息和国内外宾客观光旅游佳地"是北京郊区农业发展的功能之一。1993年发布的《北京市农业区域开发总体规划》首次提出"观光农业"概念。同年，市农业区划办联合北京师范大学旅游地理专家卢云亭教授开展大兴、房山永定河沿岸观光农业项目规划编制工作，并系统开展观光农业理论研究。在此基础上，1995年8月，卢云亭、刘军萍

---

* 本文是作者为北京市农村经济研究中心成立30周年所作的文章。

① 根据京办发〔1989〕31号文件，市委、市政府决定在市农业区划办公室和市农村经济研究所的基础上建立北京市农村经济研究中心。随后下发的《市委农村工作委员会 市政府农林办关于建立市农村经济研究中心后有关农业区划工作体制问题的通知》规定：市农村经济研究中心成立后，继续保留市农业区划办公室，仍然是市农业资源区划委员会的办事机构，日常工作归市政府农林办公室领导，市农研中心负责组织管理。因此，本文尊重历史事实，行文中有些地方仍然保留了"市农业区划办"的称呼。经过历次机构改革演变，市农研中心现在的资源区划处继承了市农业区划办大部分研究职能。

（时任市农研中心资源区划室主任）等著的《观光农业》一书由北京出版社正式出版，成为国内第一部反映观光休闲农业领域的著作。该书对观光农业进行了系统的理论探讨，内容涉及观光农业的定义、特点、结构、作用、产生的必然性与可能性，以及北京市发展观光农业的意义、条件、原则、构想和数据库的设计、实现途径等一系列课题，为政府科学引导产业发展提供了理论准备。同时，在原农业部全国农业资源区划办公室的大力支持下，隶属于农研中心的北京市农业区划办也开展了面向全国的专题培训。

除了农业区划这条线，农研中心研究都市农业的另一条线，也推动了观光休闲农业的理论研究工作。1995 年，时任农研中心主任赵树枫赴中国台湾地区考察农业，收到台湾大学农经系萧清仁教授赠送的一本《台湾都市农业研讨会论文集》。回京后他立即把这本论文集交给农研中心的研究人员，指示开展"都市农业"的研究。1996 年 6 月，以北京市城郊经济研究会与中国台湾地区"中国农业经营管理学会"的名义联合召开两岸城市化与都市农业研讨会。当时提出"都市农业"的出发点是：在即将兴起的城市化热潮中，大城市地区必须保护、而不是废弃农业，防止农业被水泥沙漠所湮没；保护农业的路径之一，是打破将农业农民限制于粮食生产的禁锢，发展多功能农业；尤其应充分利用农业内含的生产、生活、生态等多种功能和郊区的近城区位优势，吸引城市要素参与、投入农业农村的生产生活，让农业焕发出新的活力；为此需要在政策上实现一系列新的突破。都市农业的研究，为乡村休闲旅游产业提供了更为坚实的理论基础。观光农业在这一历史时期成为都市农业研究的重要内容。

正是有了这些开拓性、前瞻性的研究积累，1997 年 7 月 29 日，市政府以北京市农村经济研究中心的名义，在房山区长阳镇召开了全市观光农业研讨会，听取了市农业区划办关于全市观光农业发展总体规划前期研究的汇报。当时分管农业工作的副市长岳福洪出席并讲话。他提到，召开这个会，主要基于两个因素，一是北京郊区旅游业发展很快，二是市农研中心组织去台湾考察都市农业，回来后写的考察报告很有启发。他敏锐地指出，从农业发展的内在要求看，农业不仅要生产物质产品，而且要生产精神、文化产品，这就决定着农业的发展方向是多元化的，旅游观光农业是农业由第一产业向二、三产业的延伸和渗透，这是郊区经济结构和农业产业结构调整的重要内容，也是由传统农业向现代农业转变的重要途径。他还强调，要保护农业资源和环境，绝不能破坏资源，如果鼓吹大搞基本建设，很可能是一场灾难。

这次会议决定，要在搞好市场调研的基础上，做好观光农业的发展规划，使资源得以合理利用，特别要解决破坏资源的问题。针对这一任务，岳福洪副市长特别说："我赞成由区划办来承担，发挥其自然资源家底较清楚的优势，进一步搞好观光农业的资源调查"。经过 9 个多月的紧张工作，区划办拿出了全市，也是全国第一个观光农业发展总体规划——《北京市观光农业发展总体规划》，1998 年 5 月 20 日，以北京市计划委员会、市政府农林办公室、市农业资源与农业区划委员会名义联合下发。

1998 年 8 月 19 日，市政府在小汤山召开全市观光农业工作会，各区（县）主管经济工作的副书记，分管农业和旅游的副区（县）长都参加了会议。岳福洪副市长也来了。他说："经过 1997 年的务虚研讨和实践证明，观光农业在郊区是很有生命力的。在农业战线上，思想得到了进一步的统一，认识到它是郊区农村经济新的增长点，是农业产业结构调整的一个重要组成，是区县农业发展的一个新思路。"时任市政府农林办副主任兼市农业区划办主任聂玉藻对此做了进一步阐释："这次结构调整不是一般意义上的调整，不是多种点菜、少种点粮的调整，不是平面拓展、横向调整，而是在于其结构的纵向调整。所谓纵向调整就是由农业的简单生产环节向二、三产业延伸，这是非常重要的指导思想。所以，我们现在谈观光农业，很重要的就是把我们的第一产业，向二、三产业扩展和延伸。特别是第三产业，要把郊区农业资源和旅游资源紧密地结合起来，农游合一"。

会上大家倡议成立一个专门机构来统领全市观光农业发展工作。在这个机构成立之前，按照会议决定，市农业区划办承担了全市观光农业发展规划工作。在总体规划的指引下，《北京市观光渔业发展规划》《昌平农业科技园观光农业规划》《顺义县观光农业发展规划》《怀柔县观光休闲农业开发规划》、平谷县观光农业项目开发设想等陆续出台。

二、强化管理、产业促进的时期（2004—2016 年）

2004 年 3 月 9 日，市政府《关于实施"221 行动计划"推进北京农业现代化的意见》把"开发郊区农业新功能，大力发展都市型农业"作为第一项工作重点，明确要求"各区县要充分发挥自身的区位特点和资源优势，大力发展旅游观光农业"。休闲农业成为北京都市型现代农业重点发展的"四种农业"[①] 之一。

当时适逢全国精简机构的浪潮，全市观光农业工作会"成立一个新机构"的设想迟未能实现。但是形势的发展不等人，于是在部分领导、专家和企业的倡议下和市农研中心领导的大力支持下，决定走行业协会管理行业建设的新道路。2003 年 10 月 13 日，市社会团体管理办公室正式批准北京观光休闲农业行业协会进行筹备。2004 年 4 月，全国第一家休闲农业行业协会——北京观光休闲农业行业协会正式成立，市农研中心作为主管机关，协会依托资源区划室开展日常工作。北京乡村休闲旅游产业的发展进入了强化管理、产业促进的新时期。农研中心通过主管行业协会，搭建了调查研究之外的更大、更具体的服务平台，增强了话语权、影响力和履职力。

这一时期又可以 2011 年底召开的京郊旅游发展大会为节点，分为两个阶段。

（一）以搭建"四梁八柱"为主的阶段（2004—2011 年）

在市农研中心、市农委的领导和支持下，协会积极履行行业管理、服务产业的职能。协会伊始，即配合市农委开展了观光农业示范园的评定工作，评定了 4 批近百个示范园，在产业发展成长期起到了积极的示范引领作用。此外，还开展了大量的培训、考察、交流、宣传推介工作，举办了北京乡村旅游商品开发系列活动、"凤凰乡村游、体验新农村"系列活动、"艺人下乡传手艺，农民在家学技能"活动等具有影响力和开拓性的行业促进活动，农研中心本身也开展了大量的调查研究工作。这一时期，形成了官、产、学、研之

---

① "四种农业"，即籽种农业、休闲农业、循环农业、科技农业。

间的良性互动机制，北京休闲农业发展的"四梁八柱"逐步搭建起来。

2005年10月，中共北京市委就制定《北京市国民经济和社会发展第十一个五年规划纲要》再次强调"积极发展高效农业、生态农业、休闲农业，构筑都市型现代农业体系"。这一时期是北京市休闲农业数量上的快速发展期。全市观光农业园的总收入，从2005年的7.5亿元，成长为2012年26.9亿元，几乎翻了两番，接待人次从2005年的893万人次，增长为2012年的1940万人次，翻了一番多。

（二）以产业"提档升级"为主的阶段（2012—2016年）

随着"十一五"规划的实施，全市人均GDP在2009年突破一万美元大关，消费结构也逐渐发生了改变。2011年12月8日，市政府召开全市京郊旅游发展大会，提出"突破高端、发展中端、提升低端"的工作思路。根据会上市旅游发展委、市农委等五部门下发的文件，北京观光休闲农业行业协会在市农研中心的指导下，制定了《北京市休闲农业园区（企业）星级评定标准（试行）》，从2012年开始，以星级评定为抓手，促进休闲农业提档升级。此项工作延续至今，得到行政主管部门和基层的肯定，得到广大园区和消费者的欢迎。

提档升级离不开调研工作的支撑。这一阶段，市农研中心资源区划处紧紧围绕产业发展的客观要求，从农业农村资源开发利用的角度，组织开展了以农民专业合作组织促进乡村旅游发展、乡村旅游市场新需求、休闲农业园区生态建设、创意农业发展、新业态等方面的调研，既关注热点问题，也适当涉及前沿问题研究，有力地支撑了行政主管部门的工作。2017年，市委、市政府下发《关于坚持疏解整治促提升，扎实推动城乡一体化发展的意见》，明确提出要完善休闲农业、乡村旅游的行业标准。资源区划处随即启动休闲农业标准体系的研究，市民农园建设与经营规范（后更名为共享农园建设与管理规范）、休闲农业园区等级划分与评定两个地方标准正式立项。经过近三年的工作，克服了大棚房问题专项整治和机构改革带来的波折，这两个地方标准将在2020年底之前完成发布。

这一时期，全市观光园收入从2012年的26.9亿元，增长为2016年的28亿元，接待人次从2012年的1940万人次，增长为2016年的2250.5万人次，增长势头放缓，产业提档升级压力持续加大。

三、转型发展、二次创业的新时期（2017年至今）

（一）新形势

京华大地的社会经济发展滚滚向前，乡村休闲旅游产业的发展也从快速扩张的成长期，日渐进入到竞争激烈、市场盘整的成熟期。产业用地、资源环境、工商管理的刚性约束越来越强，产业发展遇到了瓶颈。根据市统计局发布的数据，自2017年第二季度起，全市观光园和乡村旅游接待人数出现下降。

根据2018年末的统计数字，截至2018年底，全市农业观光园共计1172个，比上年减少44个。这1172个观光园实现总收入为27.3亿元，同比下降8.9%；接待人次为

1 897.6万人次，同比下降9.9%。截至2018年底，全市乡村民俗旅游实际经营户7 783户，同比减少580户；民俗旅游总收入13亿元，同比下降8.2%；接待人次为2 042.3万人次，同比下降8.5%。

再看2019年的数据。2019年底，观光园数量跌破1 000，下降为948个，总收入23.21亿元，同比下降12.74%；接待人次1 538万人次，同比下降17.47%。截至2019年底，全市乡村民俗旅游实际经营户7 350户，同比减少433户；民俗旅游总收入14.43亿元，同比增长5.4%；接待人次为1 920.1万人次，同比下降3.8%。

（二）新动力

在统计数字不断下降的同时，市委、市政府依然对这个产业寄予了厚望。《北京城市总体规划（2016—2035年）》拿出专门章节——第六章第三节，对乡村观光休闲旅游的发展作出部署，标题就叫"提高服务品质，发展乡村观光休闲旅游"。《北京城市总体规划（2016—2035）》明确提出的发展目标是：按照城乡发展一体化，坚持乡村观光休闲旅游与美丽乡村建设、都市型现代农业融合发展的思路，推动乡村观光休闲旅游向特色化、专业化、规范化转型，将乡村旅游培育成为北京郊区的支柱产业和惠及全市人民的现代服务业，将乡村地区建设成为提高市民幸福指数的首选休闲度假区域。支柱、现代、首选，目标不可谓不大，期望不可谓不高！

生态涵养区的发展，是市委、市政府重点关注的领域。2018年11月市委、市政府发布《关于推动生态涵养区生态保护和绿色发展的实施意见》，明确提出，着力将生态涵养区建设成为展现北京美丽自然山水和历史文化的典范区、生态文明建设的引领区、宜居宜业宜游的绿色发展示范区。宜居、宜业、宜游，我们看到了乡村休闲旅游产业的身影。在《北京市浅山区保护规划（2017—2035年）（草案）》中，提出"用好浅山的生态与景观优势，发展高水平的生态型、人文型旅游服务"。事实上，这就是习近平总书记2017年底在《走中国特色社会主义乡村振兴道路》这篇报告中指出的，"随着时代发展，乡村价值要重新审视。现如今，乡村不再是单一从事农业的地方，还有重要的生态涵养功能，令人向往的休闲观光功能，独具魅力的文化体验功能……乡村越来越成为人们养生养老、创新创业、生活居住的新空间"。

2018年9月，习近平总书记在吉林查干湖考察时说，"一个是生态，生态建设，查干湖是个标志。再一个是旅游，绿水青山、冰天雪地都是金山银山。一方面要保护生态，另一方面要发展生态旅游，相得益彰。"所以，我们可以说，乡村休闲旅游产业，就是把"绿水青山"转化为"金山银山"的"金杠杆"。生态文明建设和乡村振兴战略的实施，为乡村休闲旅游产业的发展注入了新的动力。

（三）新课题

一方面是政府重视，定调定得很高，一方面是统计数据连年下降。唯一的结论就是产业发展现状与市场需求还不相适应，发展方式还比较粗放，存在思想准备不足、制度供给不够、基础设施滞后、内生动力和新产品开发能力不足、服务质量有待提高等问题，亟须转型升级。

如何在日渐趋紧的资源环境约束下探索出新的发展模式？如何在"双循环"的新格局中获得新的发展红利？如何在城乡融合的浪潮中聚变出新的经营业态？如何在"放管服"中倒逼农村产权制度改革和要素市场化改革？乡村休闲旅游产业，如何为乡村的产业振兴、人才振兴、文化振兴、生态振兴、组织振兴赋能？这是新时代给我们提出的新课题。

四、未来之路

（一）补短板，着力解决"美"的问题和"好"的问题

我国社会主要矛盾已经转变为人民日益增长的美好生活需要和不平衡不充分的发展之间的矛盾。当前，京郊乡村休闲旅游产业主要的短板就是外在形象"不美"和内在服务"不好"。针对这个问题，一方面，应有组织地推动文化创意和设计服务下乡，把美丽乡村建设和乡村旅游产业的发展统筹起来研究、推动，在全市 2020 年实现美丽乡村全覆盖的基础上，进一步打造一批美丽休闲乡村，从美丽乡村走向美丽经济，系统解决"美"的问题；另一方面，应推动、扶持具有运营能力的小微企业下乡，抓住夜经济、睡眠经济、萌宠经济、懒人经济、团建经济这些"城市新经济需求"，支持精品民宿、市民农园、教育农园、山野运动、乡村露营、银发农庄、乡村摄影基地、乡村轰趴馆、乡村团建营地等新业态，系统解决"好"的问题。

（二）融城乡，着力解决要素聚集"优"与"强"的问题

新时代生产方式发生了历史性转变，从粗放式、要素驱动向创新驱动转化。创新的主体是"人"，人的背后跟着资源、要素、渠道、能力。乡村休闲旅游产业是打通城乡要素的双向流通渠道的先行产业，一方面要充分发挥北京全国最富集的高端人才优势，把新农人返乡下乡创业、农村"双创"工作和乡村休闲旅游的发展有机结合起来，引资和引智并重，以人为载体，带动城市的设计力、运营力、整合力、传播力下乡，推动农业农村与教育、体育、养生养老等多种方面的休闲产业深度融合；另一方面要规划建设乡村旅游产业聚集区，为投融资、现代金融的进入提供平台，为要素聚集提供有利于形成规模效应的空间，为整合各项政策，打好"组合拳"提供有利于形成集成效用的空间。

（三）建共生，着力解决利益分配机制的问题

习近平总书记指出，农村一、二产业融合不是简单的一产"接二连三"，关键是完善利益联结机制。因此，在融合城乡要素的过程中，要着重处理好社会资本与农民、村集体之间的分配关系，要以制度化的形式，确保社会资本下乡能够以就业带动、保底分红、股份合作等多种形式让农村分享全产业链的收益。北京农村集体经济的发展具有良好基础，基层党组织建设扎实有力。近年，京郊涌现出房山区周口店镇黄山店村、延庆区旧县镇东龙湾村、刘斌堡乡下虎叫村等一批以村集体、合作社为基础，与社会资本开展合作取得积极成效，实现给村集体、合作社社员分红的乡村旅游经营模式，值得我们好好总结，突出

宣传，大力推广，把乡村休闲旅游产业发展与集体经济发展壮大紧密结合起来，形成新时代城乡共建、共生、共享的乡村休闲旅游发展"北京模式"。

（四）倡生态，着力解决绿色产业和生态保育的问题

新时代文明形态的历史性转变，是从工业文明转向了生态文明。北京发展乡村旅游，最大的资源优势是占全市总面积62%的山区，最大的制约因素是占全市总面积62%的山区都是生态涵养区。在乡村休闲产业升级的工作中，一方面要大力推进生态旅游的理念，推广垃圾减量、污水景观化处理技术；另一方面要加强对生态旅游项目、生态自然教育项目开发的引导，总结推广"亲生态"的乡村旅游开发模式，制订乡村生态旅游发展指导意见，破除生态涵养区面临的"资源诅咒"，实现绿水青山与金山银山之间的辩证统一关系，形成生态富民的良性发展局面。

（五）促文化，解决产业发展高质量和可持续的问题

乡村休闲旅游产业是一个关系到文化自信的产业。农耕文化是中华文化之根，也是中华民族优秀传统文化的重要组成部分。中国文明根植于农耕，我们的文化、政治都是农耕文明的产物，乡村休闲旅游产业是现代人了解传统农耕文明的窗口，与建立文化自信密不可分。美丽乡村、精品民宿所体现的中国乡村生活美学，就是中国美丽乡村走向世界的前锋和窗口。北京是全国文化中心，拥有世界一流的文化、创意、教育、媒体资源。因此，未来要把乡村休闲旅游产业的发展与文化传承结合起来，与文化教育结合，与文化传播结合起来。

（六）导科技，着力解决产业发展现代化的问题

党的十八大以来，中央高度重视数字农业农村的建设，作出实施大数据战略和数字乡村战略、大力推进"互联网＋现代农业"等一系列重大部署安排。要用乡村休闲旅游产业的发展推动农村新基建，在即将到来的5G时代，乡村休闲旅游产业在新技术新场景应用上要先行。要大力推动乡村产业数字化多元化发展，发展智慧休闲农业平台，完善休闲农业数字地图，引导乡村旅游示范县、美丽休闲乡村开展在线经营，推广大众参与式评价、数字创意漫游、沉浸式体验等经营新模式，推动产品升级迭代，让美丽智慧乡村成为京郊的一张金名片。

（七）重管理，着力解决产业治理规范化、法治化的问题

乡村休闲旅游产业可以说是在农村地区，由农民在法律法规的缝隙里顽强创造出来的产业。但是，一个产业也许能够在灰色地带萌芽，但绝不可能在灰色地带健康地成长壮大。乡村休闲旅游产业的发展要实现根本性转变，必须要走政策体系化、发展规范化、管理法治化的道路。要厘清政府与市场边界，强化行业协会的作用，健全行业发展规范，行政部门由指令性管理变指导性管理，重点抓好政策的集成应用，营造良好的营商环境。

总之，今天要主动把乡村休闲旅游工作放到乡村振兴的大局中考虑，它是在"大城市

小农业，大郊区小城区"的基本市情下实施乡村振兴战略、实现城乡产业一体化的"牛鼻子"。这是《北京城市总体规划（2016—2035 年）》用专门章节对这个产业提要求、谋布局的用意，也是 30 年前农业农村部门冲破观念障碍，提出要发展这个产业的初心。站在"百年未有之大变局"的历史关口，我们必须要对一路走来的历史进行全方位回顾，对农业农村的价值进行重新审视，对乡村休闲旅游产业的内涵和外延进行重构。新冠肺炎疫情和"双循环"迅速提升了城市人群对乡村的消费需求。要以时不我待的精神，更好地配合行政主管部门，加快研究农业农村资源开发利用的新场景，加快推动《北京城市总体规划（2016—2035 年）》中"支柱产业、现代服务业、首选休闲度假区域"三大目标的实现。这就是农研中心与北京乡村休闲旅游产业同行 30 年之后面临的新课题和新使命。

（作者：刘军萍、陈奕捷，单位：北京市农村经济研究中心）

新冠疫情加速乡村旅游高质量发展[*]

一、危——乡村旅游"疫"中困境

自新冠肺炎疫情发生以来，乡村旅游经营者坚决响应政府号召，闭门谢客，除了少数园区通过电商、微店、团购等渠道销售时令农产品之外，全行业的收入基本归零。

对北京郊区 31 家乡村旅游经营企业电话访谈与网络问卷的调查显示，所受损失包括三类：第一类是服务业性质的损失（含娱乐活动投入、餐饮和住宿退订等），第二类是农业性质的损失（指采摘和农事体验等），第三类是企业运营方面的损失（含用工短缺、员工工资、合作社分红以及租金等）。第一、二类属于打了水漂。所造成的影响是显著而深刻的，甚至是长期的。以 2019 呈暴发增长的乡村民宿为例，随着政府积极的扶持政策，许多投资商、运营商在改造农舍时都增加了建筑保温层、铺设了地暖，补齐了冬季乡村游住宿上的短板，大家准备在春节大干一场。但疫情突降，迫使大家继续"猫冬"，颗粒无收。据了解，怀柔区渤海镇民宿退订 246 单；延庆区左邻右舍、一棵树乡村民宿取消 30 万元订单；延庆区自游自在乡村民宿取消 20 万元订单；隐居乡里、原乡里品牌旗下几十个院落取消 150 万元订单。乡村旅游产业的脆弱性凸显。

二、机——乡村旅游"疫"间反思

"休闲农业、乡村旅游"2007 年写进中央一号文件后，经过这些年的快速扩张，业已成为我国农村经济社会发展的新亮点、新支点。与此同时，我们也清醒地认识到，宏观层

---

* 本文发表于《今日国土》杂志 2020 年 Z1 期。

面制度供给滞后、发展规划缺位、基础设施不足等不利因素愈发凸显，微观层面经营主体创新力、应变力、传播力、服务力、运营力不足等问题愈发严峻，洗牌已经悄然开始，只是先觉者总是少数。乡村旅游产业属于典型的人群聚集性产业，极易受到突发事件冲击。大疫带来的猛击，使得很多"温水里的青蛙"也清醒了过来，开始思考如何提升改造自身以应对不确定的未来。应该说一个多月以来，全行业基本形成了一个共识，就是不管有没有这次疫情，乡村休闲产业都已经进入到转型升级的时期，疫情只是加速了这一进程，疫情就是淘沙的大浪、炼金的烈火。

我们必须要深刻地重新认识乡村旅游的本质是什么？乡村旅游连接着城乡市场，城乡之间要素的流动规律和趋向有哪些？当前我们的产业产品结构性过剩是否存在？在第四次科技革命推动下的智能时代，作为一个开放的产业，乡村旅游的经营者需要有资源的把控力、产品的设计力、运营的网络力、服务的执行力，我们有吗？我们行吗？

三、策——乡村旅游"疫"后重振

非常赞成知名旅游专家魏小安日前发表的"后新冠旅游：不是复苏是振兴"的观点。确实有很多人寄希望于新冠疫情后的市场复苏和反弹以度过危机，但这只是表层，只是解决一时之急的一厢情愿。我们需要重新认识我们的乡村价值、乡村旅游的本质，秉持以人为本的理念，重新研判消费市场和消费方式的变化，在此基础上，重新思考我们的战略战术、找到我们的短板弱项，调整我们产业的方向、项目的定位、经营的模式、服务的策略、组织的架构，要秉持长期主义、走可持续的高质量发展之路。

（一）再认识乡村价值和乡村旅游本质

首先是"跳出乡村看乡村"。2017年习近平总书记就指出，"随着时代发展，乡村价值要重新审视。现如今，乡村不再是单一从事农业的地方，还有重要的生态涵养功能，令人向往的休闲观光功能，独具魅力的文化体验功能……乡村越来越成为人们养生养老、创新创业、生活居住的新空间。"《浙江省深化美丽乡村建设行动计划（2016—2020年）》提出"产村人"融合、"居业游"共进，发展"美丽经济"。2018年北京市对生态涵养区提出了"宜居宜业宜游"的发展方向，目标就是要把乡村建成居住生活的社区、投资兴业的园区、观光休闲的景区，要让原住民、新农人、游客在乡村这个地理空间里实现共享、共生、共赢。这是乡村发展的新目标。因此，再"跳出旅游谈旅游"，乡村将成为市民的第二生活空间，到乡村旅居将成为市民最时尚的生活方式。

（二）乡村旅游高质量发展的特征

1. 项目定位主题化

这次新冠疫情的防控，不仅仅是一次全民防疫意识、知识的普及教育，实际上是"一场刻骨铭心的生命教育运动"。疫情培育了一些新的生活方式、消费方向和消费方式，乡村旅游必须与时俱进、适势适事适式适时响应。应该成为具有生产、生活、生态、生命和生意特性的"五生"产业，特别是随着人们生活品质化意识的提高，家庭、亲子、研学等市场所青睐的生态游、健康游、度假游、文化游将更加成为热宠，亟待健康农产品、功能食宿、公共安全等品牌化的供给创新。特别强调的是，乡村旅游的项目主题、产品品质和消费市场应实现精准、精细、精致的匹配对接。

2. 产业经营数字化

2003年非典后产生了一批旅游网络企业，而乡村旅游多数还是沿用传统方式、有路径依赖。调研也发现，一些乡村旅游经营企业像北京延庆北菜园、怀柔耘泽谷、顺义三分地有机农场、昌平三生万物生态农场等，受疫情的影响较小，甚至还有增长。这些企业共同的特点是生产与农事体验并举、在地采摘与网上销售并重，开发或运用了成熟的电商平台，建立了快捷的物流配送体系，培养了较为稳定的黏性用户，线下线上相得益彰，很好地满足了疫情催生的"宅经济"、互联网时代催生的"云经济"和新生代催生的"萌宠经济""懒人经济"等新经济的需求。抖音、快手短视频等社交媒体的有声有影有情传播，新网络的营销将消费者这种需求衍化成长久的购买习惯，从而进入消费者的心智名单。未来发展数字经济，引入物联网、大数据、云计算等信息化手段为自身赋能，开发"非接触式"服务与产品，如云旅游、AR沉浸式体验等，必将成为提升产业效能的主渠道。

3. 服务产品多元化

要以农业生产、农村生活为产业根基，打造出系列化、综合性的多元服务产品，实现从卖产品到卖体验再到卖生活方式、从线下到线上的全系增长。陕西省咸阳市礼泉县烟霞镇袁家村成功的秘籍之一就是创造了一个乡村生活综合体——村景合一，游客看到的不仅仅是景区和商品，更多的是感受到当地人真实的乡村生活，能够让游客长时间、多角度、全方位、零距离体验村民生活，并对其系列衍生品产生兴趣。这里需要注意三点：第一，优质的农特产品和优美的生态环境是产业的基础供给，要夯实。民以食为天，作为在没有游客接待特殊时期的基础收入。第二，开发爆品，增强客户体验、延长经营季。第三，在"酒香也怕巷子深"的时代，要学习"王婆卖瓜自卖自夸"，主动宣传，做好直播引流，充分展现美丽乡村、魅力田园、文旅体验的治愈系，打造向往的生活秀，同时植入好产品，让好产品与消费者形成时间、空间的无限链接，并懂得在后疫情时代将消费者这种需求衍化成长久的购买习惯，从而进入消费者的心智名单。

4. 产业治理组织化

无论是一个区域发展还是一个项目建设，都要朝向治理体系和治理能力现代化的方向前进。尤其是在治理体系的构建上要走组织化道路。比如，在资本下乡发展乡村旅游的过程中，要注意在农民自觉自愿的基础上，用产业化和合作社的形式，把农民组织起来，同时与村集体建立一套较好的利益分配机制，既极大地调动了农民主体的积极性，又成为一种风险共担机制。调查中我们发现，隐居乡里由于采取了合作社＋运营企业的模式，利益和经营挂钩，旗下民宿在疫情发生期间虽然停业，但也同时停止了支付合作社的房屋租金，停止了民宿管家的雇用，没收入自然没有分红，有效地化解了风险、减少了损失。

（三）强化乡村旅游的制度供给

旅游是一个永远的朝阳产业。其对我国社会经济发展的贡献显而易见，因此中国支持旅游业发展的经济道路不会改变、国民旅游需求的持续增长态势不会改变。由于城乡二元结构的制约，乡村旅游还很不成熟，短板弱项不少，需要各级政府及相关部门特别是自然资源、农业农村、文化和旅游等部门给予支持。

1. 建立城乡生产要素双向自由流动的制度性通道

把新农人返乡下乡创业、农村"双创"工作和乡村休闲旅游的发展有机结合起来，以此带动城市的设计力、运营力、整合力、传播力下乡；同时，规划建设乡村旅游产业聚集区，形成规模效应。

2. 着力解决乡村旅游发展中的关键制约因素

2020年中央一号文件明确要求，抓紧出台支持农村一、二、三产业融合发展用地的政策意见。希望相关部门要加快研究制订乡村休闲产业用地管理办法、乡村旅游发展条例等法规性文件。在资金扶持上加大力度，采取扶优扶强的策略，鼓励产业优化结构、创新产品，鼓励具有运营能力的小微企业下乡与村集体深度捆绑发展，促进供给侧改革。

3. 升级通信、道路等基础设施建设，提供公共管理服务

特别是以新冠疫情防治为契机，加强农村人居环境整治和农民健康生活方式培养，提升乡村公共卫生安全治理能力。

总之，乡村旅游是一个敏感脆弱的产业，但更是一个韧性十足、成长空间极大的产业。纵有乌云遮万籁，还留明月照乾坤。我们坚信，疫情终将过去，到乡村去旅游，让乡村带给我们对美好生活的向往。

（作者：刘军萍、陈奕捷，单位：北京市农村经济研究中心）

北京市农业生产资源调查与产业布局研究报告（节选）[*]

近年，随着城镇化进程快速推进，以及平原造林等生态工程的建设，北京市农业生产资源的数量和分布发生了很大变化。本研究旨在采用遥感调查方法和野外考察相结合进行农业生产资源空间分布调查和空间分布特征分析：①农业生产资源调查和分布分析，调查主要包括耕地、设施农业用地、四荒地及渔业水面；开展耕地和设施农用地的空间分布分析。②进行北京市农业生态服务价值研究。③多尺度北京市休闲农业空间分布分析。④2011—2019年期间的7期耕地和林地变化监测和分布分析。

---

* 本文为市农研中心资源区划处与市农业农村局发展规划处共同委托北京师范大学地理科学学部开展的调研。

一、研究区域

本研究的区域为除首都功能核心区外的三个功能区，包括 14 个近远郊区县：朝阳、丰台、石景山、海淀、门头沟、房山、通州、顺义、昌平、大兴、怀柔、平谷、密云和延庆。

二、研究内容

本研究采用"3S"技术，即遥感（RS）、地理信息系统（GIS）、全球定位系统（GPS）技术，结合低空无人机等技术进行野外实地调查，开展了 2019 年北京市农业生产资源调查，其中调查内容具体为：耕地、设施农业用地、渔业水面及四荒地的现状调查。应用地理空间大数据分析方法，对 2019 年休闲农业在线分布点（POI）数据进行了农家乐、采摘园、垂钓园和农林牧渔基地的空间分布研究。应用变化检测方法分析了 2011 年、2013 年、2014 年、2015 年、2016 年、2018 年以及 2019 年共 7 期耕地和林地的空间分布变化状况。完成了 2011 年和 2019 年的农业生态服务价值的测算和变化分析。

本研究的分类系统最终确定为耕地、设施农业用地、养殖水面和四荒地。

三、野外调查

结合耕地、设施农业、渔业水面和四荒地的分类结果，开展北京市实地调查，其中选取 50% 以上（包括四荒地和设施农业用地，四荒地不低于 25%）实地考察验证点，参照解译结果进行对比验证。实地考察采用低空无人机、GPS 定位及现场拍照相结合的技术手段验证耕地、设施农业用地、养殖水面及四荒地分类结果，最终对各地类的数量、分布、利用结构及其变化状况进行综合分析。

本次野外实地验证北京市耕地、设施农业、渔业水面和四荒地的分类结果，共获取实地调查验证点 1 515 个，野外路程达 2 599.60 千米。其中，设施农业验证点 759 个，四荒地验证点 158 个，耕地及渔业水面验证点共 598 个。

精度评价方式采用混淆矩阵和 Kappa 系数，并给出生产者精度和用户精度。随机生成 100 个样本点进行精度评价，结果总体精度达到 92.65%，Kappa 系数为 0.901 7，几乎完全一致，精度达到本研究所需，数据结果真实可信。

四、2019 年耕地、设施农业、渔业水面及四荒地分布

（一）耕地、设施农业、渔业水面及四荒地总体概况

1. 耕地

监测分类取得的 2019 年北京市郊区耕地面积约为 536.39 千米² （80.46 万亩），占北

京市郊区总面积的 3.27%，主要分布在耕地面积居前六位的顺义区、大兴区、通州区、平谷区、延庆区和房山区等区域，也是北京市粮食和经济作物等生产的重点区域。昌平、密云、海淀、怀柔、朝阳、丰台也有部分耕地分布。极少量耕地分布在石景山区和门头沟区（表1）。

表 1　2019 年北京市郊区耕地面积统计

单位：千米²、万亩、%

区域	耕地面积	耕地面积	占耕地比重	占本区面积比
北京市郊区合计	536.39	80.46	100.00	3.27
城市功能拓展区	37.88	5.68	7.06	—
朝阳区	11.82	1.77	2.20	2.59
丰台区	10.29	1.54	1.92	3.45
石景山区	1.63	0.24	0.30	1.91
海淀区	14.14	2.12	2.64	3.25
城市发展新区	346.60	51.99	64.62	—
房山区	43.66	6.55	8.14	2.16
通州区	66.98	10.05	12.49	7.43
顺义区	114.53	17.18	21.35	11.22
昌平区	35.52	5.33	6.62	2.61
大兴区	85.92	12.89	16.02	8.25
生态涵养发展区	151.66	22.75	28.27	—
门头沟区	3.54	0.53	0.66	0.25
怀柔区	19.21	2.88	3.58	0.90
密云区	27.93	4.19	5.21	1.26
平谷区	56.83	8.52	10.59	6.05
延庆区	44.14	6.62	8.22	2.22

2. 设施农业用地

监测分类取得的 2019 年北京市郊区设施农业用地面积约 196.46 千米²（29.47 万亩），占北京市郊区总面积的 1.20%，主要分布在京郊大兴区、通州区、顺义区和房山区，分别占设施农业用地总面积的 31.01%、16.96%、14.28% 和 13.84%（表2）。

表 2　2019 年北京市郊区设施农业面积统计

单位：千米²、万亩、%

区域	设施农业面积	设施农业面积	占设施农业比重	占本区面积比
北京市郊区合计	196.46	29.47	100.00	1.20
城市功能拓展区	8.25	1.24	4.20	—
朝阳区	4.79	0.72	2.44	1.05
丰台区	0.42	0.06	0.21	0.14

（续）

区域	设施农业面积	设施农业面积	占设施农业比重	占本区面积比
石景山区	0.64	0.10	0.33	0.75
海淀区	2.40	0.36	1.22	0.55
城市发展新区	165.62	24.84	84.32	—
房山区	27.18	4.08	13.84	1.35
通州区	33.31	5.00	16.96	3.70
顺义区	28.05	4.21	14.28	2.75
昌平区	16.16	2.42	8.22	1.19
大兴区	60.91	9.14	31.01	5.85
生态涵养发展区	22.60	3.39	11.50	—
门头沟区	0.88	0.13	0.45	0.06
怀柔区	3.02	0.45	1.54	0.14
密云区	6.38	0.96	3.25	0.29
平谷区	9.34	1.40	4.75	0.99
延庆区	2.97	0.45	1.51	0.15

3. 四荒地

监测分类取得的 2019 年北京市四荒地面积约 34.83 千米²，占全市调查面积的 0.21%。其中四荒地主要分布在京郊密云区、大兴区和房山区（表 3）。

表 3　北京市郊区四荒地面积统计（2019）

单位：千米²、万亩、%

区域	四荒地面积	四荒地面积	占荒地比重	占本区面积比
北京市郊区合计	34.83	5.225	100.00	0.21
城市功能拓展区	0.00	0.000	0.00	—
城市发展新区	15.87	2.381	45.56	—
房山区	5.94	0.891	17.05	0.29
通州区	0.26	0.039	0.75	0.03
顺义区	0.04	0.006	0.11	0.00
昌平区	2.70	0.405	7.75	0.20
大兴区	6.93	1.040	19.90	0.67
生态涵养发展区	18.97	2.846	54.46	—
门头沟区	2.23	0.335	6.40	0.16

（续）

区域	四荒地面积	四荒地面积	占荒地比重	占本区面积比
怀柔区	4.41	0.662	12.66	0.21
密云区	8.21	1.232	23.57	0.37
平谷区	0.86	0.129	2.47	0.09
延庆区	3.26	0.489	9.36	0.16

4. 渔业水面

监测分类取得的 2019 年北京市郊区渔业水面面积占全市调查面积的 0.19%，面积约 31.38 千米² （4.71 万亩）。主要分布在京郊通州区、房山区、顺义区和大兴区，分别占渔业水面的 17.10%、15.60%、12.05% 和 10.80%（表 4）。

表 4　2019 年北京市郊区渔业水面面积统计

单位：千米²、万亩、%

区域	渔业水面面积	渔业水面面积	占渔业水面比重	占本区面积比
北京市郊区合计	31.38	4.71	100.00	0.19
城市功能拓展区	6.32	0.95	20.14	—
朝阳区	2.51	0.38	7.98	0.53
丰台区	1.04	0.16	3.31	0.34
石景山区	0.38	0.06	1.21	0.44
海淀区	2.39	0.36	7.63	0.55
城市发展新区	20.35	3.05	64.85	—
房山区	4.90	0.74	15.60	0.25
通州区	5.37	0.81	17.10	0.59
顺义区	3.78	0.57	12.05	0.37
昌平区	2.91	0.44	9.26	0.22
大兴区	3.39	0.51	10.80	0.32
生态涵养发展区	4.71	0.71	15.01	—
门头沟区	0.48	0.07	1.52	0.03
怀柔区	1.08	0.16	3.44	0.05
密云区	1.93	0.29	6.15	0.18
平谷区	0.36	0.05	1.15	0.02
延庆区	0.88	0.13	2.80	0.04

（二）四种地类在规划区分布对比分析

1. 四种地类在三个规划区分布分析

城市发展新区是耕地、设施农业和渔业水面分布最集中的区域，是北京市农业资源最丰富的区域，同时也是四荒地的主要分布区，生态涵养发展区是四荒地分布的重点区域，城市拓展区由于具有区位优势，是渔业发展部分重要区域（图 1）。

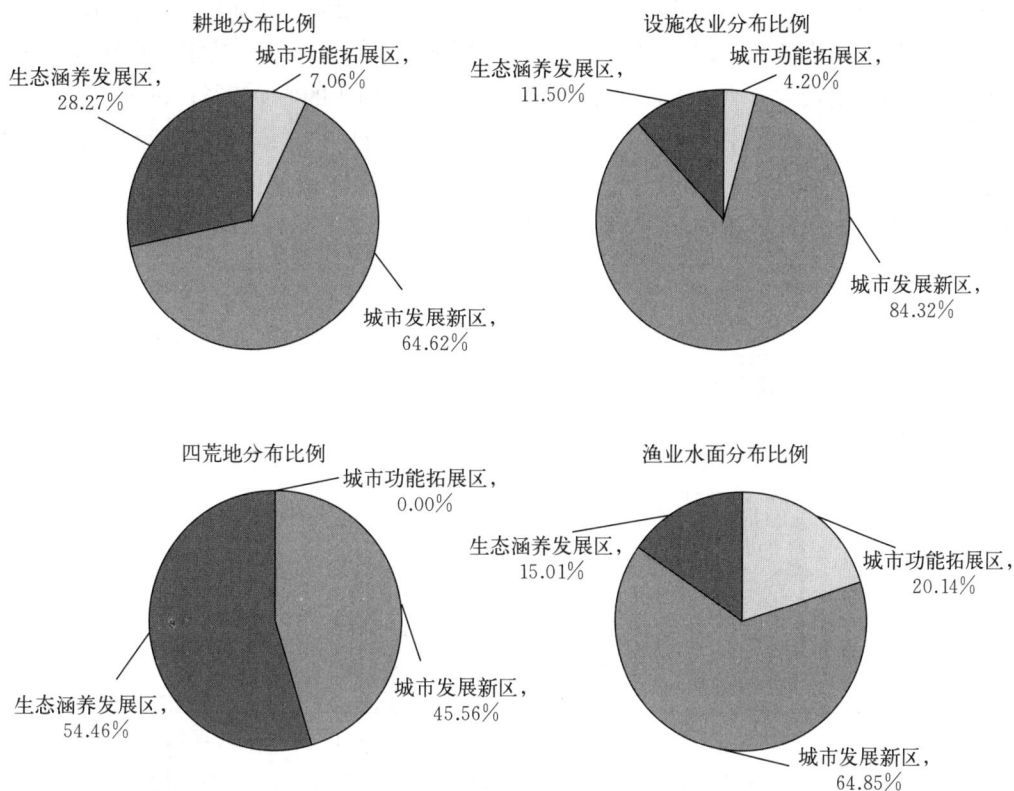

图 1　2019 年北京市四种地类在规划区分布比例

2. 北京市郊区《北京城市总体规划（2016—2035 年）》中各规划区四种地类空间格局

（1）中心城区。该区包括朝阳、丰台、石景山和海淀四个区的全部区域。本区土地面积为 1 280.70 千米²，占全市郊区面积的 7.85%。其中，耕地所占中心城区占比最大，为 2.96%，占全市郊区耕地总面积的 7.06%；设施农业占中心城区面积的 0.64%，占全市郊区设施农业总面积的 4.20%；渔业水面面积占中心城区面积的 0.60%，占全市郊区渔业水面的 23.49%（图 2）。

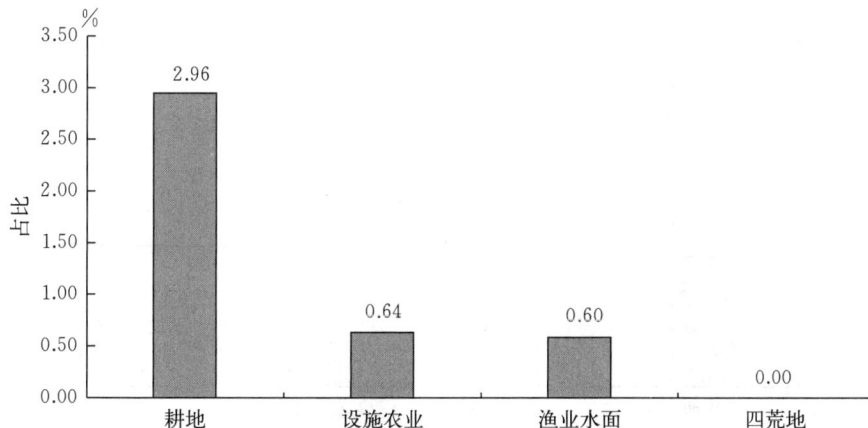

图 2　2019 年北京市中心城区耕地、设施农业、渔业水面及四荒地结构

（2）新城地区。该区包括顺义、通州、大兴三个区的全部区域和昌平、房山的平原部分。本区土地面积为 3 918.24 千米²，占全市郊区面积的 24.03%。其中，耕地面积占新城地区面积的比重最大，为 8.85%，占全市郊区耕地总面积的 64.67%；设施农业面积占新城地区面积的 4.23%，占全市郊区设施农业总面积的 84.30%；四荒地面积占新城地区面积的 0.41%，占全市郊区四荒地总面积的 45.54%；渔业水面面积占新城地区面积的 0.27%，占全市郊区渔业水面的 36.65%（图 3）。

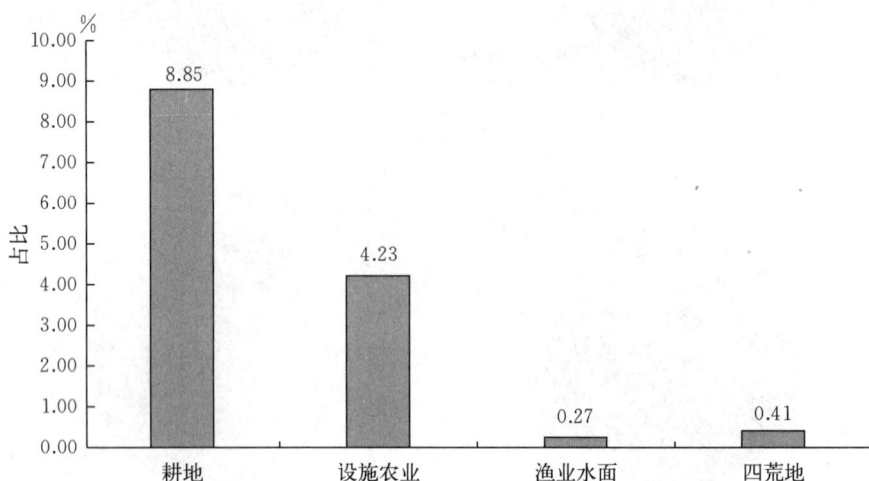

图 3　2019 年北京市新城地区耕地、设施农业、渔业水面及四荒地结构

（3）生态涵养区。该区包括延庆、怀柔、密云、平谷、门头沟五个区的全部区域和昌平、房山的山区部分。本区土地面积为 11 108.47 千米²，占全市郊区面积的 68.12%。其中，耕地占生态涵养区面积的 1.37%，占全市郊区耕地总面积的 28.27%；设施农业占生态涵养区面积的 0.20%，占全市郊区设施农业总面积的 11.50%；四荒地占生态涵养区面积的 0.17%，占全市郊区四荒地总面积的 54.46%；渔业水面面积占生态涵养区面积的 0.10%，占全市郊区渔业水面的 39.86%（图 4）。

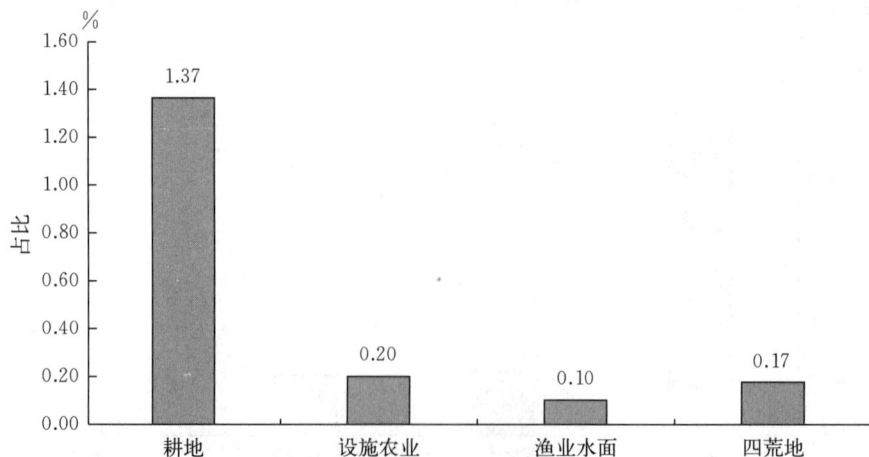

图 4　2019 年北京市生态涵养区耕地、设施农业、渔业水面及四荒地结构

（4）《北京城市总体规划（2016—2035年）》中各区地类分布分析。耕地和设施农业在三个主体功能区均有分布，主要分布在新城地区；四荒地只在新城地区和生态涵养区分布，且生态涵养区所占比例较大；渔业水面在三个区的分布较为均衡，在生态涵养区和新城地区的比例略高。

（三）耕地（含设施农业用地）集中性分布及与林地关系

1. 耕地集中性分布分析

应用地理信息系统空间分析方法进行2019年耕地和设施农业用地集中分布分析。将2019年耕地和设施农业分布区域进行1×1千米网格化，制作了1千米网格耕地（含设施农业用地，后同）占比分级统计分布；北京市耕地呈分散分布，耕地数量只占全市面积3.26%，耕地分布于7 877个1千米网格中，分散于全市46.46%的千米网格范围内。

以小块耕地广泛分布为耕地分布的主要特征：耕地空间占比5%（75亩/千米^2）以下的占总分布区的46.30%；耕地空间占6%～10%的占比24.16%；11%～30%的占比24.72%；31%～50%的占比4.02%，大于50%的占比0.80%（图5）。

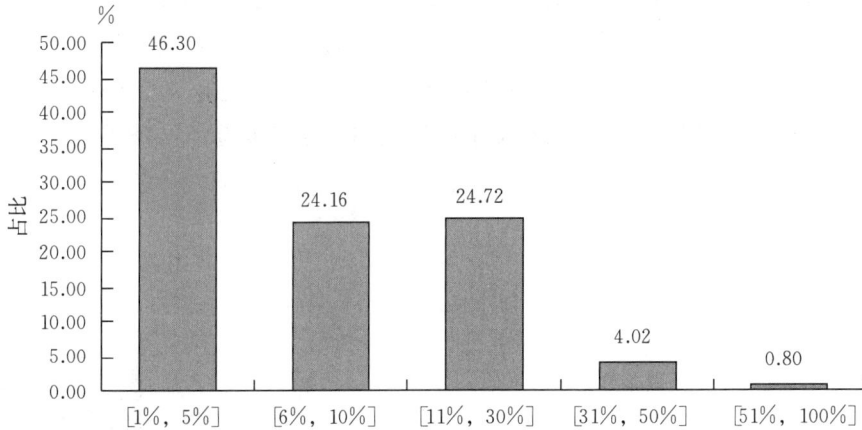

图5　2019年北京市耕地千米网格占比统计

通过选择耕地空间占比大于50%的耕地集中分布网格与周围大于30%空间占比的连片网格作为耕地的聚集区域，全市共有19片聚集区，主要分布在顺义区（7个聚集区）和大兴区（5个聚集区），其次分布延庆区（3个聚集区）、通州区（2个聚集区）和房山区（2个聚集区）（如表5）。

表5　2019年北京市耕地聚集区

聚集区编号	1	2	3	4	5	6	7	8	9	10
行政区	大兴	大兴	大兴	房山	大兴	房山	大兴	通州	通州	顺义/通州
面积（亩）	5 602.35	38 740.50	5 482.50	2 654.70	9 708.30	3 715.20	3 433.20	5 574.60	9 346.35	6 907.35

（续）

聚集区编号	11	12	13	14	15	16	17	18	19
行政区	顺义	顺义/平谷	顺义	顺义	顺义	顺义	延庆	延庆	延庆
面积（亩）	23 122.95	2 356.80	3 112.35	2 916.45	5 600.10	7 099.05	13 321.20	2 917.20	3 437.40

耕地聚集区的耕地面积差异较大。最大的耕地面积位于大兴区（38 740.50 亩）；其次位于顺义区（23 122.95 亩）；第三位于延庆区（13 321.20 亩）。

2. 平原绿化与耕地分布

通过对林地 1 千米网格统计分布分析，林地分布在全市 99％的千米网格范围内，超过 50％的区域为集中连片区域。在平原区域，林地的千米网格占比在很多地方也达到 30％乃至 50％以上。通过空间统计分析，平原林地绿化形成了由 6 条道路和永定河构成七大放射状绿色廊道。

围绕环状、半环状路段和河流建造的绿色林地形成了环绕城市中心的 3 条绿色隔离带。最内侧第一道环状绿带位于中心城区中部；第二道环状绿带主要位于中心城区和新城地区的交界处；最外侧第三道半环状绿带主要位于新城地区外围。最外侧绿化带在研究区内为半环状结构，但与西北部山区相连能够形成完整的环状结构。3 条环状绿带横穿上述 7 条放射状绿化廊道，以环状形态将孤立的各绿色通道连接成整体，搭建成覆盖全市的绿色网络（图 6）。

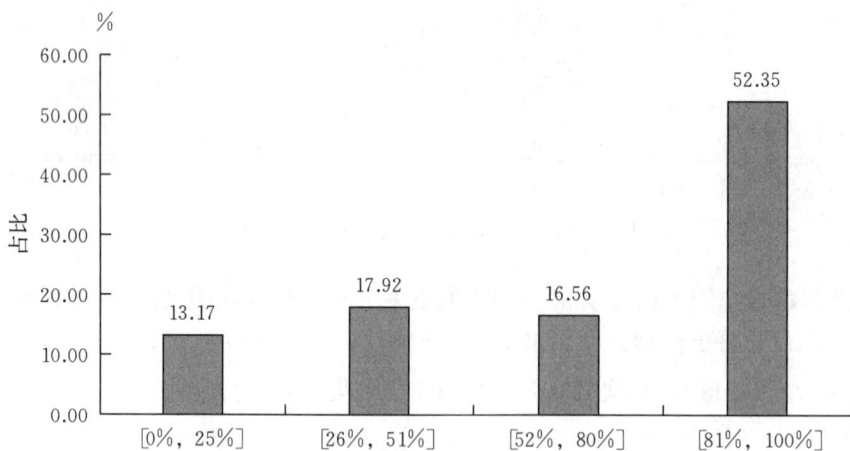

图 6　2019 年北京市林地千米网格占比统计

五、2011—2019 年北京市郊区林地、耕地变化分析

为了给北京市农业结构调整提供一定参考依据，本次研究选择林地和耕地两种重要的农用地。其中，林地包括林地、园地、草地；耕地包括耕地、菜地、设施农业。

研究采用的数据包括北京市 2011 年、2013 年、2014 年、2015 年、2016 年、2018 年以及 2019 年共 7 期土地利用分类数据，均由 SPOT 遥感数据获得，2011—2015 年卫星数据的分辨率为 10 米，2016—2019 年分辨率为 6 米。

（一）耕地和林地分布情况

自 2011—2019 年，耕地变化明显。2011 年，北京市郊区耕地占地 354.46 万亩，主要分布在城市发展新区，大兴区、通州区占比明显，到 2013 年为 286.28 万亩，相较于 2011 年，下降了 68.18 万亩。其中，2014 年为 251.22 万亩，2015 年为 243.02 万亩，2016 年为 226.59 万亩，占地面积逐年减少，到 2018 年，耕地面积突减，下降至 107.41 万亩，相较于 2011 年下降了 247.06 万亩，下降率为 69.70%，至 2019 年，耕地面积为 106.14 万亩。总体看来，耕地面积逐年缩减，且下降趋势明显。

自 2011—2019 年以来，北京市郊区林地呈现出扩张趋势，面积明显增大。2011 年林地占地面积为 1 534.91 万亩，2013 年为 1 554.35 万亩，2011—2013 年，林地增长率为 1.27%，2014 年为 1 575.41 万亩，2013—2014 年林地增长率为 1.35%，2014—2015 年林地增长率为 0.30%，而 2015—2016 年，林地增长明显，增长率为 3.49%，2016 年为 1 635.30 万亩，2016—2018 年林地的增长率为 6.80%，2015—2018 年，林地扩张速度最快。总体来看，2019 年较 2011 年林地面积增长了 196.33 万亩，增长率为 12.79%，扩张趋势明显（表 6）。

表 6　2011—2019 年北京市耕地和林地面积

年份	耕地面积（万亩）	林地面积（万亩）
2011	354.46	1 534.91
2013	286.28	1 554.35
2014	251.22	1 575.41
2015	243.02	1 580.20
2016	226.59	1 635.30
2018	107.41	1 746.55
2019	106.14	1 731.24

（二）林地变化监测

经统计，北京市郊区稳定林地约有 9 206.12 千米^2（约 1 380.92 万亩），次稳定林地约有 2 419.95 千米^2（约 362.99 万亩），不稳定林地约有 1 017.44 千米^2（约 152.62 万亩），林地稳定区主要分布在门头沟、怀柔、延庆、密云、平谷、房山、昌平等；林地次稳定区主要分布在大兴、通州、顺义、延庆、房山等。

经统计，近 9 年北京市郊区林地净增加约 1 292.68 千米^2（约 193.90 万亩），占 2019 年林地总面积的 13.77%，可以看出平原郊区各个区县的林地覆盖率均有增加，其中大兴、通州、顺义的林地增加较为明显。

表 7 中的 2011 年林地的去向矩阵表示 2011 年林地与 2019 年所有地类的转化关系，可以看出，2011 年大部分林地在 2019 年仍然维持林地状态，只有少量林地转化为了居民地等。

表 7　2019 年北京市林地对比 2011 年林地去向矩阵

单位：%

林地	耕地	居民地	建设用地	水体	未利用地
90.16	1.68	6.18	0.35	0.52	1.12

（三）耕地变化监测

针对北京市郊区耕地的土地利用变化状况，采用相同的研究方法，从 2011—2019 年耕地的稳定分布区、次稳定分布万亩不稳定分布区，以及 2011 年、2019 年两期遥感影像中耕地的增减区进行分析。

经统计，北京市郊区稳定耕地约有 243.34 千米^2（约 36.50 万亩），次稳定耕地约有 1 438.24 千米^2（约 215.74 万亩），不稳定耕地约有 801.53 千米^2（约 120.23 万亩），耕地稳定分布区主要集中在大兴、房山、通州、延庆等。

经统计，近 9 年北京市郊区耕地增加区面积约 344.93 千米^2（约 51.74 万亩），零星分布在顺义、平谷、通州、朝阳、丰台、海淀等；北京市郊区耕地减少区面积约 1 998.01 千米^2（约 299.70 万亩），其中大兴、通州、顺义、延庆、房山等区的耕地减少最为突出。

如表 8 所示，2011 年的耕地仅有 15.14% 在 2019 年仍然维持耕地状态，2011 年耕地的 58.57% 转化为了林地，另有 22.59% 的耕地转化为了居民地，表明林地的迅速扩张导致了耕地的大规模减少。

表 8　2019 年北京市耕地对比 2011 年耕地去向矩阵

单位：%

林地	耕地	居民地	建设用地	水体	未利用地
58.57	15.41	22.59	2.02	0.71	0.70

六、北京市多尺度休闲农业空间分布分析与农业生态服务价值评价

北京市休闲农业已经形成了多中心结构，呈现出"点—轴"发展模式。休闲农业核心分布区与附近的聚集区连绵成"M"字形的廊道，为主要发展轴。休闲农业的主要发展轴位于 1 日游圈层区域，是北京市休闲农业的核心区域，主要为采摘园和农林牧渔基地类型；其他聚集区主要分布在 2 日游或多日游圈层区域，是北京市休闲农业的重要区域，主要为农家乐类型。垂钓园类型主要分布在水资源较为丰富的河流中下游平原地区。

北京市休闲农业聚集区可分为一级聚集区和二级聚集区，数量分别为 1 个、14 个。休闲农业一级聚集区分布在怀柔区东南部山地与平原的交界处，且分别沿道路向山区延伸。二级聚集区分布在密云水库南岸和西岸，怀柔区东部，怀柔区、延庆区、昌平区交界处，昌平区中北部山前平原地区，海淀区西北部山前平原地区，平谷区东部山前平原地区 6 处，主要依托附近自然风景区并沿道路向山区延伸；昌平区与顺义区交界处的山前平原地区，通州区中部偏东地区 2 处形成了以樱桃、草莓等为主的采摘园聚集区，主要以政策导向作为驱动；密云区东北部和房山区西南部分别形成了依托古北水镇、十渡风景区，以农家院为主的政策导向型聚集区。

2019 年相较于 2011 年，生态涵养区的生态服务价值增幅最大，增加了 17.54 亿元，其中，延庆区的林地面积扩展明显，生态服务价值增加了 9.98 亿元，而耕地面积明显下降，生态服务价值减少了 3.74 亿元。其他几个区的林地生态服务价值普遍增加，但增幅不大，耕地和草地的生态服务价值普遍减少，但减幅不大。密云区的水体生态服务价值明显上升，增加了 4.65 亿元，其他区变化不明显。除生态涵养区外，城市发展新区的生态服务价值变化明显，林地的生态服务价值上升明显，增加了 29.73 亿元，而耕地的生态服务价值下降明显，下降了 17 亿元。

七、总结

本研究利用多源遥感融合调查与地面考察相结合开展北京市农业生产资源的耕地资源、设施农业、渔业水面和四荒地资源的分布状况调查，统计分析了北京市郊区各功能区不同地类的分布面积及占比等状况，并按照《北京城市总体规划（2016—2035 年）》的功能区划进行了分布分析；针对林地、耕地两种典型农用地，分析了其 2011—2019 年的地类变化轨迹及增减情况；并开展了休闲农业分布规律研究，进行了 2011 年和 2019 年农业生态系统服务价值评价，为北京市农业资源调查与产业布局研究提供参考依据。

对 2019 年耕地和设施农用地的分布进行了分析。耕地（含设施农用地）在空间分布上呈现分散分布特征，存在少量相对集中分布区域，共有 19 个聚集区，如大兴、顺义、延庆、通州和房山区。平原区域已经形成了林地绿化的空间格局，该格局与耕地共同构成北京市平原区农业生态景观格局，是农业生产布局的基础。

采用多尺度空间分析方法，对休闲农业 POI 点位进行了分布模式分析，总体上形成了位于怀柔区东南部山地与平原的交界处的一级聚集区，以及广泛分布于各区的二级聚集区。

利用 2011—2019 年中的 7 期耕地和林地的遥感监测结果进行了变化监测研究：对比 2011 年，2019 年北京市耕地减少了 240 余万亩，林地增加了 190 余万亩。在空间分布上，平原地区的耕地持续减少，林地不断增加。

对比分析 2011 年和 2019 年的农业生态系统服务价值，总体上增加了 30 亿元左右，主要在生态涵养区和城市发展新区。

（供稿：北京师范大学地理科学学部、北京市农研中心资源区划处）

北京市农田建设管理与保护
利用研究报告（节选）*

北京市农田建设面临严峻形势。近 20 年来，全市农业生产空间被大量挤占，耕地面积急剧缩减，农业根基有所动摇。特别是近 10 年，在城镇化快速推进、平原造林、农业结构调整的历史进程中，北京农田为保障首都生态、促进首都发展作出了突出贡献和牺牲。据第三次全国国土调查（2017—2019 年）数据初步显示，截至 2019 年底，全市现状耕地面积为 149 万亩，比第二次全国土地调查（2007—2009 年）数据减少近 200 万亩，耕地面积断崖式下降。与此同时，还存在地块破碎化、布局分散化、农田质量下降、农田保护激励约束机制尚不健全等问题。全市农田保护、管理难度增大，农田建设内容需要拓展创新，农田利用方式亟须改善，农田管理水平亟待提升。

一、北京市基本农田情况

（一）基本农田数量与分区分布情况

北京市基本农田总面积（毛面积）为 154.39 万亩①，主要分布于大兴区、顺义区、延庆区、房山区、通州区和密云区，这六区基本农田总面积为 126.32 万亩，占全市基本农田总面积 81.81%（表 1）。基本农田超过 20 万亩的有大兴、顺义、延庆三个区，不足 1 万亩的有门头沟、丰台及石景山三个区。

表 1 2018 年北京市基本农田各区分布

单位：万亩、%

行政区	基本农田面积	占比	累计百分比
大兴区	27.02	17.50	17.50
顺义区	23.73	15.37	32.87
延庆区	21.99	14.24	47.11
房山区	18.75	12.14	59.25
通州区	18.01	11.67	70.92
密云区	16.82	10.89	81.81
平谷区	10.93	7.08	88.90
昌平区	7.08	4.59	93.49
怀柔区	6.56	4.25	97.74

＊ 本文为市农业农村局农田建设管理处牵头开展的课题，由市农研中心资源区划处负责最终统稿。

① 154.39 万亩为包括田坎的毛面积，按田坎系数除去田坎后的净面积为 151 万亩。

（续）

行政区	基本农田面积	占　比	累计百分比
朝阳区	1.37	0.89	98.63
海淀区	1.00	0.65	99.27
丰台区	0.60	0.39	99.66
门头沟区	0.53	0.34	100.00
总计	154.39	100.00	100.00

数据整理：北京二十一世纪空间技术应用股份有限公司。

对照 20 世纪 90 年代的基本农田管理信息系统中的数据，从基本农田占比来看，大兴、密云、通州、昌平、海淀、朝阳、丰台是下降的，平谷、怀柔是上升的，可见城市发展对基本农田的分布的影响，基本农田的分布由近郊逐渐挤占到远郊。

表 2　2018 年北京市万亩以上基本农田分区统计

单位：个、亩、%

区县	数量	总面积	占同级别比例	占区县基本农田面积比例
大兴	6	151 252	42.35	55.99
延庆	4	61 745	17.29	28.08
通州	4	46 182	12.93	25.65
顺义	2	46 059	12.90	19.41
平谷	2	26 619	7.45	24.36
房山	1	25 280	7.08	13.48

数据整理：北京二十一世纪空间技术应用股份有限公司。

如表 2 所示，在万亩以上基本农田片区中，数量和面积占前三位的区为大兴、延庆和通州，其面积占北京市万亩以上基本农田片区总面积的比例分别为 42.35%，17.29% 和 12.93%，三者之和累计超过 72%。大兴、顺义、房山单体平均规模超过了总平均规模，三个区的万亩以上的基本农田连片性高于其他区。大兴、延庆、通州、平谷万亩以上基本农田片区面积占本区基本农田面积比例较大，规模化优势明显。

（二）基本农田土地利用方式和方向

基于 2018 年土地利用现状变更调查的数据[①]，基本农田土地利用方式多样，其中，有 85.23% 的土地利用现状为"耕地"（其余主要为"园地"和"林地"），共计 131.6 万亩。其中，水田 0.8 万亩，水浇地 98.7 万亩，旱地 32.1 亩。基本农田以水浇地为主，旱地所占比重接近四分之一。

全市基本农田中，40.5% 的面积种植粮食和蔬菜（含设施蔬菜）[②]。基本农田中农业设施占地总面积为 18.24 万亩[③]，其中，温室 9.33 万亩、大棚 8.20 万亩、中小棚 0.71 万亩，设施主要以温室、大棚为主（表 3）。

---

①②③ 数据整理：北京二十一世纪空间技术应用股份有限公司。

表 3　2018 年北京市各区基本农田中设施类型和占比

单位：万亩、%

行政区	基本农田面积	农业设施				
		面积	占比	温室	大棚	中小棚
朝阳区	1.37	0.08	5.84	0.07	0.01	0.00
丰台区	0.60	0.06	10.00	0.05	0.00	0.01
海淀区	1.00	0.14	14.00	0.10	0.03	0.01
门头沟区	0.53	0.00	0.00	0.00	0.00	0.00
房山区	18.75	1.87	9.97	1.42	0.26	0.19
通州区	18.01	2.04	11.33	1.27	0.72	0.05
顺义区	23.73	4.37	18.42	1.87	2.36	0.14
昌平区	7.08	1.52	21.47	1.35	0.15	0.02
大兴区	27.02	6.05	22.39	1.71	4.05	0.29
怀柔区	6.56	0.30	4.57	0.17	0.13	0.00
平谷区	10.93	0.66	6.04	0.61	0.05	0.00
密云区	16.82	0.56	3.33	0.50	0.06	0.00
延庆区	21.99	0.59	2.68	0.21	0.37	0.01
总计	154.39	18.24	11.81	9.33	8.20	0.71

注：这里的设施农业面积为占地面积。下同。

数据整理：北京二十一世纪空间技术应用股份有限公司。

（三）基本农田质量

由于国土普查的对象是耕地，因此在具体工作中，相关职能部门只有耕地质量等级评价，并没有专门针对基本农田的质量等级评价，且耕地质量等级评价结果未上图，运用技术手段亦无法提取基本农田相关数据，所以，本部分开展全市耕地质量分析，以此作为全市基本农田质量的重要参考，基本可依此推断基本农田质量。

北京地区的土壤带属暖温带半湿润地区的褐土地带，但随海波、地形差异以及成土母质、地下水位高低等因素，形成了多种多样的土壤类型，包括山地草甸、棕壤、褐土、潮土、沼泽土、水稻土、风沙土等 7 个土类、19 个亚类。其中，耕作土壤以潮土、褐土为主，占北京市耕地总面积的 90%[①]。

根据北京市耕层的状况，将有效土层厚度分为 4 个等级，全市 90% 的耕地土壤有效土层厚度大于 100 厘米，面积约为 288.68 万亩。有效土层厚度为 60~100 厘米和 30~60 厘米的耕地面积分别为 16.10 万亩和 15.61 万亩，占比均约 5%。

根据北京市土肥工作站《耕地质量长期定位监测报告（2018 年度）》数据，全市耕地土壤有机质含量 18.7 克/千克，属于中等水平。2009—2018 年，质量长期定位监测点土壤养分综合指数从 60.5 增加为 70.9，平均每年增加 1.0 个数值（图 1）。

---

① 本部分依据 2018 年土地利用现状变更调查的数据计算，全市耕地面积为 320 万亩。仅供参考。

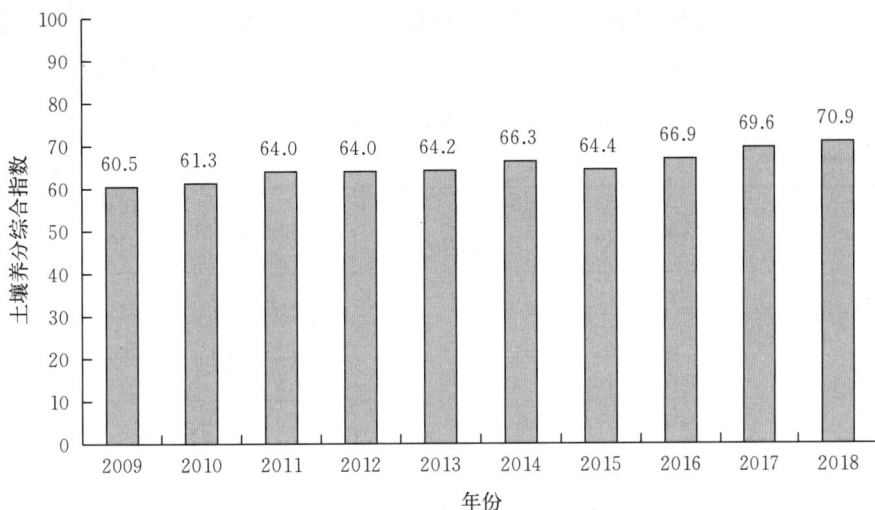

图 1　2009—2018 年北京市土壤养分综合指数

来源：北京市土肥工作站《耕地质量长期定位监测报告（2018 年度）》。

从区域分布看，不论是根据 1990 年市农业资源区划办开展的全市土壤养分调查结果，还是根据 2018 年市土肥工作站耕地质量长期定位监测数据，近郊区各地类明显比远郊区相同地类土壤肥力高，分布极不平衡，显示出物质能量的丰富来源对土壤肥力的影响。如全市的耕地平均等级是 4.79，密云区的耕地平均等级是 10.7，全市中低产田所占比重为80%，密云区为 96%。

据农业农村部发布的《2019 年全国耕地质量等级情况公报》显示，全国耕地平均等级为 4.76，北京所在的黄淮海区耕地平均等级 4.2，略高于全国平均水平。全市高、中、低等级面积分别占比 21.96%、62.93%和 15.11%，约 80%的面积为中低产田（见图 2）。

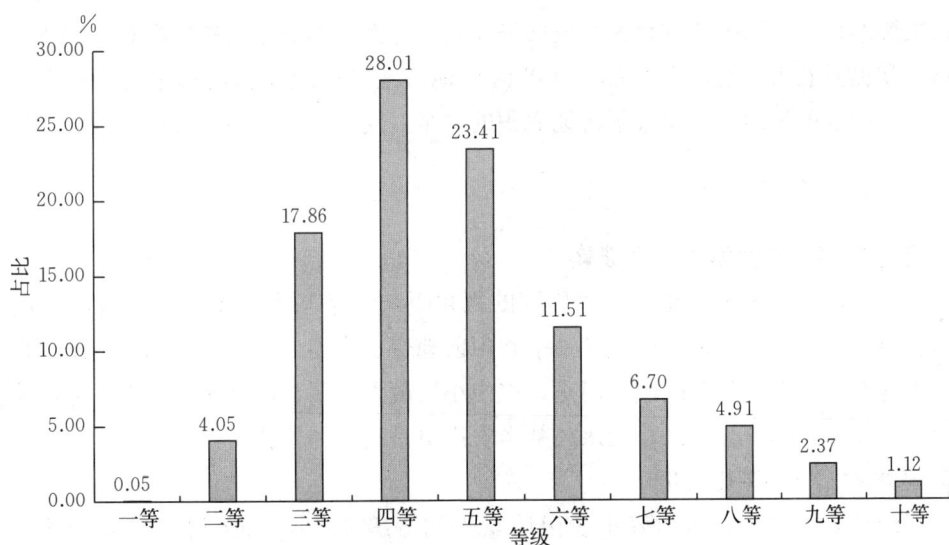

图 2　2018 年北京市耕地等级比例分布

来源：北京市土肥工作站《耕地质量长期定位监测报告（2018 年度）》。

据 2018 年土地变更调查结果①表明，全市耕地分类中，水浇地 242.6 万亩，水田 2.8 万亩，旱地 80.1 万亩。全市耕地有四分之一的面积是旱地，整体水浇条件较差（表4）。

表4　2018 年北京市各区旱地面积统计

单位：万亩、%

行政区	旱地面积	各区旱地占全市旱地总面积比	耕地总面积	各区旱地占各区耕地面积比例
延庆区	28.14	35.15	44.19	63.69
密云区	15.18	18.96	26.73	56.80
房山区	12.33	15.39	37.71	32.69
怀柔区	7.92	9.89	15.89	49.81
昌平区	3.98	4.97	15.70	25.34
平谷区	3.95	4.94	17.63	22.42
丰台区	2.11	2.64	3.09	68.35
顺义区	1.64	2.05	48.29	3.40
海淀区	1.47	1.84	3.08	47.77
大兴区	1.36	1.70	58.86	2.31
门头沟区	1.08	1.35	1.49	72.55
通州区	0.80	1.00	49.07	1.63
石景山区	0.06	0.08	0.09	71.48
朝阳区	0.04	0.04	3.63	0.97
总计	80.07	100.00	325.45	24.60

数据整理：北京二十一世纪空间技术应用股份有限公司。

从区域分布看，旱地主要分布在延庆、密云、房山、怀柔，属于山区即适合高自然价值农田发展的地区，要因地制宜大力发展旱作农业，保证农田半自然生境和生物多样性发展，恢复和提升农田生态服务功能。从各区旱地占全区耕地面积比例来看，门头沟、丰台、延庆、密云的旱地面积超过了耕地面积的一半，这些地区今后主要要发展旱作农业。

（四）基本农田特征

1. 基本农田分布大集中、小破碎

根据北京市基本农田分布，在大尺度的视角下，全市基本农田分布具有明显的集中性，呈现出昌平—怀柔—密云—顺义—平谷山前地带、房山—大兴—通州平原地带两个地带、延庆盆地三个集中分布区域。但是，在中小尺度下，明显可见集中分布区内的永久基本农田呈碎片化，集中分布区外的永久基本农田更是高度碎片化。

2. 基本农田地力基础较低

根据统计资料显示，全市基本农田质量平均等级 4.79，80% 属于中低产田，虽然

① 数据整理：北京二十一世纪空间技术应用股份有限公司。

近年全市基本农田质量状况稳步提升，依然没有根本改变基本农田地力基础较为薄弱的现状。根据土壤肥力分布状况，近郊肥力明显大于远郊，但《北京城市总体规划（2016—2035 年）》划定的九大基本农田集中分布区除了顺义高丽营一小部分外，全部被挤压到六环路以外区域。基本农田数量较多的三个区是大兴、顺义和延庆，而这些区域大部分基本农田的质量评价为 4～6，土地肥力仅为中等级水平。基本农田水浇条件差，根据 2018 年的国土变更调查数据表明，基本农田中的旱地占比达到 24.4%，水浇条件差。

3. 基本农田利用杂乱

据 2018 年的国土变更调查数据表明，全市基本农田目前的利用现状不仅包含"耕地"，还包括"园地""林地""建设用地""其他农用地"等类型，这与《中华人民共和国基本农田保护条例》中的定义和相关规定相悖。

二、北京市高标准农田建设情况

（一）高标准农田建设现状

据《北京市"十二五"以来高标准农田建设清理检查工作报告》指出，"十二五"以来，北京市行政区域内高标准农田建设项目共 198 个，高标准农田面积 129.7 万亩。但 2012—2017 年，结合已"上图入库"资料表明，全市共实施高标准农田建设项目 196 个[①]，建成高标准农田 118.15 万亩，总投资规模 36.38 亿元，平均每个项目投资额为 1 856.12 万元，平均每亩投资额 0.31 万元。

（二）高标准农田项目分布

1. 按行政区的分布情况

2012—2017 年间，北京市除东城区、西城区以及石景山区之外的 13 个区，全部实施了高标准农田建设项目。其中，顺义区及通州区建设完成的高标准农田的面积最大，分别为 22.96 万亩及 22.08 万亩，各占总面积的 19%。丰台区及海淀区建设完成面积最小，各为 0.21 万亩，各占总面积的 0.51%。各区具体分布面积见表 5。

表 5　北京市 2012—2017 年高标准农田建设项目分区统计

行政区	建成高标准农田		项目统计		项目平均面积（万亩）
	面积（万亩）	占比（%）	个数（个）	占比（%）	
顺义区	22.96	19.43	31	15.82	0.74
通州区	22.08	18.69	29	14.80	0.76
延庆区	16.82	14.23	23	11.73	0.73
大兴区	16.07	13.60	24	12.24	0.67

---

① 数据整理：华源厚土科技有限公司。

（续）

行政区	建成高标准农田		项目统计		项目平均面积（万亩）
	面积（万亩）	占比（%）	个数（个）	占比（%）	
房山区	15.64	13.24	28	14.29	0.56
密云区	7.17	6.07	15	7.65	0.48
平谷区	7.05	5.97	13	6.63	0.54
怀柔区	5.07	4.29	18	9.18	0.28
昌平区	4.46	3.77	6	3.06	0.74
丰台区	0.21	0.18	1	0.51	0.21
海淀区	0.21	0.18	1	0.51	0.21
朝阳区	0.20	0.17	2	1.02	0.10
门头沟区	0.20	0.17	5	2.55	0.04
总计	118.15	100.00	196	100.00	0.60

数据整理：北京华源厚土科技有限公司。

从各区看，单个高标准农田建设项目的面积（项目平均面积）受区位和地理环境影响，各区差别较大。这提示我们，单个高标准农田建设项目的规模一定要因地制宜，走符合本区特点的道路。

2. 按主体功能区的分布情况

中心城区[①]：已完成高标准农田建设项目4个，面积共0.62万亩，占高标准农田总面积的0.52%。

北京城市副中心[②]：已完成高标准农田建设项目29个，面积共22.08万亩，占高标准农田总面积的18.69%。

"多点"区域[③]：分布已完成高标准农田建设项目89个，面积共59.14万亩，占高标准农田总面积的50.06%。

生态涵养区[④]：分布已完成高标准农田建设项目127个，面积共68.04万亩，占高标准农田总面积的57.59%。

说明：因部分区域重叠，所以数据总和比例加权超过100%。

多点区域与生态涵养区是高标准农田建设的集中区，这与全市基本农田的分布情况是吻合的。其中，生态涵养区高标准农田集中在延庆盆地。延庆区高标准农田16.82万亩，占生态涵养区高标准农田面积的25%。"多点"区域是平原地区，这一区域地形平坦，土层深厚，水热资源较丰富，农田基础设施好，是北京市耕地主要分布区域。

---

① 中心城区即城六区，包括东城区、西城区、朝阳区、海淀区、丰台区、石景山区，总面积约1 378千米²。

② 北京城市副中心规划范围为原通州新城规划建设区，总面积155千米²。

③ 多点包括顺义区、大兴区亦庄镇、昌平区、房山新城，是承接中心城区适宜功能和人口疏解的重点地区，是推进京津冀协同发展的重要区域。

④ 生态涵养区包括门头沟区、平谷区、怀柔区、密云区、延庆区，以及昌平区和房山区的山区，是京津冀协同发展格局中西北部生态涵养区的重要组成部分，是北京的大氧吧，是保障首都可持续发展的关键区域。

（三）高标准农田建设特征

1. 高标准农田建设缺乏统筹安排

建设进度上前紧后松。据市农业农村局现有资料显示，年度建设速度差别较大，2012—2015 年高标准农田建设项目占到 92.8%，后续两年只有个位数的建设数量。建设数量上，差别显著。建设项目以整理、开发内容为主，占全部建设项目的 72.4%。建设主管部门建设数量相差较大，2018 年之前，各主管部门建设数量参差不齐，国土部门占到了 83% 以上，其他四个部门建设总数较少，且没有"上图入库"，部门之间缺乏妥善的沟通机制，项目之间关系不清，重复建设，造成投资浪费。建设内容上，水利类项目（含中低产田改造、高标农田建设）较少，仅 15 个，占比 7.7%。建设质量上，缺乏统一标准。各部门只参照部门或者行业标准来进行高标准农田建设，建成后缺乏统一的评估标准。

2. 已建高标准农田建成区域并未完全纳入基本农田中

按照《高标准农田建设通则》规定，已建成的高标准农田，有 44.4% 未划定为基本农田，也未完善基本农田数据库，未编制更新基本农田相关图、表、册（图 3）。

3. 重建设轻管理，后续管理薄弱

高标准农田项目建设时多头管理，建成后管护薄弱。项目建设完成后移交集体经济组织或者农户落实后期管护及耕种，对建成的高标准农田项目的后期管护工作重视程度不够，项目建成后的长效管护措施不够完善，未明确后期管护责任主体和责任人，具体管护措施仍未明确到位，未安排落实项目的后期管护资金，导致项目的后期管护效果不够理想。

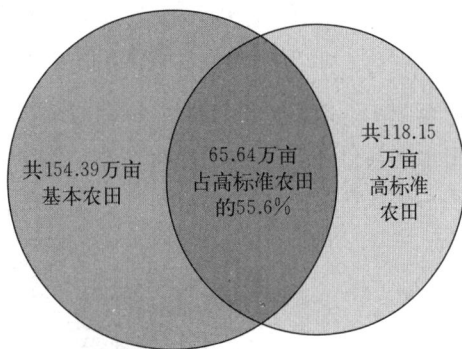

共 154.39 万亩基本农田　　65.64 万亩占高标准农田的 55.6%　　共 118.15 万亩高标准农田

图 3　2018 年北京市基本农田与高标准农田比例

数据来源：课题组绘制。

三、北京市农田建管护中存在的问题及原因剖析

（一）耕地数量锐减，质量下降，农田非粮化趋势进一步加重

果园、造林等占用耕地的情况较为普遍。根据 2018 年土地变更调查成果数据显示，仅基本农田内部，园地占比 10.73%，林地占比 1.92%，建设用地占比 0.07%。这些占用行为造成最近几年本市耕地数量锐减，面积减少超过一半，达 170 万亩以上。

此类行为多发生在城市与新城用地，占用的多属于基本农田，甚至是已建成的高标准农田，导致中低产田的占比达 80% 之多，这是本市耕地质量下降的主要原因之一[①]。另

---

① 从耕地质量变化上来看，高等别 8 等耕地面积减少最多，主要集中在通州区、顺义区、大兴区、房山区、昌平区平原优质耕地区。从补充新增耕地来看，2010—2014 年增加耕地主要位于北京市非首都功能核心区，尤其是密云区及延庆区，新增耕地位置较为偏远，且多为山地区或山间平原区，补充耕地等别较低。2015—2018 年间，新增加耕地位置逐渐向区位条件较好、便于耕作的位置靠拢。

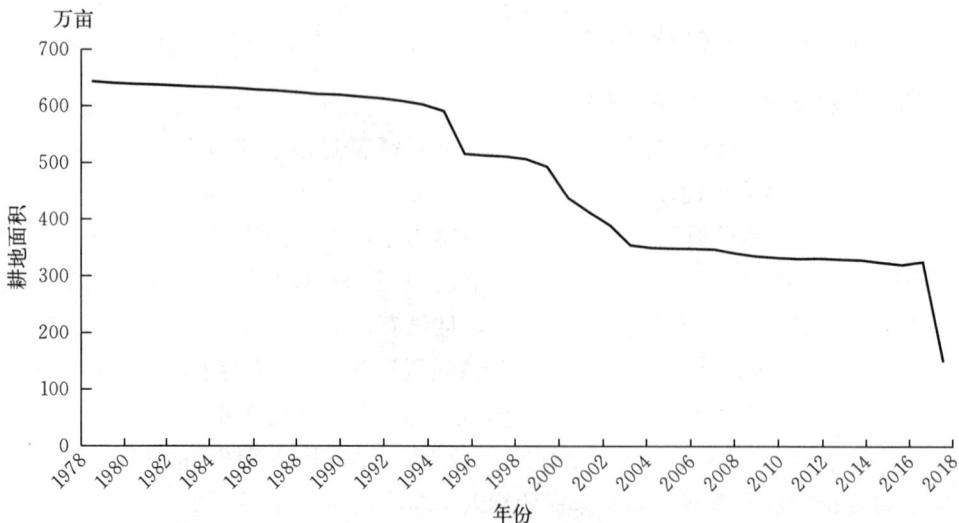

图 4 1978 年来北京市历年耕地面积变化

数据来源：北京市规划和自然资源委员会。

外，至 2018 年度，全市共有 80.1 万亩旱地，其中，基本农田中的旱地占比达到 40%，农田水浇条件不足，农田质量不高（图 5）。

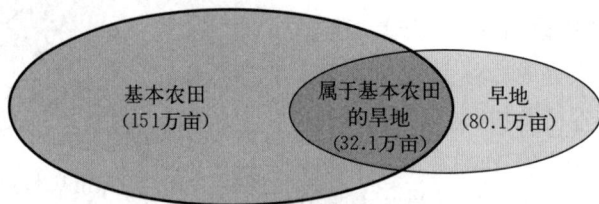

图 5 北京市基本农田与旱地关系

数据来源：课题组绘制。

与此同时，山川、河谷等地形地貌自然因素造成山区、浅山区的田块破碎化，权属分割和家庭联产承包造成了权属破碎化，加之无序的成片占用，致使未遭占用的农田分布更加碎片化。

实际工作中，在农田中还存在部分劣地、坡地滥竽充数的现象，耕地上种植林业作物和植树造林现象依然存在，进一步加重了耕地"非粮化"，特别是"非食物化"。

（二）现有农田保障能力严重不足

根据现有的农产品品种和产出水平，比照现有的耕地地力和投入水平，经课题组测算，在农田面积为 151 万亩的情况下，能够保障 2 950 万总人口（常住人口 2 300 万[1]和流动人口 650 万[2]总和）以及 2 300 万常住人口农产品需求的应急保障时间分别是 18 天和 27

---

[1] 《北京城市总体规划（2016—2035 年）》中指出，北京市常住人口长期稳定在 2 300 万。

[2] 依据相关资料推算和估算。

天；在农田面积为 166 万亩的情况下，能够保障 2 950 万总人口以及 2 300 万常住人口农产品需求的应急保障时间分别是 22 天和 32 天；在农田面积为 200 万亩的情况下，能够保障 2 950 万总人口以及 2 300 万常住人口农产品需求的应急保障时间分别是 30 天和 42 天（表 6）。

表 6　保障应急时期首都居民农产品需求的天数

单位：万亩、天

农田面积	方案一 能够保障天数	方案二 能够保障天数
151	18	27
166	22	32
200	30	42

数据来源：课题组整理计算。

2003 年 SARS 持续时间为 3 个月，本次新冠肺炎疫情已经进入常态化防控状态，防控时间远超半年，如果在交通封闭的极端情况下，北京农田能够提供的应急保障时间远远不够，对照市委"为确保国家粮食安全作出首都贡献"的要求，还缺乏足够的物理空间保障。

（三）多头管理，政出多门，各行其是，标准不一

高标准农田建设项目，原由市发展和改革委员会、规划和自然资源委员会、财政局、水务局及农业农村局五个行政部门分别承担，各自为政。高标准农田建设顶层设计存在重建设轻保护、重建设轻利用问题。在项目提出与实施中，项目设计统筹不够，缺乏沟通联络机制。由于五部门仅从本部门角度理解《中华人民共和国土地管理法》与耕地、基本农田、高标准农田相关的专门法律法规，对相关政策内容把握不一致，造成高标准农田的建设有相当一部分未在基本农田中选择，建设的标准不一，内容单一，对照高标准农田建设的标准有差距。

（四）建、护、用与监管脱节，奖惩机制不健全

农田建设、保护、利用与监管脱节，缺乏可操作的奖惩机制，基层缺乏专职的农田管护人员。现有各类农田相互交叉，归属混乱，基本农田的划定不符实际，竟有 14.8% 未在耕地范围内，45% 的高标准农田未在基本农田范围内，22.8 万亩基本农田未种植农作物，尤其是基本农田中 8.76 万亩的高标准农田也未种植农作物，造成极为稀缺的土地资源闲置、浪费。

各个部门项目管理缺乏统一的规范和程序。项目管理中，仅规划和自然资源部门管辖的部分（82% 的面积）做到"上图入库"，未达到全覆盖。

由于缺乏相对独立的专门执法队伍和专职的基层农田管护人员，耕地、基本农田、高标准农田的"非农化""非粮化"占用，尽管数量较大，却难以被发现；即使被发现了，也难以执法、纠正。

（五）管护、监督手段滞后，相关人才匮乏

当今已进入数字化时代，然而农田的建、管、护、用、监的手段相对滞后。卫星、无人机、物联网等现代数字技术的综合集成运用，即"天、空、地"一体化，基本上尚处于起步阶段。相应的专业人才匮乏，亟须培养、引进，村级农田管护的专职队伍亟待建立。

总的来说，产生上述问题的原因，首先，从根本上讲，首先是对有关高标准农田建设等相关政策规定认识不全面、执行不统一；其次，体制上缺乏专门的机构和队伍，多头管理，顶层设计比较薄弱；再次，机制上不健全，口径不一，没有可操作的奖惩政策；最后，管护、监督技术手段落后，"天、空、地"一体化的建设与运用滞后。北京市农田建管护用存在的这些问题，是发展过程中的问题，在全面提升国家治理体系和治理能力现代化的新时代也一定会通过改革和发展得以解决。

四、北京农田布局与建设设想

按照北京市农田的功能定位要求，通过农田布局的区域划分，分析不同区域农田的特点和区位特征，为进一步提出各区域农田利用、保护、管理和建设方案提供基础。

（一）基本农田布局研究

基本农田是北京市农田最重要的生产空间，承担着鲜活农产品战略保障任务，也是生态安全屏障和重要的农田生态景观区域，同时还承担着约束城市无序扩展和农耕文化传承的功能。根据目前基本农田的分布现状和特点，通过地理信息空间分析方法，结合北京平原林地的绿色空间格局、农田区域分布、地形，以及与农田相关的园区建设，进行农田空间布局方案的制定，主要流程如图6所示。

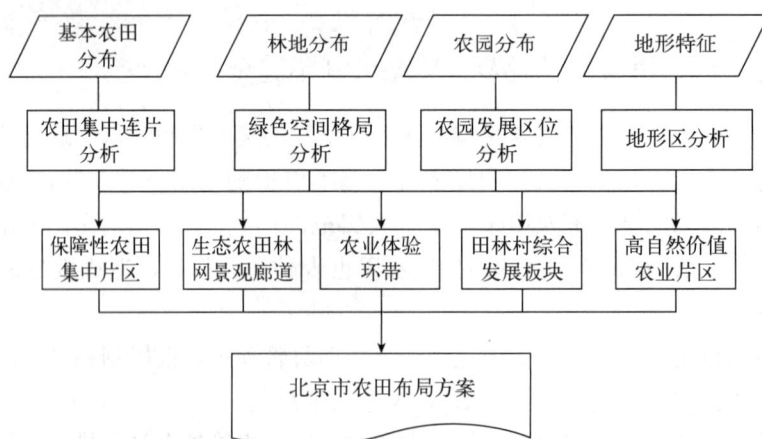

图6　北京市农田布局分析技术流程

来源：课题组绘制。

1. 北京市基本农田连片分布区提取分析

为了保障性鲜活农产品供应基地建设的空间布局需要，本研究进行农田用地集中程度分析，采用地理信息空间分析方法，选择1平方千米格网，在地理信息系统中提取基本农田的空间覆盖率大于50%的核心区域，获得基本农田集中连片区，编制保障性农田集中区域分布图。

总体上，北京市农田分布具有一定的集中连片特征，形成了平原区域的南部到东南部（房大通集中带）、东北部到北部（平顺昌集中带）的连片分布带，以及延庆盆地集中分布区。在近郊区和山区亦有分散性农田分布。

2. 北京市平原林地绿色空间分布分析

自2011年开始，北京市开展了平原造林建设工程，经过多年的建设，正在逐步形成"一屏、三环、五河、九楔"的市域绿色空间结构。

《北京城市总体规划（2016—2035年）》第37条提出，"严格控制城市开发边界，增加绿色空间，改善环境品质……加强平原地区农田林网、河湖湿地的生态恢复，构建滨河森林公园体系以及郊野公园环，为市民提供宜人的绿色休闲空间"。农田是北京重要的生态景观区域，与林地的绿色空间相融合，与平原林地共同构成生态农田林网绿色立体景观区。

本研究通过分析林网区域与农田的空间关系，在地理信息系统中提取生态农田景观区，编制生态农田景观区分布图。该区域是首都城市生态安全和防止城市无序扩展的屏障。

3. 共享农园[①]区位与发展状况分析

农田还承担着市民游憩休闲和农耕文化传承的功能，是首都市民休闲的重要场所。随着城市化的发展，城市居民对于农耕文化和农业体验的需求越来越高，通过周末等假期时间来到农村和农田中，参与农耕生产、品尝农耕成果等方式已经成为首都市民的时尚休闲选择。据不完全的统计，目前北京市各区县已经有86个共享农园（图6），园区面积总和6 343亩（图7）。海淀区共享农园分布数量和面积最多，其次为顺义区。

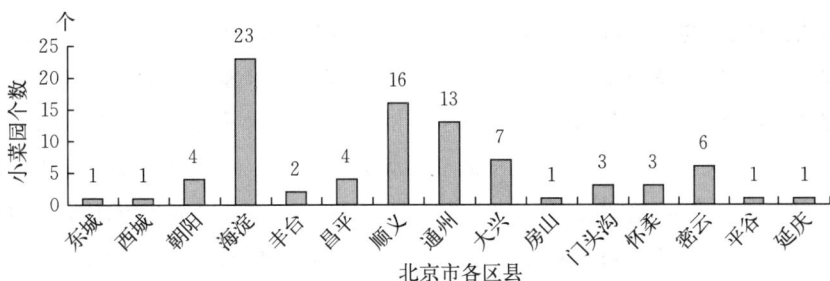

图7　2015年北京市各区县市民小菜园（个数）统计

数据来源：课题组整理计算。

---

① 根据北京市地方标准《共享农园建设与管理规范》（DB11/T 1739—2020），共享农园（allotment garden）是指经营者将其取得使用权的土地划分为小型地块，短期提供给客户，使其获得生产、休闲等多种体验的区域。客户收获的农产品以自用为主，不以经营销售为主要目的；其经营方式是客户亲自耕种或者委托经营者代为管理，是一种新型农业经营业态。

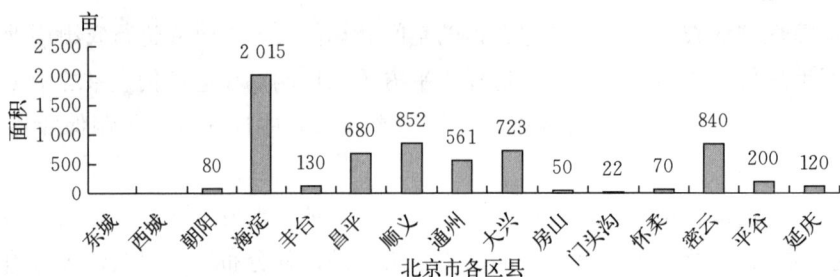

图 8　2015 年北京市各区县市民小菜园（面积）统计

数据来源：课题组整理计算。

总体上，近郊区和平原区的共享农园建设项目较多，在城市边缘和交通便利的区域，利用小块农田开展农耕体验型园区建设。通过空间分析，同时分析共享农园建设的区位特点，提取农田分布零散的城市边缘区、山前和浅山区，作为农业体验区与田林村综合发展板块。该区域是首都市民农耕文化传承和游憩休闲服务的重点区域，在打造农田景观的基础上，与周边的山水资源、林果资源相结合，依托周边村庄的乡村酒店、精品民宿，重点为乡村旅游休闲人群提供新鲜食材，探索发展集循环农业、创意农业、农事体验于一体的田园综合体模式。

（二）基本农田利用布局与功能区划

综合上述分析，本研究提出北京市农田布局包括五类主体功能区：7 个保障性农田集中片、4 个农田林网景观廊道、1 个都市农业体验环带、3 个田林村综合发展板块、2 个高自然价值农业片区。

1. 7 个保障性农田集中片——保障供给

延庆保障性农田集中片、顺义西保障性农田集中片、怀密保障性农田集中片、顺义东保障性农田集中片、通州保障性农田集中片、大兴保障性农田集中片、房山保障性农田集中片。这 7 个片区是北京市基本农田集中连片区，农业生产基础良好，应作为首都农产品保障的重要战略基地，是首都农业生产最主要的承载地。这 7 个片区中，延庆片区、顺义西片区和东片区、通州片区和大兴片区属于一级集中片区，农田规模较大；房山片区和怀密片区为次级集中片区，规模小于一级片区，其中怀密片区旱作耕地的比例较大。

在利用方式上，建议通过乡镇统筹、镇级保障的发展模式，保留和发展一些乡镇级的甚至类似国企的大型现代化规模农场，以产业化为导向，发展循环农业、产业化农业、设施化农业，特别是粮食产业。其生产方式应更加专业化、园艺化、设施化、基地化，科技含量更加高端化和前沿化。

2. 4 个农田林网景观廊道——农田林网

昌海农田林网景观廊道、顺通农田林网景观廊道、通州农田林网景观廊道和通大农田林网景观廊道。这 4 个农田林网景观廊道与北京城市总体规划九大楔形绿色廊道中的 4 个相重合，内部林地覆盖率在 35% 以上，依托廊道内的河流和道路林网，形成农田林网交错的生态立体景观廊道，是九大楔形绿色廊道中最具田园风光美的 4 个廊道。

该区在发展上，建议提高农田管护标准，打造田成方、林成网、渠相通、路相连、人与自然和谐的田园风光，大力发展绿色有机农业，培育生态农场群落，使本区域内的基本农田成为首都优良的生产性绿色空间，形成"蓝绿交织，金色镶嵌"的农田林网景观。

3. 一个都市农业体验环带——共享农园

城市扩展边缘农业体验环带。这"一环"是农耕文化传承和农事体验的主要区域。城市扩展边缘农业体验环带位于东、南、北六环路两侧，具有距离城市社区近、土壤条件好的优势，已经出现共享农园的新业态。同时，该区域基本农田分布小块化、破碎化严重。

在农业体验区的农田开发利用中，建议以农村集体经济组织为主体，引入社会运营力量，在确保生产功能的基础上，突出文化传承功能，充分发挥距离城市社区近的优势，利用小块农田开展农耕体验型园区（共享农园）建设，提高城市边缘地带农田的经济效益，方便市民（尤其是老年人和亲子家庭）就近体验农耕、亲近泥土。

本着一、二、三产联动发展、建设用地与农用地地价综合考虑的思路，建议本区域建设用地必须搭配周边一定量的农用地综合利用；一方面，均衡建设用地与农用地的权利与义务；另一方面，使农用地的社会成本在建设用地中内化，且为实现农用地一、二、三产融合发展提供基础条件，进而解决农民的社会保障、就业及农用地的高效利用与保护问题。

4. 3 个田林村综合发展板块——综合开发

北部山前区域与浅山区（包括延庆浅山区）共同组成田林村综合发展板块，包括燕山田林村综合发展板块、太行山田林村综合发展板块、延庆田林村综合发展板块。这一区域称之为山前暖带黄金圈，其地理条件最适宜发展特色林果业和观光休闲产业。该区域内人口密度低、经济相对不发达，多数以观光休闲农业和沟域经济形态为主。浅山区还承担着城市的生态屏障功能，同时又是发展以观光休闲产业的主要区域。

本区域的农田利用方向，建议根据资源禀赋，加强农村集体经济的主体地位，鼓励发展多种经营，在打造农田景观的基础上，与周边的浅山资源、林果资源相结合，依托周边村庄的乡村酒店、精品民宿，重点为乡村旅游休闲人群提供新鲜食材，探索发展集循环农业、创意农业、农事体验于一体的田园综合体模式。农田建设应在家庭承包经营的基础上，顺应多样化、多种经营的综合发展方式，并以解决就业、增加农民收入为导向，适度发展特色产业。要充分利用农田区域保护山峦背景，畅通重要视线廊道。

5. 2 个高自然价值农业区——自然生态

燕山高自然价值农业区、太行山高自然价值农业区。这一区域位于北部和西部深山区，属于生态涵养区，人烟稀少，生态环境优良，生态保护的要求高、限制多，耕地资源稀少，仅在沟谷地带有零星基本农田分布，且地形地势差别较大，普遍缺乏水利配套设施。农作物以玉米、小杂粮为主，还有一些特色农产品，如门头沟区清水镇梁家庄村的高山芦笋种植。

（三）高标准农田建设布局

将北京市基本农田空间分布图和北京市高标准农田建设项目分布图进行叠加分析，

比对《北京城市总体规划（2016—2035 年）》划定的北京市域永久基本农田范围，将高标准农田建设潜力区域分为新建设区域、整改后新建区域和改造提升建设区域三种类型。

1. 新建设区域

指在未实施高标准农田建设项目的永久基本农田范围内，现状为耕地的可新建成高标准农田的区域。

根据 2018 年度土地变更调查的结果，在未实施高标准农田建设的永久基本农田范围内，耕地面积为 73.72 万亩。未来可根据实际情况，进行高标准农田建设项目。

通过可新建设高标准农田的潜力空间分析，新建设区域主要分布在大兴、顺义、延庆、密云和房山等区（表 7）。

表 7　2018 年北京市农田建设项目中新建设区域占比统计

单位：万亩、%

行政区	新建设区域	占　比
大兴区	17.06	23.14
顺义区	10.84	14.70
延庆区	9.63	13.06
密云区	9.20	12.48
房山区	8.51	11.54
通州区	5.99	8.13
平谷区	3.96	5.37
昌平区	3.41	4.63
怀柔区	3.00	4.07
朝阳区	0.99	1.34
海淀区	0.63	0.85
丰台区	0.30	0.41
门头沟区	0.20	0.27
合计	73.72	100.00

数据整理：北京华源厚土科技有限公司。

2. 整改后新建设区域

指在未实施高标准农田建设的永久基本农田区域内，现有林地、园地等非耕地地类，整改后可建成高标准农田的区域。

在未实施高标准农田建设的永久基本农田范围内，根据 2018 年土地变更调查数据结果，现有林地、园地等非耕地的面积 14.53 万亩。未来可根据实际情况，进行高标准农田整理项目项目。整改后新建设区域主要分布在密云、房山、延庆、平谷和昌平等区（表 8）。

表8 2018年北京市农田建设项目中整改后新建设区域统计

单位：万亩

行政区	整治后新建设潜力空间		
	园地	林地	合计
密云区	3.13	0.24	3.37
房山区	1.82	0.46	2.28
延庆区	1.86	0.37	2.22
平谷区	2.05	0.02	2.07
昌平区	0.86	0.36	1.22
顺义区	0.29	0.72	1.01
通州区	0.59	0.33	0.92
怀柔区	0.24	0.15	0.39
大兴区	0.22	0.15	0.38
门头沟区	0.19	0.00	0.19
朝阳区	0.14	0.04	0.18
海淀区	0.04	0.13	0.17
丰台区	0.06	0.07	0.13
合计	11.49	3.04	14.53

数据整理：北京华源厚土科技有限公司。

3. 改造提升建设区域

指永久基本农田内已实施高标准农田项目，但结合田间设施运行状况等情况查漏补缺、全面升级的可改造区域。

对已实施高标准农田建设的永久基本农田范围内，未来可根据实际情况，按照"缺什么，补什么"的原则，通过有针对性的专项建设项目改造提升农田质量。

改造建设区域主要分布在顺义、通州、延庆、大兴和房山等区。

表9 2018年北京市农田建设项目中改造建设区域统计

单位：万亩、%

行政区	改造建设区域	占 比
顺义区	11.68	17.96
通州区	11.05	16.99
延庆区	9.76	15.02
大兴区	9.55	14.68
房山区	7.92	12.18
平谷区	4.81	7.41

（续）

行政区	改造建设区域	占　比
密云区	4.1	6.31
怀柔区	3.1	4.77
昌平区	2.37	3.64
朝阳区	0.19	0.29
海淀区	0.19	0.29
丰台区	0.17	0.26
门头沟区	0.13	0.20
合计	65.04	100.00

数据整理：北京华源厚土科技有限公司。

五、政策建议

（一）提高认识，统一思想

中共中央历来高度重视保护耕地问题，各级政府要提高认识统一思想，要紧紧把握"四个中心"建设，切实增强"四个意识"，坚定"四个自信"，明确职责分工，切实落实耕地保护主体责任，扎实推动农田建设管理保护利用工作。不断提升对农田的战略地位和重要性的认识，北京的农田是绿化隔离带的有机组成部分，农田保护即是生态保护。提升工作的执行与监督力度，把"耕地保护激励补偿"机制的推行与监督工作有机结合，与农民的需求紧密结合同步推进，切实遏制耕地"非农化""非粮化"趋势，坚决守住农地姓农底线和耕地保护红线，端稳中国碗，守住中国粮，为国家粮食安全贡献首都力量。加大宣传力度，在社会力量参与农田建设过程中不断提升耕地保护意识，形成良好的宣传氛围，使耕地保护理念在社会各层面入脑入心。

（二）制定完善法律法规和政策

根据《中华人民共和国土地管理法》（2019年9月6日第三次修正），北京市农业农村局农田建设处在市政府和市农业农村局的领导下，严格贯彻执行第三次修正的《中华人民共和国土地管理法》中的第七十五、七十八和八十四条赋予的权责①，以及国家与北京

---

① 《中华人民共和国土地管理法》第七十五条　违反本法规定，占用耕地建窑、建坟或者擅自在耕地上建房、挖砂、采石、采矿、取土等，破坏种植条件的，或者因开发土地造成土地荒漠化、盐渍化的，由县级以上人民政府自然资源主管部门、农业农村主管部门等按照职责责令限期改正或者治理，可以并处罚款；构成犯罪的，依法追究刑事责任。

第七十八条　农村村民未经批准或者采取欺骗手段骗取批准，非法占用土地建住宅的，由县级以上人民政府、农业农村主管部门责令退还非法占用的土地，限期拆除在非法占用的土地上新建的房屋。

超过省、自治区、直辖市规定的标准，多占的土地以非法占用土地论处。

第八十四条　自然资源主管部门、农业农村主管部门的工作人员玩忽职守、滥用职权、徇私舞弊，构成犯罪的，依法追究刑事责任；尚不构成犯罪的，依法给予处分。

市颁布的土地管理领域的相关法规与文件。特别是切实落实卢彦副市长提出的推行"田长制"的工作部署，全面推动耕地保护党政统领，党政同责。另外，对于特色性地方标准，如遵照《农田生态景观建设规范》的要求打造农田景观。

1. 做好《北京市基本农田保护条例》修订工作

贯彻《中华人民共和国土地管理法》精神，立足北京农田保护管理现状，坚持问题导向、从严管理、便于执行的原则，全面修订《北京市基本农田保护条例》。突出几个重点：一是明确首都基本农田的功能定位。充分体现耕地保护"数量、质量、生态"三位一体的要求，明确基本农田多功能定位。二是明晰基本农田保护管理主体的职责划分。按照新一轮机构改革部分职责，对规划和自然资源、农业农村及生态环境等部门管理权限予以明确，明晰各部门的职责和执法权限，尽量减少交叉管理，理顺基本农田保护的管理体制。三是明确基本农田所有者和使用主体的责任。适应集体经济组织改制背景，进一步强化村集体经济组织的保护主体和监管主体责任。四是奖惩分明，加大处罚力度。把建立基本农田保护补偿奖励制度写入条例。

2. 提高农田建设财政投入标准

加快制定《农田建设资金管理办法》。经初步测算，北京市每亩农田建设投资标准应不低于4 000元。上海市农田建设投资标准较高，粮食、蔬菜、经济作物农田（毛地）建设投入分别按照每亩1.4万元、3.5万元、2.3万元的标准确定，明显高于北京投入标准。建议提高全市财政投入标准，由目前的每亩3 000元提高到4 000元。积极创新政策，鼓励引导社会资金和金融资本对农田建设的投入。

3. 出台耕地保护补偿激励政策

加快出台《北京市耕地保护补偿激励办法》，建立体现耕地数量、质量、生态三位一体保护的补偿激励机制。统筹考虑农业、林业平衡发展，耕地保护补偿标准应与生态林地补偿标准持平，市级补偿标准至少达到每亩1 000元。补偿对象为耕地的直接使用者。明确不予补偿的范围，对于耕地撂荒、污染、违法占用等情况，严禁补偿。探索差别化补偿政策，鼓励各区在市级补偿基础上，结合实际提高补偿标准。同时，对于耕地质量提高的，按等级给予对应的奖励。

4. 严格农田建设管理考核

切实落实卢彦副市长提出的全面建立"田长制"的工作部署，建立耕地及永久基本农田考核通报制度，严格落实《中华人民共和国土地管理法》《基本农田保护条例》等有关要求，逐级签订《农田保护责任书》。考核纳入全市耕地保护目标责任制考核、乡村振兴战略实绩考核以及地区主要负责人离任审计及书记月度点评。认真执行《北京市耕地保护责任目标考核办法》，针对市政府每年与各相关区政府签订的《耕地保护目标管理暨永久基本农田保护责任书》，市规划和自然资源委、市农业农村局、市统计局负责组织开展对各区的考核检查工作，周密制定考核细则，将耕地数量变化、耕地质量变化、耕地占补平衡、永久基本农田占用和补划、耕地质量保护与提升、耕地保护制度建设等方面内容列入考核范围，严格开展考核，考核结果与耕地保护奖励政策挂钩。同时，将农田建设管理情况列入对涉农区党政领导班子和领导干部推进乡村振兴战略实绩考核范围，考核内容重点包括农田建设项目进展、农田建设投入、农田建设管理制度建设撂荒地利用等，考核结果与耕地保护奖励政策挂钩。

（三）建立健全体制机制

1. 成立耕地建设管理保护中心

以事业单位机构改革为契机，全面整合分散在各有关站所涉及耕地建设管理与保护的相关职能，充分利用现有人员与资源进行重组，适时组建北京市耕地建设管理保护中心，各涉农区设置分中心，均列为公益一类事业单位，隶属于北京市农业农村局农田建设管理处，实行垂直管理。主要职能包括：一是承担全市农田建设内容设计与标准的制定，农田建设工程检测、实施效果监测与评价。提出全市农田建设、农业节水技术规程及指标。二是承担国家农田质量监测，全市耕地质量监测，每年向国家与市政府提交耕地质量监测报告。三是负责北京市农田质量分等标准制定，并对农田建设质量等级进行评价。四是参与指导占补平衡补充耕地质量验收评定，承担损毁耕地的调查与鉴定评价工作。五是开展农田建设相关的培肥地力、农田节水、生态景观、农田机械等新技术新产品的推广与应用。六是负责农田建设管理与保护信息化职能化建设。

2. 建立耕地保护执法队伍

新版《中华人民共和国土地管理法》第七十五条明确规定："违反本法规定，占用耕地建窑、建坟或者擅自在耕地上建房、挖砂、采石、采矿、取土等，破坏种植条件的，或者因开发土地造成土地荒漠化、盐渍化的，由县级以上人民政府自然资源主管部门、农业农村主管部门等按照职责责令限期改正或者治理，可以并处罚款；构成犯罪的，依法追究刑事责任。"拟修订出台的《永久基本农田保护条例（修订草案）》也提出，对从事其他非农建设活动破坏永久基本农田的违法行为纠正、破坏或者擅自改变永久基本农田保护标志的，县级以上农业农村主管部门有管理责任。建议在中共北京市农村工作委员会、北京市农业农村局执法队组建或后期队伍扩充阶段，成立农田保护管理执法支队，依据新修订将出台的《北京市永久基本农田保护条例》，负责违法占用耕地等方面执法，特别对于基本农田上农业生产活动进行严格规范。

3. 探索建立农田管护员队伍

按照"关口前移、重心下移"的原则，探索建立农田管护员队伍，可采取单独设立或利用现有其他管护队伍新增农田管护职能等方式，主要任务是监督管理农田利用，防范农田违法占用或使用，实现农田"村村有人管、现状底数清、违法早发现、保护有人做"的目标。人员设立方面，每行政村设立一名农田管护员，纳入"城市协管员"管理体系，业务上归属区级分中心领导。职能职责包括：负责本村耕地的日常管理，建立农田保护空间台账；负责及时上报各类破坏耕地种植条件的行为；负责高标准农田建设工程的日常管护；负责高效节水设施的日常运维；负责耕地保护法律法规和知识宣传等。

4. 建立现代农业发展组织体系

发展都市型现代农业要高度组织化、高度集中化、高度融合化、高度信息化、高度市场化、高度配额化。高度组织化战略是集体经济组织（产权主体）将承包农户（生产主体）组织起来的"母体再造"和"再组织化"，进而实现在新的阶段农民的"新型合作"（再合作）和抱团发展；高度集中化战略是为解决农田资源的碎片化、分散化、低端化的重要手段，乡镇集体分工分业，通过农田统筹解决农田资源开发利用的集约度问题，提高"全要素生产率"；高度融合化战略是在统筹主体的集中作用下以及区级调控产业服务，延长产业链，实现一、二、三产融合发展，统筹指导生产、供应、销售；高度信息化战略是利用物联网、区块链、5G 等先进数字技术捕捉市场机会、拓展市场领域实现农业生产质量标准化、决策科学化、超前化的能力；高度市场化战略是鼓励发展合作社、农业公司、集体经济、个体等多种经营主体用于农田资产的经营运作，实现农业利益链与价值链的延伸与完善；适度配额化战略是针对消费主体，即社区、消费者，实现农业产业自产自销的循环产业。

（四）强化科技支撑

1. 建立数字化农田建设管理系统

按照农业农村部和中央网络安全和信息化委员会办公室《数字农业农村发展规划》的总体要求，落实统一上图入库要求，将建成的高标准农田统一上图入库，形成全市"一张图"，实现全面统筹、精准建设，避免重复建设，提高管理效能。对接前期项目和后期建设内容，做到有据可循，有据可依，有图可看，有迹可查。完善系统建设环节和内容，全面覆盖农田建设、管理、保护利用的各方面，形成全方位多角度的无死角覆盖，逐步达到发达国家数字化农田建设管理水平。

2. 构建"天、空、地"一体化农田动态监测体系

借鉴全市森林资源管理和监测信息系统，充分运用卫星遥感和物联网等技术，实施"天、空、地"一体化动态监测，建设现代高效的农田利用数字化、信息化管理平台。实时监测农田用途变更、农作物长势状况、土壤污染状况，开展灾害预警、监测和评估高标准农田质量。

3. 加强研发提升农田智慧管理水平

密切跟踪国际先进科技成果应用，加大适宜于我国中小型农户应用的智能化农田建设设备研发力度，注重研发价格区间在 1 000～3 000 元之间的农田理化性质实时监测设备、农田墒情诊断系统等，做好面向中小农户的应用推广工作，努力实现农田建设产学研有机结合，提升农户自觉、自愿地注重应用智慧农田系统的认知，实现我国农业基础设施建设科技成果产业化和跨越式发展。

（供稿：北京市农业农村局农田建设管理处、

北京市农研中心资源区划处）

生态涵养区产业融合发展研究报告（节选）*

北京市委、市政府 2018 年 10 月 20 日印发的《关于推动生态涵养区生态保护和绿色发展的实施意见》（以下简称《实施意见》）中明确将"保障首都生态安全"作为生态涵养区的主要任务，提出"四个坚持"，即坚持加强保护不断扩大生态环境容量和提高生态环境质量，坚持绿色发展不断增强内生发展动力，坚持服务民生不断缩小基础设施建设水平和公共服务能力差距，坚持改革引领不断完善制度保障体系，统筹实施"两山三库五河"生态保护，系统推进"一城两带多园"绿色发展，走出一条特色化、品牌化、差异化的高质量发展之路。对于生态涵养区的发展目标，《实施意见》则在《北京城市总体规划（2016—2035 年）》的基础上做了细微的调整，确定为"三个区"——展现北京美丽自然山水和历史文化的典范区、生态文明建设的引领区、宜居宜业宜游的绿色发展示范区。

一、生态涵养区面临的发展机遇

（一）自然人文资源丰富

生态涵养区历史悠久，文化底蕴深厚，长城文化、满乡文化、佛教文化、红色革命文化等，有丰富的自然和人文生态资源，挖掘古都历史文化，打造不同区域的特色，形成了不同的主题和产品业态。

（二）市场需求旺盛

在产业融合中，特别是"农业＋旅游"层面，北京有庞大的城市人口，度假需求非常旺盛，郊区旅游也会越来越有吸引力。特别是新冠疫情过后，公众对亲近自然、体验农事和乡村韵味的需求会被进一步激发出来，市场潜力很大。另外，首都北京聚集了各种资源要素，汇聚了全国顶尖的各类人才资源，具备前瞻性的发展理念，成为北京生态涵养区得天独厚的发展优势。

（三）重大活动带动

近年，一批国家、市级重大项目落户生态涵养区，形成了良好的聚合效应，为产业转型和融合发展提供了强大的动力。世界园艺博览会、冬季奥林匹克运动会各项竞赛、活动组织和服务保障工作的全面推进，带动延庆区域交通市政等基础设施全面升级；怀柔综合性国家中心建设，为地区传统产业向研发、服务环节注入强大的推动力；雁栖湖国际会都

* 本文系北京市农业经济研究中心 2020 年度调研课题。

周边示范区软硬件环境持续优化，服务品质不断提升，综合拉动周边会展服务和高端旅游等绿色产业加速发展。

（四）政策扶持和激励

2018 年 9 月 26 日，中共中央、国务院印发了《乡村振兴战略规划（2018—2022年）》，提出了"发掘农业农村新功能新价值，培育农业农村新产业新业态，打造农村产业融合发展新载体新模式，发展壮大乡村产业。"2020 年中央一号文件围绕"打赢脱贫攻坚战"，提出了乡村产业用地难的破解办法和发展乡村富民产业的关键举措，提出"在符合国土空间规划前提下，通过村庄整治、土地整理等方式节余的农村集体建设用地优先用于发展乡村产业项目。新编县乡级国土 空间规划应安排不少于 10% 的建设用地指标，重点保障乡村产业发展用地。省级制定土地利用年度计划时，应安排至少 5% 新增建设用地指标保障乡村重点产业和项目用地"。

农业农村部《2020 年乡村产业工作要点》提出，2020 年乡村产业工作要取得"三个进展"，即在"延伸产业链上取得新进展，在促进融合发展上取得新进展，在拓展农业功能上取得新进展"；并提出"积极发展乡村休闲旅游"。

北京市大力发展休闲农业。2020 年 4 月 30 日，中共北京市委、北京市人民政府印发了《北京市休闲农业"十百千万"畅游行动实施意见》，旨在打造十余条休闲农业精品线路、创建百余个美丽休闲乡村、提升千余个休闲农业园、改造近万家民俗接待户，推动全市休闲农业走一、二、三产业融合的高质量发展之路。

因此，生态涵养区要牢固树立绿水青山就是金山银山的理念，保持战略定力，抑制开发冲动，心无旁骛抓生态保护和绿色发展，要进一步形成"两山"理论的生动实践，实现首都生态环境质量持续改善。生态涵养区要发挥生态优势，打通绿水青山向金山银山的转化通道。

二、生态涵养区产业融合发展的原则和实施路径

（一）基本原则

1. 生态优先

要把守护好绿水青山作为第一要务，头等大事。"像保护眼睛一样保护生态环境""像珍惜生命一样珍惜生态自然"。推动山区生态产业可持续发展，要坚持生态优先、绿色发展。

2. 严守底线

产业发展，要符合生态涵养区战略定位，以科学规划为先导，按照分区规划和控制性详细规划，严守生态保护红线，严守环境质量底线，严守资源利用上线，严控房地产开发建设，严禁不符合主体功能定位的各类开发活动，确保生态空间和环境质量。

3. 强化地域识别和特色目标

以"突出重点、攻克难点、打造亮点，整体推进"为目标；以强基础、壮产业、提素质、创机制为着力点，集聚资源要素，做强生态涵养区地域识别产品和特色产业，实现生

态富民。

4. 发展壮大集体经济

创新机制、盘活资源资产，拓宽发展路径，建立利益链接机制，发展壮大村级集体经济，引领乡村振兴。同时，发展壮大集体经济，增强基层党组织的战斗力、凝聚力、公信力，提高党建引领村级治理效能。

（二）发展方向

《北京城市总体规划（2016—2035年）》明确提出，要按照城乡发展一体化，坚持乡村观光休闲旅游与美丽乡村建设、都市型现代农业融合发展的思路，推动乡村观光休闲旅游向特色化、专业化、规范化转型，将乡村旅游培育成为北京郊区的支柱产业和惠及全市人民的现代服务业，将乡村地区建设成为提高市民幸福指数的首选休闲度假区域。

1. 坚持产业绿色发展方向

生态涵养区是首都重要的生态屏障和水源保护地，在北京城市空间布局中处于压轴的位置，地位和作用极为重要。中共北京市委、北京市人民政府印发《关于推动生态涵养区生态保护和绿色发展的实施意见》明确提出，要坚持加强保护不断扩大生态环境容量和提高生态环境质量，坚持绿色发展不断增强内生发展动力，坚持服务民生不断缩小基础设施建设水平和公共服务能力差距，坚持改革引领不断完善制度保障体系，统筹实施"两山三库五河"生态保护，系统推进"一城两带多园"绿色发展，走出一条特色化、品牌化、差异化的高质量发展之路，着力将生态涵养区建设成为展现北京美丽自然山水和历史文化的典范区、生态文明建设的引领区、宜居宜业宜游的绿色发展示范区。生态涵养区绿色发展，是以效率、和谐、持续为目标，以绿色经济为核心，以绿色惠民为价值取向。

2. 持续推进第一产业特色化、有机化、精品化

生态涵养发展区的浅山、丘陵及平原地区，农业资源丰富。历史上已形成了地域特色的优质农产品，如怀柔板栗、平谷大桃、昌平苹果等。为充分发挥自然与科技资源优势，适应首都及国外市场需求，生态涵养区的农业要向特色化、有机化、精品化方向发展。挖掘引进地域特色产品，推行有机栽培、加大有机产品认证、提升产品品质与档次。近年，生态涵养区一些农村探索发展林下经济，已形成林菌、林药、林花、林禽等多种模式，显示出了良好的发展前景。这些年林地面积增加较快，应进一步加快发展林下经济。

3. 着力第三产业生态化、多样化、融合化

要以保护生态为前提，根据不同需求开发多样化的服务产品。重点发展休闲旅游业。发展不同类型、不同档次、不同特色，具有观赏、品尝、体验、休闲、度假、教育、会议等多种功能的休闲旅游。要大力推进休闲旅游。"三个文化带"串联起首都生态涵养区，以满足广大市民、游客生态休闲游的需求。要积极推进乡村民宿，助力乡村发展。

要发挥生态涵养区生态优势，走绿色发展之路。广阔的京郊山水资源丰富、生态环境良好，又背靠北京城巨大消费市场，这是生态涵养区发展的优势和潜力所在。要统筹好山水林田湖草，积极发展特色农业和林下经济。用好生态涵养区历史遗迹和传统村落这笔宝贵财富，发展乡村旅游和精品民宿，打造一批精品旅游线路，吸引更多市民到山区旅游消费。

（三）发展目标

乡村生态产品与价值转化是产业融合的前提与基础。生态产品价值实现的过程，就是将生态产品所蕴含的内在价值转化为经济效益、社会效益和生态效益的过程。作为维系生态安全、保障生态调节功能、提供良好人居环境的自然要素，生态产品具有典型的公共物品特征，其价值实现的路径主要有市场路径、政府路径和混合路径三种。从国内外已有的实践来看，生态产品价值实现的主要做法包括：一是生态资源指标及产权交易，即以自然资源产权交易和政府管控下的指标限额交易为核心。二是生态修复及价值提升。三是生态产业化经营，即将生态产品的价值附着于农产品、工业品、服务产品的价值中，并转化为可以直接市场交易的商品。四是生态补偿，是按照"谁受益、谁补偿，谁保护、谁受偿"的原则，由各级政府或生态受益方以资金补偿的方式。对照北京生态涵养区，生态产品转化为价值的实现方式主要是后面三种做法，尤其以第三种做法为主要选择。

（四）发展路径

唐卫峻、陈宏民在其所著的《农村产业融合发展与产权交易创新》一书中指出，农村产业融合发展在路径选择上，应该严格围绕"农村"这个区域概念，针对农业及相关的二、三产业开展融合创新，依托新技术、新业态、新要素、新模式和新产权，实现将农、林、牧、渔业等第一产业的细分产业与第二、三产业中的细分产业所对接形成的社会生产体系的产业间分工在农村实现内部化。书中提出了六类典型的产业融合路径，如表1。

表1 六类典型的农村产业融合发展路径比较

项目类型	认定标准	
	共性标准	个性标准
农业内部整合	以农业为基础，以新型经营主体为依托，具有较为紧密的利益链接机制，高效的专业化分工和现代交易方式，突破单一产业边界，实现跨界资源要素整合	透过生物链和供应链将农业内部产业重新整合，农业废弃物综合利用水平高，农产品达到无公害以上品质。经济效益和生态保护实现统一，代表性形式是种养一体化农业项目
产业链延伸		农业向后延伸或者农产品加工业、农业生产生活服务业向农业延伸，农业生产稳定性增强，农产品附加值提高，代表性形式是全产业链农业项目
功能拓展		农业通过与其他产业的功能互补，赋予农业新的附加功能，如农业与旅游业、文化创意产业、能源工业等相结合衍生出的休闲农业或乡村旅游、创意农业和能源农业等新业态项目
新技术渗透		技术密集或信息化程度高，农产品生产、交易和农业融资方式先进，如信息技术、物联网技术等新技术在农业中的应用产生的智慧农业、数字农业等项目
多业态复合		同时兼有上述四种类型或者融合其他几个类型，一般以龙头企业或交易平台为主要实施主体，农业资源集约利用和市场化程度高，产业链条完整，农业功能性明显
产城融合		农业产业融合与新型城镇化联动发展。县域内城乡产业布局合理，二、三产在县城、重点镇及产业园区等聚集度高，较好发挥对人口集聚和城镇建设的带动作用，形成一批农产品加工、商贸物流、休闲旅游等专业特色小城镇

这六类典型的产业融合路径高度概括了当前农村产业融合的路径方法。深入分析可知，这种分析方法涵盖内容较为广泛：纵向延伸，完善农业产业链条；横向拓展，深度挖掘和激活农业多功能属性，形成"农业＋文化""农业＋教育""农业＋旅游"等多种业态；园区集聚，示范和带动农业产业园区建设，即将农业产业与功能充分结合起来，突出主导产业发展，大力打造融合农业生产、生活、生态于一体的综合性农业产业示范园区；创新驱动，构建"互联网＋"形态下的产业融合，例如"农业＋电子商务"以及利用物联网技术，打造智慧农业发展平台等。找到一条适合乡村的特定产业融合发展路径，在宏观上能够优化村庄的产业结构、推动村庄的经济发展，并且推进农民就业、增进村庄文化和生态发展。从微观上看，产业融合发展的过程可以培育新主体、催生新业态、提高竞争力。但是涉及具体的村，则要立足物质环境条件、村庄基础条件等因时制宜、因地制宜探索产业融合的具体形式。对于首都生态涵养区则更是如此，要立足功能定位，发展条件进行选择，避免千村一面和同质化发展。同时，生态涵养区还要着力实现生态产品价值。

（五）发展成效

在实践中，生态涵养区形成多种发展模式，农业与旅游融合、乡村文化与旅游融合、乡村美食与旅游、"农业＋民宿""农业＋教育"等。广阔的京郊山水资源丰富、生态环境良好，又背靠北京城巨大消费市场，这是生态涵养区发展的优势和潜力所在。生态涵养区发挥生态优势，走绿色发展之路成效显著。

1. 生态沟域实现新突破

生态沟域是北京全面贯彻落实"绿水青山就是金山银山"发展理念，推动山区生态涵养区转型发展的新模式。经过近10年的持续建设，先后建设了百里山水画廊、酒乡之路、白桦谷、绿海红歌、神灵峡、九里山桃花谷等35条沟域。生态沟域巩固了北京的生态屏障，培育了特色产业，促进了农民增收，带动了山区转型发展。例如，房山区通过挖掘生态潜力，把沟域经济作为发展重点，建成了蒲洼"京郊小西藏"、佛子庄天梦之乡、南窖燕山绿谷、韩村河天开花海、大石窝云居仙谷、张坊仙栖谷、周口店幽岚山、新十渡等一批沟域，形成了"一沟一品一特色"的发展格局。门头沟区先后推出妙峰山镇玫瑰香谷沟域、清水镇百花沟域、雁翅镇田庄沟域、潭柘寺镇悦心谷沟域建设，有力带动沟域产业转型、生态修复与民生改善。

2. 精品民宿成为发展新动力

生态涵养区坚持将精品民宿作为农村产业振兴的着力点，不断完善民宿与富民增收、壮大集体经济之间的利益联结机制和模式。门头沟成功举办北京精品民宿发展论坛和精品民宿推荐会，发布《精品民宿发展服务手册》，设立8亿元乡村振兴绿色产业发展专项资金，推出"门头沟小院"民宿品牌、"绿水青山门头沟"旅游品牌和全市首个区域性绿色产品品牌"灵山绿产"。

延庆荣获国家全域旅游示范区、首批全国民宿产业发展示范区称号，成立北京市首个民宿联盟，培育全市首个地域性民宿品牌世园人家，建成北方地区首个民宿集群"合宿—延庆姚官岭"，累计打造"山楂小院"等75个精品民宿品牌，盘活了农村闲置农宅，有力推动了乡村旅游化休闲产业快速发展，带动富民增收。

3. 特色林果取得新成效

特色林果业优势日益突出，平谷大桃，怀柔、密云的板栗，房山的磨盘柿，延庆的仁用杏等特色果品区域布局和主导品种已基本形成。特别是平谷，是中国大桃之乡，大桃产业在全国名列前茅。2019 年"平谷大桃"品牌价值达 101.84 亿元，年产值 10.98 亿元，是平谷区 15 万山区、半山区农民的主要收入来源。平谷作为北京重要的果品生产基地，果树面积占全市 1/6，果品产值占全市 1/3；果品总产量、果品产值、年人均果品收入连续 32 年位居全市第一位。

门头沟区加大樱桃、玫瑰花、红头香椿、京白梨等特色农产品的宣传推介，着力打造藜麦、猕猴桃、奇异莓、芦笋等高附加值特色农产品，力争成为富民增收的百果山。密云围绕板栗、苹果、梨等大宗品种产业，夯实产业发展基础。持续扶持蜂产业，全区蜂群总数量占全市总量的 44%，形成初级加工、深加工、主题旅游相结合的蜂产业链，"蜂盛蜜匀"品牌效应初步显现。

4. 休闲旅游成为新增长点

以生态休闲旅游、民俗旅游和观光农业为主体的旅游经济发展势头强劲。生态涵养区具有发展休闲旅游业得天独厚的优势，各区政府充分发挥资源优势，将休闲旅游业作为主导产业予以重点扶持发展，对区域经济的结构优化和持续发展以及农民收入的增加，做出了巨大的贡献。例如，延庆发布全市首个农产品区域品牌"妫水农耕"，创建全国"一村一品"示范村 10 个，促进休闲农业与乡村旅游提档升级。

5. "生态+""农业+"等新兴产业不断发展

昌平强化"农业+科技"，在农产品品种、种苗选择等方面加强与科研院所、大专院校的合作，不断提升农业技术含量和附加值。强化"农业+会展"，连续举办七届北京农业嘉年华。农业嘉年华成为全国农业交流合作的重要平台和首都都市现代农业的新品牌。密云培育"生态+高精尖产业"、优化发展"生态+精品高端农业"、提升"生态+文旅休闲产业"，着力构建"生态+产业"发展新模式。怀柔深化农业结构"调转节"工作，推进籽种业。延庆借助冬奥会世园会重大活动机遇，高质量发展更加坚实。现代园艺、冰雪体育、新能源和能源互联网、无人机等 4 个重点产业方向更加明确，绿色"高、精、尖"经济结构加速构建。

6. 林下经济成为产业发展新选择

加快发展林下经济。近年，生态涵养区一些农村探索发展林下经济，已形成林菌、林药、林花、林禽等多种模式。门头沟在两个村开展林下经济试点，打造新型农林复合体。发展林下生态经济，如食用菌、药材产业，同时有针对性地强化农业多功能属性，设计农事活动，打好"乡愁牌"。

三、生态涵养区产业融合发展的实践分析

（一）金叵罗村：农民主体、创客融入打造村庄产业融合发展

1. 案例情况

近年，位于密云水库南侧 1.5 千米的溪翁庄镇金叵罗村，坚持生态优先、群众主体、

以农民专业合作社为载体，以产业融合为发展主线，吸引城市创客融入村庄，携手打造"农业＋民宿＋自然教育"发展模式，不仅实现了农民收入的多元增长，更激发了乡村活力。2018年实现农民人均纯收入2.4万元，2019年达到3万元。村庄先后被评为"全国一村一品"示范村、"全国美丽休闲乡村""全国乡村旅游重点村"。

2. 主要做法与成效

一是成立农民专业合作社，规模经营，富裕农民。农民专业合作社是适度规模经营的主体，将农民组织起来，通过就业带动、保底分红、股份合作等多种形式，让农民合理分享全产业链增值收益。金叵罗村目前有樱桃合作社、农业种植专业合作社、民宿旅游合作社和金樱谷农业专业合作社等四家专业合作社，股东覆盖全村93％的村民。合作社成立后，以凤凰台、龟山为中心，建立了金樱谷农场——这是全北京市唯一一家由上千村民自建的生态农场。金樱谷农场的创立，为本村35名60岁以上村民及残疾村民提供了就业岗位，全年工资性收入150万余元；同时，农场发展有机种植，农耕体验、民俗旅游等项目，间接为400多名妇女搭建就业平台，促进了增收致富。

二是提质增效，以供给侧结构性改革延长产业链。金叵罗村以坚守农产品品质为基础，以调优产品结构，调顺供给体系等供给侧结构性改革手段为突破，实现一、二、三产深度融合，有力促进农业增效、农民增收。自2012年土地流转至今，金樱谷农场在农产品种植过程中坚持不打农药不施化肥，进行有机小米和蔬菜种植。合作社新开发贡米打包饭，将小米直接从地头销售转化为餐桌上的佳肴；依托在地资源并融合传统农耕文化，开发农事体验活动、劳动教育等课程，"金樱谷农场"被评定为市级中小学生社会大课堂资源单位。同时，通过举办"樱桃节""农民丰收节""金樱谷开镰节"等大型农事活动，再现乡愁乡趣，吸引城市市民到乡村消费。

三是筑巢引凤，借力创客提升村庄产业发展品质。2015年，该村引进"老友记"精品民宿，提升了村民的理念，使村民认识到乡村的价值。盘活闲置农宅，增加了农户资产性收入；聘请当地村民做管家做服务，提供就业机会，增加就业村民工资性收入；帮助村民销售农副产品，增加村民经营性收入。同时，深度融合，民宿经营者积极为村庄发展贡献力量。

2018年，四位在教育、农业、公益领域有丰富经验的留英女硕士与金樱谷农业专业合作社携手创立"飞鸟与鸣虫"体验式农场，用国际化的视野和理念创新思路，投入到乡村建设。农场以亲子食农教育为主题，根据四季变化提供包含自然科学、自然戏剧教育、食物与农业、传统节庆文化等主题的亲子课程。同时，农场还引入台湾面包窑大师郑景园亲手建造的柴火面包窑，吸引了10余位在艺术、农业、公益、教育、传媒等领域有建树的共建人。未来，村庄将引进自然学校、乡村美育馆等项目，吸引新创客新村民进驻，他们的到来将为创新乡村产业业态提供更多可能。

3. 经验与借鉴

一是共建共享，创客融入是宝贵财富。乡村振兴，人才是基石。京郊的农村缺的不是资源，甚至最缺的也不是资金，最缺的是盘活资源的体制机制和对项目的运营力——包括创意设计能力、管理能力、营销能力、服务能力等。这些应该是城市向乡村大量输出的东西。因此，必须以创新、协调、绿色、开放、共享的新发展理念为指导，清除阻碍要素下乡的各种障碍，吸引城市资本、技术、人才等要素更多向乡村流动。在这一过程中，要破除对"大资本"的迷信。从金叵罗村的发展可以看出，创客融入乡村也能带动村庄发展。

2016年，金叵罗村引进民宿项目；2018年，引进"飞鸟与鸣虫"并与专业合作社合作经营。创客融入村庄，既对村庄充满感情，也为村庄贡献了力量。"老友季"精品民宿创始人梁晴女士，"飞鸟与鸣虫"4位创始人，不仅帮助村民销售农副产品，还为金叵罗村的休闲旅游发展做了大量工作，例如，帮助合作社梳理村庄的旅游资源，着手田园综合体的规划和设计，争取到政府资金支持；策划和举办农民丰收节相关活动；疫情期间，对社员进行岗位职责培训等；对蔬菜包装进行设计升级等。共建共享，助推村庄产业兴旺。要强化乡村振兴人才支撑，加快培育新型农业经营主体，让愿意留在乡村、建设家乡的人留得安心，让愿意上山下乡、回报乡村的人更有信心，激励各类人才在农村广阔天地大施所能、大展才华、大显身手，打造一支强大的乡村振兴人才队伍，在乡村形成人才、土地、资金、产业汇聚的良性循环。

二是忠诚担当，发挥村党支部的战斗堡垒作用和党员的先锋模范作用。忠诚担当的村"两委"班子是重要保障，特别要发挥基层党组织的引领作用，通过发展壮大村级集体经济增强党组织的凝聚力、提升组织力。金叵罗村以党建示范建设为重点，在服务村庄发展、服务民生建设、服务群众增收致富三个方面下功夫。2012年，村"两委"立足村庄资源匮乏，没有名胜古迹，没有景区等实际情况，确立以新"三起来"为指导，把土地流转起来，实现规模经营；把农民组织起来，提高组织程度；把资产经营起来，推进融合发展。在发展产业过程中，建立农民利益链接机制，确保农民能分享全产业链增值收益，充分维护农民利益。同时，创新利益链接机制，充分调动广大农民的积极性和主观能动性，形成"大家事大家干"共谋发展的生动局面。

（二）柳沟村："火盆锅·豆腐宴"特色餐饮助力乡村旅游

1. 案例情况

2003年，在"挖掘历史文化、丰富民俗文化、融入旅游文化"的理念下，柳沟村依托古城、农家火盆、酸浆豆腐等资源和传统豆腐制作工艺等优势，发展"火盆锅·豆腐宴"为特色的农家乐，从一个默默无闻的半山区村，成长为闻名京城的市级民俗旅游村。

从2003年起发展到现在，柳沟村旅游出现了人流下降、服务质量下降、美誉度下降的不利局面，但得益于"柳沟豆腐宴"强大的品牌影响力以及实惠的价格，柳沟村的接待人次依然可观。接待人次从最初不足万人次发展到2018年68余万人次，收入由最初十多万元增加到2018年5 394万余元，经营户由14户发展到122户；同时，农家乐的发展带动了果品种植、柴鸡养殖、个体商业的发展，现有相关产业经营户80户，转移安置劳动力就业400人。2019年被评为是北京市乡村旅游重点村。柳沟村借力餐饮助力产业发展的模式值得思考和借鉴。

2. 主要做法

一是创新菜品，打造品牌。开发出"火盆锅·豆腐宴"这一特色餐饮，并不断丰富完善。开发"三色豆腐",并推出一系列与豆腐有关的菜肴,制作出"火盆锅·豆腐宴"标准菜谱。同时,以"柳沟""柳沟·火盆锅·豆腐宴"为品牌,进行了商标注册,并推广使用。

二是成立合作社,坚持"四统一"。成立乡村旅游专业合作社,实行了"四统一"。统一包装,合作社统一购买服装200套、床单被罩240套,提供给社员,统一对外形象。统一接待,凡是经合作社介绍来的客人,都进行统一分配,统一接待。统一标准,按照"一主四副六热八凉"10道主食的标准制作统一菜单为住宿接待户统一了接待标准,并统一住宿标准和价格。统一管理,对就餐接待户和住宿接待户适当提取部分管理费,作为合作社收益,纳入统一管理。

三是扩大宣传,开辟市场。通过举办民俗婚礼、端午文化节、乡村欢乐节、首届农商行杯豆腐美食大赛,"累计接待30万游客庆典暨柳下醉酒发布仪式""累计接待100万游客庆典""延庆区首届乡村旅游节暨柳沟豆腐文化节"等活动,把柳沟推向了首都市场,拉近了与市民的距离。与此同时,借助电视、报刊、网络等媒体,使"柳沟"品牌知名度不断提升。同时,策划文化创意项目,推出量身打造的《柳沟记忆》,提升文化内涵,打造"文化柳沟"形象,赢得了广大游客的喜爱,促进了文化活动与旅游产业的互动发展。

3. 当前存在的问题

一是从总体发展水平看,年接待人次逐年下降。尽管柳沟村接待人次仍旧可观,但接待人次的最高峰是2009—2010年间,达90余万人次。自2010年以来,接待人次逐年递减。另外,由于民俗户各自没有鲜明特色,在游客体量不大,民宿经营户众多的情况下,造成了民俗户之间拉客揽客、压低价格等不文明不规范的竞争。

二是农家乐经营效益总体不高,经营主体呈老龄化趋势。经营者年轻人较少,相对老龄化,普遍专业化程度不高。农家乐有"吃""住"和"吃住一体"三种类型。在这些农家乐中,常年营业的农家乐有93家,分为基本天天有客人、周末与节假日有客人、只有节假日才有客人三种情况。农家乐用餐价格从最初的15元/人提高到35元/人。

三是创新发展不足,产业链条不够。柳沟村的旅游要素单一,没有形成规模优势。在旅游的"六要素"(吃、住、行、游、娱和购)中,除"吃"外,其他要素开发不够,尤其是附加值相对较高的"游、娱、购"发育相对滞后;以户为主体的分散经营,导致产业链条短,利益机制形成慢,各产业之间没有形成良好的互动发展态势。例如,当前柳沟村依然停留在"住农家屋,吃农家饭",而且吃住的品质依然停留在过去。"干农家活"只是落入了"花季赏花,果季摘果"的简单模式而且活动内容雷同,缺少更多的文化、休闲元素,远远满足不了现代消费者的需求。

4. 一点思考

一是延伸产业链条。要紧紧围绕附加值较高的"游、娱、购"要素,发展上下游,形成产业链,提升附加值。要把柳沟村作为一个节点,放在延庆全域旅游的大背景下统筹考虑,形成联动效应和规模效益。当前,以挖掘凤凰古城文化为载体,以巩固提升"柳沟"品牌为基础,以打造特色核心住宿区为突破口,以丰富旅游内容为手段,把游客留下来,成为北京人的周末休闲地。

二是实行景区化经营。将整个柳沟村当作一个景区，按照专业旅游景区的模式，对其进行景区化经营管理和营销。分为凤凰古城区、柳沟村落区、户外健身区和农业观光采摘区。运营发展重古城风貌、重文化体验、重餐饮特色、重生态有机。

（三）延庆全域旅游模式

近几年，延庆坚持生态立区，打生态牌，走生态路，成为全国第二批"两山"理论实践创新基地，成功获评首批国家全域旅游示范区。

1. 结合丰富的资源条件为全域旅游夯实基础

一是人文资源丰富。延庆自古就是拱卫京畿与涵养山水的卫城，拥有深厚的文化底蕴和丰富的文化资源，是妫川文化、长城文化、京张铁路文化、近现代革命文化等多元文化交汇融合之地。此外，还有民俗文化、地质文化、植物文化以及节庆文化等多种文化元素。

二是四季分明，地势缓和，山水资源丰富，生态环境优良，适宜夏避暑冬亲雪。延庆区属大陆性季风气候，属于温带与中温带、半干旱与半湿润的过渡地带。气候独特，四季分明，春夏秋冬各有胜景。年平均气温 8 ℃，比主城区低 3～4 ℃。夏季最热月份气温比承德低 0.8 ℃，是著名的避暑胜地。冬季雪期可长达 100 天，比主城区多 20 多天。山区面积大且高峰众多，拥有国家级保护区松山及北京第二高峰海陀山。水资源较为丰富，河流达 46 条，大中型水库 2 座，是北京重要的饮用水源保护地。

三是旅游资源知名度高。延庆区有八达岭长城、水关长城、玉渡山、古崖居、野鸭湖、龙庆峡、百里山水画廊、硅化木国家地质公园等景区，其中 A 级以上旅游景区 13 个，特别是以八达岭长城世界级知名景区为代表，特色突出，美誉度高，客群流量基数大，发展旅游优势优越。

2. 一体推进绿色发展、美丽乡村建设和产业兴旺

一是始终坚定不移实施生态文明发展战略，立足首都生态涵养区功能定位，坚持绿色发展，着力推动"两山"理论在延庆落地生根、开花结果。被授予全国第二批"两山"理论实践创新基地；国家卫生城区、首批国家全域旅游示范区、国家森林城市、全国第二批水生态文明城市等荣誉称号。特别是在世园会举办期间，PM2.5 平均浓度下降 31.8%，低于全市平均水平 6.9 微克。全域森林覆盖率达到 60.34%，森林面积占全市的 23%，林木绿化率达到 72.53%，人均公园绿地面积达到 46.13 米²。初步形成"城在园中、园绕城区、城景交融"的园林美景，堪称"一城山水半城园"。

二是美丽乡村建设显著提升了基础设施水平。冬奥、世园带动城乡各项基础设施和公共服务至少加速提前 20 年。2016—2019 年，延庆固定资产投资共计 843.0 亿元，年均增长 48.2%。延庆形成了 3 条高速、1 条高铁、1 条市郊铁路的对外交通网络。新建变电站 8 座、改建 2 座，投入使用后可以满足延庆未来 50 年的发展需要。城乡路网逐步完善，延庆公路总里程 1 960 千米，其中国道 160 千米，市道 242 千米，区道 436 千米，农村公路 1 122 千米。稳步推进村庄规划编制工作。2018 年第一批 120 个村庄、2019 年第二批 128 个村庄规划已编制完成，2019 年第三批 107 个村庄规划编制工作全面启动。扎实推进美丽乡村建设。第一批 80 个村庄完成招标，56 个村庄开工建设。坚持"监管并重"，印发实施《延庆区农村基础设施长效管护指导意见（试行）》，向各乡镇拨付管护资金 1.98 亿元，指导各乡镇建立工作机制和队伍。

三是产业发展成效显著。农业产业资源规模大、品质优，在北京地区有突出优势。深入实施都市型现代农业三年行动计划，持续调整农业种植结构，粮经作物种植面积调减 12.5 万亩，蔬菜种植面积 3.3 万亩，果树种植面积 17 万亩，花卉中草药种植面积 2 万亩。创建"国家农产品质量安全县"，农业标准化基地覆盖率达到 73.1%，"菜篮子"产品"三品"认证覆盖率达到 74.5%，有机农产品认证面积达到 2.43 万亩，农产品检测合格率保持在 98%。发布全市首个农产品区域品牌"水农耕"，农产品营销流通体系建设不断强化。延庆四大果品为葡萄、苹果、仁用杏和板栗。其中，国光苹果、葡萄、板栗已成功注册为国家地理标志产品。

延庆区是北京市花卉种植面积最大的区，集观赏、生产、加工、示范等为一体的花卉产业链雏形初显。四海镇、延庆镇、大榆树镇三个乡镇的花卉生产面积占到全区花卉总面积的 90% 以上，四海是北京市花卉种植面积最大的乡镇。积极发展林花、林药、林菌、林禽、林粮、林蜂等产业，开发了林下产品包括千家店的黄芩茶和小杂粮，四海镇的菊花茶和玫瑰花茶，大庄科乡的小杂粮、栗菇和蜂产品，珍珠泉的柴鸡蛋、鸭蛋等有机产品。

高质量绿色发展更加坚实。现代园艺、冰雪体育、新能源和能源互联网、无人机 4 个重点产业方向更加坚定，绿色"高精尖"经济结构加速构建，新引进企业 751 家，完成 12 个市级实验室和研发平台建设，建立首个院士工作站，设立首支科技创新基金。旅游产业迅猛增长。2019 年实现旅游收入 98.92 亿元。

全域旅游加速融合发展。荣获国家全域旅游示范区、首批全国民宿产业发展示范区称号，编制完成《延庆全域旅游空间布局战略规划》，成功举办首届八达岭长城文化节等活动 200 余场，带动旅游综合收入 98.92 亿元（含世园），同比增长 25.5%。成立北京首个民宿联盟，培育全市首个地域性民宿品牌"世园人家"，建成北方地区首个民宿集群"合宿·延庆姚官岭"，累计打造"山楂小院"等 75 个精品民宿品牌。

延庆区结合实际情况，因地制宜，抓牢特色优势农业，坚持走农村产业可持续发展道路。近年，全区结合自身优势大力发展果品产业、民宿产业，紧抓世园会的大好机遇发展园艺产业，使农民不用远离家乡，也能实现就业，获得经济收入。四海茶菊产业形成了一、二、三产业一体化发展模式，成为推动四海地区增收的有效途径。前山村通过建设低收入产业帮扶基地，有效解决了当地农民就近就业问题，增加农民收入。镇政府投入资金，建立红利式动态脱低基金，支持农民专业合作社扩大种植规模，改善菊花品种，购买先进的设备，通过返利政策帮助农民脱低，对老弱病残人群进行慈善帮扶。

（四）生态涵养区"民宿＋"产业融合发展

乡村民宿一头连接乡村闲置农宅，一头连接旅游者对美好生活的向往，成为乡村旅游提档升级的重要牵引。北京生态涵养区将精品民宿作为推动乡村振兴的重要抓手，充分发挥历史遗迹和传统村落这笔宝贵财富，推动田园变公园，农房变客房，劳作变体验，将绿水青山变成金山银山。

1. 主要做法和成效

一是高位推进，破解发展难题。为促进乡村民宿持续健康发展，推动乡村旅游产业提质增效，加快形成农业农村发展新动能，2019 年，北京市印发《关于促进乡村民宿发展的指导意见》，努力构建"三产联动、多业融合"的民宿经济业态，并对设立条件、审批流程、组织保障和监督管理进行了明确规范。随后，各相关部门结合自身职责深入落实。如市公安局印发《关于加强全市民俗旅游接待户住宿登记管理工作的意见》制定了可操作性的乡村民宿治安管理工作规范，采取"逐户装机联网、逐人信息采集"的管理模式提升治安管理水平。市规划和自然资源委员会在规划引导、用地完善等方面做好工作。市住房和城乡建设委员会发布《北京市乡村民宿房屋结构综合安全性和节能基本要求导则（试行）》，市消防局编制《乡村民宿建筑安全规范》。同时，民宿行业也被纳入北京乡村旅游政策性保险补贴范围，投保的民宿能够获得 80% 的保费。至此，困扰乡村民宿经营者的合法身份等问题有了相关政策保障。

与此同时，相关的扶持政策也陆续出台。2020 年 6 月，市委、市政府出台《关于推动生态涵养区生态保护和绿色发展的实施意见》，明确各生态区把旅游作为主导产业，市级加大政策支持，其中，生态涵养区乡村旅游发展涉及的瓶颈道路、停车场等配套基础设施建设市级资金给予 100% 支持。各区也出台了各具特点的扶持政策，比如延庆"世园人家"，怀柔、房山、门头沟等设立专项资金，对乡村旅游提质升级给予奖励。民宿发展面临良好的机遇。

各区也陆续出台各项优惠政策。如门头沟区推出了"大额度、长周期、广覆盖"的"10＋1＋N""精品民宿政策服务包"；延庆区与北京农商银行、北京银行等金融机构合作，搭建延庆区乡村旅游融资贷款平台，出台贷款贴息政策；昌平区不断完善"一表备案通核"程序；怀柔区、平谷区、密云区出台相应的促进乡村旅游提质升级奖励办法。各项政策进一步吸引了社会资本，精品民宿发展势头喜人。

二是高点定位，持续推进民宿高质量发展成效显著。发展迅速，规模不断扩大。目前，北京乡村民宿已有 699 个品牌，包含 1 668 个院落、8 211 个房间，6 000 余个星级民宿接待户，日接待量 1.7 万人次。在 2020 年疫情进入常态化发展阶段后，中秋和国庆节假期，精品乡村民宿的入住率达 90% 以上。

品牌不断涌现。北京乡村民宿拥有 699 个品牌。门头沟区有"创艺乡居""百花山社""槐井石舍""爨舍""有关""朗诗乡居"等；房山区有"姥姥家""森林乡居"等；昌平区有"南山静舍""草木缘居"；平谷区有"太极小院""听蛙小轩"；怀柔区"明明山居""花汀树"等；密云区有"山里寒舍""陌上花开""老友季"等；延庆区有"世园人家""合宿·延庆姚官岭"等品牌。各品牌做得有声有色，形成了一定的市场影响力。

模式不断丰富。有"合作社＋公司＋农户"的开发模式，如"山里寒舍"等，特点是村集体成立民俗旅游专业合作社统一租赁全村闲置农宅，再引入公司负责整体开发与经营，实现规模发展。有"公司＋农户"开发模式，如"风林宿"等，特点是公司通过租用村民闲置农宅打造品牌民宿。有以"大城小苑""创艺乡居"等为代表的企业帮扶模式。

有"农户＋集体＋设计团队（运营团队）"模式。有农户个人投资模式，如"岑舍""老木匠"等，是指农户个人投资筹办民宿，特点是自己投资经营，自己获益。据了解，北京周边的民宿超过 60% 都是民宿个体完全自主的模式。

促进了乡村全面振兴。"一座乡村就是一家酒店，一家酒店活化一座乡村"。通过发展乡村民宿有效促进了乡村振兴战略的实施，带动了农村产业发展，为农民增收致富提供了重要渠道。同时，通过发展民宿，改善了乡村人居环境，改变了农民的思想观念和行为习惯，提高了农民素质，加强了城乡融合发展，是实现"产业兴旺、生态宜居、乡村文明、治理有效、生活富裕"的乡村振兴目标的有效途径。

2. 亟待关注的问题

一是文化内涵挖掘不够。在打造旅游产品时，缺乏深度开发设计，对当地丰富历史文化资源发掘和利用度不够，导致产品低端，特色品牌不足，难以满足游客文化体验等多样化、深层次的需求。二是发展瓶颈仍未突破。从全市整体看，旅游资源多、产品少，看点多、卖点少，淡季长、旺季短，"小、散、低"的问题没有根本改变。三是引领带动作用有待提升。目前，700 家民宿品牌、1 700 座院落，与近 8 000 户的传统农家乐相比，与 3 万多处闲置农宅相比，还任重道远。

（五）"生态＋"等新业态新方向

1. 国家公园模式

坚持山水林田草系统治理，建立以国家公园为主体、自然保护区为基础、各类自然公园为补充的分类科学、布局合理、保护有力、管理有效的自然保护地体系是有效提升生态系统质量和稳定性的重要方式，也可以成为未来生态涵养区的一个重要发展方向。对生态涵养区现有的自然保护区、风景名胜区、地质公园、森林公园、湿地公园等各类自然保护地及其他生态功能重要、生态环境敏感脆弱、野生动物重要栖息地、重要生态廊道等区域所承载的自然资源、生态功能和文化价值进行全面调查和价值评估。科学划定自然保护地类型，将生态涵养区自然保护地分为国家公园、自然保护区和自然公园三大类。国家公园空间布局方案确定的区域划定为国家公园，未纳入国家公园总体布局的按照保护区域的自然属性、生态价值和管理目标进行梳理调整和整合归并为自然保护区、自然公园。

确立国家公园主体地位。按照国家公园建立标准和程序，推进国家公园规划建设。确立国家公园在生态安全空间格局中的首要地位，确保国家公园在保护自然生态系统中的主导地位，积极发挥国家公园在构建自然保护地体系中的示范引领作用。核心保护区内原住居民最好实施生态移民。在自然公园内大力开展森林"绿化、美化、彩化、珍贵化"建设，提升景观效果。鼓励和引导社会资本参与自然保护地的生态修复。在自然保护地一般控制区内划定适当区域，开展生态教育、自然体验、生态旅游等活动。因地制宜扶持和规范原住居民从事环境友好型经营活动，支持和传承传统文化及人地和谐的生态产业模式。近几年，北京依托两轮百万亩造林以及河流流域生态综合治理，恢复和新建湿地近 9 000 公顷，建立国家和市级湿地公园 12 个，总面积 1 300 余公顷。拥有优美的风景、丰富的湿地资源、独特的自然景观，建设国家自然公园可以成为生态涵养区未来的一个发展方向。

2. 观鸟经济

北京市是全球 8 大候鸟迁徙通道之一的"东亚—澳大利亚候鸟迁徙通道"上重要的一站，每年都有大量候鸟由南向北迁徙过境。鸟类是最权威的环境鉴定师，它们在哪里欢唱，哪里就是它们的生态乐土。随着北京生态环境逐年向好，来栖息的候鸟也逐年增多，2019 年春，140 万只迁徙候鸟汇聚京城，组团来京栖息的天鹅数量有上千只，不仅如此，候鸟在北京歇脚的地点也越来越广。永定河多个流域出现苍鹭、夜鹭、牛背鹭、白鹭等多种鹭科鸟类觅食。海淀翠湖湿地公园有栖息、过境的水鸟 80 余种，多个国家珍稀鸟类在这里发现，甚至有 5 只全球性极危物种青头潜鸭。西峪水库，2020 年以来观测到各种鸟类 30 余种。在密云水库盘旋翻飞、逐浪觅食、繁衍后代的候鸟有数十万只，包括淡水鸥、大小天鹅、白鹭、苍鹭、秋沙鸭等 100 多种。北京野鸭湖湿地自然保护区，这个国际鸟类迁移路线"东亚＋澳大利亚路线的中转站"，吸引了 348 种，隶属 20 目 66 科鸟类栖息，并且每年发现的鸟的种类还在不断增多。

与此同时，观鸟热在国内日渐兴起，"观鸟一族"奔赴各地，感受候鸟迁徙、万鸟起飞的情趣，让生态旅游发展迎来新契机。北京密云、延庆等生态涵养区可以立足实际，做好观鸟体验区，以点带面打造全市观鸟生态旅游，延伸绿色生态的文旅产品产业链，将生态环境优势转变为经济发展资源。

一是编制生态涵养区观鸟生态旅游专项规划，力争把观鸟产业链由点成线扩面。二是打造精品观鸟线路，支持设立鸟类观测点、观鸟体验区，设立集自然资源保护、生态展示、科普教育为一体的生态综合体示范区，培育观鸟经济。与此同时，聘请专业人员随时对库区环境进行巡视，开展鸟类观测，每周一次集中观测，详细做好收集记录，及时掌握观鸟情况。三是培育发展乡村观鸟经济。在鸟类资源丰富的地方，以建设观鸟基地、观鸟科普基地等为抓手，大力发展乡村生态旅游、环保观鸟旅游、鸟类文化研学游等，打造观鸟经济新业态。

兴起的观鸟旅游，正在成为生态旅游发展的一个新业态，既保护了生态，又促进了经济发展，成为生态涵养区产业发展的新选择。

3. 山地户外运动产业

山地户外运动产业是健身休闲产业的重要组成部分，是以自然山地环境为载体、以参与体验为主要形式、以促进身心健康为目的，向大众提供相关产品和服务的一系列经济活动，主要包括登山、徒步、露营、骑行、自然岩壁攀登、定向与导航等项目。当前，我国进入全面建设小康社会的决胜阶段，人民群众体育消费方式从实物型消费向参与型消费转变，大力发展山地户外运动产业是满足人民多样化体育消费需求的重要途径，是落实《全民健身计划（2016—2020 年）》、建设健康中国、激发产业发展活力的重要内容，对释放消费潜力、打造经济增长新动能具有十分重要的意义。根据国家体育总局 2016 年发布的《山地户外运动产业发展规划》，伴随国民经济水平的不断提升，群众的体育消费需求也持续高涨，山地户外运动产业取得了快速增长：全国户外运动爱好者已达 1.3 亿，户外用品市场规模已达 180 亿元，我国山地户外运动产业总体实力、产业覆盖面、社会参与度、市场认可度均得到较大的提升。

北京的生态涵养区坐拥太行山、燕山两大山地资源，依托大都市的消费需求，具有非常广阔的发展前景。平谷区罗营镇开发山区资源，引入运动专业企业，打造了一个环绕长城、以长城文化为特色的步道系统，以环绕镇罗营山脊为主，外周长度达到了 100 千米，从 2018 年开始举办"环长城 100 国际越野赛"。2019 年共有来自全国 24 个省（区、市）59 座城市，以及来自加拿大、英国、奥地利、乌克兰、斯洛伐克等国的共 700 余名运动员参加。

四、生态涵养区产业融合发展的政策建议

北京生态涵养区产业融合发展，要践行习近平总书记的"两山"理论，在保护好生态的前提下，发挥首善之区的作用，推动农业农村高质量发展；要遵循《北京城市总体规划（2016—2035 年）》，北京生态涵养区分区规划及北京市委、市政府印发的《关于推动生态涵养区生态保护和绿色发展的实施意见》要求，围绕北京城市发展总体目标，着眼城乡关系新格局，激活生态涵养区富集的生态资源和农业资源；要发挥政府作用，有为、有效、有力；创新机制，完善政策；搭建平台，做好服务，使北京生态涵养区发展成为"两山"理论在京华大地的生动实践。

（一）政府在位，有效有为

1. 补齐基础设施和公共服务设施短板

补齐生态涵养区基础设施和公共服务短板是将绿水青山变成金山银山的重要条件。短板补得怎么样在很大程度上决定这一地区生态保护水平和绿色发展功能的强弱，也直接影响着这一区域的农业农村现代化水平。一是以基础设施和公共服务设施建设为抓手，推进生态涵养区生态振兴和美丽乡村建设。在确定镇村特色发展定位及优化产业空间布局基础上，配置高效运行的相关设施，并进一步完善灾害防控设施、灾害避难场所建设等。二是推进重要基础设施和公共服务设施差异化配置，重点完善生态涵养区内国家公园和自然保护区设施建设，形成以生态保护为目标的科教基地。三是以城乡互补、协调发展方式优先引进和建设 5G、大数据中心、人工智能等新型基础设施，增强带动就业、吸引人才、承接中心城区疏解产业的压力。

2. 科学规划布局、优化功能分区

一是指导建设行之有效、完善的从宏观到微观的村庄规划编制体系，把规划摆在更加突出的位置，高站位、高起点地进行科学设计，为将来发展留出空间。对村庄分类分级，因地制宜，分类指导、分级控制，形成村庄建设指南。提高村庄规划水平，尊重村民意愿，突出地域特色。二是推进生态循环种养和废弃物综合利用，确立种养业绿色发展的思路、途径、范围，划定生活、生产、生态空间开发管制界限，落实用途管制，形成合理的用地结构。

3. 立足优势，产业布局

一是推进乡村旅游休闲、文化休闲、体育休闲等多种休闲产业发展。统筹顶层设计，强化特色创意，打造一批功能多元、环境优美、景色迷人的美丽乡村，推进一、二、三产业深度融合，创建一批主导产业突出、文化浓郁的休闲采摘园、亲子教育农园、农耕文化体验园、山地户外运动基地，推动发展一批精品民宿、自然教育营地、山地运动基地，激发公众对亲近自然、体验农事和乡村韵味的需求。二是加快发展林下经济。鉴于这几年林地面积不断增加，可结合实际发展林下经济。三是以生态承载力和环境容量为基准，适度恢复发展养殖业，实现生态循环。四是发展宜居服务业，聚人气、聚要素、聚服务、聚市场，形成更大的外围居住服务消费市场，从根本上解决生态涵养区缺要素、难发展、等靠政府的局面。

4. 开展示范，建立典型

指导推动绿色农业与农村发展技术的集成与示范。在农业产业链整合、农业清洁化生产技术链接、绿色生产技术和农业资源多级转化、资源节约高效利用和废弃物的资源化技术、循环农业技术标准规范、农业生态小城镇建设技术、农村生活消费绿色技术等层面加大力度，开展整合和集成研究，建立和完善推动农业发展的技术创新体系和技术示范推广体系，因地制宜建设一批一、二、三产业融合、生态循环农业、绿色乡村发展示范区。

（二）创新机制，完善政策

1. 生态补偿政策

一是创新理念，完善多元化生态补偿政策机制。转变政府角色，突出政府生态补偿的引导性作用，为生态涵养区正常运行发挥基础性保障和支持作用。按照"谁受益、谁补偿"的原则，建立多元主体参与的补偿机制。二是拓宽路径，多元筹集生态补偿资金。完善和加强水、土地、矿产等各种资源消耗税费的征收使用管理办法，加大各项资源税费使用中用于生态补偿的比例。三是积极探索建立水权交易制度、碳汇交易市场等，通过市场运作积累生态环境保护资金。四是从政府征收的增值税、营业税、城市维护建设税中，划出一定比例资金纳入生态补偿专项资金。五是扩大范围，将生态涵养区的基本农田、湿地、经济林等同样体现生态服务价值的生态资源列入生态补偿范围。

2. 土地政策扶持

一是加快推行集体经营性建设用地改革，搞活农村土地市场。加快落实农村土地"村地区管"指导意见，尽快建立农村土地管理的制度和机制，健全集体建设用地确权登记程序，严格规范征地程序，为农村土地市场化提供基础条件。二是依法依规建立城乡统一的土地交易市场，建立健全公平合理的集体经营性建设用地入市增值收益分配之地。三是大力创新点状供地方式，切实落实5%建设用地指标。依法制定点状供地规划，尽快完善相关政策，实现点状报批、点状布局、点状征地和点状供地模式落地。

3. 税收政策扶持

一是绿色特色产业减免税政策。对在北京生态涵养区发展的生态旅游、高新技术等绿色特色产业实施减免税政策。如对清理、运输生态旅游垃圾的公司给予企业所得税减免优惠和购置环境保护专用设备投资额相关抵扣。二是支持新型农业发展税收政策。在生态涵养区发展生态农业、科技农业等现代新型农业时，给予税收优惠政策。三是对新农人返乡发展农业相关产业，给予一定时期的税收减免和优惠。

4. 产业政策扶持

一是完善产业信息服务体系。完善北京生态涵养区产业发展规划和产业指导目录，将产业划分为鼓励发展类、限制发展类、禁止发展类、淘汰类，实行分类管理。二是设立特色产业扶持基金，专项用于生态产业企业的贷款担保、贴息、补贴等，重点用于文化创意、养老服务、物联网等新业态。三是设立地理标识产品扶持资金，推动产品品牌化。

（三）搭建平台，做好服务

1. 搭建创业指导的平台

农村广阔天地大有可为。生态涵养区有新农人回村，他们有情怀有胆识，但其中不乏有许多创业者还需要必要的指导。建议政府搭建创业指导的平台，对新进入农村的从业者提供具体的指导，比如对涉及的农业产业、技术支持、经营管理、涉农政策、农业事务办理等提供细致的引导；对新农人提供一些政策支持，比如无息贷款、农业机械设施补助、涉农领域专业培训和交流等。

2. 搭建政策服务的平台

政府用心、用情做好服务。重点将市级、区级、镇级三级政府各部门涉农领域的政策汇总打包，由各区主责建立"涉农领域政策平台"，并设立咨询部门或咨询电话便于进一步做好涉农政策解释与服务等工作。

3. 搭建链接市场的平台

乡村是宝贵的资源。建议政府设立郊区旅游消费券、乡村文化消费券、农业体验消费券等各类型郊区消费券，吸引城市人到乡村旅游消费，体验乡土特色，感受乡村文化，激发乡村活力。

4. 建立乡村人才资源库

建议由市级农口部门建立乡村人才资源库，搭建村庄建设与所需专业人才的对接平台。建立涵盖生产、技术、运营、管理、设计、文化等方面的乡土实用人才，汇聚乡村种植养殖能手、能工巧匠等"土专家""田秀才"，凝聚高校涉农领域专家、学者；聚集社会各领域懂农业爱农村的各类人才及队伍为乡村振兴、产业发展贡献力量。

（供稿：北京市农研中心资源区划处，执笔人：李敏、陈奕捷）

北京市乡村民宿扶贫攻坚作用机制研究

近几年，乡村民宿在京郊蓬勃发展，已经成为北京市乡村旅游提档升级的新突破点和低收入村增收的有效途径。乡村民宿正成为"扶智扶志"相结合的扶贫开发新业态。

一、乡村民宿扶贫助农作用机制探讨

大量乡村民宿发展实践证明，发展民宿产业，能够让集体和农民的财产性收入、工资性收入、经营性收入叠加组合在一起，壮大农村集体经济效益，拓宽农民特别是贫困农户脱贫致富渠道，达到民宿脱贫效益的长久性实现，进而不断提升乡村产业发展水平，提高乡村生活品位，改善乡村生态环境，延伸乡村乡愁文化。发展民宿不仅能民宿扶贫，更能实现民宿助农。

（一）居民收益

1. 财产性收益

财产性收益是北京市乡村居民参与发展民宿最为直接、效益最为稳定的收益渠道。其收益途径主要有两种类型：农村集体闲置资产收益和农户闲置资产收益。

（1）农村集体闲置资产收益。该收益主要是指以村为单位发挥农村基层组织的组织领导和示范带动作用，成立各种主体参与、分红比例灵活的现代民宿股份合作社，全程对民宿进行股份制经营管理，有效盘活村委旧用房、旧厂房、旧校舍等闲置公共合法资产，投资方长期租用乡村民宿用房，确保对民宿业的持续投入和开发，企业对闲置土地资产实施回购、租赁、重建，经营企业和村经济合作组织约定分配比例，村经济组织收益部分用于村脱贫攻坚，重点扶持贫困户发展扶贫产业，保障贫困户实现脱贫致富。房山区周口店镇黄山店村是利用集体资产进行民宿开发的典型案例之一，村集体充分利用搬迁腾退的闲置集体资产，统一规划了"姥姥家""云上石屋""桃叶谷""黄栌花开"等精品民宿小院。通过与专业公司合作，按照"保底＋分红"的模式，在集体资产所有权不变的前提下，实现了集体资产大幅增值，推动当地村民脱贫增收。

（2）农户闲置资产收益。村民拥有大量破损的闲置房屋资产，通过发展乡村民宿，可以有效盘活这些闲置资产，以农户参与村集体合作组织，以闲置房屋资产入股形式，通过正确的市场运作方式实现资产效益最大化。经前期调查分析，71.11％的民宿主要是当地民房改建而来，农户主要还是以自己原有的房屋作为依托参与民宿发展。"隐居乡里"山楂小院和"合宿·延庆姚官岭"民宿集群就是盘活农户闲置房屋资产，提升居民财产性收益的典型案例。

"隐居乡里"山楂小院案例中，在"农户＋集体＋企业"模式下，下虎叫村将农户的6个闲置宅院流转到村集体，村集体再与企业签订合作协议，租期10年。由远方网全额投资，对院落进行改造和运营。在收益分配上，农户房屋租金9 000元/年，上缴村集体管理费5 000元/年。在"农户＋企业"模式下，由农户作为投资主体，按照统一标准对2处自家院落进行改造，然后交由远方网运营。销售收入分配采取"三七"分成，即远方网占30％、农户占70％。

"合宿·延庆姚官岭"民宿集群案例中，民宿提供宅基地的农户可以从两种收益方案中自由选择：一是签订租赁协议，以一个院子 3 万元/年的价格按年取得固定的租金收益；二是签订入股协议，以宅基地使用权入股，获得分红。提供土地的农户可以获得每亩地最低 1 000 元分红的收益。农户通过房屋租赁实现了长期受益。

2. 工资性收益

通过民宿经营，为当地村民创造了大量用工机会，可以从事与自身相适应的一系列岗位，如管家、餐饮、保洁、客房、保安等岗位，并基本能够实现固定性收益，从而实现长久脱贫。经前期调查分析，农户直接参与民宿企业就业比例高达 84.44%，说明农户通过雇用形式直接从事民宿相关岗位是实现脱贫致富的主要渠道。山楂小院的民宿管家就是典型一例。山楂小院每一处院落配备一位管家，负责小院的餐饮、接待、保洁、维护等日常工作。管家主要选自本地村民，其收入为基本工资 3 000 元/月＋接待奖励＋农产品销售提成，接待奖励是月接待客人超过 75 人后，每多一人奖励 5 元；另一项是销售农产品提成，如每销售一瓶山楂汁可提成 5 元等。房山区周口店镇黄山店村的"姥姥家"民宿通过依靠发展中高端民宿，带动了村里及周边村 300 多个就业岗位，就近就业率达到了 100%，村民人均年收入从不足 2 000 元提升至 2 万余元。

3. 经营性收益

农户依托民宿加入集体经济组织，积极发展民宿关联产业，不断提升农副产品销量及经营性收益，从而实现增收致富。在山楂小院经营中，所在的下虎叫村村民依托本村的种植业专业合作社，以高于市场的价格销售农产品，推出了火盆干菜锅、手擀面等美食，开发了山楂汁、玉米等"大山的礼物"系列商品，有力地带动了农民经营性增收。

（二）民宿助农

1. 实现产业振兴

随着民宿的发展，带动资金流、物流、信息流、人流以及人才开始向乡村汇聚，带动乡村产业振兴和产业升级，不仅催生了民宿设计、建设、融资、运管、培训、餐饮、营销、预订网络等服务业态，同时带动了文化创意、游乐娱乐、度假、健康疗养、医疗、养老、生态农业、创意农业等服务产业，奠定了乡村产业振兴的基础，也为农民脱贫提供长久的产业支撑。例如，延庆区刘斌堡乡姚官岭村在民宿产业带动下，对现有 50 栋蔬菜大棚和农田进行规划，统一种植绿色蔬菜、有机杂粮和观赏型花卉，大力发展生态农业和生态旅游，从而带动了姚官岭村的一、二、三产的融合发展，使得"合宿平台"姚官岭村与农民三方形成了和谐共生、互利双赢的运营模式。

2. 文化传承更加浓厚

民宿的个性化、特色化要求挖掘当地历史、文化和民俗，启发文化创意理念，融入本地文化元素，很多民宿需要在建筑、装修、装饰、建筑材料、餐饮、客房用品等方面体现地域特色，在很大程度上促进了当地传统文化复兴与传承，更好地让当时传统文化优势转化为扶贫效益优势。门头沟区斋堂镇爨底下村民宿就是保持传统文化风貌、留住乡愁的典范。

3. 生态环境明显改善

民宿产业发展产生"示范效应"和"倒逼效应"，前者指游客的卫生习惯、生活习惯、审美情趣对村民产生正面引导影响；后者指为了促进民宿产业发展，需大力改善农村的生态环境、村容村貌、文明素质。通过实际调查，发现80％的民宿企业将关注点放在改善环境上，凸显环境卫生是民宿企业发展重点关注的问题，也是期望村集体能够在改善环境上能够发挥更大作用。例如，山楂小院将销售收入的5％作为用工支出，雇用合作社组织社员负责完成村庄的日常卫生保洁、绿化美化、设施维护等工作，为游客提供一个干净、整洁、舒心的旅游环境。

4. 基础设施更加完善

北京市《关于促进乡村民宿发展的指导意见》明确规定，要发挥各部门资金集聚效应，共同支持乡村民宿和精品酒店项目所在地道路交通、供水供电、垃圾污水处理以及停车、环卫、通信等配套设施建设。通过完善民宿所在乡村基础设施，优化农村产业发展环境，为助力乡村居民脱贫提供较好的硬件支持。

5. 人员素质整体提高

民宿需要突出特色，转型升级的要求倒逼从业人员素质不断提升，鉴于就业主体是本地村民，通过定期举办各类专题培训，不断提升从业人员整体素质，在为民宿发展注入了长久活力的同时，也实现了村民的智力脱贫。例如，延庆区建立了北方地区首个民宿培训机构——北方民宿学院，与中旅协民宿客栈与精品酒店分会合作开设首个民宿管家班，从理论到实践展开有针对性的定制指导培训，为已有民宿产业服务经验的人员做技能提升，为想进入民宿产业的返乡青年提供方向指导，从而增强当地居民就业创业能力，提高就业质量。

二、北京乡村民宿扶贫模式

（一）"农户+集体（主导）+企业"模式

该模式是乡村经济合作社作为主导力量，代表当地农民与外来资本进行合作创办民宿产业的模式。爨底下村民宿是这一模式的典型代表。在该村所在的斋堂镇政府主导下，成立了斋城旅游开发股份有限公司，斋堂镇以村落资源为不动产入股，合作者以资金入股；然后，政府根据不同村落的资源情况，明确各村之间的利益分配方案。

（二）"农户+集体+企业（主导）"模式

该模式主要是外来资本作为主导力量，并且与乡村集体合作社进行对接，而村集体合作社就作为农民散户的代表。目前的企业主导主要指的是国企帮扶，北京市相关政策鼓励大型国企帮扶对口村落进行民宿建设，帮扶的方式包括免费建设基础设施或者民宿、先期的运营、无偿转让产权和经营权等。门头沟区清水镇梁家庄村的高端民宿是北京市管企业"一企一村"精准扶贫新模式的结果。对梁家庄村进行对点帮扶的是北京国有资产经营有限责任公司，以该公司为主导，与梁家庄村集体经济组织签订了全面开发运营该村高端民宿的项目合作协议，该村占比51％。也有民营企业作为主导力量介入的，如山里寒舍集团就是典型案例。

（三）"农户＋集体（主导）＋设计团队"模式

指集体作为主导力量，与外来的设计运营团队进行合作，外来的团队只负责设计和运营，农户的房屋等全部都是自己的资产，既不出售也不出让，农户自始至终保有财产的所有权，外来团队对民宿进行设计、运营，并以此作为衡量取得收益的标准，即不参与资本的运作。协调、沟通、出资修建等工作完全由集体去做。

"隐居乡里"就是典型案例。"隐居乡里"是典型的只负责设计和运营的专业型服务团队，在整个项目的开发和运营过程中，"隐居乡里"不涉足农民的资产。调研显示，有6.67％的民宿经营采用的是这种模式。

（四）"农户＋企业"模式

该模式主要是指农户与企业直接对接发展民宿产业。山里寒舍集团就是非常典型的例子，可以被认为是民企帮扶的模式，同样笔者认为其也可以被看成是"农户＋企业"的模式，这种模式多是在没落的村庄或者是废弃的学校等建筑的基础上改建而来。

（五）农户个体投资模式

该模式指农户个人投资筹办民宿，可能是自己闲置的房屋或者新建的房屋，并且自己有创办民宿进行经营的想法和条件，因此就自己投资、经营，自己获益。

根据调研数据显示，北京周边的民宿有超过60％都是民宿个体户，说明大多数民宿都是没有与外来企业、资本、设计团队，甚至是没有与村集体进行合作，完全是自主的模式。这说明大多数的民宿经营者的观念没有发生转变或者由于现实的要求、限制等原因导致民宿更多的还是处于传统概念的民宿，市场化和产业化水平仍然较低，对乡村扶贫可持续性助力作用仍未有效凸显。

三、北京乡村民宿扶贫经验与未来建议

（一）主要经验

1. 扶贫效益的发挥既需根植本土，也需借助外力

乡村民宿依托既有的村舍民居改建、村集体建设用地新建和景区住宿改造而来，其发展过程中承载众多农村改革使命。在实现脱贫攻坚战役中，为实现贫苦人口长久脱贫找到了一条可行可信可持续之路。京郊发展民宿缺的不是资源，甚至最缺的也不是资金，最缺的是盘活资源的体制机制和对项目的运营力——包括创意设计能力、管理能力、营销能力、服务能力等。这些才应该是城市向乡村大量输出的东西。因此，要清除阻碍要素下乡的各种障碍，吸引城市资本、技术、人才等要素更多向乡村流动，实现资源利用最大化。通过农村资源变资产，实现城市人才、资金、品牌、理念与乡村

资源、土地、劳动力有效对接共同推动民宿扶贫向长效化机制发展，实现合作共赢、开放发展的新思维。

2. 发挥村集体作用实现扶贫最大效益

村集体在民宿发展中占据主导地位，其作用不仅仅在于自身的参与意识，更重要的是思维的开阔和服务理念的提升。村集体经济相对较弱，项目建设中只能被动承担成立合作社、流转土地等提供资源类的工作，没有足够的资本的投入，导致积极性不高。政府要统筹乡村产业振兴的扶植政策，将支农资金变股金，直接为村集体"输血"，增加集体经济在合资企业中的股份权重，加上有民宿集群的运营力作保证，能够变"输血"为"造血"，增加合作社在分红中的比例，引领农村集体经济组织走上滚动式发展的良性轨道，这样既能给农民带来普惠的福利，又能壮大村集体经济。具体可以参照龙头企业的扶持模式，重点扶持一批参与民宿集群建设的乡村旅游农民合作经济组织。有了可持续、有生命力的经营主体，民宿发展与扶贫才能实现健康持续发展。

3. 农村闲置农宅土地要素高效流转决定成败

发展乡村民宿经济，适度放活宅基地和农民房屋使用权，有利于提高农户财产性收入，释放最原始最直接的改革活力。决定民宿发展的基础性工作就是民宿房屋的改造，在这个过程中，由于农户思想封闭、观望态度严重，会导致市场主体选择的具有独特文化特点的村落很难在短时间流转改造。此时，有效的示范带动成为民宿在当地是否能够实现全面开花的最直接手段。为此，发展民宿必须要以点带面，不能急于求成，更不能急功近利，要让群众看到实实在在的效益。只有如此，才能实现示范带动全面开花的局面。

4. 乡村能人、社区精英的带动示范至关重要

民宿经济不单是住宿餐饮业态，更是文化因素在产业发展中的引领地位。实现文化引领，必须是发挥乡村振兴智库力量，调动乡村能人、在外精英参与进来。在调动农民主动参与民宿产业发展基础上，创新吸引年轻人返乡创业、工商资本合作开发、集体经济股份带动等不同民宿发展路径，更加注重政府的统一规划引导、社会的有序参与以及智库平台的广泛支持。通过搭建民宿共享平台，解决民宿经营者之间信息交流、资源整合、经验分享问题，有利于加强目标客户群体消费偏好的研判，从而及时更新产品开发。通过整合政府与院校科研资源，在民宿项目咨询服务中体现乡村振兴智库力量，通过乡村振兴合作平台实现参与主体共建共享，从而构建民宿经济政府引导、市场参与、合作共赢的良好发展格局。

5. 实现集体形式的对接是民宿扶贫效应发挥的关键

民宿经济要更加注重农民多元化发展，通过建立"股份制＋农户""工商资本＋农户"等多种经营合作模式，吸引资本和农户有机结合，释放最大经济效应。多种经营模式的背后是良好的群众多元参与基础。不论是自主经营还是股权分红，发展乡村民宿经济最终是要拓展农民收入渠道。农户或以民宿业主的身份直接从事经营，或间接参与到民宿经营中的某个消费环节。不管是农家餐饮、民宿日间照料、农产品零售、乡村建筑业，还是其他民宿消费服务提供，农民在不同的民宿经济链条中有着更多的自主参与选择，在多元参与

中体现了新时代新农民的自我创新与自我管理。农户要素实现的集体经济形式将会让民宿扶贫效应变得更加有力和长效。

6. 优质的人居环境成是民宿扶贫绩效发挥的重要外因

乡村民宿经济作为休闲度假、繁荣农村、富裕农民的新兴产业业态，越来越注重人文环境对其自身的影响。大部分农村环境相对较差，基础设施配套不完善，已经成为民宿提档升级的直接制约因素。在全域旅游的大趋势下，民宿经济体现的是休闲度假的高品质需求，是一种个性化与深度游的体验方式。只有在人居环境这个软件上实现突破，才能真正让民宿产业既"叫得响"，又"走得远"。通过集体经济发展壮大和外来资本的介入，使得人居环境进一步提高，人民群众的幸福感、获得感和安全感进一步增强，民宿扶贫绩效才会实现稳固发展。

（二）政策建议

1. 以农村产权制度改革为乡村民宿经济发展创造更好的外部环境

2017年10月1日，原国家旅游局发布的《旅游民宿基本要求与评价》正式实施，填补了民宿行业管理上的空白。北京、广东、浙江、福建等地也陆续出台地方法规，对民宿的发展进行引导、支持和规范。但这些规范都集中在经营、服务层面，并没有深入民宿经济的核心。乡村民宿根在农村宅基地，魂在城乡融合，核心要义是引入城市要素盘活农村资源，离不开改革这一乡村振兴的重要法宝。要以民宿经济的发展倒逼农村改革的深化，不能就农村论农村，而要紧扣城乡关系重塑，对城乡改革作出统筹谋划。当前尤为迫切的是，在乡村民宿产业发展过程中，"三农"相关部门要深入推进农村土地制度改革、农村集体产权制度改革，为银行风控提供支持和增信，将不确定的风险尽量确定，加大普惠金融的推广和整村授信的实践。

2. 强化规划引领和科学发展

要把乡村民宿经济纳入乡村振兴战略实施规划，明确重点发展区域，形成目标明确、布局合理、定位科学、特色鲜明、错位发展的民宿发展规划。重点布局区域结构，实现特色、错位发展；优化业态结构，实现全产业链发展。要更加重视民宿集群的作用，在合适的区域，合理规划集体建设用地，打造一批乡村休闲产业集聚村，吸引关联企业集聚，完善产业链，产生更大集群效益。引导民宿经济产业链延伸，拓展民宿吃、住、行、游、购、娱等诸多环节，促进关联产业和区域经济的协调发展。鼓励原住民参与民宿开发，重视古村落活态传承，发掘民俗节日、民间故事，促进当地的历史人文、自然景观和生态特色的融合。在民宿发展的重点区域率先开展点状供地实践探索。

3. 完善公共基础设施配套服务

要加大政府扶持力度，制定合理的扶持政策，通过贴息贷款、税费优惠、危房安置等形式，有效保障民宿业的发展。应加大对民宿发展区域基础设施投入，特别是针对乡村民宿发展，应结合美丽乡村建设和农村人居环境建设，加大对民宿区生活污水处理、村容村貌的整治力度。未纳入乡村建设的民宿村落，加快配套设施的改造，包括用水用电的扩容、指路标识规范、进出道路的拓宽、通信信号（无线信号）的加强覆盖、娱乐活动场所建设、夜间亮灯工程推动等，提高民宿经营者的生产积极性。创新投融资方式，鼓励工商资本投资、村集体牵头融资、农民资金入股、农房估价参股等多渠道融资，吸引有实力、有胆子、有理念的人先行带动，逐步完善民宿经营主体的内部激励机制，激活广大农村农民发展民宿经济的无限活力。强化生态环境营造，对民宿点所在地周边绿化的改造和维护，水流域环境的改善，周边民房层高、立面的控制等。完善环保措施，控制区域污染排放总量，避免出现超负荷承载。加快民宿服务平台信息化建设，构建"互联网＋民宿"新模式，完善适应民宿发展的旅游散客服务体系。

4. 培育壮大农村集体经济组织

市场上不缺资本，但是村集体经济相对较弱，在项目中，只能承担成立合作社、流转土地等提供资源类的工作，没有足够的资本的投入，导致利润的分配中也只能享受很少的分红。可以将支农资金变股金，直接为村集体"输血"，增加集体经济在合资企业中的股份权重和分红中的比例，引领农村集体经济组织走上滚动式发展的良性轨道，这样既能给农民带来普惠的福利，又能壮大村集体经济。重点扶持一批参与民宿集群建设的乡村旅游农民合作经济组织。

5. 加大民宿人才队伍培育

民宿的特点是小而美，资金投入的小额度、经营空间的小体量、接待能力的小规模、服务管理的小团队，造就了精致的民宿。民宿主人或者管家浓浓的乡愁情怀、独特的审美品位和个性化的生活方式、积极的生活态度，塑造了民宿的精美。培养和造就更多的民宿主人和管家成为民宿发展的必然趋势。政府相关机构以及行业组织需要加强民宿行业专业人才的培养，吸引民宿行业的人才，提升民宿的专业化水平，引导民宿产业升级，以增强民宿的竞争力。以培养创新型、应用型民宿经营人才为目标，以乡村干部、乡村民宿实用人才带头人、乡村传统技艺和能工巧匠传承人、经营业主及服务人员为主要对象，共同建设打造一支服务乡村民宿产业发展、数量充足的实用人才队伍。在人才培养上，扶持北方民宿学院这样的非营利性培训机构，对民宿经营者和从业者进行专业化的培训，提高经营者和从业者的服务水平和技能，对培训项目上给予一定的资金补贴或者贴息。依托职业学校、妇联，开设"民宿管家"方向培训班，整合校内校外资源，通过服务、管理、人文艺术等理论教学和见习、跟岗实习、顶岗实习等实践教学，高质量培养符合社会需求的"民宿管家"专业人才。

6. 吸聚先进理念实现合作共赢

民宿虽然是一个个性化、分散性、单体独立运行的产业形态，但受区位优势、资源禀赋、政策引导等因素的影响，也会在地理空间上形成集聚，关联产业也呈集群发展态势，并因此产生明显的正外部性，促进集群内关联企业的产生及其收益的最大化，进而提升集群内企业整体竞争力。农村缺的不是资源，甚至最缺的也不是资金，最缺的是盘活资源的体制机制和对项目的运营力——包括创意设计能力、管理能力、营销能力、服务能力等。因此，必须以开放、共享的新发展理念作指导，清除阻碍要素下乡的各种障碍，吸引城市资本、技术、人才等要素更多向乡村流动。引入社会力量，最应该看中的不是这个企业能投多少资，而是这个企业有多强的创新能力、运营能力。用知名民宿品牌"山楂小院"的创始人陈长春的话说，"只要有运营能力，资本追着你跑"。从延庆民宿产业发展的经验看，政府应重点支持具有集团化、品牌化运营能力的中小企业进入乡村，与农民专业合作组织建立"共享"机制，形成"共建"氛围，开创"共赢"局面。

总之，民宿经济是一个以农业为基点、农村为空间、农房为落脚点、兴村富农为目标的农村新兴产业，是乡村扶贫助农的有力抓手，是乡村功能拓展和农村一、二、三产业融合发展的产物，"三农"相关部门必须紧紧抓住发展民宿经济的大好时机，全面落实 2020 年 10 月 15 日全市乡村民宿发展推进工作会的各项要求，把乡村民宿的发展与规划结合起来，与农民增收结合起来、与美丽乡村建设结合起来、与培育主体和创新创业结合起来、与发展集体经济结合起来、与文化传承结合起来，敢于彰显农村的"土气"，善于利用乡村的"老气"，巧于焕发农民的"生气"，精于融入时代的"朝气"，不断提升乡村旅游产品文化内涵、科技水平、绿色含量，最大限度释放乡村旅游对"三农"的带动效应。

（供稿：北京市农研中心资源区划处）

新冠肺炎疫情对京郊休闲农业与乡村旅游的影响

——京郊乡村休闲企业调查报告

为了了解新冠肺炎疫情对京郊休闲农业与乡村旅游经营的影响，北京市农村经济研究中心和北京观光休闲农业行业协会选取了 31 家相关企业，针对 2020 年 1 月 23 日至 2 月 13 日期间的相关情况开展电话访谈与网络问卷调查。被调查企业覆盖类型较为全面，具有一定的代表性。现对调查结果分析如下。

一、被调查企业概况

被调研的 31 家企业中，休闲农业园区 26 家，乡村民宿 5 家；从主营业务看，农业种植类 19 家、旅游观光类 13 家、餐饮住宿类 13 家、科普教育类 7 家、会议培训类 2 家；占地面积 500 亩及以上的占比 32.26%，占地面积 500 亩以下的占比 67.74%。

调查情况显示，新冠肺炎疫情带来的经济损失中，因 2020 年春节活动取消而白白投入的搭建费用、餐饮住宿退订损失最多，部分主要以农产品在地销售为主的企业（采摘园）还有产品销售损失，部分合作社经营的企业还存在农民分红损失。另外，所有被调查企业都有员工工资和租金方面的经济困扰（图1）。

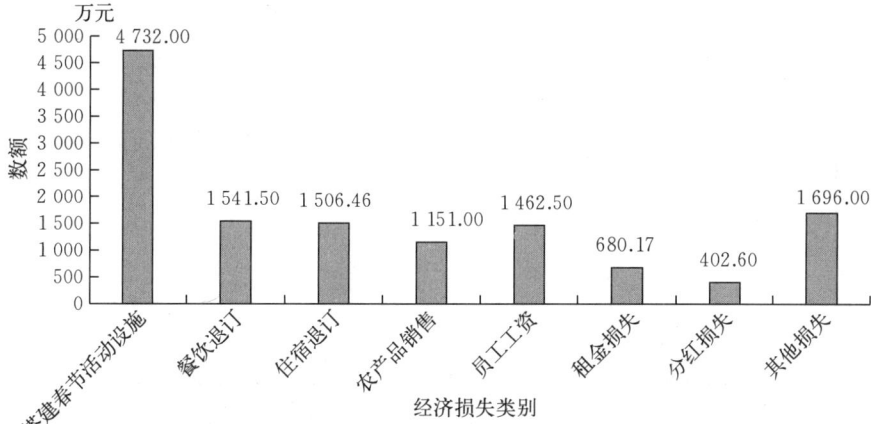

图 1 被调查企业受疫情影响的经济损失类别及数额

二、主要损失情况

休闲农业与乡村旅游是农旅融合的产业形式，兼具服务业的敏感性和农业的时令性双重特征，而且经过 20 多年的发展，京郊休闲农业与乡村旅游产业已从最初的农民个体经营转向了投资主体多元化的企业化经营。下面从服务业性质的经营损失、农业性质的经营损失、企业运行的损失三个方面做具体的分析。

（一）服务业性质的经营损失：娱乐活动投入打水漂，餐饮住宿全退订

服务业性质的损失包括娱乐活动投入损失、餐饮和住宿损失三个类型。31 家受访企业中有 24 家有这三种损失。不同种类损失的比重与该企业的主营业务是一致的（图 2、图 3、图 4）。

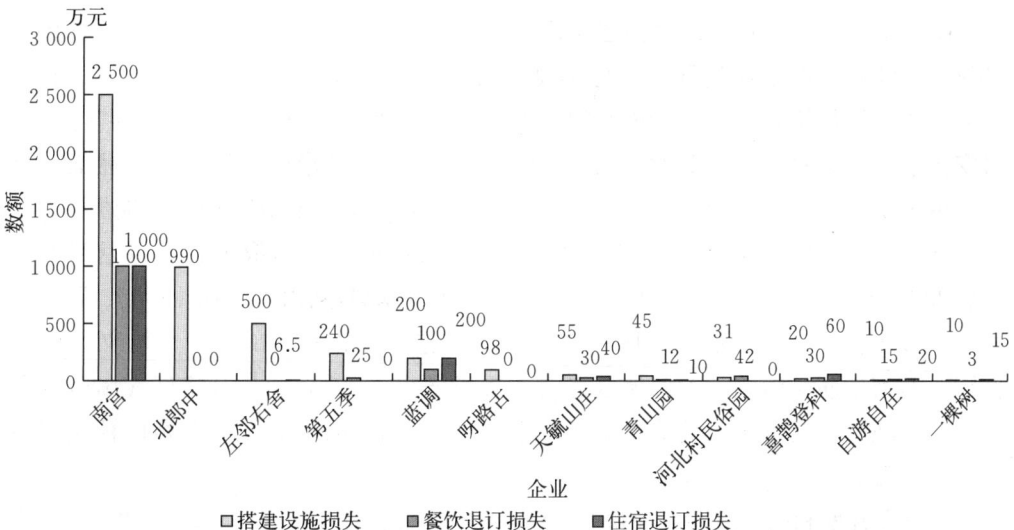

图 2 搭建娱乐活动设施及餐饮住宿退订损失统计

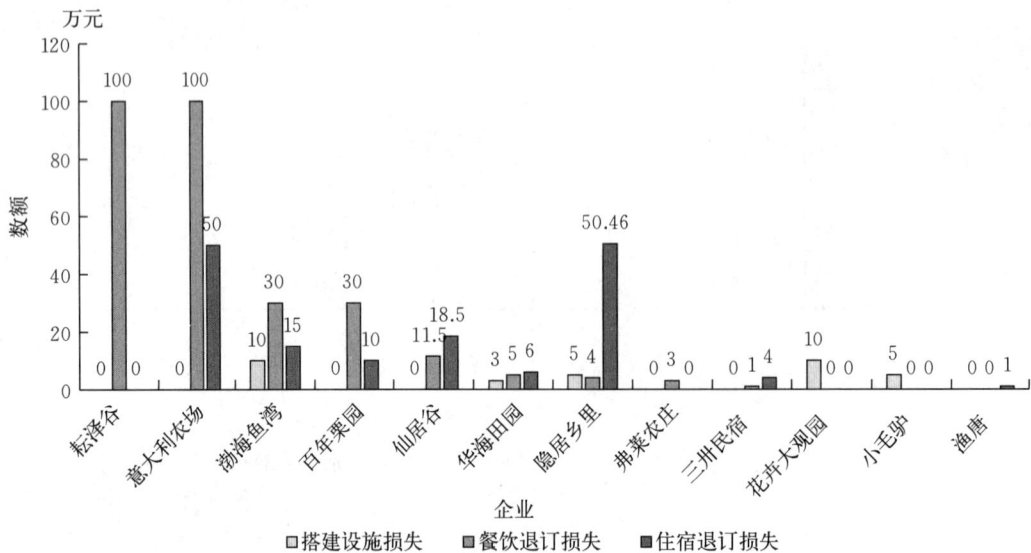

图 3　搭建娱乐活动设施及餐饮住宿退订损失统计

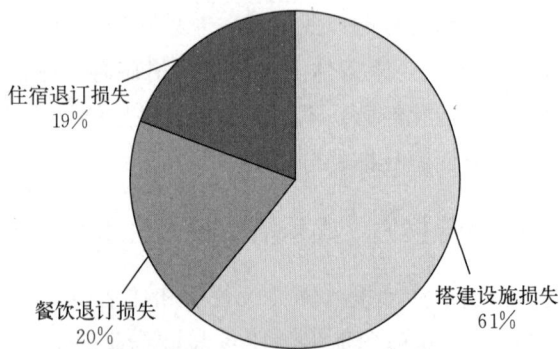

图 4　受调查企业三类损失金额占比

　　如图 3 所示，春节娱乐活动搭建费用损失比较大。这也从一个侧面反映了休闲农业与乡村旅游经营者希望通过开发主题活动、民俗活动增加春节收入的巨大努力和高投入高回报的经济规律。如丰台区南宫温泉博览园原本准备了春节游园及夜间赏灯活动，同时安排了民族歌舞、舞龙舞狮及非遗锣鼓表演等丰富多彩的游览项目。然而，事与愿违，由于受新冠肺炎疫情影响，主办方取消了所有活动，造成直接经济损失 1 100 万元。此外，随着园区的温泉、住宿、餐饮等接待设施的关闭，取消预订退返门票等造成损失近 1 000 万元。受疫情影响，通州区第五季龙水凤港休闲农场原本策划了千人饺子宴、春节庙会等一系列活动，园区关停造成直接经济损失 800 万元。顺义区河北村民俗园原本策划庙会活动，关停园区造成直接经济损失 25 万元。延庆区青山园春节前搭建的冰雪项目直接停用，造成直接经济损失 30 万元，取消餐饮及住宿的预定造成收入减少 100 万元。

　　闲置农宅开发利用的热潮，使得 2019 年成为精品乡村民宿爆发式增长的一年。受疫情影响，2020 年春节期间乡村民宿餐饮与住宿的退订损失从侧面反映出这一发展的结果。

随着政府对农村基础设施的不断投入,京郊能源供应条件极大改善。在改造农舍的过程中,各民宿投资运营商都增加了保温层、铺设了地暖,补齐了冬季乡村游住宿上的短板,准备在 2020 年春节大干一场,但是疫情暴发,政府紧急叫停,游客又取消了全部预订。受疫情影响,房山区天毓山庄取消餐饮及住宿造成直接经济损失 16 万元;延庆区自游自在乡村民宿取消餐饮及住宿预定造成直接经济损失 20 万元;延庆区左邻右舍、一棵树民宿取消住宿造成直接经济损失近 30 万元;隐居乡里、原乡里品牌旗下几十个院落取消住宿预定造成直接经济损失 150 万元。

(二)农业性质的经营损失:在地采摘无游客,线上销售缺配送,物资采购缺渠道,人员返工无限期

在地采摘农产品销售、农事体验是京郊休闲农业与乡村旅游企业重要的涉农收入渠道。京郊冬季尤其以草莓采摘为主,兼有大棚蔬菜、南果北种等农产品销售。防控疫情采取的人员流动管制、交通管制,对采摘园造成巨大影响。根据数据显示,31 个被调查企业中,占比 51% 的企业有农产品销售损失,内容包括应季水果、新鲜蔬菜、预包装肉制品等(图 5)。

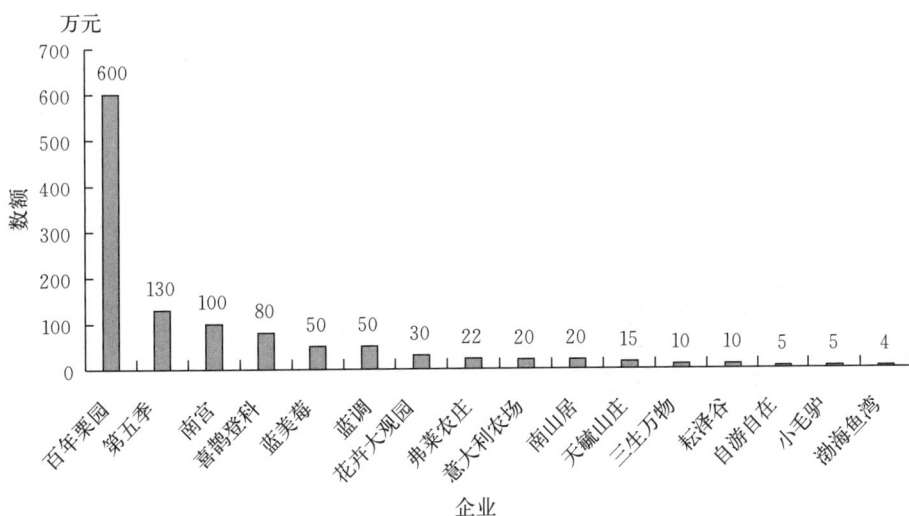

图 5　被调查企业农产品销售损失

朝阳区蓝调庄园主打草莓采摘,春节原本是草莓采摘销售旺季,因疫情控制人员流动,草莓在地无人采摘,虽然线上销售需求量变大,但因休闲农业园区的销售模式侧重游客采摘,临时配送物流难找,销售依然困难。草莓和蔬菜在地里无法销售,也影响了下一季的种植,返乡员工无法到位,仅剩的员工忙着跑配送,无暇顾及新一季的播种。

海淀区小毛驴市民农园主营业务是自然教育和市民小菜园。受疫情影响,种子买不到,棚膜无法安装,养殖业调减后,有机粪肥需要到外省市采购,因无法买到,新一季育种、种植无法进行。该园区也遇到线上宅配需求量增加的情况,但是缺乏设施导致生产量不足,交通受阻导致包装采购不足,物流难寻,同样无法完全抓住线上销售这个挽回经济

的机会。当前，企业面临地租、员工工资增加，经济压力巨大。

密云区百年栗园主营业务为生产冰鲜鸡，此次疫情造成企业无法采购包装，生产无法进行。

农事体验方面，冬季是淡季，因此春节期间损失并不多。但是随着时间推移，清明前后随着春耕的开始，农事体验类、自然教育类经营活动进入旺季，如果疫情还不能结束，这类损失会加大。

（三）企业运行的损失：员工工资靠家底，农民分红影响大

除了上述两类经营的损失，企业还有运行成本方面的负担。根据数据显示，休闲农业企业受疫情影响损失较大的还有员工工资、合作社分红以及地租损失。其中，员工工资损失和合作社分红都将随疫情时间的延长而增加。

例如，密云区仙居谷提前备战 2020 年春节接待，高薪聘请春节用工，因受疫情影响，不仅要承受取消住宿和餐饮预定的损失，还要支付高额员工工资。

延庆区左邻右舍民宿因其合作社经营模式，入社农民在每年享受民宿盈利所带来的分红，由于 2020 年春节的停业，导致农民分红减少 30%，如果疫情影响持续到五一，那分红将减少 60% 以上（图 6）。

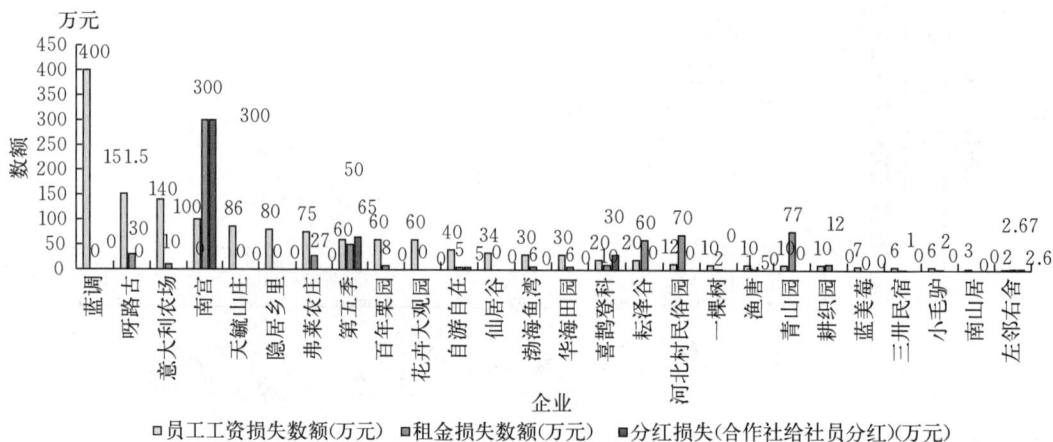

图 6　被调查企业员工工资、租金和分红损失

三、长期的影响

（一）公众恐惧期较长，要做长期准备

现阶段已经到了公众对疫情认知更深刻、紧张的阶段。对照"非典"的情况，2003年6月底宣布"双解除"后，公众用了3个月左右的时间才彻底缓解恐惧，旅游界的说法是"绝收"三个月，"减产"又三个月。因此，休闲农业及乡村旅游企业要熬过这段时间才能迎来行业完全复苏。

（二）外地来京务工人员减少，用工压力增大

根据数据显示，京郊休闲农业企业在疫情期间的可用工人数与原有用工数差距较大，主要因为企业的用工主力为外来务工人员，疫情导致很多务工人员无法返京，也有很多人放弃来京务工的想法，企业雇佣本地员工不仅成本高，年龄也普遍偏大。从小毛驴市民农园和蓝调庄园处了解到，现在园区的员工平均年龄为 65 岁，年龄大缺乏工作激情，导致园区未来发展前景堪忧（图 7）。

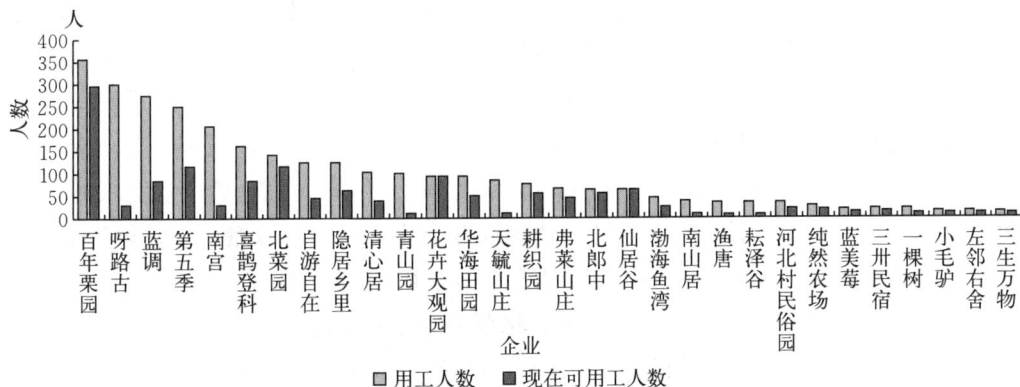

图 7　疫情期间用工人数对比统计图

（三）投资人丧失信心，休闲农业企业资金输血难

疫情之前，因为土地政策的影响，已经让休闲农业与乡村旅游投资人信心大损，疫情因素叠加更是雪上加霜。

四、值得关注的两个情况

（一）流通渠道重要性凸显

同时应该看到，一些农业生产与农事体验并举，在地采摘与网上销售并重的企业受到的影响较小。延庆区北菜园主营业务为包装蔬菜生产，主要进行商超配送和宅配，因为物流配送比较成熟，且菜品准备充足，此次疫情反而带来了销售量增加。昌平区三生万物生态农场，顺义区纯然有机农场、三分地有机农场长期以来在网上开设有较为成熟的微店，已经建立起较为稳定的高端客户群，加上农场位于村庄外，物流不受封村限制，均反映经营受疫情影响较小。

（二）利益分享机制也是风险共担机制

在社会资本下乡方面，和村集体建立了较好的利益分配机制的乡村民宿抗风险能力较强。隐居乡里采取"合作社＋运营企业"的模式，旗下民宿在停业期间也按照合同，停止给付合作社房屋租金，利益共享的同时风险共担，面对疫情时企业压力较小。

五、对策建议

（一）政府角度

1. 推动相应扶持政策落实

硬核减负，让休闲农业及乡村旅游企业能够应对疫情冬眠时期。很多中小型休闲农业及乡村旅游企业在疫情期间可能会因为现金流断裂而倒闭，如果政府可以在无息或贴息贷款、相应减税、退税、基金、补贴及金融支持等方面为企业提供扶持政策，以帮助休闲农业企业渡过难关。北京市在 2020 年 2 月 6 日出台了 16 条促进中小微企业发展的措施，从减轻税负、加大金融支持、实施援企稳岗等方面给出了具体政策，可谓雪中送炭。很多休闲农业经营者看到这些措施后，一方面表示欢迎，另一方面也担心政策不落实，或者落实不到自己头上，亟须农业主管部门、行业协会帮助争取落实。同时，建议农业农村部门从自身职能出发，尽快出台针对乡村旅游与休闲农业合作社的扶持政策，一是解当前之急，二是传递鼓励社会资本与农村集体经济建立利益分享机制的信息。

2. 不失时机加大宣传，消除心理影响，增强公众出游信心

当前，广大市民响应政府号召，大多在家，对于行业来说是一个很好的宣传机会。主管机关、行业协会要在抓住机遇加强对京郊休闲农业的宣传力度，向公众展现美丽乡村、魅力田园，传播绿色健康、亲近自然、劳动体验的生活习惯，强化城市与乡村共存共生共荣的理念，增强乡村休闲的美誉度，提前为疫情结束后的消费反弹做好舆论导向和心理准备。

3. 加强培训交流

经营停止是暂时的，产业发展是永久的。要充分利用不能营业的淡季，支持行业协会开展多种形式的线上培训、交流活动，交流经验，凝聚人心，为将来的大发展打下良好的组织基础。

（二）企业角度

根据调查，已经有休闲农业企业通过各种形式进行自救（图 8）。

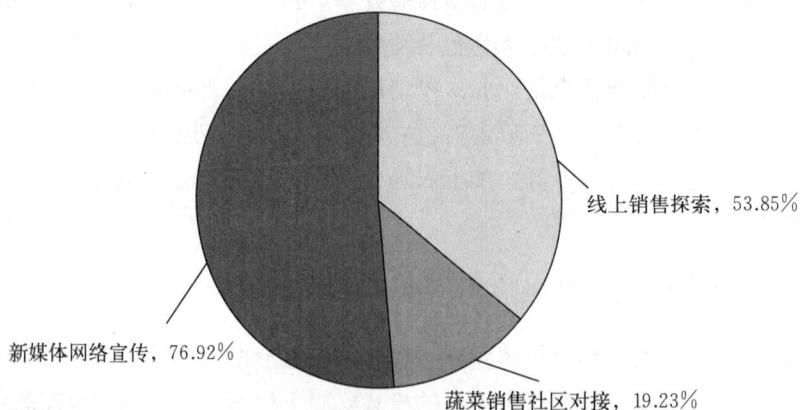

线上销售探索，53.85%

新媒体网络宣传，76.92%

蔬菜销售社区对接，19.23%

图 8　疫情防控期间被调查企业主要应对措施

从全行业的角度说，建议企业做好以下工作，在努力减少自身损失的同时，苦练内功，迎接行业的复苏。

1. 梳理企业管理

在无法经营的这段"冬眠时间"，各休闲农业企业可以集中精力关注企业内部人、财务、产供销等环节配置是否合理，企业的管理及运营是否高效，与村集体合作社的利益共享机制是否完善等，优化企业内部管理，降低企业运转成本。

2. 整合销售模式

可以考虑线上线下相结合的销售模式，线下重体验，线上重销售。现在"数字文旅"成为新热潮，"文旅＋线上"应该有更多玩法和创新模式，从内容创造、从虚拟运营、从体验互动中可以蹚出一条新路。

3. 提高供给侧创新

在疫情防控期间，因配送困难等情况，出现需求增加但供给缺位的情况，有些休闲农业企业已经研究家庭种植产品，希望创新产品内容可以丰富京郊农产品供给。疫情过后，休闲农业企业应该大力提升农产品品质，做到既能提供无形的生态旅游产品，又能提供有形的生态农产品，全方位满足市民对美好生活的需求。

纵有乌云遮万籁，还留明月照乾坤。我们坚信，疫情终将过去，乡村休闲旅游产业上空的阴霾也终将驱散。这是一个敏感的产业，但更是一个韧性十足的产业。把乡村休闲旅游业发展成郊区的支柱产业和惠及全市人民的现代服务业，把京郊乡村建设成提高市民幸福指数的首选休闲度假区域，是全行业始终不渝的奋斗目标。

（作者：赵晨，单位：北京观光休闲农业行业协会）

2020 年北京市休闲农业星级园区（企业）复核工作报告*

按照北京市农业农村局的统一部署，根据《北京市休闲农业星级园区（企业）评定工作办法》，"星级评定工作每三年复核一次"的要求，北京观光休闲农业行业协会于2020年5月开始，启动星级休闲农业园区（企业）的复核工作。经过复核初筛、报送材料、现场复核、复核评审等环节，复核通过五星级33家，四星级44家，三星级67家，二星级7家，一星级1家。

一、评审结果

朝阳、丰台、顺义、延庆、怀柔、密云、房山、大兴、海淀、通州、昌平、平谷12

---

* 本文为北京观光休闲农业行业协会提交给北京市农业农村局产业发展处的报告。

个区 85 家园区（企业）接受了专家组的现场复核。这 85 家园区（企业）中，最终复核通过五星级 33 家（其中升五星级 7 家），四星级 44 家（其中升四星级 13 家），取消星级称号为 5 家。

复核专家组的成员包括：北京市农村经济研究中心副主任刘军萍，资源区划处处长陈奕捷，资源区划处书记、二级调研员吴国庆；北京农学院经管学院副院长、教授李华，副教授唐衡；北京观光休闲农业行业协会咨询培训委员会主任荣振环，协会秘书长乔通，副秘书长赵晨；北京林业大学马克思主义学院副院长、绿色发展与中国农村土地问题研究中心主任巩前文；北京一方人杰企划有限公司（协会理事单位）董事长徐人杰。

专家组每到一个园区（企业），首先复核现场，然后由园区负责人依照评定标准汇报星级评定后的经营管理情况并接受专家质询，最后专家对园区存在的一些问题提出意见和建议。

二、复核园区的经营亮点

（一）拓展经营项目，增加园区收入

经过"大棚房"问题专项清理整治行动和新冠肺炎疫情后，星级园区总体情况有了一些变化，一部分已经不符合星级条件，大部分园区虽然困难重重，但都在各方支持下积极应对，力争创出一片新天地。朝阳区蓝调庄园根据会员需求，开拓市民菜园项目，并已经出租大半，提交申请中小学社会实践基地，与相关科研单位开发适合园区的特色课程，丰富园区内容；朝阳区圣雅圣露国际酒庄进行亲子互动俱乐部、夜晚探索，着力打造都市休闲农业生活圈；密云区奥仪凯源草莓庄园申请科委项目建设科普展厅，在周边村庄租赁闲置农宅建设中式民宿，增加园区接待项目；密云区天葡庄园向外进行品牌输出和基地复制，将园区经营模式进行推广；怀柔区喜鹊登科满族风情园与隐居乡里品牌合作，建设了精品民宿"牧马人"，极大提升了园区的住宿条件和品位，在可接待的时间段内都是客满的状态。

（二）坚持"以农为本"，实现农产品精品化

"以农为本"是休闲农业园区区别于其他旅游企业的突出特点，本次参与复核的园区在培育农业特色，提升农业品质上都做了很多努力。房山区莱恩堡酒庄积极培育本土酿酒葡萄品种，培育出莱恩堡公主和莱恩堡王子两款高糖、高花青素的葡萄品种，生产出的葡萄酒已经在进行销售许可审批，以期投入市场，园区还积极进行其他木质制作葡萄酒储酒桶的试验，用国内的木质储存葡萄酒，希望获得真正拥有本土特色的葡萄酒品牌；大兴区好开心农庄开发黑鸡枞蘑菇产品，在新冠疫情期间鲜食蘑菇销售受阻的情况下，销售蘑菇速溶汤等系列产品实现盈利；大兴区舍农源用几年时间培育软枣猕猴桃，现已挂果，即刻可以定价采摘，其在前期宣传时就受到不少市民的关注；昌平区天润园坚持有机生态种植，建设种苗培育基地，经过多年的种植试验，培育出"圣诞红"品种草莓，产量效益及管理成本等远远高出传统草莓"红颜""章姬"的三分之一，且口感极佳，得到了草莓种植户及市场的一致认可。

（三）坚持对口扶贫，履行社会责任

2020 年是脱贫攻坚的决战决胜之年，从中央到地方都积极行动，带动贫困地区脱贫致富，作为休闲农业企业，也积极履行社会责任，用实际行动助力脱贫攻坚。顺义区野谷生态园在河北省保定市阜平县启动硒鸽产业扶贫富民示范项目，总投资近 2.1 亿元，2019 年项目投产后，为这个老少边穷县实现年销售收入 6 162 余万元，实现利润 1 006 余万元，为 176 名贫困户创造公益岗位，为当地农民提供 2 000 个就业岗位，实现每人每年增收 3 万元，真正加快阜平县百姓脱贫致富。

（四）聚焦乡村振兴，带动农民致富

作为休闲农业企业，身处乡村，享受着乡村资源，不仅只谋一己发展，更是要带动乡村一同发展，才是真正的回馈乡村。昌平区鑫城缘在成立之初就建立合作社带动周边农户种植草莓，增加农户收入，近几年更是以田间学校为平台，定期开展培训，培育新型职业农民，盘活农村闲置农宅，打造特色民宿，增加接待设施的同时，更增加了农民收入。

（五）引进来走出去，实现互利共赢

京郊休闲农业园区普遍"单打独斗"，埋头苦干，很少相互借鉴，借力发展，但是注重吸收别家之长，补自身之短，才是快速发展的捷径，或将自身之长传授出去，又可拓宽园区的经营范围，增加园区收入。昌平区唱宇农家乐观光园的老板京白梨种得好，但是不擅长接待服务，于是引入设计团队，以合作经营的方式，定制特色高品质民宿，提升了园区品位；门头沟区绿纯蜜蜂文化观光园开发专利蜂具，定期组织蜂农培训，制定科学化养蜂和标准化生产规范，确保蜂产品品质，业务范围辐射门头沟区各镇和石景山区、海淀区、昌平区、房山区等，形成区域品牌发展；大兴区老宋围绕"一带一路"的倡议，打造"国际农旅文化交流中心"，充分展现中国现代农业发展成果，搭建中西方农旅文化交流的桥梁，面向全国、面向世界，亮出中国现代农业名片。

（六）注重艺术植入，提升园区品味

将艺术与农业相结合，在换发农业新魅力的同时进行拓展，是京郊休闲农业园区发展的新亮点。丰台区北京花乡世界花卉大观园在各种花卉艺术节的基础上连续两年开展地景文化节，利用修剪的树枝、枯草等废弃物设计地面景观，以大赛方式向社会广发英雄帖，参赛展品既成为园区景观，也因其丰富的文化内涵，提升了园区的艺术气质；顺义区兴农天力农业园连续几年承办大地艺术活动，使农田焕发了新的活力。

（七）后月季大会效应，开启共享园艺

2016 世界洲际月季大会在大兴区魏善庄镇举行，大兴区摆脱了大众对其工业大院和"西瓜桑葚"的刻板印象，在摇曳的花香里探讨了与月季有关的文化、历史与科技。月季

大会后，如何延续月季主题特色成为大兴区面临的新课题，纳波湾园艺交出了让人满意的答卷，不仅自身不断培育新月季品种，并屡获大奖，还承办了 2020 年北京市"职工技协杯"月季市花造园大赛，让来自北京市的 33 家园林绿化企业以月季为主题进行花园建造，所建花园将永久保留供游人观赏。

（八）注重科技开发，增加网销渠道

此次疫情暂时阻断了客流，但是休闲农业园区（企业）在"自救"中有了新的提升——增加线上销售渠道，用"信息流"保住"现金流"。朝阳区中农春雨休闲农场开发互联网智能控制软件，助力线上销售，方便会员了解蔬菜种植情况；怀柔区耘泽谷开辟社群营销，将园区的新鲜蔬果配送到社区，并创新了半成品食材宅配，不仅保证了疫情期间的收入，丰富了园区产品，还扩大了园区的知名度；喜鹊登科满族风情园理事长王桂英疫情期间定期亲自坚持直播带货，线上线下交流互动，让园区的花草茶、精品小杂粮等产品更直观呈现在市民眼前；顺通虹鳟鱼休闲度假中心在疫情期间开设淘宝网店进行线上销售，获得市民欢迎，园区内也进行接待设施优化，加强了防疫措施，2020 年 7 月初就顺利复工复产，以更好的状态迎接消费者。

（九）产业深度融合，增加更多体验

农业与其他产业的融合度不断深入，农旅融合、农体融合、农教融合为休闲农业园区不断赋能，使休闲农业得到更全面的发展。农教融合体现在休闲农业园区承接学生社会大课堂实践活动，用特色农事体验活动呈现课本上的知识点，深受学生欢迎。顺义区巧嫂农庄以香菇、香草和昆虫为主题设计了 8 项课程，2020 年接待了 70 个学校的共计 12 000人；海淀区坐忘谷生态园结合海淀的非遗农产品——京西稻，设计了收割、插秧等一系列特色课程，2019 年东城区 13 所小学参与园区课程，园区累计接待 3 000 余名学生；农体融合体现在将体育项目引入休闲农业园区，延庆区健龙祥和农庄增加了蹦床公园和足球运动基地项目，世葡园大力发展青少年夏令营，既增加了园区体验项目，也解决了园区经营淡旺季收入的问题。

（十）注重人才培养

人才的缺乏一直是制约休闲农业发展的重要原因之一，培育专业人才，为休闲农业注入能量。房山区莱恩堡酒庄与宁夏回族自治区进行联合教学，不仅培养园区所用人才，也进一步助力当地扶贫工作。

三、星级园区未通过原因

（一）用地审批不合格

参与复核的休闲农业园区中有一家用地问题尚未解决，仍存在违建设施，取消其星级称号，这一家园区（企业）为大兴区中华耕织园（北京京安大宽农业科技发展有限公司）。

（二）暂未进行休闲接待工作

参与复核的休闲农业园区中，有三家为"大棚房整治行动工作"后，主要经营设施被拆除，但园区未进行调整，而是消极面对，经营状况较差，遂取消其星级称号。这三家园区（企业）为顺义区康顺达农业观光园（北京康顺达农业科技有限公司）、门头沟区黄芩仙谷（黄芩仙谷旅游开发有限公司）、通州区金篮子生态园（北京金篮子生态种植有限公司），另有一家为主要经营设施被拆除，在进行未来规划，暂不对外接待，遂取消其星级称号，这一家园区（企业）为通州区碧海园（北京碧海园生态农业观光有限公司）。

四、存在问题

（一）缺乏规划意识，同质化现象较重

先进的规划理念及合理的规划布局，是提升园区建设水平、促进园区转型升级发展的重要保障。通过复核工作，专家组发现休闲农业星级园区仍普遍存在规划意识薄弱，对区级、市级的发展规划不敏感，不能及时进行项目调整，设计项目定位不明确、发展模式单一、产品同质化严重、功能布局不合理等问题。

（二）缺乏创意和文化内涵，主题不突出

复核之后，专家们指出，总的看来各个园区有一定的硬件设施，但缺乏创意、设计，美感不足，普遍存在缺乏文化内涵和主题不突出的现象。现在北京休闲农业已经从资源、资本投入为主转向资本、创意投入驱动的新时期，如果只注重功能性，而忽略了审美性、文化性、创意性，就满足不了日益变化的市场需求，一定要改变和调整理念，重视创意、设计手段的运用。

（三）缺乏全季节经营项目，淡旺季明显

本次通过复核的休闲农业园区（企业），大部分仍存在淡旺季明显的情况，尤其是以鲜食采摘水果为主要经营内容的园区，例如顺义区顺丽鑫生态观光农业园主要以樱桃采摘为主，樱桃季一过就闭园谢客；门头沟区桑峪观光园主要经营夏季观光项目，冬季就谢客了。

（四）缺乏特色创意产品

复核的休闲农业园区中农产品的品质都是十分过硬的，但是缺乏有特色的农产品衍生品，部分园区有二产产品，例如密云区聚陇山庄生产樱桃酵素饮品，但未充分挖掘农产品的内涵和特色，缺乏创意的衍生品。

（五）缺乏产业联合、资源共享

在"大棚房整治行动"工作后，很多休闲农业园区不合规的接待设施被拆除，影响了

其接待能力，很多园区反映很多活动没有举办是因为等待用地政策，但其实休闲农业园区并不一定要"大而全、小而全"，反而是整合附近资源，发挥各方优势，带动地区发展，才能收获最大的经济效益。

（六）缺乏创新的利益联结机制

乡村丰富的资源让休闲农业园区发展起来，休闲农业园区也要反哺乡村，最直接最初级的方式就是雇佣当地农民，但这种方式下农民的积极性不能被很好地调动起来。创新与集体、农民的利益联结机制，联农带农，让农民真正获益，更好地行使休闲农业企业的社会责任，与乡村一同发展。

（七）缺乏循环经济意识

乡村的美应是如桃花源般"鸡犬相闻"的，但很多休闲农业园区中普遍缺少"生气"，偶有几家林下养殖鸡鹅，既充分利用了林下空间，又可节约人工，还可产生直接的经济价值，间接丰富休闲农庄的体验活动，循环相生。

五、工作建议

（一）强化组织机构

休闲农业星级评定工作作为延续性工作，应设立固定的评定工作组，明确分工，为加强专业性，建议联合北京市文化和旅游局、北京市规划和自然资源委员会、北京市消防总队等部门，在开展评定工作和复核工作时，可以明确相关规定和要求，确保评定工作的权威性与专业性。

（二）固定专家队伍

之前的休闲农业星级评定工作的专家组成员都是北京市观光休闲农业行业协会的专家智库成员，是休闲农业研究、规划等领域的专家，但由于专家时间的原因，评定工作过程中经常更换专家，建议固定专家组名单，提前安排评定和复核工作，保障评定结果公平性。

（三）评定标准宣贯

《休闲农业园区等级划分与评定》地方标准于2020年发布实施，标准规范了休闲农业园区星级评定的流程与各项评定标准，在未来休闲农业评定工作中，将加强《休闲农业园区等级划分与评定》地方标准的宣贯，不仅让休闲农业园区在评定过程中更加熟悉评定标准，也让休闲农业园区明确提升的目标和方向。

（供稿：北京观光休闲农业行业协会）